국제행사와 안전관리

새로운 안전패러다임의 적용과 과제

박정섭 저

도서출판 진영사

국제행사와 안전관리

새로운 안전패러다임의 적용과 과제

박정섭 저

2025년 8월 8일 초판 인쇄
2025년 8월 13일 초판 발행

발행인 박 진 영
발행처 도서출판 진영사
인천광역시 부평구 주부토로 236번지 인천테크노밸리 U1 지식산업센터 B동 1507호
전화 : 032)505-4207
팩스 : 032)505-4206
E-mail : 0183734207@hanmail.net
신고번호 : 제2007-000001호

ISBN 978-89-6541-713-2 93350
값 25,000원

본서는 학술적 탐구와 현장 중심의 실무 경험을 융합하여, 이론과 실무를 접목한 통합적 접근을 통해 집필되었다. 본서가 정책 입안자, 현장 실무자, 보안 전문가, 지방정부 관계자는 물론, 관련 분야를 연구하는 학자와 학생들에게도 실질적인 참고 자료로 활용되기를 기대한다. 나아가 국제행사의 안전성과 운영 효율성을 제고하는 데 있어 실천적 가이드로서 기여하고, 향후 관련 정책 수립과 제도 정비의 기초 자료로서 기능하기를 바란다.

마지막으로, 대학과 대학원 과정에서 학문적 지도를 아끼지 않으시고, 삶의 지혜를 일깨워 주신 전 동국대학교 박병식 교수님께 깊이 감사드리며, 본서 집필을 아낌없이 격려해 주신 용인대학교 정용기 부총장님께도 진심으로 감사를 표한다. 무엇보다도 오랜 집필 과정을 묵묵히 지지해 준 아내와 가족에게 각별한 고마움을 전하며, 생전에 큰 사랑과 가르침을 주신 아버님의 영전에 이 책을 바친다.

2025. 7.

저자 박정섭 드림.

목 차

제1장 국제행사의 이해

제2장 행사장 안전관리

제3장 국제행사의 안전 위협요인

제4장 국제행사의 안전관리 법적 체계

제5장 국제행사와 민간경비

제6장 협력과 연대를 통한 안전관리

제7장 기술과 혁신을 통한 행사장 안전관리

제8장 국제행사의 안전관리 실태와 제도적 과제

제9장 국제행사의 안전성 강화를 위한 제도적 개선 방안

제10장 사고 사례 분석과 교훈

제1장

국제행사의 이해

국제행사의 이해

제1장

제1절 국제행사의 의의

1. 국제행사의 개념 정의

국제행사란 국가 간의 교류와 협력을 목적으로 개최되며, 참가 국가의 수와 다양성, 참여자 국적, 행사 기간, 개최 범위, 조직 주체의 국제 연계성 등 여러 요소를 종합적으로 고려할 때 국제적 성격을 지닌다고 판단되는 행사를 말한다.[1] 일반적으로 5개국 이상이 직·간접적으로 참여하며 정치, 경제, 문화, 스포츠, 학술 등 다양한 분야에서 개최된다. 이러한 행사는 정부, 지방자치단체, 민간단체 등 다양한 주체의 주관하에 진행되며, 국제기구, 스포츠 단체, 학술단체, 민간기업 등 여러 기관의 폭넓은 참여를 통해 국제적 의제를 설정하고 공동의 목표 달성을 지향한다. 국제행사는 전통적으로 국가 간 교류라는 공간적 개념에 기반하여 이해되지만, 일부 학문적 관점에서는 시간과 공간을 초월한 다차원적 개념으로 해석되기도 한다.

우리나라는 1988년 서울올림픽을 계기로 국제행사를 국가 및 지역발전을 촉진하는 관광 및 문화산업의 핵심 요소로 인식하기 시작했다. 이후 국제행사는 단일 목적의 대형 행사에서 벗어나 문화행사, 공공행사, 기업행사 등 다양한 형태의 복합적 행사를 포함하는 '이벤트(Event)' 개념으로 발전했다.[2] 초기에는 참가 규모, 개최 국가 수, 경제적 파급력 등 물리적·경제적 기준에 중점을 둔 협의의 개념으로 이해되었으나, 점차 문화적 상징성, 지역 정체성의 강화, 국제교류의 활성화 등 비경제적 가치와 공공성을

1) 권순구. (2017). "국제행사가 지역발전에 미치는 영향에 관한 연구: 여수 엑스포의 지역발전 효과에 관한 주민 인식을 중심으로", 가천대학교 일반대학원 박사학위논문, pp. 4~5.
2) 박정섭. (2020). "국제행사의 안전성 강화를 위한 제도적 개선방안, 동국대학교 대학원 박사학위논문, p. 11.

포함하는 광의의 개념으로 확장되어 왔다.

국제행사는 행사의 주최 주체, 목적, 성격, 규모 등에 따라 다양한 법적 정의와 기준이 적용되며, 관련 정부 부처 간 법령 및 제도적 규정에 따라 행사 유형별로 구체적으로 분류된다. 예컨대, 「국제행사의 유치 · 개최 등에 관한 규정」 제3조제1호에서는 국제회의, 체육행사, 박람회, 전시회, 문화행사, 관광행사 등에서 외국인이 5개국 이상 참여하고 전체 참가자 중 외국인 비율이 5% 이상인 경우를 국제행사로 정의하고 있다. 또한, 「문화체육관광부 국제행사의 유치 · 개최에 관한 규정」 제3조제1호는 문화체육관광부 소관의 국제행사를 별도로 정의하며, 국제문화행사, 국제관광행사, 국제체육대회를 포함하되, 동일하게 5개국 이상 외국인이 참여하고 외국인 비율이 5% 이상이어야 한다. 단, 총 참여자 수가 200만 명 이상인 경우에는 외국인 비율이 3% 이상일 경우에도 국제행사로 인정된다.

〈표 1-1〉 국제행사의 개념 정의

학 자	정의 및 주요 요소
리체 (Ritchie, 1984)	· 제한된 기간에 단 한번 열리거나 주기적으로 개최되는 행사.
홀 (Hall, 1992)	· 국제적 관광을 목적으로 참가자, 목표시장, 정부재정관여수준, 정치적 효과, 미디어 영향, 개최 지역에 미치는 경제적 · 사회적 영향을 고려한 올림픽, 월드컵 등의 행사.
말파스 (Malfas, 2004)	· 행사 기간 및 참가자 규모 등 행사의 자체 요인과 미디어 행사를 통한 방문자의 매력, 개최 도시와 국가에 미치는 다양한 효과 등을 외부적 요인으로 구분한 행사.
마틴 (Martin, 2015)	· 개최 비용, 방문객의 규모, 미디어 홍보 등 개최 도시에 미치는 영향을 종합적으로 고려한 행사.

출처 : 권순구. (2017). pp. 4~5 재구성.

〈표 1-1〉에 따르면, 국제행사는 일정한 기간 내에 단 한 번 개최되거나 주기적으로 반복되는 대규모 국제적 이벤트로 정의되며 참가자 수, 목표시장 범위, 정부의 재정적 참여 수준, 정치적 파급력, 미디어 영향력 등 다양한 요소가 포함된다. 이러한 행사는 단순한 일회성 행사를 넘어서 국가 및 지역 차원에서 경제적 · 사회적 파급효과를 유발하며, 개최 도시 및 국가의 브랜드가치 제고, 외래 방문객 유치, 글로벌 미디어 노출 등 복합적인 외부 영향을 종합적으로 고려하는 특성이 있다.

2. 국제행사의 성격과 특성

1) 국제행사의 성격

오늘날 국제행사는 국가 간 우호 관계를 증진시키고, 정치, 경제, 사회, 문화 또는 인도적 성격의 국제문제를 해결하며 국제협력을 이루는 데 중요한 역할을 하고 있다.[3] 국제행사는 넓은 의미에서 다자간 정상회의, 국제스포츠 행사, 국제문화 행사 등으로 구분할 수 있으며, 최근에는 지방자치단체에서 개최하는 지역축제에서도 국제행사와 유사한 규모와 형태를 확인할 수 있다.

(1) 다자간 정상회의

다자간 정상회는 국가 간 협력과 국제 문제 해결을 목적으로 개최되는 고위급 국제행사로서 비영리성과 공공성이 강하게 나타나는 것이 특징이다. 이와 같은 회의는 국제안보, 경제, 환경, 인권 등 전 지구적 이슈에 대해 공동 대응 전략을 논의하고, 공공의 이익 실현을 위한 제도적 기반을 마련하는 데 목적이 있다. 특히, 국제회의(International Conference)는 조약이나 국제법을 근거로 하여 국가 간 다양한 이해관계를 조율하고 협력을 증진하는 공식적인 협의의 장으로 기능한다. 유엔(United Nations)을 포함한 21개 주요 국제기구 및 지역 협의체, 그리고 23개의 기타 다자간 기구들은 정치, 경제, 사회, 환경 등 다양한 분야의 현안을 다루기 위해 정부 간 및 비정부 간 국제회의를 정기적으로 개최하고 있다.[4] 이러한 회의를 통해 다자간 협정 또는 국제 약정이 체결되며, 이는 국제문제 해결과 지속 가능한 국제질서 형성에 기여하는 핵심적 수단으로 작용한다.

(2) 국제스포츠 행사

국제스포츠 행사는 표면적으로는 대규모의 경제적 효과와 상업적 수익 창출을 목적으로 기획 · 운영되지만, 그 이면에는 인류 공동체의 보편적 가치 증진이라는 중요한 사회적 목적이 내재되어 있다. 이러한 행사는 인종, 종교, 정치적 이념, 성별 등에 따른 모든 형태의 차별을 배제하고, 참가자 간의 우정과 연대, 그리고 페어플레이 정신에 기반한 상호이해를 촉진하는 장으로 기능한다.[5] 나아가 인간의 존엄성 보장과 세계 평화, 사회 통합, 그리고 조화로운 인간 발전에 기여함으로써 단순한 경쟁을 넘어선 인류

---

3) 김희진 · 안태기. (2017). 「이벤트 · 축제의 통합기획실무」, 서울: 대왕사, p. 96.
4) 외교부 홈페이지, https://www.mofa.go.kr, (2025. 6. 15. 최종 방문).
5) 국제올림픽위원회. (2007). 「올림픽헌장」, p. 9.

공동 번영의 기반을 마련하는 데 중요한 역할을 수행한다.

(3) 국제문화 행사

국제문화 행사는 국가 간 문화적 상호작용을 통해 외교적 관계를 증진시키는 공공외교의 핵심 수단으로 자국의 역사, 전통, 예술, 가치, 정책, 비전 등을 외국 국민에게 소개하고, 이에 대한 공감과 이해를 형성함으로써 상호 신뢰를 구축하는 데 목적이 있다. 이러한 문화 행사는 단순한 콘텐츠의 교류를 넘어 외교의 새로운 장을 열며, 국가 이미지와 문화 브랜드의 경쟁력을 강화하는 전략적 외교 활동으로 기능한다. 국제문화 행사는 '문화 외교'와 '국제문화교류'라는 개념적 틀 속에서 보다 정교하게 이해될 수 있다.

문화 외교는 외교적 목적, 즉 정치적 또는 경제적 이익 달성을 위해 문화가 수단적으로 활용되는 경향이 있는 반면, 국제문화교류는 상호 문화 이해를 기반으로 자발적 협력을 지향하며, 문화의 내재적 가치와 자율성을 중시하는 접근 방식이다. 특히 진정한 문화교류가 실현되기 위해서는 각 문화의 고유한 정체성을 상호 인정하고 존중하는 태도가 전제되어야 한다.[6]

(4) 지방자치단체 축제

지역축제는 공공성과 비영리성을 기본 성격으로 하면서도 일정 부분 수익 창출 요소를 포함하는 복합적인 행사이다. 이러한 축제는 지역 고유의 역사와 전통, 문화적 정체성을 반영한 다양한 형태의 축제로 전통문화의 현대적 재현이라는 관점에서 문화제, 예술제, 민속경연대회 등 다양한 형태로 조직되며, 지역 주민의 자발적인 참여를 기반으로 공동체적 유대감을 형성하고 지역사회 내 소속감과 연대의식을 강화하는 데 기여한다. 특히 지방자치단체 및 민간단체가 주관하는 축제는 지역의 전통적 문화유산을 보존·전승함과 동시에 외부 관광객을 유치함으로써 지역문화의 외연을 확장하고, 나아가 문화적 가치를 상업적으로 전환하는 기능을 수행한다.[7] 이처럼 지역축제는 단순한 문화 향유의 장을 넘어 해당 도시 또는 지역의 정치적 상징성, 사회문화적 정체성, 관광산업 발전, 도시브랜드 형성 등 다방면에서 긍정적 효과를 창출하는 문화정책 수단으로 작용한다.

---

6) 정정숙, 국제문화예술교류 정책 방향과 구현 사례, 경기문화재단, 문화정책 제3권 논단, https://ggc.ggcf.kr/p/5adb6b886275b54b4591e0fc, 검색일 2025. 6. 21.
7) 이미순. (2010). 「축제가 도시 브랜드를 만날 때」, 서울: 새로미, pp. 33~35.

2) 국제행사의 특성[8)]

국제행사는 정부, 지방자치단체, 기업, 민간단체 등 다양한 주체가 단독으로 또는 상호 협력하여 주최하거나 참여하는 형태로 구성된다. 이러한 행사는 개인, 국가, 지방정부, 기업 및 다양한 사회조직 간의 복합적인 상호작용 속에서 기획되고 실행되며, 각 주체의 목적과 자원이 유기적으로 결합되어 국제적 네트워크를 형성한다. 특히 국가나 지방자치단체는 국제행사 유치를 위해 사회적 기반 시설을 확충하거나 재정적·행정적 지원을 제공함으로써 행사의 원활한 개최를 뒷받침하며 경우에 따라 주요 추진 주체로서 행사를 주도하는 역할을 수행하기도 한다.

또한, 국제행사는 단순한 이벤트 차원이 아닌 국가 및 지역사회 발전을 견인하는 전략적 교류 산업으로 기능한다. 이러한 행사는 관광산업의 활성화, 도시 브랜드 가치의 제고, 국제교류의 다변화, 문화산업의 성장 등 다양한 분야에서 파급효과를 창출함으로써 지역 및 국가 차원의 지속 가능한 발전에 기여한다. 아울러 국제행사는 기능적·경제적 효과 외에도 고유한 구조적 특성을 지닌다. 인간 중심의 상호작용, 현장성과 체험성에 기반한 직접 참여성, 다양한 이해관계자의 통합적 참여 등은 국제행사를 다른 사회·문화적 현상과 구별짓는 핵심 요소로 작용한다.

(1) 인간성

인간성(humanity)은 국제행사의 구조적 특성 중 가장 핵심적인 요소로 행사가 인간의 감성적 반응과 정서적 교류를 중심에 두고 기획·운영된다는 점에서 그 의의가 크다. 국제행사는 다양한 연출 기법, 상징적 장치, 예술적 표현 등을 활용하여 참가자의 정서적 공감과 감동을 유도하며, 행사 본연의 목적을 효과적으로 전달하고자 한다.

국제행사에 참여한 개인은 행사 공간 내에서 연출된 환경과 프로그램을 통해 감정적으로 몰입하게 되며, 이러한 정서적 경험은 일상생활로 확장되어 삶의 활력이나 동기부여로 이어지는 경향이 있다. 이는 국제행사가 단순한 정보 전달의 장을 넘어서, 인간의 내면적 감성을 자극하고 문화적·심리적 만족을 제공하는 경험 중심의 공간으로 기능함을 시사한다. 특히 문화예술행사, 국제예술제, 국제컨벤션과 같은 유형의 국제행사는 정서적 교류와 인간적 감동이 중심이 되는 대표적인 사례로, 참가자 개개인에게 감동과 영감을 제공함과 동시에 행사 참여자 간 상호 소통과 정서적 연결을 유도한다.

---

8) 조현호. (2004). 「문화이벤트기획론」, 서울: 대왕사, pp. 36~37.

(2) 상호교류성

상호교류성(interactivity)은 국제행사가 단방향적인 정보 전달에 머무르지 않고 참가자 간의 능동적인 상호작용을 유도하며, 지식 · 경험 · 아이디어의 실질적 공유가 이루어지는 교류의 장으로 기능함을 의미한다. 이러한 특성은 특히 현장 체험 중심의 프로그램에서 두드러지게 나타나며, 참가자들은 물리적 공간을 공유하는 가운데 상호작용적 소통을 통해 의미 있는 관계를 형성하게 된다.

국제행사에서의 상호교류성은 참가자들이 능동적으로 행사에 참여하고 타인과의 유의미한 관계를 형성하는 과정을 통해 실현된다. 이러한 과정은 정보의 양방향 흐름을 기반으로 하며, 참여자 간의 지속적인 소통과 상호작용을 통해 자발적인 네트워크 형성을 유도한다. 상호교류성이 특히 두드러지는 국제행사 유형으로는 국제박람회, 전시회, 설명회, 견본시 등이 있다. 이러한 행사는 산업, 문화, 과학, 예술 등 다양한 분야의 전문가와 일반 대중이 한자리에 모여 직접적으로 소통할 수 있는 개방적 플랫폼을 제공한다.

(3) 현장성

현장성(site-specificity)은 국제행사를 다른 사회 · 문화적 현상과 명확히 구분 짓는 핵심적 특성 중 하나로 참가자가 특정한 시간과 공간 속에서 직접 체험하고 몰입할 수 있는 생동감 있는 경험을 제공한다는 점에서 중요한 의미를 지닌다. 이러한 특성은 행사가 개최되는 물리적 장소의 고유한 특수성과 해당 공간의 맥락에 맞게 구성된 프로그램 요소들이 결합되어 형성된다. 이 과정에서 참가자는 강한 감각적 자극과 정서적 반응을 경험하게 되며, 이는 행사 목적의 효과적인 구현으로 이어진다. 나아가 현장성은 공간의 분위기, 사람들 간의 상호작용, 시청각적 요소 등을 실시간으로 경험하게 함으로써 참가자의 몰입도를 극대화하고, 강렬하고 지속적인 인상을 형성하는 데 기여한다.

현장성이 특히 강조되는 국제행사 유형으로는 전통축제, 창작예술축제, 거리축제 등이 있으며, 이들 행사는 특정 지역의 역사, 문화, 자연환경과 결합함으로써 독창적인 장소성과 현장감을 창출한다. 특히 무대와 관람석 사이의 경계가 모호해지고, 참가자들이 정해진 동선과 연출을 따르기보다는 시간과 공간의 흐름 속에서 자율적으로 행사를 경험하고 구성해 나가는 참여 중심의 구조가 강화되면서 현장성은 더욱 극대화된다.

(4) 체험성

체험성(experientiality)은 참가자가 행사의 전 과정을 직접 경험함으로써 감각적 자극과 정서적 반응을 유도하고, 이를 통해 강렬하고 지속적인 인상을 형성하게 하는 특성이 있다. 이는 단순한 정보 수용에 그치는 수동적 관람을 넘어 오감을 활용한 능동적 참여를 통해 행사에 몰입하고 그 경험을 내면화하는 과정으로 나타난다. 체험 중심의 행사는 참가자의 참여 동기를 촉진하고, 행사 내용에 대한 이해도와 메시지에 대한 감정적 공감을 강화하며, 나아가 행사 목적과 정체성에 대한 인식 제고에도 기여한다. 특히 체험성이 강조되는 국제행사 유형으로는 기업 판촉 행사, 신제품 설명회, 마케팅 페스티벌 등이 있다. 이러한 행사에서는 참가자가 제품이나 서비스를 직접 사용하고 피드백을 제공하거나 인터랙티브 콘텐츠에 참여함으로써 행사와의 심층적인 상호작용이 이루어진다.

(5) 통합성

통합성(integrativity)은 이질적인 문화, 예술, 과학기술, 산업 등 다양한 분야가 하나의 주제 아래 유기적으로 융합되는 과정을 의미한다. 이러한 통합적 특성은 국제행사가 단일 분야의 전시나 홍보에 그치지 않고, 인류 문명의 과거와 현재를 조망하고 미래의 발전 방향을 제시하는 다층적 플랫폼으로 기능하게 한다. 통합성은 특히 문화유산과 첨단기술의 결합, 예술과 과학의 융합, 산업과 환경의 조화 등을 통해 구체화되며, 참가자들은 다양한 영역 간의 상호작용 속에서 새로운 의미와 가치를 체험할 수 있는 기회를 얻게 된다. 이러한 통합적 경험은 참가자들로 하여금 인간 삶의 다면성을 인식하게 하고, 국가 간 문화적 · 과학적 협력의 필요성에 대한 공감대를 형성하게 한다. 예를 들어, 국제박람회(EXPO)와 같은 대규모 복합적 행사는 통합성이 극대화된 대표적인 국제행사 유형으로 한정된 공간 안에서 인류 문명의 역사, 기술 발전, 환경 지속성, 사회 혁신 등의 주제를 아우르며 전 지구적 차원의 통찰을 제공한다.

3. 국제행사의 필요성

국제행사는 단순한 문화 또는 산업적 이벤트를 넘어 개최 국가 및 지역의 정치적, 경제적, 사회문화적 발전을 견인하는 다차원적 전략 도구로서의 중요성을 지닌다. 이러한 행사는 참가국 간의 외교적 신뢰 구축, 문화 간 상호이해 증진, 지역 고유 정체성의 재확인 및 공유 등 다양한 목적을 동시에 수행함으로써 국제사회 내에서의 협력 기반 형성과 평화 공존을 촉진하는 역할을 수행한다. 국제행사는 지역의 문화, 역사, 기술력 등을 전 세계에 효과적으로 알릴 수 있는 수단으로 작용하며, 이를 통해 관광객 유입 확대, 수출 증대, 글로벌 인지도 향상 등 다양한 파급효과를 유발한다. 또한 고용 창출과 산업 간 연계 효과를 통해 지역 경제 전반에 긍정적인 영향을 미치며, 중장기적으로는 도시 재생, 기반시설의 현대화 등 구조적 발전을 유도하는 계기를 제공한다.[9]

또한 국제행사는 글로벌 경쟁력 확보를 위한 전략적 거점으로 기능하며, 단기적인 경제적 성과를 넘어 국제기구 및 다자간 네트워크와의 연계를 강화하고, 지속 가능한 국제협력 모델을 구축하는 데 있어 중요한 기회를 제공한다. 특히 행사의 성공적 개최 여부는 해당 지역의 행정 역량, 물리적 인프라, 서비스 품질, 국제 홍보 전략 등 다양한 외부 환경 요인의 종합적 성과로 평가되며, 향후 국제행사 유치 경쟁에서의 우위를 결정짓는 지표로 활용된다. 대표적인 사례로 다자간 정상회의, 올림픽, FIFA 월드컵, 세계박람회(엑스포) 등은 정치·경제·문화적 상징성과 함께 대규모 자본 및 인적 자원이 집중되는 글로벌 메가 이벤트로서 국제사회의 이목을 집중시키고 개최국의 위상 강화를 실현한 바 있다.

제2절 국제행사의 종류와 분류

국제행사는 개최 주체, 성격, 장소, 참가자 등의 기준에 따라 다양한 유형으로 분류될 수 있다. 행사의 개최 형태는 옥내(屋內)와 옥외(屋外)로 구분되며, 대규모 국가중요행사, 지방자치단체가 주최하는 지역축제, 민간단체가 주관하는 전문 행사, 시민이 자발적으로 참여하는 공동체 행사 등으로 세분화될 수 있다. 본 절에서는 국제행사를 크게 다자간 정상회의, 국제스포츠 행사, 지방자치단체 축제로 분류하여 설명하고자 한다.

1. 다자간 정상회의

다자간 정상회의는 두 나라 이상의 정부 수반 또는 국가원수가 모여 세계 경제, 안보 및 기타 국제적 현안을 논의하고 조정하기 위한 다자외교의 일환으로 회원국 정상들이 특정 의제를 중심으로 정책 대화와 협의를 진행하는 포럼 형태의 회의이다. 개최국은 국제사회의 현안에 따라 의제를 선정하고, 이를 바탕으로 회원국 간의 협력과 조화를 도모하며, 개방적 공동체 실현을 추구한다. 이러한 정상회의는 정치, 안보, 경제, 사회, 문화, 환경 등 다양한 분야에서 회원국 간 협력을 증진하고, 문화적 다양성과 자발성을 존중하며, 점진적이고 신축적인 방식으로 협의체를 확대해 나가고 있다. 정상회의의 의

9) 이미순. (2010). 앞의 책, p. 5.

사결정 구조는 회원국의 자발적 협력에 기반한 합의적 형태를 지니며, 회원국 간의 다양성과 동등성을 고려한 비구속적인 의사결정 방식을 채택한다. 이러한 회의는 국가 간 협력뿐만 아니라 회의가 열리는 국가에 상당한 경제적 효과를 가져오는 산업적 가치도 지닌다. 국제회의를 개최하면 고용 증대, 관련 산업의 발전, 정보 교류로 인한 산업 경쟁력 향상 등 다양한 긍정적인 경제 효과를 기대할 수 있다.

우리나라는 한 · 아프리카 정상회의(2024), 한 · 태평양도서국 정상회의(2023), 서울 녹색미래 정상회의(2021),[10] 한 · 아세안 특별정상회의(2019), 서울 핵안보정상회의(2012), 서울 G20 정상회의(2010), 부산 APEC 정상회의(2005) 등 다양한 다자간 정상회의를 성공적으로 개최함으로써 국제사회에서의 외교적 위상과 협상력을 제고하였을 뿐만 아니라, 대규모 국제회의[11]를 기획 · 운영할 수 있는 역량과 인프라를 보유하고 있음을 입증한 바 있다.

2. 국제스포츠 행사

국제스포츠 행사는「국제경기대회 지원법」제2조제1호 및 동법 시행령 제1조의2에서 규정한 바에 의해, 국제올림픽위원회, 국제장애인올림픽위원회, 아시아올림픽평의회, 아시아장애인올림픽위원회, 국제대학스포츠연맹, 국제축구연맹, 세계육상연맹, 세계수영연맹, 국제사격연맹, 국제시각장애인스포츠연맹, 세계태권도연맹, 국제마스터스대회협회 등 국제경기단체가 주최하거나 주관하며, 일정 수 이상의 외국 선수단이 참가하는 국제경기대회로 정의된다. 이러한 국제스포츠 행사는 주관기관의 성격과 대회 형식에 따라 다양하게 분류될 수 있으며, 일반적으로는 종합경기대회, 종목별 국제경기대회, 그리고 체육 관련 국제회의 및 포럼 등으로 구분된다.

---

10) P4G(Partnering for Green Growth and the Global Goals 2030)는 기후변화에 대응하고 지속 가능하며 회복력 있는 경제체제를 구축하기 위해 설립된 글로벌 협의체로서 정부, 국제기구, 민간기업, 시민사회 등 다양한 주체들이 참여하는 다자간 협력 구조를 갖추고 있다.

11) 「국제회의산업 육성에 관한 법률」제2조제1호에 의하면, "국제회의"란 상당수의 외국인이 참가하는 회의(세미나, 토론회, 전시회 등을 포함한다)로 정의하고 있으며, 동법 시행령 제2조에서는 국제기구, 기관 또는 법인 · 단체가 개최하는 회의로서 참가자가 100명 이상, 3개국 이상의 외국인이 50명 이상 참가하여 2일 이상 진행되는 회의를 국제회의로 명시하고 있다.

〈표 1-2〉 국제스포츠 행사의 종류

구분		대회종류
종합	올림픽	· 하계올림픽대회, 동계올림픽대회, 동계패럴림픽대회, 하계패럴림픽대회 유스올림픽.
	지역별 종합대회	· 하계아시안게임, 동계아시안게임, 장애인아시안게임, 동아시아경기대회, 아시아청소년대회.
	대상별 종합대회	· 하계유니버시아드대회, 동계유니버시아드 대회(청년대상), 마스터즈 대회(노인대상), 군인대회, 스페셜 올림픽하계 및 동계대회, 월드게임.
종목별	종목별 대회	· 종목별 세계 선수권대회(남녀, 연령별, 지역별 구분), 월드컵.

출처 : 한국조세재정연구원. (2010). p. 32.

〈표 1-2〉에 제시된 바와 같이, 국제스포츠 행사는 특정 장소에서 이루어지는 스포츠 활동을 통해 참가자 및 관람객에게 직접적 또는 간접적인 자극을 제공하고, 감동과 몰입의 경험을 유도하는 모든 형태의 국제적 스포츠 이벤트를 의미한다.[12] 이러한 국제스포츠 행사는 국가 간 외교 관계를 심화시키고, 문화교류와 상호이해를 증진하는 스포츠 외교의 장으로서 기능한다. 또한 국제스포츠 행사는 대규모 인프라 구축, 도시재생, 지역 정체성 강화 등의 방식으로 지역사회 발전에 기여하며, 관광객 유치, 고용 창출, 기업 투자 유인 등 다양한 경로를 통해 경제적 부가가치를 창출하는 다층적 효과를 지닌다. 이러한 측면에서 국제스포츠 행사는 스포츠를 매개로 한 국가 전략의 일환으로서, 외교, 경제, 사회문화 영역 전반에 걸쳐 복합적 영향력을 발휘하는 글로벌 메가 이벤트로 평가된다.

3. 지방자치단체 축제

오늘날 지방자치단체가 주관하는 지역축제는 규모의 대형화와 형태의 다양화라는 뚜렷한 변화를 보이고 있다. 이러한 변화는 단순한 지역문화 행사를 넘어 축제가 지역의 정체성과 경쟁력을 반영하는 전략적 문화 자산으로 기능하게 되었음을 시사한다. 특히 한류(K-Culture) 열풍의 세계적 확산은 지역축제의 국제적 위상 제고와 브랜드 이미지 강화에 중요한 촉매제로 작용하고 있으며, 이를 통해 각 지역은 고유의 전통문화와 현대적 콘텐츠를 융합하여 국내외 관람객에게 효과적으로 전달할 수 있는 기반을 확보하고 있다. 또한, 지역축제는 세계 각국과의 문화교류를 촉진하는 플랫폼으로 기능할 뿐만

12) 고영규. (2003). "스포츠 정보망 구축과 스포츠 이벤트 도입의 지역사회 발전 효과 분석", 한양대학교 대학원 박사학위논문, p. 25.

아니라, 다양한 문화 및 문물에 대한 접촉 기회를 제공함으로써 국민의 문화적 수용성과 다문화 이해 역량을 증진시키는 데 기여한다. 이러한 기능은 외부 문화와의 상호작용 속에서 지역 고유의 전통을 창의적으로 재해석하고 발전시키는 동력으로 작용한다.

지역축제는 지역문화축제, 문화관광축제, 문화예술축제 등 다양한 유형으로 구성되며, 행사 주최자의 기획 목적에 따라 지역 활성화, 도시 이미지 제고, 주민 참여와 자긍심 고취, 문화교류 증진 등 다방면의 목표를 지향한다. 이러한 축제는 지역사회의 정체성을 강화하고, 주민들이 자발적으로 참여할 기회를 제공하여 공동체 의식을 고양시키는 중요한 역할을 수행한다.[13] 아울러, 공통된 주제를 바탕으로 문화, 예술, 교육, 친목 등의 교류를 촉진하는 장으로 기능하며, 지역의 국제적 이미지를 제고하고 외국인 관광객 유치를 통해 지역 소득 창출과 주민 고용 확대 등 경제적 파급효과를 가져온다.[14] 지방자치단체가 주관하는 지역축제는 개최 목적, 행사의 내용 및 구성, 축제의 주체 형태, 축제의 지향성이라는 네 가지 기준에 따라 유형별로 분류할 수 있다.

〈표 1-3〉 지방자치단체 축제의 유형별 분류

분 류	내 용
개최 목적	· 주민화합: 주로 해당 지역에서 전통적으로 개최 되어온 전통문화축제, 시 · 군 · 구민의 날 행사. · 관광축제: 관광산업의 발전과 관광객 유치를 통한 지역경제 육성. · 산업축제: 농업, 축산업, 어업, 상업 등의 발전을 목적. · 특수목적축제: 환경보호 또는 역사적 인물이나 사실을 추모하거나 재현하기 위한 축제.
행사 내용 및 구성	· 전통문화축제: 지역의 전승 설화나 풍습에 유래한 축제. · 예술축제: 현대적 전시예술 및 공연 예술 위주의 축제. · 종합축제: 전통문화축제형식, 예술축제형식, 체육행사 및 오락.
주체 형태	· 농업특산물, 전통공예, 특산물, 기후, 지형적 특성, 꽃, 음식, 음료 등.
축제 지향성	· 내향형 축제: 지역주민의 지역귀속감과 공동체 의식을 강화하는 목적을 가지고 전통문화적인 요소를 중심으로 한 축제. · 외향적 축제: 지역경제의 파급효과를 목적으로 관광객 유치를 하기 위한 벚꽃축제, 섬문화 축제, 경주 엑스포 등의 축제.

출처 : 박진규 · 정철상. (2005)「지역문화와 축제」, p. 56.

13) 김희진 · 안태기. (2017).「이벤트축제의 통합기획실무」, pp. 103~104.
14) 김기동. (2019). "세계태권도한마당의 문화관광축제화 전략", 가천대학교 일반대학원 박사학위논문, p. 8.

제3절 국제행사가 미치는 영향

1. 사회적 영향과 문화교류

1) 국가 간 문화교류 촉진

국제행사는 국가 간 문화교류를 촉진하고 상호이해를 증진시키는 데 있어 핵심적인 역할을 수행한다. 「국제문화교류 진흥법」 제1조는 국제문화교류의 목적을 명확히 규정하고 있으며, 우리 문화의 창의성과 다양성을 진흥함으로써 세계 문화 발전에 기여하는 것을 목표로 설정하고 있다. 또한, 동법 제2조에서는 '국제문화교류'를 문화, 예술, 관광, 체육 등 관련 분야에서 이루어지는 국제적 협력과 활동으로 정의하고 있으며, 이는 문화의 전파와 상호 교환을 통해 외교적 신뢰와 우호 관계를 강화하는 효과를 지닌다. 이러한 법적 정의는 국제행사가 단순한 문화 행사가 아닌 국제적 협력과 소통을 제도적으로 뒷받침하는 전략적 수단임을 시사한다.

문화체육관광부의 「2023년 국제문화교류 실태조사」에 따르면,[15] 국제문화교류 활동의 주요 목적은 시기별로 다소 차이를 보이는 것으로 나타났다. 2019년에는 '한국문화를 발전시키고 국제사회에 널리 알리는 것'이 가장 높은 응답 비율을 기록하며, 국제문화교류의 문화 전파 및 홍보 기능이 강조되었다.[16] 반면, 2022년에는 '정보 · 지식 공유 또는 전문 역량 강화'가 주요 목적으로 부각되면서 교류 활동의 전문성 제고와 협력적 가치 창출에 대한 수요가 증가한 것으로 분석된다.[17] 또한, 교류 대상 국가의 지역별 분포에서도 주목할 만한 변화가 나타났다. 전체적으로는 동북아시아 지역과의 교류 비중이 가장 높았으나, 2019년 대비 2022년에는 동북아시아 및 동남아시아와의 교류 비율이 감소한 반면, 북미 및 아프리카 지역과의 교류는 상대적으로 증가하는 양상을 보였다.[18] 이러한 변화는 한국의 국제문화교류가 특정 지역 중심에서 벗어나 지리적 다양성과 균형성 확대를 지향하고 있음을 시사한다.

---

15) 문화체육관광부. (2023). 「2023년 국제문화교류 실태조사」 (2022년 기준), pp. 15~26.
16) 2019년 국제문화교류 사업의 주요 목적은 '한국문화를 발전시키고 국제사회에 널리 알리는 것'이 25.6%로 가장 높았으며, 그 외에 '창작활동 활성화'와 '상호이해 증진'이 각각 22.5%로 나타났다.
17) 2022년 국제문화교류 사업의 주요 목적 중 '정보 · 지식 공유 또는 전문역량 강화'가 28.7%로 가장 높은 비율을 차지하였으며, 그 뒤를 이어 '문화예술인 상호교류를 통한 창작활동 활성화'와 '한국 지역에 대한 친밀감 제고 및 이미지 개선'이 각각 15.5%로 나타났다.
18) 2019년에는 동북아시아(34.7%), 동남아시아(17.9%), 유럽(14.5%) 순으로 교류 비중이 높았으나, 2022년에는 동북아시아(26.4%), 유럽(14.9%), 북미(14.0%) 순으로 나타나 지역별 분포에 변화가 있었다.

실제 국제행사는 참가자 및 관람객에게 타문화의 전통, 언어, 예술 등을 직접 체험할 수 있는 기회를 제공함으로써 문화 간 상호 수용성과 감수성을 제고하는 데 기여한다. 이러한 직접적이고 몰입적인 문화 체험은 문화적 차이에 대한 이해를 높이고, 상이한 정체성 간의 간극을 좁히며, 공통의 가치를 인식하게 하는 기반으로 작용한다. 즉, 인종, 종교, 성별, 국적 등의 경계를 넘어서는 포용성과 다양성의 플랫폼으로 기능하며, 서로 다른 문화적 배경을 지닌 사람들이 공감과 연대를 실현할 수 있는 장을 제공한다. 이와 같은 상호 문화교류의 과정은 국제사회 내 지속 가능한 협력 체제 구축과 평화 공존을 가능하게 하는 문화 외교적 자산으로 평가된다.

2) 지역사회의 문화적 역량 강화

국제행사가 개최되는 지역에서는 사회적 효과가 더욱더 두드러지게 나타난다. 지역주민들은 행사에 직접 참여하거나 관람하는 과정을 통해 다양한 문화적 경험과 지식을 습득하게 되고, 이러한 경험은 지역의 전통문화를 현대적 시각에서 재해석하거나, 글로벌 문화 트렌드와 결합하려는 시도로 이어지며, 문화적 재창조의 가능성을 열어준다. 이러한 문화적 변용 과정은 지역사회 구성원 간의 문화적 자긍심을 고취하고, 지역 고유의 정체성을 강화하는 한편, 전통과 현대가 공존하는 새로운 문화적 지형의 형성에 기여한다. 2018년 개최된 평창동계올림픽 및 패럴림픽은 대한민국 최초로 소도시에서 열리는 대규모 국제스포츠 행사로서 지역발전과 문화적 역량 강화를 위한 중대한 전환점을 제공했다. 특히 전체 인구의 약 3%에 불과한 강원도가 국제적 규모의 스포츠 행사를 성공적으로 개최함으로써 중앙 중심의 국가 운영 구조에 도전하는 '지방의 논리'를 입증한 대표적인 사례로 평가된다.[19]

2018년 평창 동계올림픽 및 패럴림픽은 강원 지역의 전통문화를 세계에 소개하고, 지역 브랜드 이미지를 제고한 대표적인 사례로, 올림픽 기간 동안 축제 분위기를 형성하고 개최지의 문화를 전 세계에 알리며, 문화를 매개로 교류할 수 있는 다양한 엔터테인먼트, 축제, 교육 프로그램을 포함한 문화적 장을 마련했다. 문화올림픽은 단순한 축제에 그치지 않고 지속 가능한 문화 생태계 유지와 문화 다양성 보호 및 증진이라는 본질적 가치를 기반으로 외래 방문객의 이목을 집중시키는 중요한 효과를 창출하며, 동시에 지역 주민들과의 소통과 협력을 극대화한다.[20]

---

19) 이재형 외. (2018). 「2018 평창 동계올림픽 개최효과 심층분석」, 경제 · 인문사회연구회 협동연구총서, 18-10-01, p. 14.

20) 한국국제문화교류진흥원 (2018. 2. 12). 한국의 가치있는 유산, '문화올림픽'으로 잇는다, https://kofice.or.kr/b20industry/b20_industry_03_view.asp?seq=7968, 검색일 2025. 6. 22.

한국국제문화교류진흥원은 2017년 한류 파급효과 연구보고서를 통해 평창동계올림픽이 한류에 미친 영향을 심층적으로 분석했다. 연구 결과, 2017년 한류는 전년 대비 6.9% 증가한 약 82억 달러(약 8조 8,095억 원)의 수출을 유발한 것으로 나타났다. 이 중 문화콘텐츠상품 수출액은 약 38.2억 달러로, 전년 대비 18.7% 급상승하며 한류에 의한 총수출 증가를 견인한 주요 요인으로 작용했다.[21] 또한, '평창동계올림픽이 한류에 미치는 영향 연구'에서는 한국과 미국 국민 약 2,000명을 대상으로 올림픽 전후로 한류에 대한 인식 변화를 추적 조사했다. 그 결과, 평창동계올림픽과 같은 메가 이벤트가 한류에 대한 긍정적인 인식 변화를 유도했으며, 특히 외국인보다 자국민이 이러한 긍정적 변화를 더 크게 받아들인 것으로 나타났다.[22] 국제행사는 지역문화의 발전과 글로벌화에 기여하며, 지역사회에 긍정적 효과를 제공하는 중요한 수단으로 자리매김하고 있다.

3) 주민 참여와 공동체 의식 고취

국제행사는 지역 주민들에게 문화적 자긍심을 고취시키고, 행사 준비 및 운영 과정 전반에 걸쳐 주민들의 능동적인 참여를 유도하는 중요한 사회적 효과를 지닌다. 이러한 경험은 지역 내 소속감과 공동체 의식을 강화시키며, 세대 간·계층 간의 경계를 넘는 협력과 연대의 기회를 제공한다. 나아가 공동의 목표 달성을 위한 협업 과정은 주민들 간의 상호 신뢰와 유대감을 증진시키고, 지역사회 통합의 기반을 강화하는 긍정적 요인으로 작용한다.[23]

독일의 옥토버페스트(Oktoberfest)는 지역 주민들이 자발적으로 참여하여 축제에 참석한 관광객들과 상호작용함으로써 지역 공동체 의식을 강화하고, 지역사회 구성원 간의 협력과 연대를 촉진하는 대표적인 사례로 평가받고 있다.[24] 이러한 참여형 축제는 지역사회의 문화적 정체성을 널리 알리는 동시에, 주민들에게 자부심과 연대감을 제공하여 공동체의 결속력을 높이는 데 중요한 역할을 한다.[25]

---

21) 한류로 인한 수출 효과와 국민경제적 파급효과는 6개 문화콘텐츠 산업과 8개 소비재 및 관광산업을 대상으로 분석되었다.

22) 한국국제문화교류진흥원 보도자료 (2018. 5. 18). 2017 한류 파급효과 연구보고서 발간, https://www.kofice.or.kr/g200_online/g200_online_00d_view.asp?seq=15462&tblID=gongji&clsID=0&bunho=1833, 검색일 2025. 6. 22.

23) Chang, S. (2019). "Community Engagement and Cultural Festivals: Enhancing Social Cohesion through Events", Journal of Community Studies, 45(3), pp. 123~140.

24) Hall, C. M., & Sharples, L. (2008). Food and Wine Festivals and Events around the World: Development, Management and Markets. UK: Routledge.

25) Wood, E. H. (2017). "Social Impacts of Community Events: A Comparative Study of

4) 전통문화의 보존과 현대적 재해석

현대사회에서 전통문화는 단순히 과거의 유산에 그치지 않고, 새로운 창작과 혁신의 원천으로 자리 잡고 있다. 전통문화 요소를 현대적 감각으로 재해석한 콘텐츠는 그 자체로 문화적 가치를 지니며, 새로운 세대와의 소통을 가능하게 한다. 전통문화의 재해석은 현재의 사회·문화적 맥락 속에서 새로운 의미를 부여하고, 미래와의 연속성을 창출하는 창의적이고 혁신적인 과정이다. 이러한 과정을 통해 전통문화는 정체된 유산이 아닌, 끊임없이 재구성되고 진화하는 살아 있는 자산으로서 문화적·경제적·사회적 차원에서 중요한 가치를 지니게 된다.[26)]

국제행사는 전통문화의 보존과 발전에 실질적으로 기여하는 중요한 문화적 매개체로 지역의 전통적 가치를 현대적 맥락에서 재조명함으로써, 전통문화가 단순한 과거의 유산으로 머무르지 않고 현대사회에서도 지속 가능한 문화로 자리 잡을 수 있도록 한다.[27)] 예를 들어, 국내에서 매년 개최되는 국제 차 문화 축제는 전통적인 한국 다도를 현대적 관점에서 재해석하여 세계에 소개하는 대표적인 사례이다. 또한, 전통 공예품 축제는 전통 도자기 기법을 현대적 디자인과 결합하여 전통 기법의 우아함을 유지하면서도 현대적인 실용성과 미적 감각을 더해 새로운 예술적 가치를 창출한다. 이러한 축제는 전통문화를 보존하는 동시에, 이를 현대적인 디자인과 퍼포먼스를 통해 새롭게 표현하며, 전통문화의 가치를 글로벌로 확산시키는 데 기여하고 있다.

5) 사회적 통합

국제행사는 단순한 일회성 이벤트에 그치지 않고, 지역 내 다양한 문화적 자산을 글로벌 수준으로 확장시키는 동시에, 경제적·사회적·문화적 연대와 협력을 강화할 수 있는 중요한 플랫폼으로 기능한다. 이러한 행사는 지역사회의 지속 가능한 발전과 통합을 촉진하며, 지역과 세계를 연결하는 중개자 역할을 수행함으로써 국제적 상호이해와 공동체 의식의 확산에도 기여한다.

지속 가능성이란, 현재 세대의 요구를 충족시키는 동시에 미래 세대의 욕구를 훼손하지 않는 방식으로 경제, 사회, 환경 전반에 걸친 영향을 균형 있게 조정하는 것을 의미한다. 이 개념은 건강한 환경이 회복력 있는 경제를 가능하게 하고, 이는 다시 건강

Local Festivals in Europe". Event Management, 21(4), pp. 525~539.

26) 문오영 (2024. 8. 1). 전통 문화 요소를 현대적 감각으로 재해석한 콘텐츠의 사례와 그 의미, http://www.kmedia-news.com/news/articleView.html?idxno=5082, 검색일 2025. 6. 22.

27) Locke, M. (2015). "Cultural Heritage in the Modern Era: Bridging Tradition and Innovation". Cultural Studies Quarterly, 32(2), pp. 45~67.

한 사회의 기반이 된다는 인식에 기반을 둔다. 세계육상연맹(World Athletics)과 그 파트너 조직은 지속 가능성의 세 가지 핵심 요소인 환경적 책임, 사회적 통합, 경제적 지속성 전반에 실질적인 혜택을 제공할 수 있도록 강력한 지속 가능성 전략을 수립하고 이를 체계적으로 실행할 수 있는 프레임워크를 구축하고 있다. 이러한 전략적 접근은 국제스포츠 행사가 단순한 이벤트를 넘어 장기적인 사회·환경적 가치 창출에 기여할 수 있도록 하는 기반이 된다.[28]

한편, 세계문화엑스포(World Cultural Expo)는 매년 전 세계 50여 개국이 참여하여 각국의 문화적 다양성을 공유하고, 참가국 간의 상호이해와 연대를 도모하는 중요한 플랫폼으로 자리매김하고 있다. 이 행사는 문화적 교류를 통해 지역사회의 글로벌화를 지원하는 동시에, 문화 간 협력을 강화하여 지속 가능한 사회적 통합을 실현하는 성공 사례로 평가받고 있다.[29]

2. 경제적 효과와 지역발전

1) 관광산업과 연관 산업의 성장

관광산업은 국민소득 증대와 삶의 질 향상에 대한 개인의 사회적·문화적 욕구에 따라 지속적인 성장을 이어왔으며, 국가 간 무역 및 인적 교류의 활성화와 맞물려 국제관광의 급속한 발전을 견인하고 있다. 세계여행관광협회(World Travel & Tourism Council)의 보고서에 따르면, 2019년 기준 전 세계여행 및 관광산업은 약 3억 3,400만 개의 일자리를 창출하며 전 세계 고용의 10.5%를 차지하였고, 약 10조 3천억 달러 규모의 부가가치를 기록하며 세계 GDP의 10.4%를 차지하는 등 글로벌 경제의 핵심 성장 동력으로 부상했다. 한편, 코로나19 팬데믹으로 인한 일시적 침체 이후인 2023년에는 관광산업의 세계 GDP 기여도가 9.1%로 회복되면서 산업 전반의 회복 탄력성이 입증되고 있다. 이러한 수치는 관광산업이 단순한 여가산업을 넘어, 국가 경제의 회복과 지속적 성장을 이끄는 전략적 산업으로서의 위상을 확고히 하고 있음을 보여준다.[30]

관광산업은 다른 산업과의 연관성이 높고, 민간 및 공공 부문의 투자 촉진 효과를 유발하며,[31] 국가 경제에 있어 고용 창출, 무역수지 개선, 국가 브랜드 가치 제고 등 다

---

28) 세계육상연맹. (2021). 「지속 가능한 행사 관리: 모범 사례 지침」, p. 3.
29) Smith, L. (2020). "Cultural Expos and Social Cohesion: An International Perspective". Journal of Cultural Studies, 35(4), pp. 257~269.
30) 이관영·안예진·윤호원. (2025). 「관광, 침체된 지역경제 깨운다: 지역관광 활성화 조건을 찾아서」, 야놀자리서치 리포트, 5, p. 1.
31) 김준호. (2019). "관관경재력과 환대산업 창업의 상호작용이 경제성장에 미치는 효과: 국가그룹

양한 차원에서 의미 있는 기여를 수행하고 있다.[32] 이러한 맥락에서 국제행사는 관광객 유치를 통해 지역 내 소비 활동을 활성화시키고, 호텔업, 외식업, 교통, 소매유통, 문화콘텐츠 산업 등 다양한 연관 산업에 직접적인 경제적 파급효과를 가져온다. 특히 대규모 국제행사는 비수기 수요를 창출하거나 기존 관광 자원의 고부가가치화를 유도함으로써 지역 관광산업의 구조적 다변화를 가능하게 하며, 궁극적으로 지속 가능한 관광 생태계 구축에 기여할 수 있다. 더불어 관광객의 체류 기간 증가 및 소비 확대는 실질적인 소득 증대와 고용 창출의 기회를 제공함으로써, 지역 경제의 활력 회복과 탄력성 향상에 중요한 역할을 한다. 이처럼 국제행사는 관광산업을 중심으로 다양한 산업과의 연계를 강화하며, 단순한 소비 활동을 넘어 국가 경제와 지역 경제를 연결하는 전략적 성장축으로 기능하고 있다.

2) 사회적 기반 시설의 확충

국제행사의 성공적인 개최를 위해서는 도로, 교통, 통신 등 공공 인프라의 확충과 사회적 기반 시설의 정비가 요구된다. 이는 단지 행사 운영의 효율성을 제고하는 수준을 넘어 지역사회의 장기적 발전과 주민 삶의 질 향상에도 중대한 영향을 미친다. 실제로 대규모 국제행사와 연계된 사회적 기반 시설 개발은 지역의 접근성 개선, 관광객 수용 능력 확대, 도시 이미지 제고 등 다양한 부가가치를 창출하며, 궁극적으로는 도시경쟁력 강화와 지역 간 균형 발전으로 이어진다.

구체적인 사례로, 2002년 한일월드컵 개최를 계기로 총 3조 4,707억 원의 지출이 이루어졌으며, 이 중 2조 3,882억 원은 경기장 주변 도로와 교통망 개선에 투자되었다. 이와 함께 관광소비 및 조직위원회 운영비 등으로 1조 825억 원의 소비지출이 발생하였으며, 그 결과 약 5조 3,356억 원의 부가가치 창출과 35만 명의 고용 유발이라는 실질적인 경제적 효과가 나타났다.[33] 또한, 2018년 평창동계올림픽 역시 인프라 투자와 경제 효과 측면에서 대표적 사례로 평가된다. 올림픽 개최를 위해 정부 및 지방자치단체가 계획한 총 투자 규모는 약 7조 2,555억 원이며, 이를 한국은행의 산업별 생산유발계수에 따라 분석한 결과, 직접적인 생산유발 효과는 약 16조 4,000억 원으로

간 비교", 경희대학교 대학원 박사학위논문, p. 6.

32) Arshad, M. I., Iqbal, M. A. & Shahbaz, M. (2018). "Pakistan tourism industry and challenges: A review". Asia Pacific Journal of Tourism Research, 23(2), pp. 121~132; 김준호. (2019). 앞의 논문, p. 6.

33) KDI 보도자료 (2001. 5. 30). 2002년 월드컵축구대회 경제적 파급효과, https://www.kdi.re.kr/share/pressView?bd_no=336, 검색일, 2025. 6. 22.

추정된다. 이와 별도로, 내·외국인 관광객의 총 소비지출(약 9,600억 원)과 조직위원회 지출(약 1조 9,014억 원)에 따른 추가 생산유발 효과는 약 4조 7,453억 원으로 분석되었다.

한편, 간접적 효과는 대회 종료 이후 중·장기적으로 나타나는 경제적 성과로 평창이 아시아 대표 겨울 관광지로 부상함에 따라 예상되는 지속적 관광 수요 증가, 국가 이미지 제고, 국내 기업 브랜드 가치 향상, 문화콘텐츠 및 관광산업의 국제경쟁력 강화 등이 포함된다.[34] 이러한 인프라 투자와 경제적 성과는 관광산업뿐만 아니라 지역 주민의 일상생활 개선, 이동 편의성 향상, 지역경제의 자립 기반 구축으로도 이어지며, 지역 주민의 삶의 질 향상과 경제적 활력 증진에 실질적인 기여를 한다.[35]

3) 지역브랜드 이미지 제고와 경쟁력 강화

1980년대 이후 저성장의 늪에 빠져든 많은 선진국의 도시와 지역은 경제적 위기에서 탈피하기 위한 전략으로 '장소마케팅(place marketing)'을 도입하여 지역의 경제적 활력 제고를 도모해 왔다.[36] 장소마케팅은 지역의 고유한 문화적 자원과 정체성을 기반으로 이를 상품화하고 브랜드화 하는 전략으로 단순한 관광객 유치 차원을 넘어 지역의 경쟁력 강화와 정체성 회복을 목표로 한다. 이 전략은 자연, 역사, 문화 자원을 효과적으로 활용하여 지역 고유의 이미지를 창출하고, 외부에 홍보함으로써 투자 유치, 인구 유입, 산업 재편 등 다양한 방식으로 지역발전을 촉진한다.[37]

국제행사 개최는 지역의 인지도 및 이미지 제고, 그리고 도시 브랜드 가치 향상이라는 측면에서 전략적 효과를 기대할 수 있고,[38] 행사 개최 과정에서 사회기반시설을 확충함으로서 지역의 경쟁력을 강화할 수 있다. 특히 독창적인 문화와 자연 자원을 활용하여 지역만의 고유한 이미지를 구축하면 이를 바탕으로 관광객 유입이 촉진되고 지속가능한 관광산업을 발전시킬 수 있는 기반이 마련될 수 있다. 스페인의 라 토마티나(La

---

34) 대한민국 정책브리핑 (2018. 2. 9). 경제적 파급효과로 본 평창올림픽, https://www.korea.kr/news/contributePolicyView.do?newsId=148847830, 검색일, 2025. 6. 22.

35) 김의건·고태호. (2010). "국제회의 개최가 지역경제에 미치는 영향 분석: 한·아세안 특별정상회의를 중심으로", 한국관광학회, 34(2), pp. 309~330.

36) 구동회. (2004). "도시문화 전략으로서의 장소 마케팅과 삶의 질", 국토지리학회지, 38(3), pp. 215~226.

37) 이정록·남기범·지상현. (2015). "대형 이벤트 개최가 도시 이미지와 브랜드에 미치는 영향에 관한 연구: 2013 순천만국제정원박람회를 사례로", 국토지리학회지, 49(1), p. 102.

38) Deccio, C. & Baloglu, S (2002). "NonhostCommunity Resident Reactions to the 2002 Winter Olympics: The Spillover Impacts". Journal of Travel Research, 41(1), pp. 46~56; 이정록·남기범·지상현. (2015). 앞의 논문, p. 102.

Tomatina) 축제는 발렌시아 주의 작은 마을인 부뇰(Buñol)을 세계적으로 주목받는 관광지로 탈바꿈시키는 데 기여한 대표적인 사례로 평가된다. 이 축제를 통해 지역은 독창적이고 매력적인 브랜드 이미지를 구축하였으며, 매년 수만 명의 내·외국인 관광객이 행사에 참여함으로써 지역 경제에 실질적인 부가가치를 창출했다.39)

이처럼 지역 고유의 문화자산을 활용한 축제는 지속적인 관광 수요를 유도하고 해당 지역의 글로벌 경쟁력을 제고하는 도시 브랜딩 전략으로 활용된다. 특히 축제를 통해 형성된 긍정적인 지역 이미지는 관광산업에만 국한되지 않고, 지역 내 다양한 산업군 전반에 걸쳐 경제적 파급효과를 유발함으로써 복합적인 지역발전 효과를 실현한다. 이러한 관점에서 국제행사 및 대규모 축제의 개최가 주목받는 이유는 단순히 방문객 수 증가나 직접적인 경제 효과 창출에 그치지 않고 지역 이미지 개선과 브랜드 형성을 통해 지속 가능한 지역경제 성장의 기반을 구축하는 데 있다.40)

4) 지역기업 및 전통산업의 성장 기회 제공

국제행사는 지역 내 중소기업과 전통산업에 새로운 성장 기회를 제공하며, 이를 통해 지역 산업이 글로벌 시장에 진출할 수 있는 경로를 마련하는 촉진제로 기능한다. 특히 국제행사의 개최는 지역 특산물, 전통공예, 향토 음식 등 고유 자산의 상품화 및 국제화를 가능하게 하며, 문화적 자원과 경제적 자원의 융합을 통해 지속 가능한 산업 발전의 기반을 구축하는데 기여한다. 최근 지방자치제도의 정착과 함께 전국 각지에서 지역축제의 개최 수가 급격히 증가하고 있다. 즉, 지역축제가 지역경제 활성화를 위한 중요한 정책 수단으로 주목받고 있기 때문이다. 특히 지역의 특산물, 향토 음식, 전통문화 콘텐츠 등을 중심으로 기획된 테마형 축제가 확산되고 있으며, 이러한 축제는 지역 고유의 자원을 관광 자원과 연계하여 새로운 부가가치를 창출하는 사례로 평가된다.

프랑스 리옹에서 개최되는 국제 식품 박람회는 지역의 중소 식품기업과 전통 식품 제조업체들에게 해외 바이어와의 네트워킹 기회를 제공함으로써, 글로벌 식품 시장으로의 진출을 촉진하고 있다. 이를 통해 지역 업체들은 특산품의 가치를 국제적으로 홍보하는 동시에 수출시장 다변화 및 판로 확대에 성공하며 지속 가능한 경쟁력 확보라는 실질적 성과를 거두고 있다.41) 이와 같은 국제행사는 단순한 제품 홍보나 유통 채

---

39) Delgado, M. (2016). “The Impact of Cultural Festivals on Local Economies: A Case Study of La Tomatina”. Journal of Event Management, 12(3), pp. 215~229.

40) 박형준·한진욱·하제현. (2009). “2009, 개최도시/스포츠이벤트 이미지 일치성, 개최도시 브랜드 자산, 방문의도간의 관계: 2010 춘천 월드레저총회 및 경기대회를 중심으로”, 한국체육학회지 인문사회과학, 48(6), pp. 301~311; 이정록·남기범·지상현. (2015). 앞의 논문, p, 102.

널 확보에 그치지 않고, 지역 경제 구조의 다변화를 유도하는 데 핵심적인 역할을 한다. 특히 기존의 단일 산업 중심 구조에서 벗어나 전통산업, 식품 산업, 서비스 산업 등 다양한 산업 간의 균형 있는 발전을 촉진함으로써 지역기업 생태계의 지속 가능성과 성장 가능성을 강화한다.

이러한 전략은 한국의 대표적인 발효식품인 김치의 국제표준화 사례에서도 확인할 수 있다. 1996년, 한국은 김치에 대한 CODEX(국제식품규격위원회) 규격 제정을 제안하였고, 2001년 7월 총회를 통해 국제규격으로 공식 채택되었다. 김치의 국제규격 획득은 해당 품목의 국제적 인지도 제고, 수출 활성화, 국제 교역 과정에서의 분쟁 해결 기준 확보 등 다양한 성과를 가져왔다. 이 성과는 2004년 김치 수출 1억 달러 달성이라는 실질적 결과로 이어졌으며, 나아가 프랑스의 세계적인 요리학교인 '르 꼬르동 블루'와의 협업을 통해 김치 퓨전 요리 개발 및 글로벌 홍보라는 문화적·산업적 성과도 함께 이끌어냈다.[42] 이와 유사하게, 하동군은 매년 개최되는 하동 야생차 문화 축제와 더불어, 하동녹차의 세계화를 위한 전략적 활동을 다방면으로 추진하고 있다. 멕시코에서는 하동다실 1호점 개설, 프리미엄 유통망과의 협업, 기내식 메뉴 논의, 미국에서는 뉴욕·애틀랜타에서의 수출 협약 체결, 하동차문화원 설립, H-MART와의 100만 달러 규모 수출계약 등 일련의 활동은 하동녹차의 브랜드 가치 제고와 글로벌 진출에 기여하고 있다.[43] 이러한 사례들은 지역 전통식품 산업이 국제표준화, 문화콘텐츠화, 글로벌 마케팅을 결합한 전략을 통해 고부가가치 산업으로 전환될 수 있음을 보여준다.

5) 지속 가능한 지역경제 발전

국제행사는 지역경제의 구조적 성장과 지속 가능한 발전을 견인하는 중요한 촉매제로 작용한다. 관광객 유치, 사회기반시설 확충, 산업 간 연계 효과 등 다양한 파급효과를 통해 지역 산업의 고도화를 유도하며, 자생적 경제 생태계 형성에 기여한다. 특히 박람회와 같은 국제 전시행사는 지역기업의 세계시장 진출을 촉진하고, 개최 도시의 산업 경쟁력과 글로벌 인지도를 높이는 플랫폼으로 기능한다. 더불어, 국제스포츠 대회는 관광객 소비 및 인프라 투자에 따른 직접 효과, 관련 산업에서의 간접 효과, 그리고 생

---

41) Girard, P., & Rivière, C. (2018). "International Trade Fairs and Regional Economic Development: The Case of SIRHA in Lyon", Journal of Regional Studies, 45(3), pp. 123~140.

42) 최대휴. (2006). 「전통식품산업의 세계화 적극 지원」, 경제정책해설, 나라경제 1월호, p. 82.

43) 경남연합일보 (2025. 3. 23). 하동군, '하동녹차' 세계화 박차...멕시코·미국서 빛나는 성과, https://www.gnynews.co.kr/news/articleView.html?idxno=439783, 검색일 2025. 6. 22.

산 · 고용 · 부가가치 유발 효과 등 다양한 경제적 효과를 창출한다. 아울러 국민 자부심 고취, 사회 통합, 국가 이미지 개선, 인프라 확충에 따른 삶의 질 향상 등 사회적 측면에서도 긍정적인 영향을 미친다.

2002년 한일월드컵의 경제적 파급효과는 산업연관분석을 통해 분석된 바 있으며, 그 결과 약 43만 명의 고용을 창출하고 6조 3,257억 원의 부가가치를 유발한 것으로 나타났다. 또한, 광고효과 및 국가 이미지 제고를 통해 약 5,270억 원에 달하는 수출 확대 효과가 발생한 것으로 추정되었다. 한편, 영국의 앳킨슨 연구팀은 2012년 런던올림픽이 사회 부문에 미친 영향을 분석하면서 국제 스포츠대회의 무형적 가치(intangible value)에 주목하였다. 이 연구는 청소년의 스포츠 참여 확대, 국민 통합, 장애인 인식 개선, 건강한 생활 문화 확산 등 다양한 사회문화적 효과가 주요 성과로 평가 되었다. 분석에 따르면, 해당 무형적 효과는 런던 지역에서 연간 평균 22파운드(약 37,835원), 기타 지역에서 10파운드(약 17,198원)의 가치를 지닌 것으로 나타났으며, 이 효과가 2007년부터 2016년까지 10년간 지속된다고 가정할 경우, 총 19억 5,200만 파운드(약 3조 3천억 원)의 경제적 가치로 환산되었다. 이는 런던올림픽을 위해 정부가 투입한 23억 7,500만 파운드(약 4조 원)의 재정지원 규모와 유사한 수준으로, 무형적 가치만으로도 상당한 경제적 편익이 발생했음을 시사한다.[44] 이러한 사례들은 국제행사가 단순한 일회성 이벤트에 그치지 않고, 지역의 산업 및 사회 구조를 체계적으로 강화하며, 글로벌 경제와의 연계를 통해 지역경제의 지속 가능한 발전을 이끄는 전략적 수단임을 시사한다.

44) 김상훈 한국스포츠개발원 스포츠산업실 연구원 (2014. 5. 30). https://eiec.kdi.re.kr/material/clickView.do?click_yymm=201512&cidx=2184, 검색일, 2025. 3. 25.

제2장

행사장 안전관리

행사장 안전관리

제2장

제1절 안전관리의 개념과 특성

1. 안전관리의 개념

오늘날 안전은 국가의 기본적인 과제로 인식되며, 헌법에서는 국민의 기본권 보장의 전제조건으로 여겨지고 있다. 이에 따라 국민의 자유와 권리를 보장하는 헌법 국가에 대한 합의 도출은 기본권 보장의 전제조건인 안전이 보장될 때 비로소 가능해진다. 홉스(Hobbes)는 이론적으로 개인의 안전에 대한 개념을 국가와 연관 지으며, 안전이란 무정부 상태와 무질서 속에서 근대 국가의 성립을 정당화하는 국가권력의 중요한 근거라고 주장했다.[1] 또한, 미국의 심리학자인 매슬로(Maslow)는 인간의 욕구 발달 단계에서 안전 욕구를 생리적 욕구가 충족된 이후에 나타나는 두 번째 단계의 욕구로 정의하며, 이는 재정적 안정, 건강 보호, 사고 및 질병으로부터의 안전 등 안정적인 상태를 선호하는 것을 의미한다고 설명했다. 매슬로는 이러한 안전 욕구가 충족될 때 비로소 사회가 추구하는 삶의 질을 향상시킬 수 있으며 우리가 살아가는 사회의 가장 기본적이고 필수적인 요소임을 주장했다.

"안전"이라는 개념은 사전적으로 '아무런 일이 없이 본디 그대로 온전하다'는 의미로, 일반적으로는 위험 요소가 존재하지 않거나 사고 발생의 염려가 없는 상태를 지칭한다. 그러나 안전은 그 의미가 매우 포괄적이고 복합적이기 때문에 관련 개념들과의 상대적 비교 및 의미의 한정을 통해 보다 명확한 개념 규정이 요구된다. 예를 들어, 위험(risk)과 대비할 경우 안전은 사고 발생 이전의 상태를 지칭하며, 사고 예방과 위험 요소의 사

1) 이부하. (2011). "헌법국가에서 국민의 안전보장: 독일 헌법학의 논의를 중심으로", 한독사회과학논총, 21(1), p. 161.

전 차단이라는 선제적 조치의 의미를 내포한다. 반면 재해(disaster)와 비교하면 안전은 단순한 사고 예방에 그치지 않고, 사고 발생 이후 피해를 최소화하고 복구를 수행하는 일련의 조치까지 포함한다. 이에 따라 피해 확산 방지 및 회복을 위한 대응체계 역시 안전의 범주에 포함된다.[2] 결과적으로 안전은 사고 이전의 예방적 조치와 사고 이후의 대응 및 복구 활동을 포괄하는 종합적 개념으로 이해할 수 있다. 이는 단순히 정적이고 상태적인 개념이 아니라, 위험 인지를 전제로 한 동적이고 과정 중심적 개념으로서, 정책 수립, 시설 운영, 행정 대응 등 다양한 분야에서 핵심 가치로 작용한다.

우리나라에서 "안전관리"라는 용어는 1995년 삼풍백화점 붕괴사고를 계기로 본격적으로 사용되기 시작했다. 당시 중앙정부는 국가 차원의 안전관리 체계를 정비하기 위해 국무총리실 산하에 중앙안전대책위원회와 안전관리개선기획단을 설치하여 범정부적 안전관리 정책을 총괄하는 기능을 수행했다. 또한, 중앙 차원의 대응뿐만 아니라 지방정부 차원의 대응체계도 강화했다. 전국의 시 · 도 및 시 · 군 · 구 단위에는 지역안전대책위원회를 설치하여 재난 및 사고의 예방 · 완화 · 준비 · 대응 · 복구 등 제반 업무를 관장하며 안전관리를 재난관리보다 포괄적인 개념으로 사용해 왔다.[3]

「재난 및 안전관리 기본법」(이하 "재난안전법"이라 한다)에서는 "재난관리"와 "안전관리"를 구분하고 있으며, 두 개념은 관리의 범위와 초점에서 약간의 차이가 있음을 알 수 있다. 「재난안전법」 제3조제3호에 의하면, 재난관리는 재난의 예방 · 대비 · 대응 및 복구를 위해 수행하는 모든 활동으로 정의된다. 즉, 재난관리는 재난 발생 이전의 예방과 대비, 재난 발생 시 대응 및 사후 복구 단계의 활동을 포함하여 재난 상황의 적정성을 확보하는 데 중점을 둔다. 이러한 재난관리는 자연재난과 같이 주기적으로 발생할 수 있는 재난을 예측하고 이에 대응하기 위한 체계적 관리 방안으로 사전적 관리와 사후적 관리 방안을 구분하여 적용한다. 반면에, 같은 법 제3조제4호에서 정의하는 안전관리는 재난 및 각종 사고로부터 사람의 생명, 신체 및 재산의 안전을 확보하기 위해 수행하는 모든 활동을 의미한다. 안전관리는 재난 발생의 가능성뿐만 아니라 그로 인해 발생할 수 있는 인명과 재산 피해를 예방하고 최소화하는 데 초점을 맞추며, 재난관리보다 더 포괄적인 개념으로 볼 수 있다.[4]

행사장 안전과 관련된 용어들은 선행연구에서 "안전활동", "안전대책", "안전관리" 등의 개념과 혼용되어 사용되는 경향이 있으며, 이로 인해 개념 간의 구분이 불분명해

2) 이장국. (2007). "안전에 대한 용어적 및 어원의 연구", 한국안전학회, p. 22.
3) 박병식 · 이용선. (2018). 「안전정책론」, 서울: 청목출판사, p. 46.
4) 정명운. (2016). "지방자치단체의 재난안전관리 체계 및 법제 정비 방안 연구", 세종: 한국법제연구원, p. 24.

지고 있다. 이러한 개념적 명확성의 부족은 정책 수립과 실무 적용 과정에서 혼선을 초래할 수 있으며, 효과적인 안전관리체계 구축을 저해하는 요인으로 작용한다. 국제행사에서는 '안전활동' 진행단계를 위기관리단계와 안전활동 순환체계를 고려하여 ① 사전준비단계, ② 현장활동 단계, ③ 실시단계, ④ 평가 및 수정 단계로 구분하고 있고,[5] 각 단계에서 체계적으로 이루어지는 활동을 통해 행사장의 안전을 보장한다. 이러한 단계적 접근은 행사 준비 과정에서부터 현장 운영, 종료 후 평가와 개선까지 모든 과정에서 안전을 최우선으로 고려하여 위험 요소를 사전에 제거하고, 발생할 수 있는 사고에 대비하는 종합적인 관리 체계를 의미한다. "안전대책"은 행사에 위협이 되는 주요 요인을 제거, 차단, 와해시키기 위한 사전 및 사후의 예방 활동으로 정의되며, 행사 지역 내·외부에 산재한 인적, 물적, 지리적 취약 요소를 사전에 식별하고 제거하기 위하여 안전성을 검사하고 안전을 유지하는 것을 안전대책 작용이라고 한다.[6] 즉, 안전대책은 사고 예방을 위한 선제적 조치와 사고 발생 시 신속한 대응 및 복구를 포함한 종합적인 대응 방안을 의미한다.

국제행사의 안전관리는 헌법적 기본권 보장이라는 원칙에 기반하여, 「재난안전법」, 「국민보호와 공공안전을 위한 테러방지법」(이하 "테러방지법"이라 한다), 기타 관련 개별 법령 및 행정규정에 근거하여 수행된다. 이러한 법적·제도적 기반은 국제행사 과정에서 발생할 수 있는 자연재난, 사회재난, 인적재난 등 복합적 위험 요소로부터 행사 참가자와 지역사회의 생명·신체·재산을 보호하기 위한 안전관리 활동을 규정한다.

2. 안전관리의 특성

행사장 안전관리란 행사의 준비 단계부터 종료 시점까지의 전 과정에서 발생할 수 있는 다양한 유형의 안전사고를 사전에 예방하고, 사고 발생 시에는 신속하고 체계적으로 대응할 수 있도록 계획되고 운영되는 총체적 안전관리 활동을 의미한다. 이는 단순한 현장 운영 수준을 넘어 위험 요소의 사전 식별과 제거, 비상대응체계의 구축, 교육 및 훈련, 그리고 사고 이후의 복구 및 평가까지 포함하는 통합적인 안전관리 체계를 필요로 한다. 특히, 국제행사와 같이 대규모 인원이 집결하고 복합적인 위험 요인이 동시에 존재하는 환경에서는 자연재해, 인적 재난, 테러, 군중 밀집 사고 등 다양한 위기 유형의 발생 가능성을 고려한 고도화된 안전관리 전략이 요구된다. 행사장 안전관리 체계

5) 이선기. (2007). "다자간 국제회의 안전활동의 효율성 제고에 관한 연구", 한국체육대학교 대학원 박사학위논문, p. 27.

6) 김두현. (2002). 「경호학개론」, 서울: 백산출판사, pp. 280~281; 주일엽. (2006b). "국제스포츠대회 안전활동에 대한 델파이 분석", 한국공안행정학회보, 24, p. 86.

는 중앙정부, 지방자치단체, 경찰, 소방, 의료기관, 민간경비 등 다수의 이해관계자 간의 유기적 협력과 정보 공유를 전제로 하며, 이를 통해 행사 참가자와 지역사회 구성원의 생명과 재산을 실질적으로 보호할 수 있다. 행사장 안전관리는 일반적인 재난안전관리의 특성을 반영하면서도 다음과 같은 행사장 고유의 특수성을 내포한다.7)

1) 공공재로서의 특성

행사장 안전관리는 국가와 지방자치단체가 수행해야 할 본질적이고 필수적인 공공서비스로서 공공재적 특성을 지닌다. 이는 국민 전체에게 차별 없이 제공되어야 하는 보편적 가치로서 그 수혜의 범위와 이용에 있어 배제성과 경합성이 존재하지 않는다는 점에서 순수 공공재로 분류된다. 행사장에서의 안전은 개인의 책임이나 민간의 자율성만으로는 확보될 수 없어 국가와 지방정부의 적극적인 개입과 제도적 운영이 요구된다. 이와 같은 공공재로서의 성격은 헌법과 관련 법률에 명확히 규정되어 있다. 「헌법」 제34조제6항은 국가는 재해를 예방하고 그 위험으로부터 국민을 보호하기 위해 노력하여야 한다고 규정함으로써, 국가의 재난 예방과 국민 보호에 대한 헌법적 책무를 선언하고 있다. 또한, 「재난안전법」 제2조는 재난의 예방, 대비, 대응 및 복구에 관한 활동을 국가와 지방자치단체의 기본적 책무로 설정하며, 국민의 생명과 신체의 안전을 최우선적으로 고려해야 함을 명확히 하고 있다. 이와 함께 「테러방지법」 제1조 및 제3조제1항에서는 국가와 지방자치단체가 테러로부터 국민을 보호하기 위해 예방과 대응을 위한 제도와 대책을 수립·시행해야 한다고 규정하고 있어 행사장 안전관리와 같은 복합적 위기 대응에 대한 법적 기반을 명확히 부여하고 있다.

2) 경계성과 가외성

행사장 안전관리 체계는 일반 행정조직에서 강조되는 경제적 능률성과는 다른 작동원리를 요구한다. 특히 재난의 불확실성과 복잡성은 재난관리 체계의 업무환경을 예상치 못한 상황으로 전개시키기 때문에 재난관리 활동은 일반 행정 조직에서 중시하는 경제적 능률성의 논리와는 상반되는 경계성 및 가외성의 원리가 적용된다.8)

경계성은 위기 상황에서 발생할 수 있는 비정상적이고 예외적인 변수에 대응하기 위해 정상적인 업무 범위를 넘어서 준비 및 대응 능력을 확보하는 것을 의미한다. 이는

7) 이병기·김건위. (2008). “지방자치단체 재난관리체계의 개선방안”, 서울: 한국지방행정연구원, pp. 22~24.

8) 송윤석. (2009). “대도시 재난관리 체계의 유형별 효율화 비교분석”, 한국외국어대학교 대학원 박사학위논문, p. 25; 박병식·이용선. (2018). 앞의 책, p. 49.

조직과 시스템이 일상적인 절차에 얽매이지 않고, 비상 상황에서도 유연하고 탄력적으로 작동할 수 있도록 구조화되어야 한다. 예를 들어, 행사장에서 갑작스러운 폭우나 군중 밀집으로 인한 돌발 상황이 발생했을 경우, 이에 즉시 대응할 수 있는 별도의 인력, 비상 통신 체계, 긴급 탈출 동선 등이 사전에 마련되어야 한다. 한편, 가외성은 특정 시스템이나 기능이 실패하더라도 전체 안전관리 체계가 붕괴되지 않도록 자원·인력·장비·정보체계 등을 중복적으로 확보 및 운영하는 전략을 말한다. 이는 안전성과 안정성을 동시에 담보하기 위한 사전적 대응방식으로 여분의 장비 배치, 예비 인력 확보, 대체 통신망 구축, 비상 전력 공급 체계 확보 등이 이에 해당한다. 특히 행사장과 같이 시간과 공간의 제약이 크고 다수 인원이 밀집한 환경에서는 가외성이 확보되지 않을 경우 단일 장애 요인이 대규모 피해로 확대될 수 있다는 점에서 더욱 중요하다.

3) 특수성과 복잡성

국제행사에서의 안전관리는 행사 주체, 규모, 장소, 참가자 구성 등 다양한 요인에 따라 요구되는 관리 요소가 상이하다는 점에서 특수성과 복잡성을 지닌다. 이러한 특성은 획일화된 기준 또는 절차만으로는 효과적인 안전 확보가 어려워 각 행사별 목적, 활동 유형, 공간적 특성, 참가자 구성 등 고유의 조건을 반영한 맞춤형 안전관리 전략이 요구된다. 예를 들어, 실내 컨벤션, 대규모 야외 공연, 스포츠 경기, 퍼레이드 등은 공간 구성, 군중 밀집도, 이동 동선, 개방성과 폐쇄성의 차이에 따라 각기 다른 위험 요소를 내포하고 있어 이에 상응하는 차별화된 안전관리 계획이 수립되어야 한다.

또한 국제행사는 참가자의 국적, 언어, 문화적 배경이 상이한 다문화적 환경에서 운영된다는 점에서 복잡성이 더욱 증대된다. 이러한 복잡성은 의사소통의 제약, 안전 인식의 차이, 문화적 민감성 등으로 인해 위기 상황에서의 대응 능력 저하로 이어질 수 있다. 따라서 이를 보완하기 위해서는 물리적 통제와 인력 배치에만 의존하지 않고, 행사 운영 환경과 외부 변수 전반을 고려한 통합적 안전관리 접근이 필요하다. 특히, 문화 간 소통, 기술적 표준의 통합, 참여자 다양성에 대한 이해를 기반으로 한 포괄적 대응체계를 구축함으로써 안전의 사각지대를 최소화하고 전반적인 위험관리 수준을 향상시킬 수 있다.

4) 현장 중심의 대응과 신속성

행사장 안전관리는 다양한 위험 요인이 동시다발적으로 발생할 수 있는 복합적 공간에서 수행되기 때문에 불확실성과 돌발성을 전제로 한 현장 중심의 대응 역량을 갖추는 것이 요구된다. 특히 대규모 국제행사의 경우에는 군중 밀집, 기상 변화, 사회적 위협, 기술적 사고 등 예측 불가능한 요소들이 상존하며, 이러한 변수에 효과적으로 대응하기 위해서는 철저한 사전 계획뿐 아니라 실시간 현장 대응의 신속성이 병행되어야 한다.

예를 들어, 행사장에서 긴급 상황이 발생할 경우, 중앙 집중형 명령 체계나 절차 중심의 고정된 운영 방식은 대응 속도와 효과성을 저해할 수 있다. 따라서 경직된 절차를 최소화하고, 현장 상황에 따른 자율적 판단과 즉각적 조치를 가능하게 하는 분산형 대응체계의 구축이 필요하다. 이러한 현장 중심 대응 전략은 단순한 인력 및 장비 배치 차원을 넘어 의사결정 구조의 유연성, 대응 속도, 조직 간 협업의 일관성을 포함하는 입체적인 안전관리 체계로 이해되어야 한다. 국제행사와 같이 즉시성과 신뢰성이 요구되는 상황에서는 현장 대응 인력의 신속하고 정확한 판단이 전체 재난 대응체계의 성패를 좌우할 수 있다. 이는 사전 시뮬레이션, 교육 및 훈련, 권한 위임 등 실질적 실행력을 갖춘 준비가 수반될 때 실현 가능하다.

5) 불확실성의 관리

국제행사는 다양한 외부 변수의 영향을 받는 복합적 특성으로 인해 사고 발생 가능성과 그 양상, 대응 방식 전반에 걸쳐 본질적인 불확실성을 내포하고 있다. 이러한 불확실성은 사고가 언제, 어디서, 어떤 형태로 발생할지 예측하기 어렵다는 점에서 비롯되며, 이에 따라 정형화된 매뉴얼이나 선형적 대응 방식만으로는 효과적인 안전 확보에 한계가 존재한다. 따라서 국제행사의 안전관리는 단순한 사전 계획 수립에 그치지 않고, 예기치 못한 상황 변화에 신속하고 유연하게 대응할 수 있는 조직적 역량과 실시간 대응체계의 확보가 병행되어야 한다.

불확실성을 효과적으로 관리하기 위해서는 재난 시뮬레이션, 사전 점검, 반복 훈련 등을 통해 잠재적 위험 요소를 선제적으로 식별하고, 이에 적합한 대응 장비, 인력, 절차를 체계적으로 마련하는 것이 중요하다. 특히 위기 상황에서 경직된 규칙과 절차의 적용을 최소화하고, 조직 구성원들의 자율성과 신속한 판단을 보장하는 유연한 운영체계를 구축해야 한다.[9] 또한, 미래의 예측 불가능한 위기 상황에 대비하기 위해서는 적절한 도구, 장비, 기술뿐 아니라, 최악의 상황에서도 대응 가능한 유능한 인력을 사전에 확보하고 지속적으로 역량을 강화해야 한다. 이는 재난 및 안전관리 체계의 핵심 요

---

9) 정윤수. (1994). "긴급구조와 위기관리". 한국행정연구, 3(4), pp, 67~85; 박병식 · 이용선. (2018). 앞의 책, p. 49.

소로, 정확한 인과관계에 대한 정보가 부족한 상황에서도 효과적인 대응 전략을 수립해야 하는 관리 시스템의 본질을 반영한다.[10)]

제2절 안전관리의 이론적 모형

1. 위기관리 모형

인류의 역사는 위기 상황과 생존 간의 상호작용 속에서 진화해 왔다. 위기는 단지 일시적인 혼란이나 충격으로 그치지 않고, 사회 전체의 구조와 기능에 지속적인 영향을 미치는 사건으로 작용해 왔다.[11)] 이러한 맥락에서 위기관리의 중요성은 시대와 환경의 변화에 따라 점차 확대되어 왔으며, 특히 현대사회에서는 복합적이고 예측 불가능한 위기의 속성이 강조되고 있다. 전통적으로 '위기(Crisis)'는 군사적 충돌, 외교적 갈등 등 국가 간 외부적 위협에 초점을 맞춘 협의의 안보 개념 속에서 이해되어 왔다. 하지만 사회 구조가 복잡화되고, 재난과 재해, 범죄, 감염병, 사이버 위협 등 비군사적·비전통적 위협이 증가함에 따라 위기 개념 또한 단일한 군사안보의 범주를 넘어 포괄적 안보 개념으로 확장되고 있다.[12)] 이러한 개념 확장은 자연재해, 사회적 갈등, 문화적 충돌 등 다양한 요인들이 국가와 지역사회의 안전 및 존속에 실질적인 영향을 미친다는 인식에서 비롯되었다. 즉, 위기는 단일 원인에 의해 발생하지 않으며 복합적 요인과 상호작용하면서 확산성, 파급성, 비가역성을 동반하는 특징을 가진다.

조민상(2016)은 현대사회의 위기 특성을 다음과 같이 6가지로 정리했다. 첫째, 위기는 일반적인 능력으로 해결하기 어려운 비정상적인 상황을 의미한다. 둘째, 돌발적이고 예측이 어려운 상황으로 사회 구성원들이 원하지 않는 결과를 초래하며, 사회의 가치, 규범, 문화, 조직 관계에 변화를 유발한다. 셋째, 불특정 다수를 대상으로 하여 모든 사회 주체에게 영향을 미칠 수 있다. 넷째, 반복 가능성이 존재하여, 관리 부재 시 유사한 위기가 재발될 수 있다. 다섯째, 시공간적 제약이 없으며, 국경과 물리적 거리의 제약을 초월하여 발생할 수 있다. 여섯째, 복합적인 원인과 다양한 전개 양상을 가지며, 구조적 대응을 필요로 한다.[13)] 현대적 위기관리 모형은 예방, 대비, 대응, 복구로 이어지

---

10) 박병식·이용선. (2018). 앞의 책, p. 51.
11) 김영욱. (2008). 「위험, 위기 그리고 커뮤니케이션」, 서울: 이화여자대학교출판부, p. 18.
12) 주충근. (2018). "국가위기관리의 통합성에 관한 연구: 천안함 사건과 세월호 사고를 중심으로", 경남대학교 대학원 박사학위논문, pp. 122.

는 전주기적 접근을 기반으로 하며, 특히 대규모 국제행사와 같은 복합적 공공행사에서는 행사 전 과정에 위기관리 체계를 통합적으로 적용하는 전략이 요구된다.

본 절에서는 국제행사 및 행사장 안전관리라는 특수한 환경에 적합한 위기관리 모형을 제시하기 위하여 먼저 위기의 유형 분류와 위기관리 단계별 이론적 틀을 살펴보고, 이를 기반으로 국제행사에 적용 가능한 통합적 위기관리 모형을 구성하고자 한다.

1) 국제행사의 위기 유형

국제행사는 행사의 규모, 성격, 장소, 참가자의 다양성 등 복합적인 요인에 따라 다양한 위기 상황이 발생할 수 있는 고위험 환경으로 간주된다. 특히 옥내 또는 옥외에서 개최되는 대규모 국제행사는 불특정 다수의 참여자가 동일 시·공간에 운집하는 특성을 지니고 있어 단일한 위험 요소가 발생하더라도 연쇄적인 혼란과 대형 참사로 이어질 가능성이 높다. 이러한 위기 상황은 단일 요인에 의해서가 아니라, 행사의 물리적 구조, 인파의 동선, 주변 환경, 기상 조건 등 다양한 요소가 복합적으로 작용하여 발생하게 된다. 예를 들어, 관람객 밀집도 증가에 따른 군중 압사, 행사장 내·외부 동선의 교차로 인한 혼잡, 무대 장비의 구조적 결함, 야외 행사의 경우 기상 변화에 따른 낙뢰 또는 강풍 사고 등이 그 대표적 사례에 해당한다.

이처럼 위기의 유형은 행사 특성과 개최 환경에 따라 다변화되므로 행사 기획 초기 단계에서부터 위험 요인을 체계적으로 식별하고, 상황별 대응 시나리오와 자원 배분 계획을 수립하는 것이 필수적이다. 안전관리는 단순히 사고 발생 이후의 대응을 넘어, 사고 예방을 위한 사전 계획 수립, 현장 운영 중 지속적인 모니터링, 긴급 상황 시의 초동 조치, 사고 후 평가 및 재발 방지 대책 수립까지 포함하는 전 주기적 활동으로 접근해야 한다. 특히, 국제행사나 지방자치단체가 주관하는 축제는 단순한 지역 차원의 이벤트를 넘어 국가의 이미지와 직결되는 성격을 지니고 있어, 행사의 안전사고는 참가자뿐만 아니라 지역 주민, 공공기관, 국가 전체에 부정적 영향을 미치며 국제적 신뢰와 명성에 중대한 손상을 초래할 수 있다. 따라서 국제행사에서는 안전관리를 단순한 운영 차원을 넘어, 전략적 위기관리의 핵심 요소로 인식하고 대응체계를 강화해야 할 필요가 있다.

13) 조민상. (2016). "대규모 국제행사의 안전 및 위기관리 방안: 평창 동계올림픽을 중심으로", 한국시큐리티융합경영학회지, 5(1), p. 122.

〈표 2-1〉 국제행사의 위기 유형

유형	원인	안전사고
안전	· 인파관리부재, 시설물 결함, 화재발생 등.	· 압사, 붕괴, 화재사고 등.
보안	· 테러, 폭력, 갈등 조장, 도난 등.	· 압사, 붕괴, 화재, 폭력, 폭행, 도난 등.
환경	· 날씨 변화, 환경오염 등.	· 홍수, 시설물 붕괴, 번개로 인한 화재, 호흡기 질환, 피부질환 등.
의료 및 위생	· 전염병 확산, 식중독, 응급 상황 등.	· 호흡기, 위장관 감염, 바이러스, 세균, 독소 등의 식중독.
운영 및 조직	· 예산부족, 인력부족, 장비부족 등.	· 시설물 붕괴, 응급상황시 대응 미흡.

출처 : 행정안전부. (2021). 「지역축제장 안전관리 매뉴얼」 재구성.

2) 행사장 위기관리

행사장 위기관리는 국가의 위기관리 체계와 유사한 구조를 기반으로 위기의 발생 시점에 따라 일반적으로 ① 위기 발생 전(사전 단계), ② 위기 발생 및 진행 중(대응 단계), ③ 위기 발생 후(복구 단계)의 세 가지 단계로 구분된다. 각 단계는 명확한 관리 목적과 실행 활동을 중심으로 구성되며, 위기 발생 가능성을 사전에 최소화하고, 위기 상황이 실제로 발생했을 경우 피해를 억제하고 신속하게 정상화를 유도하는 데 목적이 있다. 이러한 단계별 관리 체계는 위기관리에 대한 대응 속도와 적정성을 높이는 동시에 행사 특성에 따라 다양하게 나타나는 위험 요소에 대해 보다 유연하고 체계적인 대응을 가능하게 한다. 특히 국제행사와 같이 대규모 인원이 참여하고, 복합적인 환경에서 운영되는 경우에는 위기관리의 단계별 실행력 확보가 전체 행사의 안정성과 직결된다.

다음 〈표 2-2〉는 정부의 위기관리 체계를 기준으로 각 단계의 목적과 핵심 활동을 정리한 것으로 행사장 위기관리 체계와의 연계 가능성을 제시하고자 한다. 이 표를 통해 행사장 위기관리의 전반적인 흐름과 단계별 운영 전략을 보다 명확하게 이해할 수 있다.

〈표 2-2〉 위기관리 단계

단계	기능	활동내용
위기발생 전 단계	· 위기요인을 사전에 제거하거나 감소시키는 예방 활동. · 위기 발생 시 즉각 대응할 수 있도록 대비.	· 정보 신호체계 구성 -〉 계획 및 준비 활동 -〉 교육 및 훈련 실시.
위기발생 및 진행단계	· 신속한 대응으로 피해 최소화 및 불안감 해소. · 위기 확대 가능성 억제를 위한 활동.	· 국가 자원 및 역량 효율적 활용 -〉 정확한 정보 전달 -〉 추가적인 위기 억제 활동.
위기발생 후 소멸단계	· 피해 회복 및 이미지, 신뢰 회복을 위한 활동. · 재방방지를 위한 운영체계 보안 및 위기관리 능력 강화.	· 피해 회복 활동 -〉 진정성 있는 사과 및 재발방지활동 -〉 평가 및 제도 개선.

출처 : 행정안전부. (2021). 「지역축제장 안전관리 매뉴얼」 재구성.

〈표 2-2〉에서 제시된 내용을 바탕으로 각 단계별 위기관리의 특징을 살펴보면 다음과 같다.

첫째, 위기 발생 전 단계(예방 및 대비 단계)에서는 위기의 징후를 사전에 탐지하고, 그에 따른 대응 태세를 체계적으로 준비하는 것이 핵심이다. 이 단계에서는 위기 수준에 따라 관심, 주의, 경계, 심각의 4단계 경보 체계를 운영하며, 상황의 심각도에 따라 점진적으로 대응 수위를 조정한다. 주된 활동으로는 위기 발생 억제를 위한 사전 예방 조치, 잠재적 위험 요소 식별 및 제거, 행동 매뉴얼 수립, 교육·훈련 및 모의 시뮬레이션 실시 등이 있다.

둘째, 위기 발생 및 진행 단계(대응 단계)에서는 위기 징후가 현실화되거나 본격적으로 확산되는 상황에 직면하게 된다. 이 단계에서는 국가 또는 행사 조직의 가용 자원과 대응 역량을 총동원하여 위기를 억제하거나 피해를 최소화하는 데 초점을 둔다. 위기 발생 직후의 초기 대응은 위기관리의 성패를 좌우하는 결정적 요소로 작용하기 때문에 정보의 신속하고 정확한 전달, 관계기관 간의 협업 체계 가동, 현장 중심의 조기 대응 체계 운영이 요구된다. 아울러, 위기가 사회 전반으로 확산되지 않도록 위기 확대 억제 조치와 추가 피해 방지를 위한 통제 활동이 병행되어야 한다.

셋째, 위기 발생 후 및 소멸 단계(복구 및 평가 단계)에서는 피해 복구와 체계적 사후 평가를 통해 정상적인 상태로의 회복을 도모하는 활동이 중심이 된다. 이 단계에서는 물리적 · 심리적 피해 회복, 정부 또는 조직의 이미지 회복, 재발 방지를 위한 제도 개선과 행정 조치 마련이 이루어진다. 위기 이후의 신뢰 회복은 단순한 피해 복구를 넘어서 진정성 있는 사과, 책임 인정, 향후 재발 방지를 위한 구체적 조치 마련을 통해 가능하다고 본다. 또한, 위기 발생 원인에 대한 철저한 분석과 대응 과정의 평가를 통해 조직의 위기 대응 역량을 제고하고, 향후 유사 상황 발생 시 보다 효과적으로 대처할 수 있는 기반을 구축해야 한다.[14)]

이러한 위기관리의 단계별 접근 방식은 각국의 정책 방향이나 사회적 여건에 따라 구체적인 형태는 상이할 수 있으나, 위기 발생 전 예방–위기 발생 시 대응–위기 이후 복구와 평가라는 3단계 구조는 위기 극복의 보편적 틀로 자리잡고 있다. 아울러, 위기관리 체계는 단순히 위기를 통제하는 도구를 넘어, 국가 또는 조직이 위기 상황을 통해 체제의 안정성과 회복력을 강화하는 주요 수단으로 작용한다는 점에서 그 전략적 중요성이 매우 크다고 할 수 있다.

2. 재난관리 모형

국가중요행사나 지방자치단체 주관의 지역축제를 포함한 대규모 국제행사는 참가자의 규모와 공간적 특성, 그리고 개방성과 복합성이 높은 운영 환경으로 인해 예상치 못한 자연재해, 사회적 재난, 테러, 인적 재난 등 다양한 유형의 위기상황이 동시에 발생할 수 있다. 이러한 상황에서는 단일한 대응 방식만으로는 한계가 있으며, 재난 발생 전 · 중 · 후의 전 주기적 재난관리 체계가 필수적으로 요구된다.

국제행사에서의 재난관리는 일반적으로 ① 사고 이전의 예방 및 대비 단계, ② 사고 발생 시의 대응 단계, ③ 사고 이후의 복구 및 재발방지 단계로 구분된다. 이러한 전략적 단계 구분은 시기별 관리 목적과 역할을 명확히 설정하고, 단계별로 필요한 자원 배분, 조직 운영, 정책 수단의 효율적 적용을 가능하게 하며, 재난관리의 종합적 효과성과 지속가능성을 확보하는 데 기여한다. 또한, 재난관리 체계는 단순한 사후 대응에 국한되지 않고, 재난 예방 활동의 고도화, 위험요소의 사전 식별, 대응 역량의 정교화, 회복력 있는 지역사회 구축을 포괄하는 통합적 접근을 요구한다. 재난안전관리를 보다 체계적이고 효과적으로 수행하기 위해 학계와 실무 현장에서는 다양한 재난관리 모형이 제시되어 왔다. 그중에서도 페탁(Petak), 루빈(Rubin), 맥로글린(McLoughlin), 맥밀런(McMillan)의 재난관리 모형은 가장 널리 인용되고 적용되는 대표적인 재난안전관

14) 유재웅 · 정원준 · 최홍림 · 신현기. (2017). "위기관리 커뮤니케이션 매뉴얼 연구", 을지대학교 산학협력단, pp. 125~128.

리 이론으로 평가된다. 이들 모형은 재난 및 안전관리의 전 주기를 단계별로 구분하고, 각 단계에서 요구되는 정책적·행정적 활동과 전략을 명확히 제시함으로써, 실질적인 대응력과 관리 효율성을 제고하는 데 기여하고 있다.

〈표 2-3〉에 제시된 바와 같이, 페탁(Petak), 루빈(Rubin), 맥로글린(McLoughlin), 맥밀런(McMillan)의 모형은 모두 재난관리를 사전재난관리(Pre-Disaster Management)와 사후재난관리(Post-Disaster Management)의 이원적 구도로 분류하고 있다. 각 모형은 재난의 발생 시점과 이에 따른 관리 활동의 시간적 흐름을 기준으로 구성되며, 재난관리의 전 주기적 체계화를 목표로 한다. 우선, 페탁 모형은 재난관리 과정을 ① 완화(Mitigation)와 예방(Prevention), ② 대비와 계획(Preparedness and Planning), ③ 대응(Response), ④ 복구(Recovery)의 4단계 순환 구조로 설명하며, 이는 시간 순서에 따라 단계별 대응을 명확히 구분하고 있다. 루빈 모형은 페탁의 4단계 체계를 기본으로 하되, 각 단계 간의 상호작용성과 연계성을 강조한다. 즉, 재난관리 단계들이 독립적인 것이 아니라 상호보완적으로 작용하며, 하나의 단계에서의 의사결정이 이후 단계에 미치는 영향을 분석하는 것이 핵심이다.

한편, 맥로글린과 맥밀런의 모형은 미국의 통합재난관리체계(Integrated Emergency Management System)의 관점을 반영하여 연방정부와 지방정부 간의 협력적 관계 속에서 일련의 순환적 관리 과정을 강조한다. 이들은 특히 행정조직의 연속성 유지와 재난관리 행정 능력의 향상에 초점을 맞추어 중앙과 지방 간의 조정과 분업, 역할 분담의 체계화를 기반으로 한 행정 중심의 재난관리 모형을 제시했다.15)

〈표 2-3〉 재난관리 모형의 주요 특징과 단계

모형	특징	주요 단계 및 설정
페탁 (Petak)	· 사전 재난관리와 사후 재난관리로 나눔.	· 완화 및 예방 -〉 대비 및 계획 -〉 대응 -〉 복구.
루빈 (Rubin)	· 페탁과 유사, 단계 간의 상호작용성 강조.	· 완화 및 예방 -〉 대비 및 계획 -〉 대응 -〉 복구.
맥로글린 (Mc loughlin)	· 행정이 주가 된 재난관리 모형 제시.	· 재난관리의 주 연방와 지방의 협조를 통한 보호와 행정 능력 유지.
맥밀런 (Mc Millan)	· 주 연방과 지방의 협조(미국통합재난관리).	· 주 연방과 지방의 협력을 통한 인명과 재산보호 및 행정능력 유지.

15) 박병식·이용선. (2018). 앞의 책, pp. 51~52.

재난관리란 예방, 대비, 대응, 복구와 관련된 정책을 개발하고 집행하는 과정으로 정의되며,[16] 재난관리 단계는 시간적 흐름과 국면에 따라 피해 영향 평가, 대응, 복구, 재건, 예방, 대비, 예측 및 사전경고 등으로 세분화된다.[17] 이러한 단계적 구분을 바탕으로 대부분의 학자들은 재난관리의 핵심 과정을 예방(Prevention), 대비(Preparedness), 대응(Response), 복구(Recovery)의 4단계로 체계화하여 설명하고 있다. 이 4단계는 단순한 시간적 흐름의 구분을 넘어 재난의 전 주기에 걸친 유기적이고 통합적인 관리 체계의 핵심 구조로 기능한다. 특히 이 체계는 「재난안전법」 제3조에서 명시한 바와 같이, 국가와 지방자치단체가 수행해야 할 재난관리의 기본적 책무를 구체화한 기준 틀로서 재난의 사전 예방에서부터 사후 복구에 이르기까지 전 과정에서의 연계성과 통합성을 강조하고 있다.

제3절 안전관리 단계와 적용

본 절에서는 국제행사에서의 안전관리가 어떻게 단계적으로 이루어지고 있으며, 각 유형의 행사에 따라 어떻게 적용되고 있는지를 체계적으로 고찰하고자 한다. 특히 다자간 정상회의, 국제스포츠 행사, 지방자치단체 축제 등 주요 국제행사의 유형을 중심으로 행사의 특성에 따른 안전관리 단계의 구성 방식과 실제 운영 실태를 분석해 보고자 한다.

1. 다자간 정상회의[18]

다자간 정상회의와 같은 대규모 국제행사는 국가의 위상 제고와 외교적 신뢰 구축에

16) Petak William J. (1985). "Emergency Management: A Challenge for Public Administration", Public Administration Rewiew, 45(Special Issue), pp. 3~5; 이재은. (1998). "우리나라 위기관리 대응기능 개선방향에 관한 연구: 위기관리조직과 법규분석을 통해", 한국정책학회보, 7(2), pp. 229~252; 조종묵. (2010). "한국의 재난관리 참여기관 협력체계 분석", 충북대학교 대학원 박사학위논문, 2010, p. 18; 박병식·이용선. (2018). 앞의 책, p. 53.

17) Wilhite, Donald A. (2000). 「Drought: A Global Assessement」 (Volumes 1 and 2), Routhledge Publisherw, London, England, pp. 84~85; 조종묵. (2010). 앞의 논문, p. 18; 박병식·이용선. (2018). 앞의 책, p. 53.

18) 국내에서 개최한 다자간 정상회의의 안전관리 단계에 관한 일반적 이론이 부재하여, 이선기. (2007). "다자간 국제회의 안전활동의 효율성 제고에 관한 연구", 한국체육대학교 대학원 박사학위논문, pp. 27~28; 박정섭. (2020). "국제행사의 안전성 강화를 위한 제도적 개선방안", 동국대학교 대학원 박사학위논문, pp. 29~31을 재인용하였음.

중대한 영향을 미치는 국가중요행사로서 그 상징성과 파급력이 매우 크다. 다자간 정상회의는 외국의 국가원수, 행정수반, 국제기구 대표 등 국제사회의 핵심 인사들이 대거 참여함에 따라 행사 준비 단계부터 종료 단계까지 전 과정에 걸쳐 체계적인 안전관리 활동이 요구된다. 그러나 우리나라의 경우, 다자간 정상회의에 특화된 안전관리 단계의 개념과 정의가 명확하게 정립되어 있지 않다는 점에서 현재까지는 일반적인 위기관리 단계에 준하여 안전관리 체계가 적용되고 있는 실정이다. 다자간 정상회의는 그 특성상 다수의 정부 부처와 유관기관 간의 긴밀한 협조체계를 기반으로 하는 복합적 운영 구조를 가지며, 부처 간 상이한 법제도 및 운영 절차의 복잡성으로 인해 안전활동 수행과정에서도 고도의 조정력과 통합 관리 역량이 요구된다. 이에 따라 다자간 정상회의의 안전관리 단계는 위기관리 단계와 안전활동 순환체계를 바탕으로 ① 사전 준비 단계, ② 현장 활동 단계, ③ 실시 단계, ④ 평가 및 수정 단계로 구분하여 실시된다.

〈그림 2-1〉 다자간 정상회의 안전관리 단계

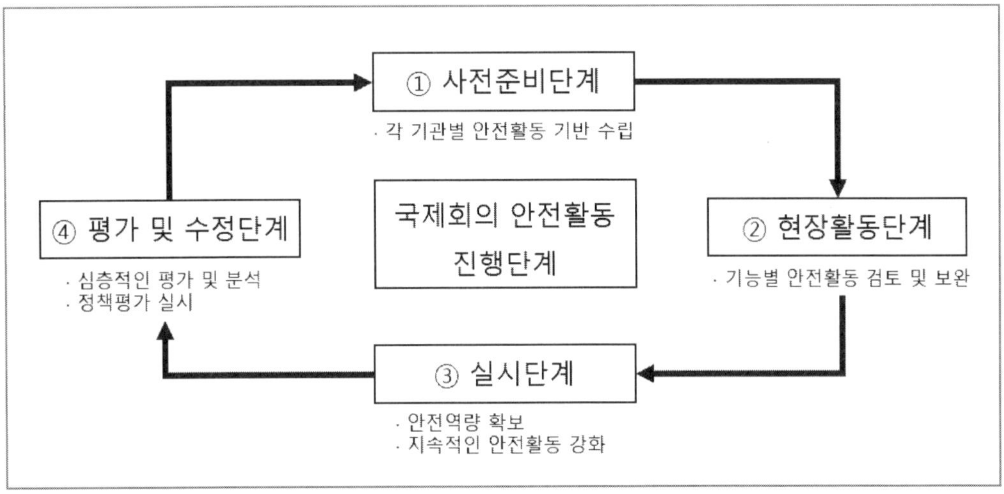

출처 : 이선기. (2007). 앞의 논문, p. 28의 재구성.

1) 사전준비 단계

사전준비 단계는 국제회의의 안전활동 전반에 걸쳐 전략적 방향성과 실행 기반을 수립하는 초기 단계로서 전체 안전관리 체계의 출발점이 된다. 국제회의 개최가 공식적으로 확정되면 「준비위원회 규정(안)」이 제정되며, 이 규정은 안전통제단의 설치 및 운영에 관한 법적 근거를 제공함으로써 조직적 안전관리 체계의 정착을 위한 제도적 기반을 마련한다. 이와 동시에, 국제회의의 성공적인 개최를 위해 개최 도시를 선정하는 별도의 선정위원회가 구성된다.[19] 위원회는 개최 후보 도시를 대상으로 물리적 인프라 현황, 재난 대응 역량, 지역사회의 수용 가능성 등 다양한 요소를 종합적으로 검토한 후 이에 대한 정량적·정성적 평가를 거쳐 최종 개최 도시를 결정한다.

아울러, 사전준비단계에서는 국제회의의 안전활동에 필요한 중·단기 실행계획이 수립된다. 구체적으로는 동원 인력 및 장비 소요의 사전 파악, 준비기구의 구성 시기 결정, 안전 교육 및 훈련 계획 수립, 예산 편성과 집행 계획의 마련이 포함된다. 이와 같은 절차는 안전예산 확보 및 안전활동 기본계획 수립과 병행되어 진행되며, 단계별 안전관리 활동의 실효성을 높이는 데 기여한다.

2) 현장활동 단계

현장활동 단계는 국제회의 안전관리 체계에서 가장 실질적인 안전활동이 수행되는 핵심 단계로 각 기능별 책임 기관이 사전에 수립된 안전관리계획을 구체화하고 그 실행 가능성을 점검하는 동시에 잠재적 위험 요소를 사전 제거하는 활동이 중점적으로 이루어진다. 이 단계에서는 현장 중심의 통합대응체계가 구축되며, 안전활동에 참여하는 관계기관 및 유관기관은 각자의 임무와 역할을 재확인하고, 정보 공유 및 상호 조정 체계를 통해 상황 대응의 일관성과 효율성을 확보한다. 이를 통해 실제 운영 현장에서의 조직 간 협업 체계와 대응 역량을 통합적으로 검증하며, 긴급 상황 발생 시 신속하고 유기적인 대응이 가능하도록 준비를 강화하는 데 중점을 둔다.

또한, 이 단계에서는 인적, 물적, 지리적 위해요소를 식별하고 이를 제거하거나 완화하는 활동이 병행된다. 이러한 조치는 국제회의 참가자 및 관계자의 신체적 안전과 현장 질서 유지에 영향을 미칠 수 있는 잠재적 위협 요인을 사전에 차단하는 데 목적이 있다. 구체적으로는, 행사장 주변의 구조적 취약 지점에 대한 사전 점검, 접근 통로 내 군중 밀집 가능성에 대한 시뮬레이션, 그리고 돌발 상황 발생 시 신속한 대응이 가능하도록 인력 배치 위치 및 장비 상태에 대한 종합적 점검 등이 포함된다. 현장활동 단계는 단순한 현장 점검 수준을 넘어, 전체 안전관리 계획의 실행력을 검증하고, 상황별 시나리오를 바탕으로 실무 훈련과 현장 적용성을 조율하는 과정으로 기능한다. 이러한 안전활동을 통해 향후 행사실시 단계에서의 혼선과 비효율을 최소화하며, 안전관리 체계의 통합성과 신속성을 실질적으로 확보할 수 있다.

---

19) 본 위원회는 관계부처 공무원을 비롯하여 학계, 재계, 언론계 등 각 분야의 민간 전문가들로 구성되어 평가의 객관성과 전문성을 동시에 확보한다.

3) 실시 단계

실시 단계는 국제회의 개최 기간 중, 사전준비 단계와 현장활동 단계에서 수립 및 점검된 모든 안전계획과 조치가 실제 현장에서 종합적으로 실행되는 핵심 실행 단계이다. 이 시점에서 사전 계획의 이행력과 현장 대응 역량이 실질적으로 검증되며, 예상치 못한 돌발 상황에 대한 즉각적인 대응이 요구된다. 이 단계에서는 준비기획단과 안전통제단 간의 긴밀한 협력체계가 유지되어야 하며, 통합지휘체계를 기반으로 제 안전기관은 실시간 정보 공유, 상황 분석, 현장 지휘체계 유지를 통해 안전조치의 실효성을 극대화한다.

특히, 현장 중심의 분산형 대응 구조가 실제로 적용되어 돌발 상황 발생 시 신속한 의사결정과 조치가 가능하도록 한다. 실시 단계의 핵심 목표는 각종 재난 및 안전사고, 테러의 예방과 즉각적인 대응에 있으며, 이를 위해 군중 밀집 관리, 출입 통제, 비상 대피, 응급 의료지원, 통신 연계 등 다양한 안전조치가 현장에서 동시에 수행된다. 이 단계는 단순한 운영 차원을 넘어 총체적인 안전관리 시스템이 실제로 작동하는 시점으로 현장 인력의 대응 역량, 관계기관 간 협조 체계, 상황 판단 및 의사결정 구조 등 모든 요소가 유기적으로 통합되어야 한다.

4) 평가 및 수정 단계

평가 및 수정 단계는 국제회의 안전활동 전 과정을 되돌아보고 실행 성과를 종합적으로 분석하는 최종 단계로 향후 유사 국제행사의 안전관리 체계 개선과 정책 수립을 위한 핵심적인 피드백 절차로 기능한다. 이 단계에서는 행사 종료 후, 각 안전 관련 기관 및 참여 주체들이 자체 보고서 및 통합 평가보고서를 바탕으로 계획 대비 실제 수행 수준을 비교·분석하며, 수행 과정에서의 문제점과 우수사례를 도출한다. 특히, 부처 간 협업 실태, 자원 배분의 적절성, 비상 대응체계의 효율성, 정보전달 체계의 신속성 등 다양한 측면에서 정량적·정성적 평가가 병행되어야 하며, 단순한 내부 성과보고에 그치는 것이 아니라, 국가 차원의 통합적 시각에서의 객관적이고 심층적인 분석이 이루어져야 한다.

평가 및 수정 단계는 행사 지역에서의 1차 분석 이후, 제 안전기관이 본래 소속 기관으로 복귀한 이후에도 지속적으로 이루어져야 하며, 이를 통해 단기적 반성과 더불어 중장기적 제도 개선, 운영 매뉴얼 보완, 교육·훈련 강화 등 구체적인 실행방안이 도출될 수 있다. 나아가 이 단계는 사후관리의 중요성을 반영하고, 경험과 데이터를 체계적으로 축적하여 조직의 학습 효과를 극대화하는 데 기여한다. 이러한 평가보고서는 향후 유사한 국제행사에서 보다 고도화된 안전관리체계 구축을 위한 실질적인 참고 자료로 활용된다.

2. 국제스포츠 행사

1) 안전활동

국제스포츠 행사의 안전관리는 개최 시기, 장소, 대회의 규모 및 특성에 따라 다양한 위험 요인을 고려하여 시설별 안전활동과 분야별 안전활동으로 구분할 수 있다.[20] 시설별 안전활동은 경기장 및 관련 인프라를 중심으로 한 물리적 공간의 안전성 확보를 목적으로 하는 조치로 대회 운영 전반에서 발생할 수 있는 구조적 위험을 사전에 예방하고 통제하는 것을 목표로 한다. 구체적으로는 경기장 내·외부의 구조적 안정성 진단, 화재 예방 및 대응을 위한 소방 점검, 테러 및 폭력행위 예방을 위한 보안 시스템 구축, 응급 상황 발생 시 신속한 대피를 위한 이동 동선 확보, 관중석, 출입구, 주차장 등 군중 밀집 가능 구역에 대한 통제 방안 마련, 시설물의 정기적 유지·보수 및 위험 요소 사전 제거 등이 포함된다.

한편, 분야별 안전활동은 국제스포츠 행사의 운영 전 과정에서 기능별로 세분화된 전문 안전조치로 경호, 대테러 대응, 출입국 관리, 보안 정보 활동 등의 주요 임무 영역으로 구성된다.[21] 경호 활동은 국내외 주요 인사, 선수단, 대회 관계자의 신변 보호를 중심으로 수행되며, 대테러 대응은 테러 발생 가능성에 대비해 위험 요소를 사전에 식별 및 차단하고, 실시간 대응체계를 구축하는 데 중점을 둔다. 그리고 출입국 관리는 조직위원회, 선수단, 외국인 관람객 등 참가자 전원의 신원 확인 및 입출국 절차를 체계적으로 관리하며, 보안 정보 활동은 행사 기간 중 발생할 수 있는 잠재적 위협을 감시하고, 관련 정보를 수집·분석하여 위험 요소를 사전에 차단하는 기능을 수행한다.

이러한 안전활동은 대회 조직위원회와 관계기관, 유관기관 간의 긴밀한 협력을 전제로 하며, 제 안전기관의 역할과 책임이 명확히 규정되고, 신속하고 효율적인 협력체계가 구축될 때에만 국제스포츠 행사의 안정성과 성공적인 운영이 보장될 수 있다.

---

20) 박정섭·이대권. (2024). “국제스포츠행사의 테러 사례 분석을 통한 정책적 함의”, 한국테러학회보, 17(2), p. 31.
21) 주일엽. (2006a). “국제스포츠대회 안전활동 발전 방안에 관한 연구” 서울대학교 대학원 박사학위논문, p. 21.

2) 안전활동 운영체계

과거 우리나라에서 개최되었던 국제스포츠 행사의 안전관리 체계를 살펴보면, 시기별로 법적 근거와 운영 방식에 따라 구조화된 단계별 대응 체계가 마련되었음을 확인할 수 있다. 2002 한·일 월드컵대회의 경우, 안전활동 운영체계는 [법률 제6127호] 「월드컵지원법」, [대통령령 제17588호] 같은 법 시행령, [대통령훈령 제93호] 「월드컵 축구대회 안전활동지침」 등에 근거하여 ① 정책심의 및 결정 단계, ② 기획 및 조정 단계, ③ 현장활동 집행 단계의 3단계로 구분하여 운영하였으며,[22] 이 후, 2002 부산아시아경기대회, 2003 대구유니버시아드대회에서도 동일하게 정책심의 및 결정 단계, 기획 및 조정 단계, 현장 활동 집행 단계의 3단계로 안전활동 운영체계를 적용했다.[23]

2010년 이후 개최된 주요 국제스포츠 행사(2011대구세계육상선수권대회, 2013충주세계조정선수권대회, 2014인천아시아경기대회, 2014인천장애인아시아경기대회 및 2015광주하계유니버시아드대회, 2018년 평창동계올림픽 등)에서는 각 대회의 조직위원회가 국·내외적으로 제기되는 다양한 위해요인들을 면밀히 검토하고, 관련 법률인 「국제대회지원법」 및 그 시행령, 「평창올림픽법」 및 그 시행령에 근거하여 안전대책기본계획을 수립하였으며,[24] 「국가 중요행사 대테러안전활동 지침」에 따라 ① 안전활동 기반 구축단계, ② 세부안전대책 마련단계, ③ 대테러·안전대책기구 본격운용단계의 3단계로 구분하여 대테러안전활동을 체계적으로 실시했다.

〈표 2-4〉 단계별 주요 대테러안전활동

단계	시기	주요 활동 내용
1단계 안전활동 기반 구축 단계	· 행사 1년 전에서 6개월 or 4개월 전	· 관계기관 합동 대테러본부 설치 · 대테러안전활동 기본계획 수립 · 관계기관 별 역할 분담 · 세부 시행계획 수립 · 관계기관 대상 안전본부 역할 설명 · 주요 행사시설 합동 점검
2단계 세부 안전대책 마련단계	· 행사 6개월 or 4개월 전에서 1개월 전	· 대테러안전대책 종합 시행계획 확정 및 통보 · 행사장 및 주변시설 안전 취약요인 점검 및 테러위험도 분석 · 현장 운영 조직 투입인력 규모 협의·조정 후 확정

22) 국가정보원 안전대책통제본부, 2002, p. 67; 주일엽. (2006a). 앞의 논문, p. 32.
23) 국가정보원 안전대책통제본부, 2002, p. 31; 주일엽. (2006a). 앞의 논문, p. 32.
24) 안전대책기본계획은 대테러·안전 운영체계, 경기장 및 비경기장 안전대책, 민간 안전인력 운영계획, 보안장비 운용계획 등을 포함한 민·관 합동 안전관리계획을 말한다.

단계	시기	주요 활동 내용
3단계 현장 활동단계	· 행사 1개월 전에서 종료 시점	· 대테러안전대책기구 본격 운용 · 대테러안전대책본부 현장 운영체제로 재편 · 대테러안전통제단 설치 · 운영 · 관계기관 합동 대테러 훈련 실시 · 자원봉사자 및 민간요원 안전교육 · 외국인 체류 동향 관리 · 제 안전기관 간 임무 조정 · 지역 · 현장 여건 맞춤형 안전대책 수립 및 시행

출처 : 대테러센터. (2018). 「국가 중요행사 대테러활동 지침」, p. 6의 재구성.

3. 지방자치단체 축제[25]

1) 단계별 검토사항

(1) 계획단계[26]

지역축제의 계획단계에서는 먼저 축제 장소와 개최 시기 및 시간을 종합적으로 검토한 후 안전관리계획을 수립한다. 수립된 계획은 관할 시 · 군 · 구 안전관리위원회의 심의를 거쳐 확정되며, 이후 행정안전부장관, 소방청장 또는 시 · 도지사가 이행 실태를 지도 및 점검함으로써 지역축제가 안전하게 운영될 수 있도록 제도적 · 행정적 관리체계를 구축한다.

가. 지역축제 행사장 위치 선정

지역축제가 대부분 야외에서 개최되는 특성을 고려하여 행사장 주변의 지형 · 지물에 따른 위험 요인을 면밀히 검토해야 한다. 특히, 집중호우, 하천 범람, 산사태, 화재 등 돌발 재해 발생 가능성이 높은 산간지역, 경사지, 천변, 교통 혼잡지역 등은 위험성 평가를 실시한 후 회피하거나 보완 대책을 수립해야 한다. 또한, 축제장의 동시 최대 수용인원을 산정하여 적절한 인원수용 대책을 마련하고, 수용 한계를 초과할 가능성에 대비한 비상대응계획을 병행하여 수립해야 한다. 특히, 불꽃놀이나 폭죽 사용이 예정된 실외 축제의 경우에는 풍향, 낙하물 반경 등을 고려하여 관람객과의 충분한 이격거리 확보, 지형지물 활용한 안전 구역 설정, 소방차 및 구조 차량의 진입 가능성 확보 등

25) 행정안전부에서 발간한 지역축제장 안전관리매뉴얼은 「재난안전법」에 근거하여 지방자치단체가 지역축제의 특성과 환경을 반영한 안전관리 체계를 수립하고 실행할 수 있도록 체계적인 지침을 제공하고 있다.

26) 행정안전부. (2021). 「지역축제장 안전관리매뉴얼」, pp. 10~11.

화재 대응체계 전반에 대한 사전 검토가 요구된다. 한편, 실내 공간에서 축제가 개최되는 경우에는 출입구와 피난 경로의 확보 여부, 화재 발생 위험성, 임시 시설물의 설치 안정성 등 시설 안전요소 전반에 대한 종합적인 사전 점검이 필수적으로 이행되어야 한다.

나. 개최 시기 및 시간 검토

지역축제의 계획단계에서는 축제의 시기와 시간 또한 중요한 검토 요소로 간주된다. 우선, 개최 시기는 기상청 예보 및 과거 기상사례 등을 참고하여 태풍, 집중호우, 폭염, 대설, 한파 등 계절별 기상이변을 피하고, 맑고 화창한 기상 조건 하에서 축제가 진행될 수 있도록 계획되어야 하며, 행사 전·중 발생할 수 있는 기상이변에 대한 대처계획을 수립해야 한다.[27]

축제 시간 계획은 축제의 성격과 프로그램 구성에 따라 주간, 야간, 새벽 등 다양하게 운영될 수 있으나, 안전관리 측면에서는 일출 이후 시작하여 일몰 이전에 종료하는 방식이 바람직하다. 이는 관람객의 이동과 활동이 주간 시간대에 보다 안전하게 이루어질 수 있다는 점에서 유리하다. 그러나 부득이하게 야간 또는 새벽 시간대에 운영되는 축제의 경우에는 조명 설치, 안전장비 확보, 감전·폭발·화재 사고 예방대책 등 종합적인 안전대책이 반드시 수립되어야 한다.[28]

(2) 시작 전 단계[29]

지역축제의 시작 전 단계는 수립된 안전관리계획의 이행 여부와 관련 법령에 따른 인·허가 요건 충족 여부를 집중적으로 검토하는 중요한 사전 준비 과정이다. 축제 개최자는 「재난안전법」을 비롯한 관계 법령과 지역안전관리위원회의 심의조건을 철저히 준수해야 하며, 모든 인·허가 사항을 성실히 이행해야 한다. 만약 이러한 요건이 축제 장소의 지리적 특성이나 주변 환경에 부합하지 않거나, 현장 적용이 곤란한 경우에는 관계 행정기관과 협의를 통해 실효성 있는 대안을 마련해야 한다.

이 단계에서는 지역안전관리민관협력위원회(지역안전관리자문단)가 중심이 되어 축제 주최자와 협의하에 경찰, 소방, 시설, 전기, 가스, 통신, 보건·위생 등 관련 분야별 합

27) 기상청의 기상특보(경보 또는 주의보) 발효 시 축제의 안전을 확보하기 위해 행사를 취소하거나 연기하는 조치가 필요하다.

28) 신년 해맞이 행사, 달집태우기, 빛의 축제, 불꽃축제 등은 어둠 속에서 다수의 인원이 밀집되는 특성을 가지므로, 관람객 보호를 위한 사전 안전조치와 현장 통제방안이 마련되어야 하며, 겨울철 야외 축제의 경우에는 저체온증, 동상 등 계절성 안전사고에 대한 사전 대비가 필요하다.

29) 행정안전부. (2021). 「지역축제장 안전관리매뉴얼」, pp. 22~23.

동 지도 · 점검을 실시한다. 합동 지도 · 점검 시에는 인 · 허가 사항과 안전관리계획의 현장 적용 가능성을 검토하고, 현장에서 확인된 문제에 대해서는 즉각적인 개선 조치가 이루어져야 한다. 특히 내수면, 해상, 산지 등 특수 지역이나 임시 시설물, 놀이기구 설치와 관련해서는 관련법에서 규정한 안전기준에 부합하는지를 중점적으로 확인한다. 아울러, 안전관리요원에 대한 사전교육도 반드시 병행되어야 한다. 안전관리요원은 사전에 일정한 자격을 갖추거나 전문교육을 이수한 인원으로 배치되어야 하며, 행사 대행기관을 통해 배치되는 경우에도 근무 전 교육 및 현장 점검이 반드시 실시되어야 한다.

마지막으로 비상연락체계 및 합동상황실의 운영체계 작동 여부를 사전에 점검하기 위해 축제 전 예행연습을 실시하고, 갑작스러운 돌풍, 집중호우 등 기상 악화 상황에 대비한 예방대책을 점검한다. 특히 야외 임시무대 설치 시에는 일반인의 출입을 철저히 통제하고, 설치 인력에 대한 안전교육을 실시하여 작업 중 안전사고를 사전에 방지해야 한다.

(3) 진행 중 단계

지역축제가 본격적으로 진행되는 단계에서는 행사 운영 중 발생할 수 있는 다양한 안전 위험 요소에 대한 실시간 대응체계 구축이 핵심 과제가 된다. 특히, 다수의 관람객이 운집하거나, 여러 권역에서 동시에 행사가 진행되는 경우에는 합동상황실을 중심으로 행사장 간 연계 및 안전관리 체계의 통합 운영이 필수적으로 요구된다.[30)]

이 단계에서는 위험이 예상되는 장소나 시간대에 안전요원을 우선적으로 배치하여 돌발 상황에 신속하게 대응할 수 있는 기반을 마련해야 하며, 행사장 내 안전관리자는 현장에서의 위험 요소를 지속적으로 점검하고, 필요한 경우 관람객 동선을 조정하거나 제한하는 등의 조치를 통해 안전사고를 미연에 방지해야 한다.

특히, 여러 장소 및 권역에서 동시다발적으로 진행되는 대규모 지역축제의 경우에는 합동상황실을 통해 군중 밀집도, 기상 상황, 시설물 이상 여부 등을 실시간으로 모니터링하고 대응해야 한다. 이와 함께, 지역축제 행사장 내에는 종합안내소를 운영하여 관람객의 편의성과 안전 확보를 동시에 도모해야 하며, 야외 임시무대 공연과 같이 대중이 한정된 공간에 집중되는 프로그램이 있는 경우, 관람객의 질서 있는 입장 및 퇴장을 유도하기 위한 별도의 통제 방안이 마련되어야 한다.

---

30) 행정안전부. (2021). 「지역축제장 안전관리매뉴얼」, p. 29.

(4) 종료 시 단계

지역축제의 종료 시점에는 관람객의 집중적인 이동으로 인한 혼잡과 안전사고 발생 가능성이 높아지는 만큼 이를 예방하기 위한 체계적인 대응이 필요하다. 이 단계에서는 안전관리요원을 주요 출입 동선에 재배치하여 관람객의 질서 있는 이동과 안전한 귀가를 유도하고, 특히 주차장 진·출입구 및 대중교통 연계 지점에서는 교통 혼잡 해소와 귀가 동선의 효율적 관리가 이루어져야 한다. 아울러, 축제 종료 이후에는 축제 개최자, 지방자치단체, 경찰서, 소방서 등 관계기관과 안전 전문가들이 협력하여 축제 기간 중 발생했거나 잠재적으로 드러난 안전관리상의 문제점을 종합적으로 분석하고, 그 결과를 차기 연도 지역축제의 안전관리계획 수립에 반영함으로써 지속적인 제도 개선과 안전관리 체계의 고도화를 도모해야 한다.[31]

2) 사건·사고 발생 시 안전관리 단계[32]

지역축제 중 사건·사고가 발생하는 경우에는 인명 보호와 피해 최소화를 최우선으로 하는 신속하고 체계적인 대응이 요구된다. 우선, 사고 발생 즉시 인명 구조 및 구급 활동이 신속하게 전개되어야 하며, 현장의 혼란을 방지하고 2차 피해를 막기 위해 관람객 및 방문객의 동요를 최소화할 수 있도록 안전관리요원을 전략적으로 배치하여 질서 있는 피난 유도와 현장 통제를 강화해야 한다.

그리고 관계기관이 합동으로 사고 현장을 정밀 조사하고, 주민 생활과 직결된 교통, 통신, 전기, 가스 등 기반시설을 우선적으로 복구하여 지역사회의 조기 안정화를 도모해야 한다. 사상자에 대해서는 의료기관에 분산 수용하여 적절한 치료를 받을 수 있도록 조치하고, 신원 확인 및 가족 연락, 유가족과 부상자에 대한 심리적·행정적 지원이 병행되어야 한다. 피해자 대표단이 구성된 경우에는 보상 협의, 장례 지원, 후속 대책 마련 등 구체적인 유가족 대책을 체계적으로 추진한다. 이와 같은 사고 대응 과정은 상황보고 및 전파 단계, 초동대응 단계, 수습 및 마무리 단계, 재난심리 대응 단계로 구분되며, 각 단계별로 명확한 지침과 역할 분담 하에 실행되어야 한다.[33]

31) 행정안전부. (2021). 「지역축제장 안전관리매뉴얼」, p. 33.
32) 행정안전부. (2021). 「지역축제장 안전관리매뉴얼」, pp. 94~100.
33) 행정안전부. (2021). 「지역축제장 안전관리매뉴얼」, pp. 35~36.

(1) 상황보고 및 전파단계

상황보고 및 전파단계는 재난 또는 사고 발생 직후, 현장의 상황을 정확하고 신속하게 관계기관에 공유하는 초기 대응 단계이다. 이 단계에서는 사고 발생 사실과 피해 상황, 대응 현황 등에 대한 체계적인 보고 체계를 가동하여 혼선 없이 정보를 전달하는 것이 중요하다. 지방자치단체는 재난 발생 즉시 대통령실, 국무조정실, 행정안전부, 문화체육관광부 등 관계 중앙부처에 해당 내용을 보고하며, 보고된 정보는 중앙부처를 통해 관련 유관기관에 신속하게 전파된다.

〈그림 2-2〉 상황보고 및 전파 체계

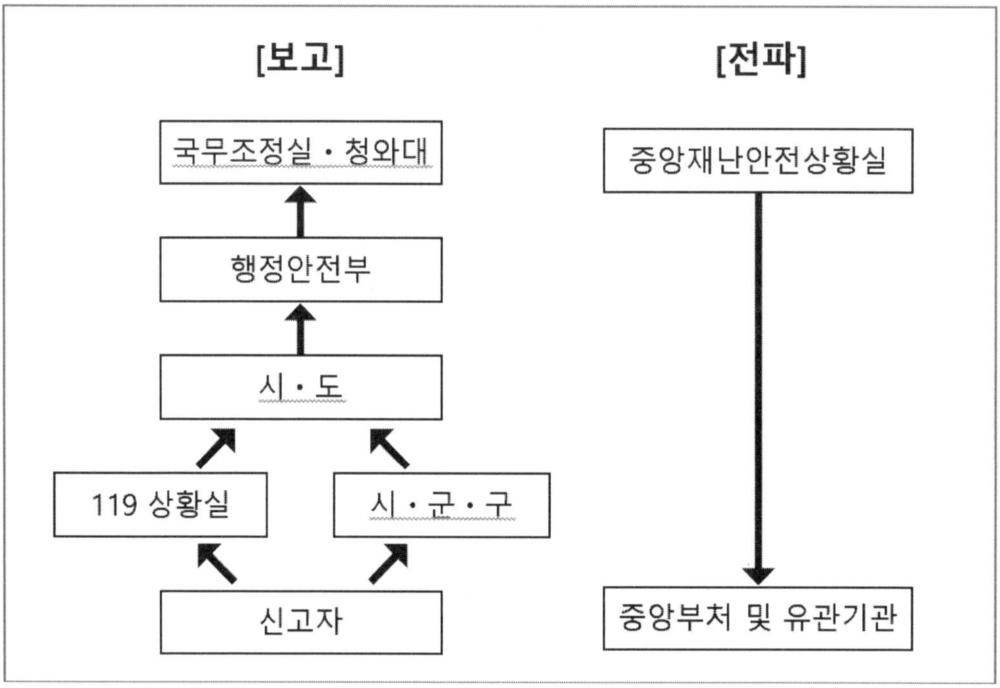

출처 : 행정안전부. (2021). 「지역축제장 안전관리 매뉴얼」, p. 96의 재구성.

(2) 초동대응 단계

초동대응 단계는 재난 발생 직후 피해 확산을 방지하고 인명과 재산의 손실을 최소화하기 위해 체계적이고 신속한 초기 조치가 이루어지는 단계이다. 시 · 도 및 시 · 군 · 구는 즉시 재난안전대책본부를 설치 · 운영하여, 재난 현장에 필요한 인력과 장비를 동원하고 현장통합지원본부를 중심으로 유관기관 간의 협력 및 지원 체계를 구축한다.

이 단계에서는 사상자의 중증도 분류 및 응급 이송(보건소 주관), 병원별 사상자 관리 체계 마련, 자원봉사자 관리 및 역할 분담, 피해지역 인근 주민에 대한 긴급 대피 조치 등이 병행 추진된다. 아울러, 소방당국은 현장에 긴급구조통제단을 설치하여 구조 활동을 지휘하고, 인명 구조 및 화재 진압 등 긴급 대응이 원활히 이뤄지도록 상황을 통제하며, 경찰은 사고 현장 주변에 출입통제선을 설치해 군중의 접근을 차단하고, 관람객의 질서 있는 대피를 유도하며, 동시에 교통통제 및 긴급 차량의 이동 경로 확보를 통해 구조 활동이 지체없이 이루어질 수 있도록 지원한다.

(3) 수습 및 마무리 단계

수습 및 마무리 단계는 사고 발생 이후 피해를 최소화하고 빠른 회복을 도모하는 동시에 향후 유사 사고의 재발을 방지하기 위한 체계적인 대응이 이루어지는 최종 단계이다. 이 단계에서 시·도 및 시·군·구는 소방, 전기, 가스, 통신 등 유관기관과 협력하여 행사장 전반에 대한 종합적인 안전점검을 실시하고, 사망자에 대한 장례 절차 지원, 부상자에 대한 치료 및 의료 지원, 피해 가족에 대한 심리적·정서적 지원과 생활 안정 대책 등을 포함한 종합적인 피해 수습 방안을 마련한다. 아울러, 경찰 및 소방 당국은 사고의 원인과 책임 소재를 규명하기 위한 정밀 조사에 착수하며, 사고 발생 경위와 구조 활동의 경과는 공식 브리핑이나 언론을 통한 공개 절차를 통해 투명하게 전달되어야 한다.

(4) 재난심리 단계

재난심리 단계는 재난으로 인해 발생한 심리적 충격, 불안, 상실감 등 정신적 후유증을 완화하고, 피해자의 심리적 안정과 일상 회복을 지원하기 위한 단계이다. 이 단계는 재난의 물리적 피해 수습뿐만 아니라, 정신적·정서적 치유가 병행되어야 한다는 통합적 재난관리의 관점에서 중요한 역할을 한다. 재난심리 지원은 심리학적 전문성을 갖춘 상담 인력과 의료인, 정신건강복지센터 등 관련 기관이 협력하여 체계적으로 수행되며, 개별 심층 상담, 그룹 상담, 집단 트라우마 치료, 스트레스 해소 교육 등 다양한 방식이 활용된다. 특히 심리적 취약 계층(아동, 고령자, 장애인, 직접 피해자 및 유족 등)에 대해서는 선별적 개입이 이루어지며, 심리적 외상 후 스트레스 장애(PTSD) 발생 가능성을 고려한 지속적 사후 모니터링이 병행된다. 또한, 현장 대응 이후에도 일정기간 동안 지역 내 상담센터 또는 공공보건 기관과 연계하여 지속 가능한 심리 지원체계를 마련해야 하며, 피해자뿐만 아니라 현장 대응 인력(소방, 경찰, 의료진 등)에 대한 사후 심리 지원도 이루어져야 한다.

제3장

국제행사의 안전 위협요인

국제행사의 안전 위협요인

제3장

제1절 불법집회 및 시위

1. 집회 · 시위의 의의

1) 집회 · 시위의 개념 정의

'집회'란 특정 또는 불특정 다수인이 특정한 목적 아래 일시적으로 일정한 장소에 모이는 것을 의미한다.[1] 여기서 '특정한 목적'이란 내적 유대를 가진 참가자들이 자신들의 의사 표시나 여론화를 위해 공동으로 설정된 목적을 말한다. 집회 · 시위에 있어 다수인의 기준에 대해서는 2인설과 3인설이 대립하나, 3인설은 독일 민법의 규정에 기초한 견해이고,[2] 현행 우리나라 판례는 공동의 목적만 존재한다면 2인만으로도 집회 성립이 가능하다는 입장을 취하고 있다.[3] 집회는 다수인의 내적 유대를 통한 의사 접촉을 본질로 하며, 단순한 모임인 군집(群集)과 구별되고, 일시적 성격을 지닌다는 점에서 지속적 성격을 가지는 결사와도 차별화된다.[4]

「헌법」 제21조제1항은 집회 및 시위를 국민의 기본적 권리로 보장하고 있으며,[5] 「집회 및 시위에 관한 법률」(이하 "집시법"이라 한다) 제2조제2호에서는 여러 사람이 공동

---

1) 1983년 11월 22일 대법원 판결 [대법원 1983. 11. 23. 선고83도2528판결(공1984, 134)]
2) 독일 민법 제56조와 제73조에 따르면, 단체의 등록을 위해서는 최소 3인의 구성원이 필요하며, 단체 구성원이 3인 이하로 감소할 경우 일정한 절차를 거쳐 그 단체의 권리능력을 박탈하도록 규정하고 있다.
3) 집회에 있어 공동 목적만 존재한다면 참여 인원의 다과(多寡)는 집회의 성립에 아무런 영향을 미치지 않는다는 입장이다. 해당 판례에서는 집회 성립의 본질적 요소로 공동 목적과 의사 접촉의 존재를 강조하며, 인원 수 자체가 집회의 성격을 결정짓는 요소는 아니라고 판단했다.
4) 성용은 · 최관. (2007). "선진 각국의 집회시위 실태와 경찰대응의 비교 분석", 치안정책연구, 20, pp. 72~73.
5) 집회 및 시위는 국가안전보장, 질서유지 또는 공공복리를 위하여 필요한 경우에 한해 「헌법」 제37조제2항에 따라 법률로 제한될 수 있다. 그러나 자유와 권리의 본질적인 내용을 침해할 수 없다.

의 목적을 가지고 도로, 광장, 공원 등 일반인이 자유로이 통행할 수 있는 장소를 행진하거나 위력(威力) 또는 기세(氣勢)를 통해 불특정 다수의 의견에 영향을 주거나 제압하려는 행위를 '시위'로 정의하고 있다. 즉, 집회 및 시위는 국민이 헌법과 법률에 따라 보장받는 기본권으로 집회 · 시위가 단순한 모임이나 이동 행위와 달리 명확한 공동의 목적성과 사회적 영향력을 전제로 한다는 점을 법률로 명확히 규정하고 있다. 「집시법」은 적법한 집회와 시위를 자유롭게 보장하는 한편, 공공질서 유지와 타인의 권리 보호를 위해 위법한 시위에 대해서는 금지하거나 제한을 통고할 수 있는 규정 또한 마련되어 있다.

2) 집회 · 시위의 유형과 특성

집회 및 시위는 그 성격과 형태에 따라 장소, 목적, 공개 여부, 시간, 무장 여부, 성질 등을 기준으로 다양한 유형으로 분류할 수 있다. 주요 유형으로는 무허가 집회 · 시위, 허가조건 위반 집회 · 시위, 폭력 집회 · 시위, 교통방해 집회 · 시위 등이 있다.

공개 여부에 따라 집회는 공개집회와 비공개집회로 구분된다. 공개집회는 참가자가 특정되지 않고 일반 대중 누구나 자유롭게 참여할 수 있는 집회를 의미하며, 비공개집회는 특정 구성원만을 대상으로 제한하여 이루어지는 집회를 말한다. 예를 들어, 정당의 전당대회나 노동조합 총회는 비공개집회의 대표적인 사례에 해당한다. 이때, 입장료의 징수 여부는 집회의 공개성 여부에 영향을 미치지 않는다.[6] 또한, 집회는 개최 장소에 따라 '옥내집회'와 '옥외집회'로 구분된다. 「집시법」 제2조제1호에서는 천장이 없거나 사방이 폐쇄되지 않은 장소에서 열리는 집회를 '옥외집회'로 정의하고 있다. 반면, '옥내 집회'에 대해서는 별도의 규정을 두고 있지 않아 현행 법률상 '옥내집회'는 신고대상에서 제외됨으로써 사전 규제나 금지가 불가능하다.

집회 및 시위가 적법한 절차를 준수하지 않거나 법적 요건을 갖추지 못한 경우에는 불법집회 · 시위로 간주된다. 이는 「집시법」 제5조(집회 및 시위의 금지), 제8조(집회 및 시위의 금지 또는 제한 통고), 제12조(교통 소통을 위한 제한), 제14조(확성기 등 사용의 제한) 등의 규정을 위반한 경우에 해당한다.

(1) 무허가 집회 · 시위

무허가 집회 · 시위란 사전에 관할 당국의 허가 또는 신고를 받지 않고 진행되는 집회를 의미하며 주로 긴급집회와 우발적 집회로 구분된다. 긴급집회는 주최자가 존재하

6) 성용은 · 최관. (2007). 앞의 논문, p. 74.

나 긴박하고 시급한 사유로 인해 「집시법」이 정한 신고기간 즉 집회 개최 720시간 전부터 48시간 전까지 관할 경찰서장에게 제출해야 하는 신고 절차를 준수하지 못한 경우를 말한다. 반면, 우발적 집회는 주최자나 주관자가 명확히 존재하지 않고 자연발생적으로 이루어지는 집회로 특정한 조직적 준비 과정을 거치지 않은 것이 특징이다.

이러한 집회 · 시위는 사전 신고를 하지 않거나 신고했더라도 관할 당국의 허가를 받지 못한 상태에서 진행되기 때문에 법적 요건을 충족하지 못한 경우에는 불법집회 · 시위로 간주될 수 있다. 「집시법」 제6조제1항은 옥외집회 또는 시위를 주최하려는 자가 반드시 사전에 관할 경찰서장에게 신고서를 제출해야 함을 규정하고 있으며, 집회의 장소가 두 곳 이상의 경찰서의 관할에 속하는 경우에는 관할 시 · 도경찰청장에게 신고서를 제출해야 하고, 두 곳 이상의 시 · 도경찰청 관할에 속하는 경우에는 주최지를 관할하는 시 · 도경찰청장에게 제출하여야 한다고 명시하고 있다. 무허가 집회 · 시위는 그 자체로 위법성이 인정될 수 있으므로 주최자와 참가자는 헌법적 권리와 공공질서 유지를 위한 법적 요건 간의 균형을 확보하는 것이 중요하다.

(2) 허가조건위반 집회 · 시위

허가조건위반 집회 · 시위란 사전에 관할 당국으로부터 적법하게 허가를 받았음에도 불구하고 실제 집회나 시위가 허가 당시 부여된 조건과 다르게 진행되는 경우를 의미한다.[7] 「집시법」 제5조는 특정한 요건을 충족하지 못하는 경우 집회 또는 시위 자체를 금지할 수 있도록 규정하고 있다. 예컨대, 허가받은 장소 이탈, 신고된 시간 초과, 참가인원이 과도하게 증가하거나, 최초 신고한 목적과 다른 정치적 또는 사회적 의도를 띠게 되는 경우에는 허가조건위반으로 간주된다. 이러한 위반 사항이 발생하면 관할 경찰기관은 집회 또는 시위의 중단을 명령할 수 있으며, 위반 주최자 및 참가자에 대해 법적 책임을 물을 수 있다. 따라서 허가조건 준수는 집회 · 시위의 적법성과 정당성을 유지하기 위한 필수 요건이며, 이를 위반할 경우 기본권 행사라는 보호를 받을 수 없게 된다.

(3) 폭력 집회 · 시위

폭력 집회 · 시위란 집회 또는 시위 과정에서 물리적 충돌, 기물 파손, 폭행, 방화 등의 폭력적 행위가 수반되는 경우를 의미한다. 이러한 폭력은 집회 참가자 상호 간에 발생할 수도 있으며, 집회를 관리하는 경찰 또는 일반 시민 등 제 3자에게 가해지는 경우

---

7) 허가 조건이란 집회의 장소, 시간, 인원수, 목적, 방법 등에 관한 사항을 포함한다.

도 포함된다. 폭력행위가 동반된 집회는 단순한 의견 표출의 범위를 넘어 공공의 안녕과 질서를 심각하게 침해할 위험이 있어 강력한 규제와 처벌의 대상이 된다. 「집시법」 제5조는 헌법재판소의 결정으로 해산된 정당의 목적을 달성하기 위한 집회 또는 시위를 금지하는 한편, 집단적인 폭행, 협박, 손괴, 방화 등으로 공공의 안녕질서에 직접적이고 명백한 위협을 끼칠 것으로 판단되는 집회 또는 시위 또한 금지하도록 규정하고 있다. 폭력 집회는 집회의 본질인 평화적 의사 표현을 훼손하는 행위로 간주되며, 국가 및 지방자치단체는 이를 예방하고 차단하기 위해 필요한 법적 조치와 행정적 대응을 강구해야 한다.

(4) 교통방해 집회 · 시위

교통방해 집회 · 시위란 집회나 시위 과정에서 주요 도로, 교차로, 철도 등 교통로를 점거하거나 통행을 방해하여 시민들의 자유로운 이동을 제한하고 공공질서를 저해하는 경우를 의미한다. 이러한 집회 · 시위는 교통 혼잡을 초래할 뿐만 아니라, 긴급 차량의 이동을 방해하여 생명 · 재산 보호에 심각한 지장을 초래할 수 있어 사회적 위험성이 매우 크다. 「집시법」 제8조제1항제3호는 교통 소통을 현저히 방해할 우려가 있는 경우, 경찰관서장이 집회 또는 시위의 금지나 제한을 통고할 수 있도록 규정하고 있다.[8] 이에 따라 당국은 사전에 집회 · 시위의 경로, 시간, 장소 등을 조정하거나 필요할 경우 집회 자체를 제한함으로써 교통 방해로 인한 공공 피해를 최소화하는 조치를 취할 수 있다. 단, 동법 제12조제2항에 따라 집회 또는 시위의 주최자가 질서유지인을 두고 도로를 행진하는 경우에는 집회와 시위를 금지할 수 없다. 교통방해 집회 · 시위는 집회 · 시위의 자유라는 헌법적 권리와 시민의 통행권 및 공공안전이라는 공익 사이의 조화를 요구하는 대표적 사례로 적법성과 비례성을 기준으로 신중하게 관리되어야 한다.

※ [대법원 2018. 5. 11. 선고 2017도9146 판결]

· **일반교통방해죄 성립 조건:** 집회 및 시위에 관한 법률에 따른 신고 없이 이루어진 집회에 참석한 참가자들이 차로 위를 행진하여 도로 교통을 방해한 경우, 참가자가 실제로 교통방해를 유발하는 직접적인 행위를 했거나 공모공동정범의 죄책을 물을 수 있는 경우에 일반교통방해죄가 성립한다.

8) 「집시법」 제12조제1항 관할경찰관서장은 대통령령으로 정하는 주요 도시의 주요 도로에서의 집회 또는 시위에 대하여 교통 소통을 위하여 필요하다고 인정하면 이를 금지하거나 교통질서 유지를 위한 조건을 붙여 제한할 수 있다.

· **추상적 위험범:** 일반교통방해죄는 교통이 불가능하거나 현저히 곤란한 상태가 발생하면 성립하며, 교통방해의 결과가 현실적으로 발생할 필요는 없다. 교통방해 행위가 계속되는 한 위법상태는 지속된다.

· **공모공동정범 사례:** 피고인이 신고 없이 열린 세월호 1주기 추모제에 참석하여 도로를 점거하고 행진한 행위는 다른 참가자들과의 암묵적 공모가 인정되어 일반교통방해죄의 공모공동정범으로 책임이 있다고 판결되었다. 이로써 공모공동정범에 관한 법리 오해로 무죄 판결을 내린 원심판결이 잘못되었다고 판단한 사례.

2. 집회 · 시위 현황

1) 국내 집회 · 시위의 변천 과정

우리나라의 주요 집회 · 시위는 각 시대의 사회적 · 정치적 상황과 긴밀하게 맞물려 민주주의 발전과 사회 구조를 변화시키는데 중요한 역할을 해왔다. 집회 · 시위는 단순한 대중적 항의 수단을 넘어 국민의 기본권을 주장하고 정치적 의사를 표현하며 사회 개혁을 실현하는 핵심적 매개체로 기능했다.

〈표 3-1〉 주요 집회 및 시위

시기	사건	배경	주요 내용
1960년	4.19 혁명	이승만 정권 부정선거	· 이승만 대통령 하야를 이끌어낸 대규모 시위.
1979년	부마 항쟁	박정희 대통령의 유신체제 반대	· 부산과 마산 지역에서 민주화를 요구하는 시위.
1980년	5.18 광주 민주화 운동	전두환 군부정권	· 광주 시민들이 군부 독재에 저항하여 벌인 시위.
1987년	6월 항쟁	전두환 정권의 독재 철폐	· 대통령직선제 개헌 요구, 전국적으로 확산된 민주화 운동.
1995년 이후	민주노총 대규모 집회	노동자 권리보장, 노동환경개선요구	· 전국민주노동조합총연맹(민주노총)이 주도한 다양한 집회.
2014년 이후	세월호 참사 진상규명촉구집회	세월호 침몰 사고	· 유가족과 시민들이 참여하여 철저한 조사를 촉구한 집회.
2016년 ~ 2017년	박근혜 대통령 국정농단 사건	박근혜 대통령 국정농단	· 박근혜 대통령 탄핵 이끌어낸 대국민 집회 · 시위.

시기	사건	배경	주요 내용
2022년	이태원 참사 진산규명촉구집회	이태원 핼러윈축제 압사사고.	· 유가족과 시민들이 정부의 대응과 관리 부실에 대한 강한 비판과 항의를 표출한 집회.
2024	윤석열 대통령 탄핵 집회	윤석열 대통령 비상계엄선포	· 윤석열 대통령 탄핵 시민사회단체 집회 · 시위.

〈표 3-1〉에 제시된 주요 집회 및 시위의 변천 과정을 살펴보면, 1945년 광복 이후부터 1960년대까지는 주로 반공 이념과 국가 정체성 확립을 둘러싼 정치적 집회·시위가 전개되었다. 특히, 1960년 4·19 혁명은 이승만 정권의 부정선거에 항의하는 학생과 시민들의 대규모 시위를 계기로 촉발되었으며 대통령 하야를 이끌어 내면서 한국 민주주의 발전의 중요한 전환점을 마련했다.

1979년 부마항쟁은 박정희 대통령의 유신체제에 반대하고 민주화를 요구하는 시민들의 집단행동으로 전개되었으며, 이는 이후 유신체제 붕괴와 민주화 요구 확산을 촉진하는 계기가 되었다. 이어서 1980년 5·18 광주 민주화운동은 전두환 군부 정권의 집권과 군사 독재에 저항한 광주 시민들의 투쟁으로 한국 민주화운동의 상징적인 사건으로 자리 잡았다.

1987년 6월 항쟁은 대통령 직선제 개헌을 요구하는 전국 대규모 시위로 확산되었으며, 6·29 선언을 통해 대통령 직선제 도입을 관철시키며 민주주의 발전의 기틀을 마련했다. 그리고 1990년대 이후에는 민주노총을 중심으로 한 대규모 집회를 통해 노동자의 권리 보장과 노동 조건 개선을 요구하는 노동운동이 활발히 전개되었다. 이러한 집회들은 사회적 약자의 목소리를 대변하고, 노동권 확대 및 노동 관련 정책 변화에 기여했다.

2014년에는 세월호 참사 진상 규명을 촉구하는 집회가 유가족과 시민 주도로 전개되었고, 철저한 사고 조사와 책임 규명을 요구하는 시민운동으로 발전했다. 2022년 이태원 참사 이후에는 정부의 부실 대응과 책임 회피를 규탄하는 전국적 집회로 확산되었으며, 이는 재난에 대한 국가 책임성과 공공안전 관리 체계의 근본적 개선을 요구하는 시민 행동으로 이어졌다.

2016~2017년까지 어이진 촛불혁명은 박근혜 대통령의 국정농단 사태에 분노한 시민들의 자발적이고 평화로운 대규모 촛불 집회로 확산되었고, 이는 헌법재판소의 탄핵 인용과 대통령 파면이라는 중대한 정치적 변화를 이끌어 냈다. 이어 2024년에는 윤석열 대통령 비상계엄 선포에 대한 찬반을 둘러싸고 집회·시위가 전국적으로 확산되었

으며 시민들은 집회 · 시위의 자유를 적극적으로 행사하고, 헌법적 가치를 수호하며 권력 남용에 대한 책임을 묻기 위해 정치적 의사를 분명히 표현했다. 이는 부적절한 계엄 선포 논란과 국정 운영에 대한 국민적 불신이 결집된 결과로, 헌법재판소의 탄핵 인용과 대통령 파면이라는 중대한 정치적 변화를 또 한 번 이끌어 냈다. 이러한 일련의 흐름은 집회 · 시위가 단순한 항의 수단을 넘어 민주주의 실현과 헌정 질서 수호를 위한 국민적 참여의 장으로 기능하고 있음을 보여준다.

2) 펜데믹 이후의 집회 · 시위

(1) 2022년 집회 · 시위 현황[9)]

〈표 3-2〉에 따르면, 최근 5년간 경찰부대가 배치된 집회 · 시위 현황은 2018년 9,627건에서 2019년 19,864건으로 약 106.3% 급증한 것으로 나타났다. 이는 당시 사회적 · 정치적 이슈가 집회 · 시위 활동을 급격히 촉진시킨 결과로 해석된다. 특히, 특정 시기의 정치적 갈등, 사회적 불만, 정책 변화 등이 집회 · 시위의 빈도에 직접적 영향을 미친다는 사실을 보여준다.

〈표 3-2〉 최근 5년간 경찰부대가 배치된 집회 · 시위 현황

(단위: 건)

구분	'18	'19	'20	'21	'22
집회시위	9,627	19,864	12,465	10,300	10,293

출처 : 경찰청. (2023). 「경찰백서」

2020년에는 COVID-19 팬데믹의 확산과 이에 따른 방역 조치 및 사회적 거리두기 정책의 시행으로 집회 · 시위 건수가 12,465건으로 전년 대비 약 37.2% 감소했다. 이어서 2021년에는 10,300건으로 다시 약 17.4% 감소하였으며 이는 지속적인 팬데믹 상황이 집회 · 시위 활동에 영향을 미치고 있음을 보여준다. 그 후, 2022년에는 10,293건으로 소폭 감소하여 전년 대비 약 0.1% 줄어들었는데, 이는 팬데믹 상황이 점차 안정화됨에 따라 집회 · 시위 활동이 일정 수준에서 유지되었음을 시사한다. 이처럼 최근 5년간의 변동 추세는 집회 · 시위 활동이 사회적 · 환경적 외부 요인, 특히 전염병과 같은 대규모 사회적 사건에 민감하게 반응하여 그 규모와 빈도가 조정된다는 점을 명확히 보여준다.

---

9) 경찰청. (2023). 「경찰백서」, p. 210.

〈표 3-3〉에 따르면, 2022년 경찰부대가 배치된 전체 집회는 10,293건으로 집계되어 전년 대비 7건(0.1%) 소폭 감소한 것으로 나타났다. 또한, 의무경찰 제도의 폐지에 따른 경찰부대 규모 감축의 영향을 받아 동원된 경찰부대 수는 13,657개 부대로 전년도 14,328개 부대 대비 671개 부대(4.7%) 감소했다. 이는 집회 · 시위 대응 체계에 있어 경찰부대의 운영 효율화와 인력구조 재편이 본격적으로 반영된 결과로 해석된다.

〈표 3-3〉 경찰부대가 배치된 집회 및 시위 건수

(2021 · 2022년)

구분	경찰부대가 배치된 집회 · 시위 수(건)	경찰부대(개)	경찰 부상자(명)
'22년	10,293	13,657	51
'21년	10,300	14,328	40
전년대비	-7	-671	+11
(%)	(-0.1%)	(-4.7%)	(+27.5%)

출처 : 경찰청. (2023). 「경찰백서」

(2) 2023년 집회 · 시위 현황[10)]

2023년 경찰은 '준법 집회 · 시위는 적극적으로 보장하고, 불법행위에 대해서는 엄정 대응한다'는 일관된 원칙을 기반으로 법질서 확립과 시민 불편 최소화를 목표로 총력 대응을 전개했다.

〈표 3-4〉 경찰부대가 배치된 집회 및 시위 건수

(2021 · 2022년)

구분	경찰부대가 배치된 집회 · 시위 수(건)	경찰부대(개)	경찰 부상자(명)
'23년	10,431	15,855	39
'22년	10,293	13,657	51
전년대비	+138	+2,198	-12
(%)	(+1.3%)	(+16.1%)	(-23.5%)

출처 : 경찰청. (2023). 「경찰백서」

10) 경찰청. (2024). 「경찰백서」, p. 176.

〈표 3-4〉에 따르면, 포스트 팬데믹의 영향과 다양한 사회적 갈등이 집회·시위로 표출되면서, 2023년 기동대가 배치된 전체 집회는 10,431건으로 전년 대비 138건(1.3%) 증가한 것으로 나타났다. 또한, 집회·시위 현장에 동원 및 배치된 기동대 수는 15,855개 부대로 전년 13,657개 부대 대비 2,198개 부대(16.1%) 증가했다. 이러한 변화는 팬데믹 이후 누적된 사회적 갈등의 확대와 이에 따른 집회·시위 활동 증가에 대응하기 위한 경찰의 기동대 운영 강화가 반영된 결과로 해석된다. 이는 집회·시위 관리와 공공질서 유지를 위해 경찰이 보다 적극적이고 체계적인 대응을 추진하고 있음을 시사한다.

제2절 재난 및 안전사고

1. 재난 및 안전사고의 의의

1) 재난 및 안전사고의 개념 정의

재난과 안전사고는 발생 원인과 피해 범위에 따라 구분되는 개념으로 관련 법령에 따라 명확하게 정의되어 있다. '재난'은 자연적 또는 인위적 요인으로 인해 사회 전체에 광범위한 영향을 미치며, 국민의 생명, 신체, 재산 및 국가 기능에 심각한 피해를 초래할 수 있는 포괄적 개념이다. 「재난안전법」 제3조에 따르면, 재난은 자연재난, 사회재난, 해외재난으로 구분된다. 자연재난은 태풍, 홍수, 지진, 대설 등과 같은 자연현상에 의해 발생하는 재해를 의미하며, 사회재난은 화재, 붕괴, 교통사고, 환경오염, 감염병 확산 등 인위적 요인에 의해 발생하는 재난을 포함한다. 해외재난은 대한민국 영역 밖에서 발생하여 국민의 생명, 신체, 재산에 피해를 초래할 수 있는 재난을 의미하며, 정부의 적극적인 국제적 대응이 요구된다. 반면, '안전사고'는 재난과 달리 보다 국지적이고 제한된 범위에서 발생하는 사고를 의미한다. 안전사고는 특정한 사건이나 행위로 인해 인명이나 재산에 피해를 주는 사고로서 주로 인간의 부주의, 안전수칙 미준수, 시설물 결함, 환경적 요인 등 복합적인 원인에 의해 발생한다. 발생 장소와 피해 유형에 따라 일상생활, 사업장, 공공시설 등 다양한 환경에서 나타날 수 있으며, 통상적으로 소규모 피해에 그치는 경우가 많다.

'재난'은 발생 원인과 피해 특성에 따라 세분화되어 법적 근거에 따라 체계적으로 관리되며, 재난 발생 시 국가 및 지방자치단체는 신속한 초기 대응과 피해 확산 방지를 위해 총력 대응해야 한다. 또한 피해를 최소화하고 빠른 복구 및 재발 방지를 위한 체계적인 사후 관리가 필수적으로 요구된다. '안전사고'는 사고 규모가 상대적으로 작아 일차적으로 현장 수준에서의 즉각적 대응과 예방 조치를 통해 관리된다. 그러나 안전사고 발생 직후 초동조치가 미흡하거나 대응체계가 부재할 경우, 사고는 급속히 확산되어 대규모 인명 피해를 초래하는 재난적 양상으로 전환될 수 있다.

2) 재난 및 안전사고의 유형과 특성

(1) 재난

자연 재난은 자연현상으로 인해 발생하는 재해를 의미하며, 이에 해당하는 사례로는 태풍, 홍수, 호우, 강풍, 풍랑, 해일, 대설, 한파, 낙뢰, 가뭄, 폭염, 지진, 황사, 조류 대발생, 조수, 화산활동 및 「우주개발 진흥법」에 따른 자연 우주물체의 추락·충돌 등 자연적 요인으로 인해 발생하는 재해를 의미한다. 이러한 자연 재난은 행사장에 직접적인 피해를 줄 수 있으며, 행사 진행의 중단, 인명 피해, 재산 손실 등을 초래할 수 있기 때문에 이에 대한 철저한 대비가 필요하다. 인적 재난은 인간의 행동이나 실수로 인해 발생하는 재난을 말하며 화재, 건물 붕괴, 교통사고 등이 이에 해당한다. 인적 재난은 주로 인프라의 부실, 안전관리의 소홀, 인적 과실 등으로 인해 발생하며, 행사장 안전 관리의 부실 또는 비상 대책 미비 시 큰 피해를 초래할 수 있다.

사회적 재난은 인간의 활동이나 인위적 요인에 의해 발생하여 사회 전반에 걸쳐 광범위한 영향을 미치는 재난으로, 화재, 붕괴, 폭발, 교통사고(항공사고 및 해상사고 포함), 화생방 사고, 환경오염사고, 다중운집 인파사고 등을 포함한다. 또한, 국가핵심기반의 마비, 「감염병의 예방 및 관리에 관한 법률」에 따른 감염병의 확산, 「가축전염병 예방법」에 따른 가축전염병, 「미세먼지 저감 및 관리에 관한 특별법」에 따른 미세먼지, 「우주개발 진흥법」에 따른 인공우주물체의 추락·충돌로 인한 피해 등도 사회재난의 범주에 포함된다. 사회재난은 주로 인프라의 붕괴나 환경적 요인, 사회적 갈등 등 인위적 요인에 의해 발생하며, 행사 참가자와 관련 인프라에 광범위한 영향을 미칠 수 있으며, 행사의 중단 또는 취소를 초래할 수 있는 요인으로 작용할 수 있다. 해외재난은 대한민국 영역 밖에서 발생하여 우리 국민의 생명, 신체 및 재산에 피해를 줄 수 있는 재난을 의미하며, 자연재해, 전염병 확산, 테러 등 다양한 요인에 의해 발생한다. 해외재난은 국제적 대응 체계와 정부 차원의 적극적 개입을 필요로 한다.

최근 「재난안전법」에서는 인적 재난과 사회적 재난을 통합하여 사회재난으로 규정하고 있다. 이는 두 재난 유형 모두 인간의 활동이나 사회적 요인에 의해 발생하며, 피해 범위와 양상이 비슷하다는 점에서 보다 포괄적이고 체계적인 대응체계를 마련하기 위함이다. 따라서 국제행사와 지역축제와 같은 대규모 행사에서는 자연재난과 사회재난(인적 재난 포함)에 대한 사전 대비와 위기관리 계획을 수립하여 행사 진행 시 발생할 수 있는 다양한 위기 상황에 효율적으로 대응할 수 있어야 한다.

(2) 안전사고

행사장 안전사고의 유형은 발생 원인에 따라 물리적 요인, 환경적 요인, 인적 요인으로 구분할 수 있다. 물리적 요인에 의한 사고는 주로 무대, 조명, 스크린, 천막 등 행사장에서 사용되는 시설물의 구조적 결함이나 설비의 파손으로 인해 발생한다. 예를 들어, 무대나 조명 장치의 결함으로 인해 시설물이 붕괴되거나 전기 설비의 불안정성으로 인한 감전 및 화재 사고가 물리적 요인에 해당한다. 환경적 요인에 의한 사고는 행사장이 위치한 지역의 기상 변화나 자연재해로 인해 발생한다. 구체적으로는 폭우, 강풍, 폭설, 지진, 홍수 등과 같은 기후 변화와 자연재해가 행사장에 직접적인 피해를 줄 수 있다. 예를 들어, 강풍이 발생할 경우 천막, 무대 등 임시 시설물이 강한 바람에 의해 붕괴되거나 파손될 수 있으므로 이에 대한 구조적 보강이나 대피 계획이 필요하다.

인적 요인에 의한 안전사고는 행사 운영자 및 참가자의 부주의, 안전수칙 미준수, 그리고 비상 대응 체계의 미비 등 복합적인 인적 과실에 기인하여 발생한다. 행사장 내 질서유지가 적절히 관리되지 않거나, 참가자들이 사전에 정해진 안전지침을 준수하지 않고 과도하거나 무질서한 행동을 할 경우에는 군중 압사, 추락 및 충돌 등 다양한 유형의 안전사고가 발생할 수 있다. 특히, 행사 운영 주체가 비상 대피로를 확보하지 않았거나, 대피 경로를 안내하는 표지판 설치를 소홀히 한 경우에는 화재 및 기타 긴급 상황 발생 시 참가자들이 신속하고 체계적으로 대피하지 못하여 혼란이 가중되고 대규모 인명 피해로 이어질 수 있다. 또한, 행사장의 안전관리 인력이 부족하거나 초동 대응 매뉴얼이 마련되어 있지 않을 경우에는 사고 발생 초기의 적절한 조치가 지연되어 피해 범위가 확산될 가능성이 높다.

2. 재난 및 안전사고 현황

1) 국내 현황 및 문제점

우리나라는 1950년대 후반부터 최근까지 지역축제 및 대규모 행사에서 크고 작은 사건·사고가 지속적으로 발생해 왔다.[11] 정부는 이러한 사고를 예방하고 안전을 확보하기 위해 수차례에 걸쳐 법 제도적 보완을 추진하고, 안전관리 대책을 강화해왔다. 그러나 여전히 행사 주최 측의 안전 인식 부족, 시민들의 안전불감증, 인력에 과도하게 의존하는 기존의 안전관리 체계, 혁신적 기술 도입의 미흡 등 구조적 한계가 존재하고 있다.

〈표 3-5〉 지역축제·행사 안전사고 유형별 사상자 발생 현황

사고유형	사상자 수			건당 평균 사상자 수
	사망	부상	합계	
화재, 폭발, 화상	7	115	122	11.1
시설물 붕괴, 낙하, 충돌	0	26	26	5.2
실족, 추락, 낙마	20	19	39	3.5
수난사고(익사)	5	0	5	1.0
어선 등의 전복·침몰	7	0	7	2.3
교통사고	6	17	23	2.6
연쇄전도, 압사, 충돌	171	571	742	92.8
단순충돌, 전복	0	7	7	1.8
기타	1	28	29	4.1
총계	217	783	1,000	15.9

출처 : 윤소연. (2023). 한국지방행정연구원, 38호 재인용.

〈표 3-5〉 윤소연(2023)의 연구에 따르면, 2000년부터 2022년 까지 지역축제 및 대규모 행사에서 발생한 안전사고 유형별 사상자 현황을 분석한 결과, 연쇄 전도, 압사, 충돌 사고가 가장 높은 비중을 차지하는 것으로 나타났다. 그 외에도 실족, 추락, 낙마, 화재, 폭발, 화상 등의 사고 유형이 뒤를 이었으며,[12] 이들 역시 행사장의 안전관리에 있어 경계해야 할 위험 요인으로 평가되고 있다. 특히 대규모 인파가 제한된 공간에서 집중적으로 이동하거나 밀집할 때 발생하는 물리적 충돌 및 압사 사고는 지역축제 및 대규모 행사장에서 가장 빈번하고 치명적인 사고 유형으로 나타났으며, 이는 군중 관리 및 행사장 내 동선 설계의 중요성을 강하게 시사하고 있다.

11) 2005년 상주 콘서트 압사사고, 2009년 창녕 와왕산 억새 태우기 화재사고, 2014년 판교 공연장 환풍구 붕괴사고, 2022년 이태원 압사사고 등은 지역축제 및 대규모 행사에서 반복적으로 발생한 사고 사례로, 안전관리 체계의 미비와 사전 대비 부족이 지속적인 대형 인명 피해로 이어지고 있음을 보여준다.

12) 윤소연. (2023). 「대규모 지역축제·행사의 효과적 안전관리를 위한 제언」, 강원도: 한국지방행정연구원, 38.

2) 재난 및 안전사고의 유형별 위험 요인

다중이 운집하는 국제행사 및 지역축제는 정부, 지방자치단체, 지역 단체 등이 주최하며, 일반적으로 2일 이상 지속되고 10만 명에서 100만 명 이상이 참여하는 대규모 인파 특성을 가진다. 이러한 행사에서는 행사 자체의 특수성, 유명 연예인 공연, 리허설, 강한 음악 소음 등 다양한 자극 요인이 참가자의 심리적 흥분을 유발하여 군중심리를 증폭시키는 경향이 있다.[13] 이로 인해 군중 밀집 및 혼잡 상황이 빈번하게 발생하며, 사소한 돌발 상황도 순식간에 대규모 안전사고로 이어질 위험성이 존재한다. 특히 행사장 주변에는 구조물 붕괴, 미비한 대피로 확보, 화재, 전기설비 결함 등 다양한 잠재적 위험 요인이 산재해 있어, 안전사고 발생 가능성이 항시 내재되어 있다. 또한, 행사 개최의 시기와 시간, 장소적 특성에 따라 자연재난, 사회적 재난, 인적 재난 등이 복합적으로 발생할 위험성이 높다.

국제행사 및 지역축제에서 발생할 수 있는 재난 및 안전사고의 위험 요인은 행사장의 유형에 따라 장소적 위험특성, 재료적 위험특성, 시간적 위험특성으로 구분할 수 있다.

첫째, 장소적 위험특성은 산, 바다, 강, 호수 등 자연환경에 기반한 행사장에서 주로 나타난다. 이러한 장소는 기상 변화에 대한 대응이 어렵고, 특히 야간 행사 시 참가자들이 위험지역의 경계를 인식하지 못함으로써 낙상, 익사, 수상 안전사고 등이 발생할 가능성이 높다. 둘째, 재료적 위험특성은 불, 눈, 얼음 등 행사에서 사용하는 재료와 관련된다. 도심지나 산간 지역에서 개최되는 달집태우기, 연등행사, 불꽃축제, 억새 태우기 등의 경우, 돌풍이나 불꽃 재료에 의해 화재 및 폭발사고가 발생할 위험이 상존한다. 또한 겨울철에 개최되는 눈·얼음 축제에서는 눈썰매 접촉사고, 빙판 갈라짐에 따른 익사사고 등과 같은 위험요인이 존재한다. 셋째, 시간적 위험특성은 야간에 진행되는 행사에서 두드러진다. 야간 행사에서는 빛, 불, 소리, 거리행진 등이 주요 요소로 작용하는데, 이로 인해 낙마사고, 폭발사고 등의 안전사고 위험이 높아진다.[14]

이러한 다양한 유형의 재난 및 안전사고는 압사, 전도, 화재, 폭발 등의 형태로 나타나며, 행사 주최 측과 운영진의 관리 부실은 물론, 공연자 및 관람객의 부주의 역시 주요 사고 발생 요인으로 작용한다. 따라서 행사 주최자는 행사장 특성과 위험요소를 사전에 체계적으로 분석하고, 이를 기반으로 한 맞춤형 안전관리 대책을 수립하여 사고 예방에 만전을 기해야 한다.

---

13) 공연장의 출입문을 분산하지 않고, 선착순 입장의 무료 공연을 개최 할 시 공연장에서 군중심리가 작용될 개연성이 매우 높다.

14) 행정안전부. (2021). 「지역축제장 안전관리매뉴얼」, pp. 44~89.

제3절 테러와 사이버 위협

1. 테러 및 사이버 테러의 의의

1) 법률상 개념 정의

(1) 테러의 개념 정의

'테러(Terror)'는 단일 사건 또는 일련의 사건을 통해 폭력과 공포를 초래하는 특정한 폭력행위를 의미한다. 이는 주로 물리적 공격이나 위협 행위를 통해 불특정 다수에게 직접적인 피해를 가하거나 심리적 충격을 유발하는 데 초점을 둔다.

반면, '테러리즘(Terrorism)'은 단순한 폭력행위를 넘어 정치적, 종교적, 이념적 목적을 달성하기 위해 체계적이고 지속적으로 폭력과 공포를 사용하는 전략적 행위를 뜻한다. 테러리즘은 특정 사건에 국한되지 않고, 장기적이고 조직적인 방식으로 공포심을 조성하여 대중과 정부를 심리적으로 압박하고 목적 달성을 시도하는 보다 광범위한 개념이다.[15)]

「국민보호와 공공안전을 위한 테러방지법」(이하, "테러방지법"이라 한다) 제2조제1호에 의하면 "테러"란 국가·지방자치단체 또는 외국 정부(외국 지방자치단체와 조약 또는 그 밖의 국제적인 협약에 따라 설립된 국제기구를 포함)의 권한 행사를 방해하거나 의무 없는 일을 강제하기 위한 목적 또는 공중을 협박할 목적으로 이루어지는 특정 행위를 말한다. 「테러방지법」에 따라 규정된 테러 행위는 그 구체적 유형에 따라 다음과 같이 분류할 수 있다.

- 사람을 대상으로 한 테러(제2조제1호가목)란 사람을 살해하거나 신체를 상해하여 생명에 대한 위험을 초래하는 행위, 사람을 체포, 감금, 약취, 유인하거나 인질로 삼는 행위.

- 항공기 관련 테러(제2조제1호나목)란 운항 중인 항공기를 추락시키거나 전복, 파괴하는 행위, 폭행이나 협박 등을 통해 항공기를 강탈하거나 운항을 강제하는 행위, 항공시설을 손괴하거나 조작을 방해하여 항공기의 안전 운항을 위태롭게 하는 행위.

---

15) Britannica (2025. 4. 25). Terrorism | Definition, History, & Facts | Britannica, 검색일 2025. 3. 29.

● 선박 및 해상구조물 관련 테러(제2조제1호다목)란 운항 중인 선박 또는 해상구조물을 파괴하거나 안전을 위태롭게 할 정도의 손상을 가하는 행위, 폭행이나 협박 등을 통해 선박 또는 해상구조물을 강탈하거나 운항을 강제하는 행위, 선박 운항 관련 기기나 시설을 파괴하여 안전을 위태롭게 하는 행위.

● 생화학, 폭발성, 소이성 무기를 사용한 테러(제2조제1호라목)란 사망, 중상해 또는 중대한 물적 손상을 유발할 목적으로 생화학, 폭발성, 소이성 무기나 장치를 공공이 이용하는 차량 또는 시설에 배치하거나 폭발시키는 행위.

● 핵물질 및 방사성 물질 관련 테러(제2조제1호마목)란 원자로를 파괴하여 사람의 생명, 신체 또는 재산에 해를 끼치거나 공공의 안전을 위태롭게 하는 행위, 방사성 물질 등을 부당하게 조작하여 위험을 가하는 행위, 핵물질을 부당하게 취급하는 행위, 원자력시설을 파괴하여 방사성 물질을 배출하거나 방사선을 노출시키는 행위.

이러한 행위들은 공포를 조장하고 특정한 정치적, 종교적, 이념적 목적을 달성하기 위해 의도적으로 수행되는 폭력적 행위로 신체적 폭력, 파괴행위, 납치, 암살, 방화 등의 형태로 나타나며, 물리적 피해뿐만 아니라 심리적 충격과 공포를 광범위하게 확산시키는 것을 주요 목적으로 한다. 또한, 민간인이나 비전투원을 직접적인 목표로 삼아 이들을 공포에 빠뜨리고 사회 전체에 불안과 혼란을 조성하는 데 초점을 둔다. 이는 전통적인 국가 간 군사 충돌과는 구별되는 특징으로 명확한 전선이나 교전 규칙 없이 불특정 다수를 대상으로 이루어지는 경우가 많다.

(2) 테러 및 대테러 활동 관련 용어 정의

테러와 대테러 활동에 관한 개념은 국제적 및 국내적 테러 예방과 대응을 위한 법적·제도적 기반을 명확히 하기 위해 구체적으로 정의되고 있다. 「테러방지법」은 이러한 목적을 실현하기 위해 다음과 같은 주요 용어를 상세히 규정하고 있다.

● 테러단체(제2조제2호)란 국제연합(UN)이 지정한 테러단체를 의미한다.[16)]

---

16) 테러를 실행하거나 실행할 우려가 있는 단체로 조직적 구조를 가지고 테러를 계획하거나 지원하는 모든 단체를 포괄한다.

- 테러위험인물(제2조제3호)이란 테러단체의 조직원이거나 테러단체의 선전, 자금 모금 및 기부, 테러 예비, 음모, 선전, 선동 등을 수행했거나 그럴 가능성이 있다고 판단할 상당한 이유가 있는 사람을 말한다.

- 외국인테러전투원(제2조제4호)이란 테러를 실행 · 계획 · 준비하거나 테러에 참가할 목적으로 국적국이 아닌 국가의 테러단체에 가입하거나 가입하기 위하여 이동 또는 이동을 시도하는 내국인 및 외국인을 말한다.

- 테러자금(제2조제5호)이란 「공중 등 협박목적 및 대량살상무기확산을 위한 자금조달행위의 금지에 관한 법률」 제2조 제1호에 따른 공중 협박목적을 위한 자금을 말한다.

- 대테러활동(제2조제6호)이란 제1호[17]의 테러 관련 정보의 수집, 테러위험인물의 관리, 테러에 이용될 수 있는 위험물질 등 테러수단의 안전관리, 인원 · 시설 · 장비의 보호, 국제행사의 안전확보, 테러위협에의 대응 및 무력진압 등 테러 예방과 대응에 관한 제반 활동을 말한다.

- 관계기관(제2조제7호)이란 대테러활동을 수행하는 국가기관, 지방자치단체, 그 밖에 대통령령[18]으로 정하는 기관을 말한다.

- 대테러조사(제2조제8호)란 대테러활동에 필요한 정보나 자료를 수집하기 위하여 현장조사 · 문서열람 · 시료채취 등을 하거나 조사대상자에게 자료제출 및 진술을 요구하는 활동을 말한다.

(3) 사이버 테러의 개념 정의

'사이버 테러'라는 용어는 1980년대 배리 콜린(Barry Collin)에 의해 처음 제안되었으며, 콜린은 기존의 물리적 공간에서 가상 공간으로 테러리즘이 확장되는 현상을 "두

17) "테러"란 국가, 지방자치단체 또는 외국 정부(국제기구 포함)의 권한 행사를 방해하거나 의무 없는 일을 강제하거나 공중을 협박할 목적으로 사람을 대상으로 한 테러, 항공기 관련 테러, 선박 및 해상구조물 관련 테러, 생화학, 소이성 무기를 사용한 테러, 핵물질 및 방사성 물질 관련 테러 행위를 말한다.

18) 「테러방지법 시행령」 제2조제7호에 따르면 "대통령령으로 정하는 기관이란 「공공기관의 운영에 관한 법률」 제4조에 따른 공공기관, 「지방공기업」 제2조제1항제1호부터 제4호까지의 사업을 수행하는 지방직영기업, 지방공사 및 지방공단을 말한다.

세계의 교차점이자 융합"이라는 개념으로 설명했다.[19] '사이버'는 컴퓨터 네트워크와 정보 시스템 등으로 구성된 사이버 공간(Cyber Space)을 의미하며, 사이버 테러는 이러한 사이버 공간에서 발생하는 테러 행위를 말한다. 사이버 테러에 대한 정의는 다양한 학자 및 기관에 의해 제시되고 있으며 각각의 정의는 사이버 테러의 핵심 특성과 범위를 다소 상이하게 규정하고 있다. 주요 기관 및 학자의 정의는 다음과 같다.

미국 연방수사국(FBI)은 사이버 테러를 "지역 단체 또는 비밀 요원이 민간인을 대상으로 폭력을 유발하는 정보, 컴퓨터 시스템, 프로그램, 데이터에 대한 계획적이고 정치적 동기를 지닌 공격"으로 규정하고 있으며, 북대서양조약기구(NATO)는 사이버 테러를 "충분한 파괴나 혼란을 초래하여 공포를 조성하거나 사회에 이념적 목표를 강요하기 위해 컴퓨터나 통신망을 이용하거나 악용한 공격"으로 정의하고 있다.[20] 또한, 전략국제문제연구소(CSIS)는 사이버테러를 "컴퓨터 네트워크 도구를 이용하여 국가의 주요 인프라를 파괴하거나 정부 또는 민간인을 강압하거나 위협하는 행위"라 정의하고 있으며, 윌리엄 타포야는 사이버테러를 "정치적, 종교적, 또는 이념적 목표를 달성하기 위해 고급 기술을 활용하여 민간 기업을 위협하거나, 주요 인프라의 데이터 또는 정보를 비활성화하거나 삭제하는 행위"로 규정하고 있다.[21]

국내에서는 사이버테러에 대한 명확한 법적 정의가 마련되어 있지 않다. 다만, [대통령 훈령 제316호]「국가사이버안전관리규정」 제2조제2호에서는 '사이버 공격'이라는 용어를 통해 사이버 테러의 개념적 범위를 간접적으로 제시하고 있다.[22] 그러나 사이버공격은 그 성격이 명확히 규명되기 전까지는 그것이 사이버전쟁, 사이버테러, 사이버범죄 중 어디에 속하는지 구분하기 용이하지 않고, 공격의 성격이 규명된 후에도 해결방식은 각각 다르게 나타난다.[23] 즉, 사이버 전쟁은 정치적·군사적 방법으로 해결해야 하며, 사이버범죄는 형사사법 절차를 통해 처리해야 한다. 또한, 사이버 테러는 정치적·군사적 접근과 형사사법적 접근이 병행되어야 할 필요성이 있다.[24]

---

19) Barry Collin. (1997). "The Future of Cyberterrorism". Crime & Justice International Journal, p. 15.

20) Marco Marsili. (2019). "The war on cyberterrorism", Democracy and Security, 1(2), p. 173; 정도희. (2023). "사이버테러의 개념 및 대응방안, 법학연구", 26(1), pp. 345~374.

21) William L. Tafoya. Cyber Terror, Articles, 2011, https://leb.fbi.gov/articles/featured-articles/cyber-terror, 검색일 2025. 5. 15.

22) 「국가사이버안전관리규정」제2조제2호 "사이버공격"이라 함은 해킹, 컴퓨터 바이러스, 논리폭탄, 메일폭탄, 서비스 방해 등 전자적 수단에 의하여 국가정보통신망을 불법침입·교란·마비·파괴하거나 정보를 절취·훼손하는 일체의 공격행위를 말한다.

23) 강수진. (2013). "국가 사이버범죄 대응전략 설계", 경찰청 연구용역, p. 106.

24) 강석구·이원상(2013)은 보호법익의 침해 정도에 따라 사이버 전쟁, 사이버 테러, 신종 사이버범죄로 구분하며, 국가안보와 관련된 행위 중 침해 정도가 크면 사이버전쟁, 다소 약한 경우 사이

다양한 기관과 전문가들은 사이버 테러가 국가의 중요 인프라와 사회적 안정성을 위협하며, 정치적, 종교적, 이념적 목적을 달성하기 위해 사이버 공간에서 이루어지는 의도적이고 체계적인 공격이라는 점을 공통적으로 강조하고 있다. 사이버 테러는 사이버 공간에서 소프트웨어와 네트워크를 이용해 정보시스템을 침해하거나 데이터를 변조·파괴하며, 통제 시스템을 무력화함으로써 국가의 핵심 기반시설을 마비시키거나 정부, 공공기관, 민간인을 대상으로 위협·강요하는 행위로 정의할 수 있다. 이러한 정의는 사이버 테러가 공공 영역에서 발생한다는 전제를 포함하며, 사이버 공간에서 이루어지는 의도적이고 조직적인 공격이 국가와 사회의 안정성을 심각하게 위협한다는 점을 근거로 한다.

2) 테러 및 사이버 테러 유형과 특성

현대 사회에서 발생하는 테러는 그 형태와 수단이 점점 다양화되고 있으며, 물리적 공간에서 발생하는 전통적 테러뿐만 아니라 사이버 공간을 활용한 새로운 형태의 위협도 증가하고 있다. 특히 국제행사와 같은 대규모 인원이 집결하는 장소는 테러리스트들에게 상징성과 파급력 면에서 매력적인 공격 대상으로 작용하며, 물리적 공격뿐 아니라 정보통신기술을 활용한 사이버 테러의 가능성도 함께 제기된다. 비록 최근까지 우리나라에서는 직접적인 테러 사건이 발생하지 않았지만, 해외 사례에서 보듯 대규모 행사 중 테러가 발생할 경우 그 피해는 매우 크며 심각한 사회적 파장을 일으킬 수 있다. 따라서 국내에서 대규모 행사를 개최함에 있어 해외 사례를 참고하여 대테러 역량을 강화하는 것이 필요하다. 특히, 물리적 테러뿐 아니라 사이버테러를 포함한 다양한 형태의 위협에 대비하여 종합적인 안전 대책을 마련해야 한다.

(1) 일반적 테러의 유형과 특성

국제행사는 통상적으로 다수의 인파가 제한된 공간에 모이는 특성 때문에 테러리스트들이 특정 목적을 위해 참가자 및 관람객을 대상으로 신체에 직접 또는 간접적으로 손상을 입히거나 공포 분위기를 조성할 수 있는 잠재적 위험이 높다.[25] 이러한 위험에는 원격조종 폭발물과 자율주행 드론 등 첨단 장비를 활용한 테러 공격이 포함되며, 행사장에서의 테러 공격은 폭탄테러, 인질테러, 요인테러, 총격사건, 차량돌진 등 다양한

버 테러, 가장 약한 경우 신종 사이버범죄에 해당한다고 보았다.

25) 안경모·이건찬. (2002). "한국의 컨벤션 안전대책에 관한 연구", 호텔관광연구, 8, pp. 249~276.

형태를 취할 수 있다.[26)]

가. 요인암살(Assassination)

요인암살은 특정 인물을 은밀하게 제거하는 테러 행위로 전략적 목표 달성을 위해 수행된다. 이러한 암살은 대규모 행사 개최 중 특정 국가의 지도자나 주요 인물을 대상으로 할 수 있으며, 정치적 이유, 국제 갈등, 혹은 특정 국가나 조직의 이익을 위해 다양한 방법으로 실행된다. 이러한 테러 유형은 접근성이 낮은 지역에서 암살자가 직접 목표물에 접근하여 공격을 가하는 경우가 있고, 스나이퍼를 이용하여 멀리서 목표물에 접근해 암살을 실행하는 방식도 존재한다. 이외에도 독극물이나 폭탄 등 다양한 무기를 활용해 암살을 시도하는 경우도 있다.[27)]

국내에서도 과거 주요 인사에 대한 피습 사례가 여러 차례 발생했으며,[28)] 최근 도널드 트럼프 전 미국 대통령 피격 시도 사건은 이러한 위협이 국경을 초월하여 정치적, 사회적, 또는 이념적 목적을 달성하려는 일부 집단이나 개인에 의해 실행될 수 있음을 시사한다. 따라서, 대규모 행사가 개최될 때는 요인암살과 같은 위험 요소를 충분히 고려하고, 참가자 및 관람객의 안전을 보장할 수 있는 체계적이고 효과적인 보안 조치가 마련되어야 한다. 이는 단순한 물리적 경호뿐 아니라, 정보통신기술을 활용한 위협 사전탐지와 대응체계 구축을 통해 암살 시도를 미연에 방지하는 노력이 포함되어야 한다.

나. 인질납치(Hostage Taking)

대규모 인파가 집결하는 행사장은 테러리스트 단체나 특정 정치 집단이 주요 인사 및 참가자들을 인질로 삼아 국제적 관심을 유도하고, 이를 통해 정치적·사회적 요구사항의 이행을 강요하거나 경제적 이득을 추구하는 수단으로 활용될 수 있다. 역사적으로 인질납치는 테러 전략의 주요 수단으로 활용되어 왔으며, 가장 대표적인 사례로는 1972년 뮌헨 올림픽에서 발생한 "블랙선데이" 사건이 있다. 당시 팔레스타인 국민해방조직(PLF)은 이스라엘 대표팀을 인질로 잡아 11명의 선수가 사망하는 비극적 결과를 초래하며 국제사회에 인질납치 테러의 심각성을 각인시킨 사례로 평가되고 있다.

최근 우리나라는 국가 위상이 높아짐에 따라 다양한 국제행사를 유치하고 있으며,

---

26) 윤민우·김은영. (2018). "최근 국내외 테러 동향과 테러공격 방법에 대한 분석", 경찰학논총, 9(3), pp. 221~246.
27) 이영래. (2010). "요인테러 발생원인과 경호실패 연구", 광운대학교 박사학위논문, pp. 31~33.
28) 국내 주요 요인 피습 사례로는 박근혜 한나라당 대표(2006), 마크 리퍼트 주한 미국대사(2015), 송영길 더불어민주당 대표(2022), 이재명 민주당 대표(2024), 배현진 국회의원(2024) 등이 있다.

이에 따라 전 세계의 지도자와 주요 인사들이 대한민국을 방문하는 사례가 늘고 있다. 이러한 환경은 테러 조직에게 정치적, 종교적, 사회적 목적을 달성하기 위한 새로운 기회를 제공할 가능성을 높인다.

다. 사보타지(Sabotage)

사보타지 테러는 한 국가의 기반 시설 등 핵심 시설을 파괴하거나 마비시켜, 경제, 안보, 사회 및 일상생활에 지대한 영향을 미칠 수 있다. 대규모 행사에서는 경기장이나 주변 시설에 폭발물을 설치하여 폭파시키는 형태로 발생할 수 있으며 이로 인해 경기가 중단되고 대규모 인명 피해가 발생할 수 있다. 대표적인 사례로 2013년 보스턴 마라톤 대회와 2015년 프랑스 오픈 테니스 대회에서는 경기장 주변에서 폭탄 의심물이 발견되어 경기가 중단되었고, 폭탄이 터지면서 많은 사상자가 발생하기도 했다. 2017년 맨체스터 아레나에서 열린 아리아나 그란데 콘서트 중 발생한 폭탄테러로 22명이 사망하고 수많은 부상자가 발생했다. 이러한 사례들은 대규모 국제행사가 사보타지 테러의 목표가 될 수 있음을 명확히 보여주며, 국내에서 개최되는 행사 역시 이러한 위협으로부터 안전을 보장할 수 없음을 시사한다. 특히, 최근에는 원격조종이 가능한 드론을 이용한 테러가 등장하면서 공격 수단이 더욱 정교화 되고 있다.

라. 차량테러(Vehicle-ramming attack)

차량테러는 차량을 사용하여 인파가 모인 곳으로 돌진하거나 차량을 폭탄으로 변조하여 사람들이나 시설을 대상으로 공격하는 테러 유형이다. 차량은 상대적으로 쉽게 획득할 수 있고, 낮은 비용으로 큰 피해를 입힐 수 있는 로우테크(low-tech) 테러 수단으로 자주 활용된다.[29] 테러범들은 목표물에 접근이 용이하고, 범행 도구를 은닉할 수 있다는 장점을 활용해 폭탄을 실은 차량을 목표물 가까이로 옮겨 폭발시키거나 군중을 향해 돌진한 후 제2의 범행으로 총기 사용까지 하는 복합적인 방식으로 테러를 실행한다. 이는 테러의 효과를 극대화하고 대응을 어렵게 만드는 요소로 작용하고 있다.

대규모 행사 중 차량을 이용한 테러는 많은 인파가 밀집한 장소를 대상으로 하여 극심한 피해를 초래할 수 있는 심각한 위협이 될 수 있다. 대표적인 사례로는 2005년 영국 런던에서 개최된 UEFA 챔피언스 리그 결승전, 2016년 프랑스 나이스에서 열린 투어 드 프랑스 경기 도중 발생한 트럭 돌진 사건이 있다. 이 사건에서는 차량이 보호막

29) 윤민우 · 김은영. (2018). "차량돌진테러와 물리적 방어물에 관한 연구", 한국경호경비학회, (55), p. 13.

을 뚫고 인파를 향해 돌진하여 수십 명의 사망자와 다수의 부상자가 발생했다. 또한, 2018년 러시아 월드컵 기간 중 보안이 강화된 경기장 주변에서 차량이 보안장치를 뚫고 인파를 공격하려는 사건이 발생하는 등 국제스포츠 행사에서도 차량 테러의 위험성이 지속적으로 제기되고 있다.

차량테러는 적게는 수백 명에서 많게는 수천 명에 이르는 사상자를 발생시킬 수 있으며, 테러리스트들에게는 비교적 간단한 수단으로 대규모 피해를 유발할 수 있는 효과적인 공격 방법으로 인식되고 있다.

(2) 사이버 테러의 유형과 특성

최근 들어 사이버 테러는 대규모 국제행사에서 주요 위협 요소로 급부상하고 있다. 사이버 테러는 행사의 정보통신망을 대상으로 한 해킹, 정보 절취, 시스템 마비, 데이터 조작 등을 포함하며, 표적형 공격을 통해 행사 운영 체계를 교란하거나 참가자 및 관람객의 안전을 위협할 수 있다. 국내에서는 2018년 평창동계올림픽을 개최하면서, 세계 최초로 차세대 이동통신 5G 서비스를 기반으로 사물인터넷(IoT), 빅데이터(Big Data), 웨어러블(Wearable), 모바일(Mobile) 기술을 연동하여 세계 최고 수준의 첨단 ICT 기반 동계올림픽을 구현했다.[30] 그러나 이러한 초연결 기반의 첨단 환경은 사이버 공간에서 다양한 공격에 더욱 취약한 구조를 가지며, 디지털 전환이 심화된 현대사회에서는 사이버 테러를 통한 정보 탈취, 시스템 마비, 인프라 공격 등이 현실적 위협으로 대두되고 있다. 이에 따라 국제행사에 대비한 테러 유형별 맞춤형 대응 전략의 조속한 수립과 실행이 절실히 요구된다.

가. 정보 탈취 및 데이터 유출

국제행사에서 발생할 수 있는 주요 사이버 테러 유형 중 하나는 정보 탈취 및 데이터 유출이다. 테러리스트들은 국제행사의 공식 웹사이트, 티켓 예약 시스템, 운영 서버 등을 대상으로 시스템을 마비시키거나 데이터를 파괴하려는 공격을 감행하며, 주요 인물, 참가자, 기업 또는 국가와 관련된 민감한 정보를 탈취하여 이를 공개, 조작, 판매함으로써 대회의 신뢰성을 심각하게 훼손하고 사회적 혼란을 초래할 수 있다.

정보 탈취 및 데이터 유출은 단순한 개인정보 노출에 그치지 않고 국가 간 외교적 긴장 및 갈등을 유발하거나 국제행사의 공정성과 안정성을 저해함으로써 대회 전반에 걸

30) 정부만 · 김형순 · 양승미 · 임해영 · 김태원 · 김정은. (2014). "ICT 기반의 최첨단 평창동계올림픽 구현을 위한 세부 정책방안", 한국정보화진흥원 방통융합기반정책 연구, 14~24, p. 2.

쳐 심대한 영향을 미칠 수 있다. 특히, 보안 체계의 취약점을 노린 사이버 공격은 행사 참가자의 안전을 직접적으로 위협할 뿐만 아니라, 행사의 공신력과 지속 가능성에도 치명적인 타격을 가할 위험이 크다. 따라서 국제행사에서의 정보 보호와 사이버 공격 방지 대책은 단순한 기술적 문제를 넘어 행사 운영의 핵심 요소로 인식되어야 한다. 이에 따라 정보보안 체계의 강화, 주요 데이터의 암호화, 접근 통제의 엄격화, 실시간 위협 감시체계 구축 등 체계적이고 사전적인 대응 전략이 마련되어야 한다.

나. 네트워크 및 시스템 마비

국제행사를 겨냥한 사이버 테러는 해킹, 디도스 공격, 랜섬웨어 등 다양한 수법을 활용하여 네트워크와 운영 시스템을 마비시키는 형태로 나타난다. 이러한 공격은 티켓 판매, 경기 일정 관리, 교통 정보 제공 등 국제행사의 주요 운영 시스템에 심각한 차질을 초래하며 행사 진행의 정상적인 운영을 방해한다.

대표적인 사례로는 2018년 평창동계올림픽 개막식 당시 발생한 사이버 공격을 들 수 있다. 당시 러시아 군 정보기관(GRU) 소속 해커들은 '올림픽 파괴자(Olympic Destroyer)'라는 악성코드를 활용해 대규모 사이버 공격을 감행했으며, 이로 인해 수천 대의 컴퓨터가 감염되고, IPTV 및 조직위원회 홈페이지의 접근이 차단되는 등 행사 운영 시스템에 심각한 마비가 초래되었다. 이 사건은 2017년 프랑스 대선 해킹 사건 및 우크라이나 전력망 공격 등과 유사한 수법으로 분석되었다.[31] 이처럼 네트워크와 시스템을 겨냥한 사이버 공격은 국제행사의 신뢰성과 안전성을 심각하게 저하시킬 뿐만 아니라, 행사의 전반적인 운영 마비를 초래할 수 있는 중대한 위협으로 평가된다.

다. 인프라 공격

최근 들어 국가 핵심 인프라를 대상으로 한 사이버 공격이 급증하고 있다. 이는 국가 안보와 경제 전반에 심각한 타격을 주는 새로운 위협으로 국가 인프라에 대한 멀웨어(Malware) 공격 중 랜섬웨어(Ransomware) 공격이 두드러진 증가세를 보이고 있다.

2021년 기준, 전 세계적으로 11초에 한 번꼴로 랜섬웨어 공격이 발생한 것으로 집계되었으며, 과거 금융·산업기관을 주요 타깃으로 삼았던 공격이 최근에는 정부기관, 교육기관, 보건기관 등 공공 서비스 분야로 집중되고 있는 양상을 보이고 있다. 마이크로소프트의 2022년 보고서에 따르면, 에너지 및 수자원 등 산업 인프라 제어 시스템을 대

---

31) 연합뉴스 (2020. 10. 24). **평창올림픽 개막식 마비 알고보니 러시아 해커 소행**, https://www.yna.co.kr/view/AKR20201020107800009, 검색일, 2025. 6. 22.

상으로 한 사이버 공격이 최근 2년간 75% 이상 급격히 증가하고 있다고 경고했다.[32]

사이버 공격은 국가기관의 핵심 인프라뿐만 아니라 민간 부문의 서비스 인프라까지 마비시키거나 혼란을 초래할 수 있다. 특히, 국제행사를 지원하는 전력, 교통, 통신 네트워크 등 국가 핵심 인프라를 대상으로 한 사이버 공격은 행사를 물리적·기술적으로 마비시키고, 나아가 대중의 불안을 증폭시키는 중대한 위협으로 작용한다. 이러한 공격은 단순히 행사 당일의 운영에 국한되지 않고, 행사 준비 단계에서부터 실행 중인 시스템 전반에 이르기까지 광범위한 영향을 미칠 수 있다.

2. 테러 현황

1) 테러리즘의 발전과 진화

현대적 의미의 테러리즘은 1960년대 후반 아랍-이스라엘 분쟁과 함께 팔레스타인 해방기구(Palestine Liberation Organization) 산하의 무장 조직들이 테러활동을 전개하면서 중동지역을 중심으로 유럽과 중남미 지역으로 급속히 확산되었다.[33] 초기 테러 행위는 항공기 납치와 같은 표적형 공격을 중심으로 나타났으며, 1970년대에 이르러 테러리즘은 다양한 유형으로 분화되며 전 세계로 확산되기 시작했다. 1980년대에는 각국의 대테러 활동 강화로 인해 유럽을 중심으로 활동하던 극좌 세력의 테러활동이 점차 위축되었고, 냉전체제의 붕괴는 이러한 극좌 테러의 퇴조 현상을 더욱 가속화시켰다. 이후, 1990년대 소련의 붕괴 이후, 테러리즘은 인권, 빈곤 문제와 함께 국제평화에 중대한 위협 요소로 인식되기 시작하였으며, 세계화의 진전에 따라 테러 단체들은 점차 국제적으로 조직화되었다.[34]

2001년 9·11 테러 사건을 계기로, 테러리즘은 주요 국제기구에서 핵심 의제로 부상하였으며, 이를 방지하기 위한 국제적 협력 방안에 대한 논의가 활발히 전개되었다. 각국은 자국민 보호뿐만 아니라 사회, 국가, 지역, 국제사회의 안전보장을 목표로 대테러 대응 체계를 정비하고, 관련 예산을 증액하는 등 대응 역량을 강화했다.[35] 국제사회는 테러 자금 차단, 테러 행위자 관련 정보 공유, 테러 방지를 위한 국제적 공조를 강화하고, 개발도상국을 대상으로 기술 지원과 능력 개발 활동도 병행하고 있다. 2024년 국

32) 송태은. (2023). "최근 사이버 위협의 추세와 향후 전망 및 국제사회의 대응", 외교안보연구소(IFANS), IF 2023_12K, p. 1.
33) 권정훈. (2008). "한국의 테러대응체제에 관한 연구", 용인대학교 대학원 박사학위논문, p. 38.
34) 최진태. (2002). "테러리즘의 역사적 기원과 변천", 국방연구, 45(1), pp. 18~24.
35) 정진호·유광의. (2013). "국제 스포츠행사에 대한 테러 사례분석과 최근 테러의 추세와 대응에 관한 연구", 한국시큐리티융합경영학회지, 2(1), p. 91.

제 테러 정세는 ISIS와 알카에다 등 주요 테러조직이 분산화된 조직 구조와 현지 맞춤형 전략을 바탕으로 글로벌 공급망, 다중이용시설 등을 겨냥한 스마트 테러를 확산시키는 양상을 보이고 있다. 이들은 기존의 물리적 공격에 더해 사이버 기반 위협, 해상 교통로 마비 등 복합적인 수단을 활용하여 국가안보와 국제 질서에 심대한 위협을 가하고 있다.[36]

테러단체들은 AI, 딥페이크 등 첨단기술을 악용하여 허위정보 조작과 선전·선동 활동을 강화하고 있으며, 중동, 아프리카, 서남아시아 등지에서는 무장 충돌과 민간인 대상 테러가 확산되고 있다. 특히, 알카에다 및 ISIS 계열 조직은 지역 내 갈등과 정권 공백을 활용해 정치적 영향력과 세력 기반을 재편 및 확장하고 있다. 또한, 이슬람 극단주의 세력은 SNS, 인스타지하드, AI 기반 선전 등 세대 맞춤형 전략을 통해 자생 테러의 지속성과 국제 테러 협력망의 복잡성을 심화시키고 있다. 2025년 '하마스 사태' 이후 확산된 반서방 정서와 종교·인종 혐오에 기반한 테러 위협은 지속되고 있으며, '소프트 타깃'을 중심으로 한 공격 가능성이 높아지고 있다. 또한, 중동 및 아프리카 일부 지역에서의 정권 공백과 시리아 내 내전 갈등은 테러 세력의 지역 이동과 세력 재편의 계기가 되고 있으며, 이로 인해 극단주의의 확산과 테러 양상의 예측 불가능성이 더욱 커지고 있다.

국내외적으로는 SNS 기반의 정보 조작, AI를 활용한 테러 콘텐츠 제작, 자생적 극단주의의 확산, 그리고 국제 테러조직과의 연계 가능성이 높아지고 있다. 이에 따라 물리적 공격뿐 아니라 온라인 테러전과 사회불안 조성이 병행되는 복합적 위협 구조로 전개될 가능성이 크다. 특히, 다중이용시설 및 국제행사 개최지를 대상으로 한 사이버 테러 및 인지전에 기반한 공격 방식이 향후 주요 테러 수단으로 부상할 것으로 전망된다.[37]

2) 테러리즘의 글로벌 위협

현대 사회에서 테러리즘은 지리적·국가적 경계를 초월한 광범위한 글로벌 위협으로 자리매김하고 있다. 초기에는 종교 기반의 급진주의를 중심으로 전개되었던 테러리즘은 이제 다양한 정치적, 사회적, 종교적 목적을 지닌 폭력적 극단주의로 진화하고 있으며, 그 양상은 갈수록 다양화되고 있다. 2021년 미·중 패권경쟁과 2022년 러시아의 우크라이나 침공이 본격화 되면서 미국을 중심으로한 서방(유럽연합-영국)과 비서방(러시아-중국) 간의 신냉전 양상으로 전환되고 있다.[38] 이와 같은 지정학적 갈등의 고조

36) 국가정보원. (2025).「2024년 테러정세와 2025년 전망」, p. 2.
37) 국가정보원. (2025).「2024년 테러정세와 2025년 전망」, pp. 2~5.

는 테러리즘의 활동 공간과 연계 통로를 더욱 복잡하게 만들고 있으며, 국가 배후의 사이버 테러, 정보전, 위임형 극단주의 등 비대칭적·복합적 위협의 양상이 뚜렷하게 나타나고 있다.

특히 사이버 공간에서 발생하는 다양한 형태의 공격은 초연결성과 초지능성을 기반으로 하는 지식정보화 사회, 즉 4차 산업혁명 기술에 의해 디지털 전환이 가속화된 현대 사회의 국가안보에 중대한 위협 요소로 작용하고 있다. 이러한 복합적 위협 양상은 정보화 의존도가 높은 국가나 분야일수록 사이버 공격에 따른 피해 규모가 더욱 심각하게 나타나는 경향을 보이고 있다.[39] 2022년 9월 28일 하버드대 케네디스쿨 벨퍼센터는 30개국을 대상으로 '국가 사이버 역량 지수 2022(National Cyber Power Index 2022)'[40] 보고서를 공개한 결과 미국이 사이버 역량 종합순위 1위를 차지하였고, 그 뒤로 중국, 러시아, 영국, 호주, 네들란드, 한국 순으로 민주주의 진영과 권위주의 진영 간의 사이버 역량이 팽배하게 맞서고 있는걸 확인 할 수 있다.[41] 유럽연합과 미국은 러시아, 중국, 북한 등 권위주의 국가들로부터 사이버공격을 지속적으로 받아왔으며, 특히 워너크라이(Wannacry)와 낫페트야 랜썸웨어(NotPetya Ransomware) 공격은 많은 정부기관과 민간 기업들에게 상당한 피해를 입히기도 했다. 이로 인해 유럽연합과 미국은 기존 국가안보전략에 사이버안보를 통합하고 있는 추세이며, 민간 부문을 포함한 전방위적 사이버 보안 체계 구축과 법제 정비를 강화하고 있다.

3) 최근 테러 동향

2025년 국제 테러 정세는 중동 정세 악화와 미국-이스라엘 연대 강화에 따른 반서방 정서의 확산 속에서 ISIS 등 이슬람 극단주의 조직의 글로벌 선전·선동 활동이 한층 강화될 것으로 전망된다. 이러한 흐름은 소셜미디어와 가상자산 등 디지털 수단을 통한 테러 조직과의 간접 연계 가능성을 높이며, 국내에서도 선전전에 노출된 개인이나 단체가 반서방 테러에 동조하거나 자금 유입 통로로 이용될 가능성이 제기되고 있다.

---

38) 정태진·박정섭. (2022). "2022년 유럽연합과 미국의 사이버안보전략과 시사점", 한국경찰학회, 24(6), p. 118.

39) 전혜원. (2014). "EU사이버안보 전략의 현황과 전망", 국립외교원 외교안보연구소, 2013-41, p. 2.

40) 국가 사이버 역량 지수 2022(National Cyber Power Index 2022) 보고서는 금융, 감시, 정보, 상업, 방어, 정보관리, 파괴적, 규범 등 8가지 항목을 바탕으로 NCPI 종합 사이버 파워 측정치를 사용 하였으며, 개별국가를 상대로 '국가 사이버 역량 지수'를 평가하여 유럽연합에 대한 종합평가는 이루어지지 안았음을 알 수 있다.

41) Julia Voo., Irfan Hemani., & Daniel Casidy. 「National Cyber Power Index 2022」, Harvard Kenndy School Belfer Center.

한편, 북한은 외교 불안과 체제 위기를 계기로 국제적 도발과 인지전을 병행하는 전략을 강화하고 있다. '적대적 2 국가론'을 전면화하며 2024년 5월에는 대형 풍선 1,600여 개를 남한 전역에 살포, 인분, 쓰레기 등 비위생적 폐기물을 유포하는 심리전을 감행하였다. 일부 풍선에는 전기 타이머 장치가 장착되어 실제 화재를 유발하였으며, 경기 파주 지역에서는 약 8,700만 원의 재산 피해가 발생하는 등 국내 테러 정세의 실질적 불안 요인으로 작용하고 있다. 또한, 불법이민자의 유입 증가와 맞물려, 국내 자생테러 발생 가능성도 고조되고 있다. 특히, 학교, 병원, 공연장, 대중교통, 스포츠경기장, 지역축제 등 보안이 취약한 일상 공간(소프트 타깃)을 겨냥한 무차별적 공격은 대규모 인명 피해와 사회적 불안을 유발하며 공공안전과 사회 안정성에 심대한 위협이 되고 있다.[42)]

4) 국내 테러 위협과 대응 과제

우리나라는 현재까지 심각한 수준의 테러 피해 사례는 발생하지 않았으나, 해외 사례에 비추어 볼 때, 테러는 발생 가능성은 낮더라도 일단 발생하면 막대한 피해를 초래할 수 있는 고위험 복합재난으로 간주된다. 특히 다중이용시설이나 국제행사와 같은 대규모 인원 밀집 환경은 비정규적 · 비대칭적 테러의 주요 표적으로 분류된다.

2024년 현재, 국내에서는 국제 테러조직의 직접적인 공격 사례는 보고되지 않았으나, 일부 외국인이 이슬람 극단주의의 선전 · 선동에 영향을 받아 테러단체와의 연계를 시도하거나, 가상자산을 활용한 자금 송금 행위가 확인되면서 잠재적 위협이 현실화될 가능성이 제기되고 있다. 아울러, 북한은 '쓰레기 풍선' 살포, GPS 교란, 회색지대 도발 등 비군사적 방식의 지속적인 위협 행위를 전개하고 있으며, 특히 풍선에 장착된 타이머 장치로 인한 화재 발생으로 실질적인 재산 피해가 보고되는 등 국내 테러 환경의 불확실성을 심화시키고 있다. 한편, 온라인상에서는 ISIS, TTP 등 테러조직의 선전 콘텐츠가 다수 유포되었고, 드론, 흉기 등 공격 수단을 예고한 게시물이 발견되었으며, 병원, 기차역, 공공기관 등 다중이용시설을 대상으로 한 협박성 글과 청소년에 의한 모방 범죄 시도까지 나타나면서 사회 전반에 걸친 불안 요인으로 작용하고 있다.

국가중요행사 및 대규모 국제행사는 한정된 공간에 대규모 인원이 밀집하는 구조적 특성으로 인해 테러단체에 전략적 표적이 될 가능성이 매우 높다. 특히, 원격조종 폭발물, 자율주행 드론 등 첨단기술을 활용한 공격 수단은 행사 참가자 및 관람객에게 직접

---

42) 국가정보원. (2025). 「2024년 테러정세와 2025년 전망」, p. 8.

적인 피해를 가할 수 있는 수준에 이르렀으며, 이에 대한 선제적 대응체계 구축과 기술 기반의 고도화된 보안 전략 마련이 시급한 과제로 부상하고 있다. 또한, 북한, 이슬람 극단주의 조직, 국제행사 반대 성향의 비정부기구(NGO) 등 다양한 유형의 비국가 행위자가 각기 상이한 동기와 방식으로 테러를 시도할 수 있는 잠재적 위협 주체로 지목되고 있다.

우리나라는 국가정부 차원에서 국제행사를 유치할 시 「테러방지법」 제2조제6호[43]에 의거 국제행사의 안전확보, 테러위협의 대응 및 무력진압 등 테러 예방과 대응에 관한 대테러안전활동 지침을 마련하고 있다. 테러의 위협으로부터 국제행사를 성공적으로 개최하기 위해서는 국제사회와의 지속적인 정보공유 및 협력을 통해 대테러 국가역량을 강화해야하며, 범정부 차원의 통합적 대응체계 수립은 물론, 민간과의 협력 기반을 바탕으로 한 예방 중심의 대테러 전략이 수립되어야 한다.

43) 「국민보호와 공공안전을 위한 테러방지법」 제2조제6호 '대테러활동'이란 제1호의 테러 관련 정보의 수집, 테러위험인물의 관리, 테러에 이용될 수 있는 위험물질 등 테러수단의 안전관리, 인원·시설·장비의 보호, 국제행사의 안전확보, 테러위협에의 대응 및 무력진압 등 테러 예방과 대응에 관한 제반 활동을 말한다.

제4장

국제행사의 안전관리 법적 체계

국제행사의 안전관리 법적 체계

제4장

제1절 행사장 안전 관련 법률 체계

국제행사의 안전을 확보하기 위해서는 행사와 관련된 다양한 법률의 성격, 적용 범위, 주체에 따라 체계적으로 분석하여 이해할 필요가 있다. 본 절에서는 국제행사의 안전을 보장하기 위해 적용되는 관련 법률의 유형과 입법 취지를 고찰하고, 이를 통해 행사장 안전관리의 법적·제도적 기반을 설명하고자 한다. 우리나라의 경우, 국제행사는 일반적으로 다자간 정상회의, 국제스포츠 행사, 지방자치단체 축제로 구분되며, 행사 유형에 따라 행사를 관장하는 소관 부처 또는 주최 기관에 따라 적용되는 안전 관련 법률도 상이하다.[1] 국제행사의 안전과 관련된 법률 체계를 요약하면 다음과 같다.

〈표 4-1〉 국제행사의 안전 관련 법률 및 소관 부처

행사 주체	행사 형태	주요관련 법률	소관 부처
정부	다자간 정상회의	대통령 등의 경호에 관한 법률 (약칭: 대통령경호법)	· 대통령경호처
정부 및 지방자치단체	국제스포츠 행사	국민보호와 공공안전을 위한 테러방지법 (약칭: 테러방지법)	· 국가정보원 · 국무조정실 (대테러센터)
		국제경기대회지원법 (약칭: 국제경기대회법)	· 문화체육관광부
지방자치단 체 및 민간단체	지방자치단체 축제	재난 및 안전관리 기본법 (약칭: 재난안전법)	· 행정안전부

출처 : 박정섭. (2020). 앞의 논문, p. 71 재구성.

1) 각 행사 유형의 주최 주체, 규모, 개최 장소, 참가 대상, 운영 목적 등 실질적 요건에 따라 법률적 대응이 달라질 수 있음을 의미한다.

1. 다자간 정상회의의 경호 및 안전관리

다자간 정상회의의 경호 및 안전관리는 국가의 위상과 직결되는 국가중요행사로서 고도의 보안성과 통합된 대응체계가 요구된다. 이러한 행사의 특성상, 단순한 행사 지원을 넘어 국가안보 차원의 전략적 안전관리가 필요하다. 과거 다자간 정상회의의 경호 및 안전관리는 특별법 제정을 통해 다른 법률에 우선 적용되었으나, 일시적 입법 방식의 한계를 보완하기 위해 2012년 2월 2일 개정된 [법률 제11296호] 「대통령 등의 경호에 관한 법률」(이하 "대통령경호법" 이라 한다)은 대통령경호처가 다자간 정상회의의 경호 및 안전관리 업무를 전담할 수 있는 법적 근거를 마련했다. 이 개정안은 동법 제5조의2를 신설하여 다자간 정상회의의 경호 및 안전관리를 효율적으로 수행하기 위한 법률 체계를 구축했다.

「대통령경호법」 제5조의2는 다자간 정상회의에 참석하는 외국의 국가원수, 행정수반, 국제기구 대표의 신변보호 및 행사장 안전관리를 효율적으로 수행하기위해 대통령 소속의 경호 · 안전 대책기구(이하 "경호안전통제단"이라 한다)를 설치 및 운영 할 수 있도록 규정하고 있다. 이 법에 의하면 경호 · 안전 대책기구는 대통령경호처장을 장으로 하며, 대통령경호처 소속 공무원과 관계기관의 공무원들로 구성되며, 경호 · 안전대책기구의 장은 관계기관의 장과 협의하여 「통합방위법」 제2조제13호에 따라 국가중요시설 및 불특정 다수인이 이용하는 시설에 대해 필요한 인력을 배치하고 장비를 운용할 수 있다.

또한, 「대통령경호법」 제5조의2제1항에 따라 설치되는 경호 · 안전대책기구의 구성 및 운영에 필요한 세부 사항을 규정하기 위해 2014년 7월 4일 [대통령 훈령 제331호] 「다자간 정상회의의 경호 및 안전관리 업무 규정」[2]을 제정하여 시행되고 있다. 이 규칙은 경호 · 안전 종합대책을 수립하고 이를 시행하기 위해 관련기관 간의 역할 분담 및 협조체계를 규정함으로써 경호 · 안전관리 체계를 제도적으로 뒷받침하고 있다. 이 규칙 제4조는 경호안전통제단 내에 경호안전기획조정실을 설치하도록 규정하고 있으며, 기획조정실 산하에는 경호작전본부, 대테러본부, 군작전본부, 경찰작전본부, 소방방재본부, 해경작전본부를 두도록 하고 있다. 이는 다자간 정상회의의 성공적인 개최와 행사 전반의 안전 확보를 목적으로 경호 및 안전관리 관련 업무를 총괄 · 조정하고 관

---

2) 「다자간 정상회의의 경호 및 안전관리 업무에 관한 규정」은 대한민국에서 개최되는 다자간 정상회의의 경호 및 안전관리 업무를 효율적으로 수행하기 위하여 「대통령 등의 경호에 관한 법률」 제5조의2제1항에 따라 설치되는 경호 · 안전 대책기구의 구성 및 운영에 필요한 사항을 규정함을 목적으로 한다.

계기관 간 유기적 협력체계를 구축하기 위함이다.

2. 국제스포츠 행사의 대테러안전활동

국제스포츠 행사는 국민체육 진흥, 관련 산업 발전, 국가 이미지 제고 등을 통해 국가 발전에 기여하는 주요 행사이다. 과거에는 「국제대회지원법」과 「2018 평창 동계올림픽대회 및 동계패럴림픽대회 지원 등에 관한 특별법」(이하 "평창올림픽법"이라 한다)을 기반으로 조직위원회가 테러 및 안전 위협에 대비해 국가 지원을 요청해 왔으나, 국제경기대회 지원을 위한 통합 법률의 필요성이 제기됨에 따라 2012년 5월 23일 「국제경기대회지원법」이 [법률 제11425호]로 제정되어 시행되고 있다. 이 법은 국제경기대회의 지원 기준과 일반원칙을 확립하여, 개별 대회마다 한시적으로 특별법을 제정하던 방식에서 발생하는 행정적 비효율성을 개선하고, 서울올림픽대회, 월드컵축구대회와 같은 국가적 차원의 지원이 필요한 국제경기대회의 성공적 개최를 지원하기 위한 법적 근거를 마련했다. 특히, 「국제경기대회지원법」 제10조제2항은 대회를 주관하는 조직위원회가 대회 관련 시설, 선수 · 임원 · 보도진 · 관람객 등의 테러 방지와 안전 확보를 위해 국가에 지원을 요청할 수 있도록 규정하고 있다.

국제스포츠 행사는 「국제경기대회지원법」 제10조제2항과 「테러방지법」을 근거로 대테러 · 안전대책본부를 구성하여 대테러안전활동을 지원하고 있다. 국무총리 산하 대테러센터와 국가정보원은 대테러 · 안전대책본부의 컨트롤타워 역할을 수행하며, 유관기관을 조정하고 통제할 권한을 갖는다. 특히, 「테러방지법」은 테러와 관련된 안전 활동에서 다른 법률보다 우선적으로 적용되는 상위법으로 기능한다. 국제스포츠 행사의 안전관련 법률 체계는 「국제경기대회지원법」과 「테러방지법」에 기반을 두며, 경찰과 민간경비를 활용할 경우에는 「경찰관직무집행법」, 「경비업법」, 「국가 통합 교통체계 효율화법」등 개별법이 적용된다. 또한, 국제스포츠 행사에 「대통령 등의 경호에 관한 법률」 제4조에 따른 경호대상이 참석할 경우에는 대통령경호처가 경호 · 안전활동을 전담하며, 관계기관은 경호처의 요청에 따라 협조 의무를 이행해야 한다.

3. 지방자치단체 축제의 안전관리

지역축제를 개최하는 주최 측은 「재난안전법」 제66조의11과 같은 법 시행령 제73조의9에 의해 안전관리계획을 수립하고 이를 철저히 이행해야 한다.[3] 이 법률은 행정안

3) 안전관리계획에는 행사의 개요, 장소, 시설 관리, 화재예방 및 인명피해 방지조치 등이 포함되어야 하며, 안전관리 인력의 확보 및 배치 계획, 비상시 대응 요령, 그리고 담당 기관과 담당자의 연

전부장관 또는 시·도지사가 안전관리계획의 이행 실태를 지도·점검할 수 있는 권한을 부여하며, 필요시 관할 경찰관서, 소방관서 및 기타 관계기관의 장에게 협조 또는 해당 기관의 소관 사항에 대한 역할 분담을 요청할 수 있다. 또한, 지역축제의 안전을 강화하기 위해 관할 경찰관서, 소방관서 및 기타 관계기관 및 단체 등이 참여하는 지역안전협의회를 구성하여 운영할 수 있다.

〈표 4-2〉 행사장 안전 관련 개별 법률 및 소관 부처

구 분	분 류	세부내용	소관 부처
개별 법률	경비업법	· 시·도경찰청장은 경비원에 의한 경비가 필요하다고 인정되는 때에는 행사개최일 전에 당해 행사의 주최자에게 경비원에 의한 경비를 실시하거나 부득이한 사유로 경비를 실시할 수 없는 경우 행사개최 24시간 전까지 시·도경찰청장에게 그 사실 통지 요청(경비업법 시행령 제30조).	경찰청
	공연법	· 공연장운영자는 화재나 그 밖의 재해를 예방하기 위하여 그 공연장 종업원의 임무·배치 등 재해대처계획을 수립하여 매년 관할 특별자치시장·특별자치도지사·시장·군수·구청장에게 신고하여야 한다. (제11조제1항).	문화체육관광부
	체육시설의 설치·이용에 관한 법률	· 문화체육관광부장은 체육시설의 안전한 이용 및 체계적인 관리를 위하여 5년마다 체육시설 안전관리에 관한 기본계획을 수립·시행하여야 한다(제4조의2제1항). · 체육시설업자는 체육시설의 설치·운영과 관련되거나 그 체육시설 안에서 발생한 피해를 보상하기 위하여 보험에 가입하여야 한다(제26조).	문화체육관광부
	관광진흥법	· 문화체육관광부장관은 지역축제의 체계적 육성 및 활성화를 위하여 지역축제에 대한 실태조사와 평가를 할 수 있다(제48조의2제1항).	문화체육관광부
	국가통합교통체계효율화법	· 국토교통부장관은 국가교통관리에 중대한 차질이 발생하거나 발생할 우려가 있는 경우 이에 효과적으로 대응하기 위해 비상 시 교통대책을 수립할 수 있다(제33조제1항).	국토교통부

〈표 4-2〉에서 분류하고 있는 안전 관련 법 체계는 행사의 규모, 성격, 장소, 시간에

락처가 명시되어야 한다.

따라 「공연법」, 「경비업법」, 「체육시설의 설치 · 이용에 관한 법률」, 「관광진흥법」, 「국가 통합 교통체계 효율화법」등 개별 법이 추가적으로 적용되는 복잡한 과정이 요구된다. 이러한 체계는 주최 측이 모든 규정을 철저히 이해하고 준수하기 어렵고, 행사의 유형과 특성에 따라 요구되는 안전조치가 다양함에 따라 통합적으로 접근하기에 한계가 있다.

제2절 기본적 성격의 법률

1. 대통령 등의 경호에 관한 법률

국제행사의 안전관리를 위한 법적 체계에서 「대통령 등의 경호에 관한 법률」(이하 "대통령경호법" 이라 한다)은 국가 주요 인사에 대한 경호뿐 아니라, 고위급 국제회의 등 국가중요행사에서의 통합적 안전관리 체계를 뒷받침하는 기본법적 성격을 지닌다. 우리나라는 대통령의 경호라는 제한적 목적에 중점을 두고 1963년 12월 14일 [법률 제1507호]로 「대통령경호실법」을 제정하고,[4] 같은 해 12월 17일부터 시행함으로써 국가원수에 대한 경호의 법적 기반을 마련했다.

이후, 국제 테러의 증가와 국가 주요 인사에 대한 위해 우려가 확산되면서 보다 전문적이고 체계적인 경호체계의 법제화 필요성이 제기되었다. 이에 따라 2008년 2월 29일 [법률 제8872호]를 통해 법률 명칭을 「대통령 등의 경호에 관한 법률」로 개정하고, 대통령 및 국가 요인에 대해 체계적이고 전문적인 경호를 제공함으로써,[5] 국가의 안정적인 발전을 도모하고 경호업무의 효율성과 전문성을 강화하기 위한 변화된 입법 취지를 반영했다.[6]

---

4) 1963년에 제정된 「대통령경호실법」은 경호실의 주요 임무로 대통령과 그 가족, 대통령 당선인, 그리고 경호실장이 특히 필요하다고 인정하는 국내외 주요 인사의 경호 및 대통령 관저의 경호를 명시하고 있다. 해당 법령은 경호실에 별정직 공무원인 경호실장을 두되, 대통령이 임명하도록 규정하고 있으며, 경호원은 별정직 공무원과 일반직 국가공무원으로 구성된다. 또한 경호원에게는 사법경찰관리로서의 직무 수행 권한이 부여되며, 경호실장은 소속 공무원에게 총기를 휴대하게 할 수 있는 권한을 갖는다. 이와 같은 규정은 경호업무의 법적 근거와 권한을 제도적으로 정비하고, 경호체계의 독립성과 실행력을 강화하기 위해 도입되었다.

5) 대통령 및 국가 요인의 경호를 효율적으로 수행하도록 하기 위하여 대통령실장 소속으로 경호처를 설치하고, 처장은 정무직(차관급)으로, 차장은 1급(경호공무원 또는 고위공무원단에 속하는 별정직국가공무원)으로 보하도록 하려는 것임.

6) 현재의 "대통령경호처"는 관련 법령의 제 · 개정에 따라 명칭과 지위가 변화해온 이력을 가지고 있다. 대통령 경호 관련 조직은 1963년 12월 14일 「대통령경호실법」 제정과 함께 '대통령경호실'

특히, 2012년 2월 2일 개정된 「대통령경호법」 제5조의2는 G20 정상회의, APEC 정상회의, 핵안보 정상회의 등과 같이 다수의 외국 정상 및 국제기구 대표가 참석하는 국제회의의 경호 및 안전관리를 대통령경호처가 전담할 수 있도록 명문화함으로써, 국제행사에 대한 통합적 경호체계를 제도화 했다. 이 조항은 경호·안전활동의 운영 주체, 조직 구성, 인력 배치 및 장비 운용 등에 관한 사항을 포함하고 있어 국가 차원의 일원화된 안전관리 체계를 구현할 수 있는 법제적 기반을 제공한다. 이처럼 「대통령경호법」은 대통령 개인의 경호를 넘어서, 국가 주요 요인 및 고위급 외빈을 포괄하는 경호·안전활동의 범위를 명확히 규정하고, 국제사회 속에서 국가의 위상 제고와 안전 확보라는 이중의 목적을 달성하기 위한 기본적 성격의 법률로 그 적용 영역을 확장하고 있다.

2. 국민보호와 공공안전을 위한 테러방지법

「국민보호와 공공안전을 위한 테러방지법」의 제정은 2001년 미국 9·11 테러 사건 이후 국제사회가 본격적으로 '테러와의 전쟁'을 선포한 시대적 흐름과 맞닿아 있다. 당시 뉴욕 세계무역센터(WTC)와 워싱턴 D.C의 펜타곤을 겨냥한 이 공격은 미국 역사상 최악의 테러로 기록되었으며 이를 계기로 유엔과 OECD 등 국제사회는 테러 근절을 위한 공동 대응체계를 강화하고, 각국에 테러방지법 제정과 국제협약 가입을 촉구했다.[7] 실제로 OECD 회원국 34개국 대부분은 자국의 안보 강화를 위한 테러방지법을 제정했다.[8]

그러나 당시 우리나라는 대테러 대응을 위한 법적 기반이 미비한 상태였으며, 실질적으로는 「국가대테러활동지침」이라는 행정규칙에 의존했다. 이 지침은 법률이 아닌 행정적 기준에 불과하여 국제 테러단체 소속 인물의 국내 입국 시 제재나 자국민의 테러단체 가담 및 관련 행위에 대한 사전 차단 조치에 있어 강제력과 처벌 규정이 결여된다는 점에서 실효성에 한계가 있었다. 이러한 입법적 한계를 극복하고 대테러 대응의 실효성을 확보하기 위해 2016년 3월 3일 [법률 제14071호]로 「테러방지법」이 제정되

로 처음 도입되었으며, 이후 1998년 2월 28일 「정부조직법」 개정을 통해 국가행정기관의 설치 근거를 일원화하는 과정에서 정식으로 포함되었다. 이후 2008년 2월 29일 「정부조직법」 개정에 따라 대통령경호실은 "대통령실장 소속의 경호처"로 개편되었고, 2013년 3월 23일과 2017년 4월 18일 두 차례의 법 개정을 거치며 대통령경호실(실장: 장관급)은 대통령경호처(처장: 차관급)로 명칭과 위상이 조정되어 현재에 이르고 있다.

7) David A. McEntire. (2024). 「Introduction to Homeland Security: Terrorism Prevention, Public Safety, and Emergency Management, 3rd Edition」. WILEY, pp. 2~5.

8) 대테러센터 홈페이지, www.nctc.go.kr/nctc/Introduction/background.do, 검색일 2025. 5. 21.

었다. 이 법은 테러의 예방 및 대응에 있어 국가의 책무를 명확히 규정하고, 관계기관 간 협력체계 구축, 정보의 수집 및 활용, 테러 위험인물에 대한 조치 등 필요한 사항을 법률로 명문화함으로써, 국가 안보와 공공의 안전은 물론 국민의 생명·신체·재산 보호를 입법 목적으로 삼고 있다. 또한 이 법은 대테러활동에 관하여 다른 법률에 우선하여 적용된다고 명시함으로써, 테러 대응에 있어 법적 효력을 우선적으로 보장받는 기본 법적 성격을 갖는다.[9)]

대테러센터장은 「테러방지법」을 근거로 국가기관 또는 지방자치단체가 주관하는 행사 중 테러위협 요소가 존재하는 행사의 안전대책 협의 여부를 파악하고, 이를 등급별로 분류한 후 국가테러대책위원회의 심의·의결을 거쳐 국가중요행사로 지정할 수 있다. 국가중요행사로 지정된 경우에는 동법 제6조에 따라 국무총리 소속의 대테러센터가 중심이 되어 동법 제10조제1항 및 동법 시행령 제26조에 따라 관계기관과 협의하여 대테러안전대책을 수립해야 한다. 이 법 시행령 제26조제1항은 국내외에서 개최되는 행사 중 관계기관의 장이 소관 업무와 관련하여 주관기관, 개최근거, 중요도 등을 기준으로 대테러센터장과 협의하여 정하도록 규정하고 있고, 같은 법 시행령 제26조제2항에 따라 관계기관의 장은 대테러센터장과 협의하여 국가중요행사의 특성에 맞는 분야별 안전관리대책을 수립·시행하여야 한다. 또한 관계기관의 장은 같은 법 시행령 제26조제3항에 의해 국가중요행사에 대한 안전관리대책을 협의·조정하기 위하여 필요한 경우에는 대책위원회의 심의·의결을 거쳐 관계기관 합동으로 대테러·안전대책기구를 편성·운영할 수 있다. 단, 이 법 제26조제4항에 의하면 같은 법 제26조제2항에 따른 안전관리대책의 수립·시행 및 제3항에 따른 대테러·안전대책기구의 편성·운영에 관한 사항 중 대통령과 국가원수에 준하는 국빈 등의 경호 및 안전관리에 관한 사항은 대통령 경호처장이 정하도록 규정하고 있다.[10)]

3. 국제경기대회 지원법

「국제경기대회 지원법」(이하 "국제경기대회법" 이라 한다)은 서울올림픽대회, 월드컵 축구대회 등 국가 차원의 지원이 필요한 국제경기대회를 유치할 때마다 한시적인 특별법을 제정하는 개별입법 추진의 행정 낭비를 개선하고, 국제경기대회 지원 기준 등에 대한 일반원칙을 확립하기 위해 2012년 5월 23일 [법률 제11425호]로 제정되어 같은 해 11월 24일부로 시행하고 있다.

---

9) 「국민보호와 공공안전을 위한 테러방지법」 제4조.
10) 박정섭. (2020). 앞의 논문, p. 48.

이 법에서 지원하는 국제경기대회란 국제올림픽위원회, 국제장애인올림픽위원회가 주관하는 올림픽대회, 아시아올림픽평의회, 아시아장애인올림픽위원회가 주관하는 아시아경기대회, 국제대학스포츠연맹이 주관하는 세계대학경기대회, 국제축구연맹이 주관하는 월드컵축구대회, 세계육상연맹이 주관하는 세계육상선수권대회, 세계수영연맹이 주관하는 세계수영선수권대회, 그 밖의 중앙정부의 지원이 필요한 대회로서 국제사격연맹이 주관하는 세계사격선수권대회, 국제시각장애인스포츠연맹이 주관하는 세계시각장애인경기대회, 세계태권도연맹이 주관하는 세계태권도선수권대회, 국제마스터스대회협회가 주관하는 아시아태평양마스터스대회를 말한다.

이러한 국제경기대회를 개최할 시 조직위원회는 이 법 제10조제2항에 근거하여 대회관련시설과 선수 · 임원 · 보도진 · 관람객 등에 대한 테러를 방지하고 안전을 확보하기 위하여 국가에 지원을 요청할 수 있다. 이에 따라 국가는 「테러방지법」을 근거로 국가테러대책위원회를 구성하고, 해당 위원회의 심의 · 의결을 거쳐 대테러 · 안전대책본부를 설치 · 운영해야 한다. 그러나 이 법은 실제 대회 운영과 관련된 안전관리활동[11]에 대한 구체적인 시행 규정이 부재하여 국제경기대회의 실질적인 안전관리 기반을 제공하는 데 한계가 있으며, 안전대책을 마련하기 위한 법적 구속력이나 실무지침으로서의 기능도 미흡하다는 비판이 제기되고 있다. 「국제경기대회법」은 종전의 대회별 개별 특별법 체계가 초래한 법령 중복과 행정적 비효율을 해소하고, 통합적인 지원 기준을 마련하기 위한 취지로 제정되었으나 안전관리 분야에 있어서는 오히려 세부 시행 규정의 부재로 인해 현장 적용에 어려움이 나타나고 있다. 이에 따라 대회의 성격과 규모에 부합하는 맞춤형 안전관리 체계를 구축하기 위해서는 필요 시 개별 특별법을 재도입하여 보다 정밀하고 실효성 있는 안전대책을 마련해야 한다.

4. 재난 및 안전관리 기본법

우리나라는 1950년대 후반부터 대규모 국제행사 및 다중운집행사에서 다양한 사건 · 사고가 지속적으로 발생해 왔으나 사고를 예방하고 대응하기 위한 법 · 제도적 장치가 부재했다.[12] 이에 정부는 각종 재난으로부터 국민의 생명과 신체 및 재산을 보호하기 위하여 다원화되어 있는 재난 관련 법령을 통합하여 2004년 3월 11일 [법률 제

11) 안전관리 활동이란 대회 관련 시설에 대한 경비, 출입 통제, 질서 유지, 안내, 대테러 및 안전 종합대책의 수립과 시행, 대회 외곽 경비, 치안 및 교통 관리, 화재 예방과 진압, 재난 · 재해 발생 시 구조 및 구급 활동 등이 있다.

12) 박정섭. (2023). "다중운집행사시 민간경비를 효과적으로 활용하기 위한 관련 법 개선방안", 한국경호경비학회, 76, p. 172.

7188호]로 「재난 및 안전관리 기본법」(이하 "재난안전법"이라 한다)을 제정했다.[13] 그러나 「재난안전법」 제정 이후에도 2005년 '상주 콘서트 압사사고',[14] 2009년 '창녕 화왕산 억새 태우기 화재사고'[15] 등 지방자치단체가 주관하거나 관할하는 지역축제 및 행사에서 중대한 인명피해가 지속적으로 발생했다.[16]

이에 정부는 안전관리의 실효성을 제고하고자 2013년 8월 6일 「재난안전법」을 개정하여 지역축제 안전관리 조항을 신설하고, 지방자치단체가 주최 또는 관할하는 지역축제에 대해 안전관리계획 수립 및 이행 실태 지도·점검을 의무화했다. 이 후 민간단체가 주관한 2014년 '판교 공연장 환풍구 붕괴 사고',[17] 를 경험함으로서, 2019년 12월 3일 동법 개정을 통해 안전관리계획 수립 의무의 적용 대상을 민간이 개최하는 지역축제까지 확대했다. 또한, 2022년 10월 31일에 발생한 '이태원참사'[18]를 계기로, 다중의 참여가 예상되는 지역축제로서 개최자가 없거나 불분명한 경우에는 관할 지방자치단체의 장이 지역축제 안전관리계획을 수립하고 필요한 조치를 취할 수 있도록 2023년 12월 26일에 해당 법 조항을 신설 또는 개정함으로써 지역사회 기반 행사 전반에 대한 실효적이고 포괄적인 안전관리 법체계를 정비했다.[19]

「재난안접법」 제66조의11에 따르면 지역축제를 개최할 시 안전관리 조치사항으로 다음과 같은 절차를 이행해야 한다.

● 「재난안전법」 제66조의11제1항 : 중앙행정기관의 장 또는 지방자치단체의 장은 대통령령[20]으로 정하는 지역축제를 개최하려면 해당 지역축제가 안전하게 진행

13) 이 법은 현행 제도의 문제점을 개선·보완하여 국가 및 지방자치단체의 재난 대응 관리 체계를 확립하고, 각 부처에 분산되어 있는 안전관리 업무에 대한 총괄조정 기능을 보강했다.
14) 2005년 10월 3일, 경북 상주시민운동장에서 열린 MBC 가요콘서트 공연 직전에 한쪽 출입구에 약 5,000여 명의 관람객이 일시에 몰리면서 압사사고가 발생하였고, 이로 인해 11명이 사망하고 162명이 부상을 입는 대형 인명피해가 발생하였다.
15) 2009년 2월 9일, 억새를 태우는 행사 도중 역풍으로 인해 불길이 방화선을 넘어 관람객 쪽으로 번졌고, 이로 인해 일부 관람객이 화염에 휩싸이거나 혼란 속에 도주하던 중 절벽에서 추락하는 등의 사고가 발생하여 총 7명이 사망하고 81명이 부상을 입는 대형 인명피해가 발생하였다.
16) 박정섭. (2023). 앞의 논문, pp. 172~173.
17) 2014년 10월 17일, 공연을 관람하던 중 27명의 관람객이 환풍구 상부 구조물 위에 올라가 있다가 환풍구가 붕괴되면서 발생한 추락 사고로 총 16명이 사망하고 11명이 부상을 입는 중대한 인명피해가 발생하였다.
18) 2022년 10월 29일, 서울 이태원에서 발생한 압사사고는 다수의 군중이 좁은 골목길에 과도하게 밀집하면서 인파에 의해 넘어지고 깔리는 상황이 벌어져 사망자 154명, 중상자를 포함한 부상자 149명이 발생한 대한민국 역사상 초유의 대규모 군중 압사 참사로 기록되었다.
19) 박정섭. (2024b). "지역축제 안전성 강화를 위한 빅데이터와 AI의 법적 적용 방안에 관한 연구, 한국재난정보학회, 20(3), p. 694.
20) 「재난안전법시행령」 제73조의9제1항에 의해 축제기간 중 순간 최대 관람객이 3천명 이상이 될

될 수 있도록 지역축제 안전관리계획을 수립하고, 안전에 필요한 조치를 취해야 한다. 다만, 다중의 참여가 예상되는 지역축제에서 개최자가 부재하거나 불분명한 경우에는 대통령령[21]으로 정하는 바에 따라 관할 지방자치단체의 장이 지역축제 안전관리계획을 수립하고 필요한 조치를 취해야 한다.

● 「재난안전법」 제66조의11제2항 : 행정안전부장관 또는 시 · 도지사는 제1항에 따른 지역축제 안전관리계획의 이행 실태를 지도 · 점검할 수 있으며, 점검결과 보완이 필요한 사항에 대해서는 관계기관의 장에게 시정을 요청할 수 있다. 이 경우 시정 요청을 받은 관계기관의 장은 특별한 사유가 없으면 요청에 따라야 한다.

● 「재난안전법」 제66조의11제3항 : 중앙행정기관의 장 또는 지방자치단체의 장 외의 자가 대통령령[22]으로 정하는 지역축제를 개최하려는 경우에는 해당 지역축제가 안전하게 진행될 수 있도록 지역축제 안전관리계획을 수립하여 대통령령[23]으로 정하는 바에 따라 관할 시장 · 군수 · 구청장에게 사전에 통보하고, 그 밖에 안전관리에 필요한 조치를 하여야 한다. 지역축제 안전관리계획을 변경하려는 때에도 또한 같다.

● 「재난안전법」 제66조의11제4항 : 제3항에 따른 통보를 받은 관할 시장 · 군수 · 구청장은 필요하다고 인정되는 때에는 지역축제 안전관리계획에 대하여 보완을 요구할 수 있다. 이 경우 보완을 요구받은 자는 정당한 사유가 없으면 이에 따라야 한다.

● 「재난안전법」 제66조의11제5항 : 제1항 또는 제3항에 따른 지역축제의 안전관리

것으로 예상되는 지역축제이며, 축제장소나 축제에 사용하는 재료 등에 사고 위험이 있는 지역축제로서 산 또는 수면에서 개최하는 지역축제 또는 불, 폭죽, 석유류 또는 가연성 가스 등의 폭발성 물질을 사용하는 지역축제 어느 하나에 해당하는 지역축제를 말한다.

21) 「재난안전법시행령」 제73조의9제4항에 의해 법 제66조의11제1항 단서에 따른 지역축제 안전관리계획은 제1항제1호에 따른 지역축제(제1항제1호에 따른 지역축제 외의 지역축제로서 관할 시장 · 군수 · 구청장이 참여 예상 인원의 규모와 장소 등을 고려하여 지역축제 안전관리계획의 수립이 필요하다고 인정하는 지역축제를 포함한다)로서 개최자가 없거나 불분명한 경우 관할 시장 · 군수 · 구청장이 수립한다.

22) 「재난안전법시행령」 제73조의9제1항.

23) 「재난안전법」 제66조의11 및 제3항에 따른 지역축제 안전관리계획에는 지역축제의 개요, 해당 지역축제의 안전관리업무를 담당하는 사람 및 관리조직과 임무에 관한 사항, 화재예방 및 다중운집 등에 따른 인명피해 방지조치에 관한 사항, 안전관리인력의 확보 및 배치계획, 비상시 대응요령, 담당 기관과 담당자 연락처가 포함되어야 한다.

를 위하여 필요한 경우 중앙행정기관의 장 또는 지방자치단체의 장(제3항에 따른 지역축제의 경우에는 관할 시장·군수·구청장을 말한다. 이하 이 항 및 제6항에서 같다)은 관할 경찰관서,[24] 소방관서[25] 및 그 밖에 관계 기관[26]의 장에게 협조 또는 해당 기관의 소관 사항에 대한 역할 분담을 요청할 수 있다. 이 경우 요청을 받은 기관의 장은 특별한 사유가 없으면 이에 따라야 한다.

- 「재난안전법」 제66조의11제6항 : 제1항 또는 제3항에 따른 지역축제의 안전관리를 위하여 필요한 경우 중앙행정기관의 장 또는 지방자치단체의 장은 대통령령으로 정하는 바에 따라 관할 경찰관서, 소방관서 및 그 밖에 관계 기관·단체 등이 참여하는 지역안전협의회를 구성·운영할 수 있다.

- 「재난안전법」 제66조의11제7항 : 제1항부터 제4항까지의 규정에 따른 지역축제 안전관리계획의 내용, 수립절차 및 제5항에 따른 협조 또는 역할 분담의 요청 등에 필요한 사항은 대통령령[27]으로 정한다.

제3절 지원적 성격의 법률

제3절에서는 국가중요행사 및 국제행사의 안전관리 법체계 변천 과정을 고찰하기 위해 한시적으로 제정된 지원적 성격의 법률들을 중심으로 논의하고자 한다. 이들 법률은 대규모 국제행사의 원활한 운영과 성공적인 개최를 뒷받침하기 위해 특정 시점에 제정되어 일정 기간 동안 한정적으로 효력을 발휘하며, 해당 행사의 종료와 함께 자동적으

24) 관할 경찰관서의 장에게 교통 및 보행 안전관리, 질서유지 등을 위한 경찰관 배치, 범죄 예방을 위한 순찰, 다중운집 위험정보 수집 및 관계기관 공유, 지역축제 행사장 현장 경찰연락관 운영, 그 밖에 관할 경찰관서의 소관 업무 중 지역축제 안전관리를 위해 필요한 사항.

25) 관할 소방관서의 장에게는 긴급자동차 대기 및 소방관 배치, 소방안전점검, 지역축제 행사장 현장 소방연락관 운영, 관할 소방관서의 소관 업무 중 지역축제 안전관리를 위한 필요한 사항.

26) 그 밖의 관계 기관의 장 중앙행정기관의 장 또는 지방자치단체의 장이 지역축제의 안전관리를 위해 필요하다고 인정하는 사항.

27) 「재난안전법시행령」제73조의9제8항에 의하면, 중앙행정기관의 장 또는 지방자치단체의 장(법 제66조의11 제3항에 따른 지역축제의 경우에는 관할 시장·군수·구청장을 말한다. 이하 이 항에서 같다)은 법 제66조의11제5항에 따라 관할 경찰관서, 소방관서 및 그 밖의 관계 기관의 장에게 다음 각 호의 구분에 따른 사항의 협조 또는 역할 분담을 요청할 수 있다. 다만, 법 제66조의11 제3항에 따른 지역축제의 경우에는 개최자가 시장·군수·구청장에게 신청하는 경우에만 관할 경찰관서 등의 장에게 요청할 수 있다.

로 효력을 상실하는 특징을 지닌다. 주로 다자간 정상회의, 국제스포츠 이벤트 등에서 경호·안전 및 대테러 활동을 강화하기 위한 법적 근거로 기능하는 이들 법률은 국가적 차원의 임시적 대응체계 수립에 기여해 왔다. 이러한 법률들을 분석함으로써 국제행사의 안전 확보를 위한 법·제도적 장치가 사건 중심의 일시적 대응에서 보다 구조적이고 지속 가능한 체계로 어떻게 발전해 왔는지를 이해할 수 있다.

1. 국제대회지원법

우리나라는 1986년 서울아시안게임과 1988년 서울올림픽을 계기로 국제경기대회 유치를 본격화하였으며, 2000년대 들어 다양한 국제대회를 지속적으로 유치함에 따라 대회를 안정적이고 효율적으로 지원할 수 있는 법·제도적 기반 마련의 필요성이 제기되었다. 이에 따라 정부는 2002년 한·일 월드컵을 개최하면서 국제대회의 운영과 안전관리를 체계적으로 지원하기 위해 「2002년 월드컵축구대회 지원법」을 개별입법 형태로 제정하고 이를 시행했다.[28]

「2002년 월드컵축구대회 지원법」은 월드컵축구대회의 준비 및 운영을 담당한 조직위원회의 대회 관련 사업을 법적으로 지원하고, 성공적인 대회 개최를 위한 행정적·재정적 기반을 제공하고 있다. 특히 동법 제23조 및 같은 법 시행령 제20조에 의하면 정부가 월드컵축구대회의 안전대책을 추진할 수 있는 근거가 규정되어 있다. 그러나 해당 법령은 안전관리활동의 개념, 범위, 각 기관별 업무분장 등 구체적인 사항을 명시하고 있지 않아 안전관리활동을 수행하기 위한 지침으로 삼기에는 한계가 있었다.[29] 이러한 한계를 보완하고 국제경기대회의 안전관리 및 지원체계를 강화하기 위해 문화체육관광부는 2015년 8월 28일 타법 개정을 통해 「2011대구세계육상선수권대회, 2013충주세계조정선수권대회, 2014인천아시아경기대회, 2014인천장애인아시아경기대회 및 2015광주하계유니버시아드대회 지원법」을 제정하여 같은 해 12월 29일부로 시행했다. 이 법 제4조의2에 따르면 조직위원회는 대회관련시설과 선수·임원·보도진·관람객 등에 대한 테러 및 안전 위협에 대비하여 국가에 지원을 요청할 수 있으며, 국가는 조직위원회의 요청 사항을 지원하기 위해 대테러·안전 유관기관으로 구성되는 테러대책기구를 설치·운영할 수 있다. 또한, 조직위원회와 관계 행정기관 간의 구체적인 업무분담[30] 및 테러대책기구의 설치·운영[31] 등에 필요한 사항은 대통령령으로 정한다고 명

28) 「2002년 월드컵축구대회 지원법」 월드컵대회의 조직, 재정, 기반 시설 구축, 관련 행정절차 등에 관한 정부의 지원 근거를 포괄적으로 규정하였다.
29) 국가정보원 안전통제본부. (2002). pp. 34~42; 주일엽. (2006a). 앞의 논문, p. 28.
30) 조직위원회는 대회직접관련시설에 대한 경비, 출입 통제, 질서유지 및 안내, 그 밖의 선수·임원

시하고 있다.

국제대회지원법은 특정 국제행사의 성공적인 개최와 안전 확보를 목적으로 한시적으로 제정된 개별입법으로 대회 종료와 함께 그 효력이 소멸된다는 점에서 지원적 성격의 법률로 분류된다. 이러한 법률은 각 행사별로 요구되는 행정적 · 재정적 지원의 기반을 마련하고, 안전대책을 추진할 수 있는 법적 근거로 기능한다는 점에서 일정한 의의를 가진다. 그러나 일회성 적용에 그치는 구조적 한계를 내포하고 있어 향후 제도적 통합과 지속 가능성을 확보하기 위한 법 · 제도적 개선 논의가 요구된다.

2. 평창올림픽 특별법

우리나라는 다양한 국제스포츠 행사의 성공적인 개최를 통해 국가 위상을 제고하고, 스포츠 인프라를 지속적으로 확충함으로써 국제스포츠 강국으로서의 기반을 구축해 왔다. 이러한 과정에서 국제경기대회의 운영은 단순한 스포츠 이벤트를 넘어 국민의 생명과 안전을 보호하기 위한 안전관리의 중요성을 인식하는 계기가 되었으며, 대회 운영과 안전관리를 체계적으로 지원할 수 있는 법 · 제도적 기반 또한 점진적으로 정비되어 왔다.

정부는 2018년 평창동계올림픽 및 패럴림픽대회의 개최를 위해 2012년 1월 26일 「2018년 평창동계올림픽대회 및 장애인동계올림픽대회 지원 등에 관한 특별법」 (법률 제11226호, 이하 "평창올림픽법"이라 한다)을 제정 및 시행했다. 「평창올림픽법」은 조직위원회 설립을 통한 민간 주도의 대회 운영을 보장하고, 국유 · 공유재산의 사용, 기념주화 발행, 방송 및 광고 사업 허용 등 다양한 지원 규정을 포함하여 대회 운영의 자율성과 실효성을 확보했다. 또한, 지역의 지속 가능한 발전을 도모하기 위해 동계올림픽 특구 지정, 인허가 특례, 비용 지원, 조세 감면 등의 제도적 장치를 마련함으로써 대한민국을 세계적인 관광 · 문화 · 스포츠 산업의 중심지로 육성하는 데 기여하고자 했다.

대테러 · 안전관리 측면에서 「평창올림픽법」은 「2011대구세계육상선수권대회, 2013

· 보도진 · 종사자 · 관람객 등의 안전에 관한 사항을 담당하며, 대테러 · 안전대책위원회 및 대테러 · 안전대책본부는 대회와 관련한 대테러 · 안전 종합대책 수립 및 시행, 대회직접관련시설 외곽의 경비 · 치안 및 교통관리 등의 지원, 대회와 관련된 화재의 예방 및 진압과 재난 · 재해나 그 밖의 위급한 상황에서의 구조 · 구급 활동 등의 지원을 담당한다.

31) 조직위원회의 요청사항을 지원하기 위해 대테러 · 안전대책위원회를 두고, 대테러 · 안전대책위원회의 위원장은 국가정보원장이 되며, 위원은 치안, 경비, 테러 방지 등의 업무를 수행하는 관계 행정기관의 장으로 구성된다. 그리고 실무적인 사항을 처리하기 위하여 대테러 · 안전대책위원회 산하에 대테러 · 안전대책본부를 두며, 대테러 · 안전대책위원회 위원장은 필요 시 관계 행정기관의 장에게 소속 공무원의 파견을 요청하거나 기타 협조를 요청할 수 있다. 이와 관련된 위원회 및 본부의 구성과 운영에 필요한 사항은 조직위원회 위원장과 관계 행정기관의 장의 협의를 거쳐 대테러 · 안전대책위원회 위원장이 정하도록 규정하고 있다.

충주세계조정선수권대회, 2014인천아시아경기대회, 2014인천장애인아시아경기대회 및 2015광주하계유니버시아드대회 지원법」의 제4조(국가 등의 지원), 제4조의2(대테러·안전대책 등) 및 시행령 제2조(대테러·안전대책 등)에서 규정된 내용을 계승하여, 「평창올림픽법」 제7조와 같은 법 시행령 제3조에 관련 조항을 명시했다. 2018년 평창 동계올림픽 및 패럴림픽대회는 조직위원회 안전관실과 대테러·안전대책기구가 이원체계로 운영되었으며, 조직위원회 안전관실은 민간경비업체의 경비인력을 지휘·통제하는 한편 대테러·안전대책본부는 유관기관과의 업무 협조를 통해 대테러·안전활동을 실질적으로 수행했다. 이 법은 한시적으로 적용되는 특별법의 대표적인 사례로, 조직위원회와 관계 행정기관 간의 역할 분담, 책임 범위, 대응 절차 등을 구체적으로 규정함으로써 특정 스포츠 행사에서 발생할 수 있는 테러 및 안전 위협을 사전에 예방하고 효과적으로 대응하기 위한 법적 근거를 제공했다.

3. G-20 정상회의 경호안전을 위한 특별법

우리나라는 2010년 11월 미국, 중국, 러시아 등 세계 주요 20개국 정상을 비롯하여 15개국의 초청국 정상 등 총 35개국의 정상이 참석하고, 공식 수행원만 약 3,000여 명에 이르는 건국 이래 최대 규모의 G20 정상회의를 서울에서 개최했다. 정부는 이러한 대규모 국제회의의 성공적 개최와 세계 주요 정상들의 안전한 경호를 위해 2010년 6월 8일 [법률 제10362호] 「G20 정상회의 경호안전을 위한 특별법」을 제정하여 같은 해 10월 1일부로 시행했다. 이 특별법은 총 9개 조항으로 구성되어 있으며, G20 정상회의의 경호·안전 활동을 법적 근거로 작용하기 위한 한시적 입법으로 기능했다.

「G20 정상회의 경호안전을 위한 특별법」의 세부 규정을 살펴보면 다음과 같다.

- 제1조(목적) 이 법은 G20 정상회의를 개최함에 있어 효율적인 경호안전업무의 수행을 위하여 필요한 사항을 규정함을 목적으로 한다.

- 제2조(다른 법률과의 관계) 이 법은 G20 정상회의(이하 "정상회의"라 한다) 경호안전업무에 관하여 다른 법률에 우선하여 적용한다.

- 제3조(경호안전통제단의 설치) ① 정상회의와 관련된 각국 정상 및 국제기구대표의 신변보호와 행사장 안전관리 등의 경호안전 종합대책의 수립·시행을 위하여 대통령 소속으로 경호안전통제단(이하 "통제단"이라 한다)을 둔다.

② 통제단의 단장(이하 "통제단장"이라 한다) 은 대통령실 경호처장이 된다. ③ 통제단의 구성 및 운영 등에 관하여 필요한 사항은 통제단장이 관계 기관의 장과 협의하여 정한다.

- 제4조(관계 기관 등에 대한 협조 요청) 통제단장은 경호안전업무 수행을 위하여 필요하다고 인정하는 경우 경호안전 관련 업무를 담당하고 있는 행정기관의 장 또는 공공단체의 장에게 경호안전업무의 지원 및 인력 동원에 관하여 필요한 협조를 요청할 수 있다.

- 제5조(경호안전구역의 지정) ① 통제단장은 정상회의의 경호안전업무의 수행을 위하여 필요하다고 판단하는 경우 관계 기관의 장과 협의하여 경호안전구역을 지정할 수 있다.
  ② 제1항에 따른 경호안전구역(이하 "경호안전구역"이라 한다)은 정상회의가 개최되는 장소, 각국 정상 및 국제기구 대표의 숙소, 이동로 등 정상회의와 직접적으로 관련이 있는 장소 및 그 장소의 주변으로 하되, 경호안전 목적달성을 위한 최소한의 범위로 한정되어야 한다.
  ③ 통제단장이 제1항에 따라 경호안전구역을 지정하고자 할 때에는 그 기간 및 대상구역 등을 공고하여야 한다. 다만, 경호안전 목적상 보안유지가 필요한 사항은 이를 공고하지 아니할 수 있다.

- 제6조(경호안전구역에서의 안전활동) 통제단 소속 공무원과 지원 경찰관 등 정상회의 경호안전업무를 담당하는 공무원은 경호안전 목적상 불가피하다고 인정되는 상당한 이유가 있는 경우에 한하여 경호안전구역에서 질서유지, 교통관리, 검문 · 검색, 출입통제, 위험물의 탐지 및 안전조치 등 위해방지에 필요한 안전활동을 할 수 있다.

- 제7조(경호안전구역에서의 준수사항) 경호안전구역에 출입하는 모든 사람은 교통관리, 검문 · 검색, 출입통제 등 정상회의의 원활한 진행과 경호 · 안전활동에 협조하여야 한다.

- 제8조(집회 및 시위의 제한) ① 통제단장은 교통소통, 질서유지 등 원활한 경호안

전업무 수행을 위하여 필요한 경우에 한하여, 관할 경찰관서의 장에게 경호안전구역에서 집회 및 시위를 제한하여 줄 것을 요청할 수 있다. 다만, 「집회 및 시위에 관한 법률」 제15조에 따른 집회는 제한을 요청할 수 없다.
② 제1항의 요청을 받은 관할 경찰관서의 장은 「집회 및 시위에 관한 법률」에도 불구하고 경호안전구역에서의 집회 및 시위를 제한하여야 한다.
③ 제2항에 따른 집회 및 시위의 제한기간은 정상회의 기간을 포함하여 5일을 초과할 수 없다.

- 제9조(국가중요시설 등에 대한 안전관리) 통제단장은 경호안전 목적달성을 위하여 필요한 경우 경찰청장 등 경호안전 관련 기관의 장과 협의하여 「통합방위법」 제2조제13호에 따른 국가중요시설과 불특정 다수인이 이용하는 시설에 대한 안전관리를 위하여 필요한 인력을 배치하고 장비를 운용할 수 있다.

이러한 법 조항은 주요 인사 및 일반 대중의 안전을 확보하는 동시에, 행사 전반의 성공적인 운영을 위한 체계적인 경호체계의 구축을 가능하게 한다. 나아가 국제 테러나 폭력시위와 같은 삼재석 위협을 사전에 예방하고, 사고 발생 시 신속하고 효율적인 대응을 통해 안전사고를 최소화할 수 있는 기반을 마련한다는 점에서 효과적인 경호·안전활동의 제도적 장치로 평가된다. 그러나 회의장 주변 지역 및 도로를 통제하거나 폐쇄하는 공경비 중심의 폐쇄적 경호·안전활동은 시민의 이동권 제한, 일상생활의 불편 초래, 도시 기능의 일시적 마비 등 다양한 부작용을 수반한다. 이에 따라 정부는 경호·안전활동의 효과성을 높이기 위해 국민의 자발적인 협조를 유도하는 한편, 공경비 중심의 일방적 대응에서 벗어나 민간경비와의 유기적인 협력체계를 구축함으로써 국민 편의를 고려한 유연하고 효율적인 경호·안전활동 방안을 마련해야 한다.

제4절 개별적 성격의 법률

국제행사 및 지역축제는 장소와 시설의 조건, 시간대, 외부 환경 등 다양한 변수에 따라 안전관리의 범위와 적용 방식이 달라지므로 행사의 안전성을 확보하기 위해서는 기본법 또는 지원적 성격의 특별법에 근거하여 안전관리계획을 수립하고, 이를 철저히 이행하는 것이 필요하다. 그러나 행사마다 주최 주체, 규모, 성격, 개최 장소, 사용 재료, 시간적 위험 요소 등이 상이하므로, 실제 현장에서는 「경비업법」, 「공연법」, 「체육시설의 설치 · 이용에 관한 법률」, 「관광진흥법」, 「국가통합교통체계효율화법」 등 다양한 개별 법률이 복합적으로 적용되는 복잡한 법률 운영 체계가 요구된다.[32] 이에 제4절에서는 국제행사 및 지역축제의 안전관리와 관련하여 실질적으로 적용되는 개별 법률들을 중심으로, 그 법체계의 구조와 적용상의 특성을 검토하고자 한다.

1. 경비업법

우리나라는 1960년대 초 미군부대와 용역경비를 체결하면서 소수의 민간경비회사가 설립되었으며, 1976년 12월 31일 [법률 제2946호]로 「용역경비업법」이 제정되어[33] 공공부분의 민영화 및 수익자부담 원칙에 따라 민간경비산업의 양적 성장이 본격적으로 이루어졌다.[34] 그 후 1995년 12월 30일 「용역경비업법」일부가 개정되어 경비원의 질적 향상을 목적으로 경비원의 지도 · 감독 및 교육을 전담하는 '경비지도사제도'를 신설하였고, 개인의 신변에 가하는 위해를 방지하기 위해 '신변보호업무'를 용역경비업의 한 업태로 추가 도입했다. 그리고 1999년 3월 31일 「용역경비업법」을 「경비업법」으로 개명[35]하였으며, 2001년 4월 7일 「경비업법」 전부개정에 따라 경비업의 종류에 특수경비업무를 도입하여 민간경비업의 근거법령으로 작용하고 있다.[36] 현행 「경비업법」제2조는 경비업무를 시설경비, 호송경비, 신변보호, 기계경비, 특수경비, 혼잡 · 교통유도경비로 규정하고 있으며, 100명 이상의 사람이 모이는 국제 · 문화 · 예술 · 체육 행사장 등의 국제행사 또는 지역축제를 집단민원현장으로 정의하고 있다.

국제행사 및 지역축제를 개최하는 주최 측은 유발자 부담 원칙에 따라 안전관리 예산을 편성하고, 「경비업법」에 근거하여 민간경비업체와 용역계약을 체결하여 자체경비를 실시함으로써, 주요 VIP의 신변 보호와 행사장 내 도난, 화재, 혼잡 등의 위험을 예방하기 위한 안전조치를 강구해야 한다. 그리고 행사를 도급받아 업무를 수행하고자 하는 경비업자는 경비업무를 특정하여 경비지도사를 선임해야 하며, 선임된 경비지도사

---

32) 박정섭. (2024a) "빅데이터와 인공지능을 활용한 지역축제 안전성 강화 방안", 한국보안관리학회, 79, p. 183.

33) 「용역경비업법」은 산업시설 · 공공시설 · 사무소등 기타 경비를 요하는 시설물의 경비업을 할 수 있도록 용역경비업에 관한 사항을 정하여 1976. 12. 31제정하여 1977년 4월 1일부로 시행했다.

34) 박병식. (1996a). 「민간경비론」, 서울: 법률출판사, p. 28.

35) 행정규제기본법에 의한 규제정비 계획에 따라 경비지도사의 자격 등과 관련된 규정을 합리적으로 조정하고, 설립과 가입이 강제되던 용역경비협회 관련 규정을 정비하는 등 용역경비업과 관련된 과도한 규제를 개선 · 완화하기 위해 1999년 3월 31일 [법률 제5940호]로 「용역경비업법」을 「경비업법」으로 개명하여 동년 10월 1일부로 시행했다.

36) 박정섭. (2023). 앞의 논문, p. 178.

는 경비원의 지도·감독·교육 계획의 수립 및 실행, 현장 순회점검과 감독, 경찰 및 소방기관과의 연락 방법 지도, 집단민원현장에서의 경비원 관리 등의 직무를 성실히 수행해야 한다.37)

경비업자는 신임교육을 이수한 경비원을 현장에 배치하여야 하며, 경비지도사는 현장배치에 앞서 행사장 내·외의 안전 및 보안, 출입통제 및 감시 기술, 응급상황대처 및 초동조치, 법규 및 규정 준수 등의 직무교육을 실시해야 한다. 만약, 행사 주최 측이 부득이한 사유로 경비원을 배치할 수 없는 경우에는 이 법 시행령 제30조를 근거로 행사개최 1일 전까지 지방경찰청장에게 그 사실을 통지하여야 하며, 지방경찰청장은 행사의 위험성 여부 및 수준을 판단하여 경찰력을 직접 배치하거나 지역안전관리위원회 등 안전관리기구를 적극 활용하여 행사의 안전을 확보해야 한다. 그리고 경찰청장 또는 시·도경찰청장은 경비업무의 적정한 수행을 위하여 이 법 제24조에 따라 경비업자 및 경비지도사를 지도·감독하고, 필요한 명령을 할 수 있으며, 법 규정을 위반한 경비업자에게 경비업 허가 취소 등의 과태료를 부과할 수 있다. 경비업자는 경비원이 업무수행중 고의 또는 과실로 경비대상에 손해를 발생시키거나 제3자에게 손해를 입힌 경우에는 이를 배상해야 한다.38)

국제행사 및 지역축제에서 행사장의 안전성을 확보하기 위해서는 민·관 안전관리 협력체계가 구축되어야 한다. 행사를 주관하는 주최 측은 「경비업법」에 근거하여 경비원을 배치하는 등 자체경비를 실시해야 하며, 경찰은 치안 유지에 집중하면서 민간경비의 지도 및 감독 역할을 수행해야 한다. 민간경비의 역할 강화를 위해서는 특정 경비업무에 적합한 경비인력을 확보하고, 이들에게 양질의 교육과 훈련을 제공하여 경비원의 전문성을 높여야 한다. 또한, 첨단장비를 활용한 경비업무 도입과 관련 기술적 지원을 통해 경비의 효율성과 안전성을 더욱 향상시켜야 한다.

2. 공연법

「공연법」은 예술의 자유를 보장하고 건전한 국민오악을 육성하기 위한 목적으로 1961년 12월 30일 [법률 제902호]로 제정·시행되었다. 그러나 2014년 세월호 침몰사고 이후 안전에 대한 사회적 관심이 높아지면서 범정부적인 안전관리 강화방침에 따라 국민 대다수가 이용하는 공연장의 안전관리 강화를 위한 법률 정비가 필요하게 되었다. 이에 따라 공연장 안전관리 규정을 체계적으로 구축하기 위해 2015년 5월 18일

37) 「경비업법」 제12조(경비지도사의 선임 등)
38) 「경비업법」 제26조(손해배상 등)

[법률 제13298호]로「공연법」제11조의2(안전관리비), 제11조의3(안전관리조직), 제11조의4(안전교육) 등의 조항을 신설하고, 제11조(재해예방조치), 제12조(무대시설의 안전진단), 제33조(행정처분), 제43조(과태료) 등을 개정하여 공연장의 안전관리를 강화했다.

2017년 11월 28일에는「공연법」제11조의5(피난안내)를 신설하여 공연장운영자는 화재 등 위급 상황 발생 시 관람객에게 피난 안내도와 피난 절차를 공연 시작 전에 반드시 알리도록 규정하였으며, 2022년 1월 18일 동법 개정을 통해 공연장 외의 장소에서 공연을 하려는 자도 공연장운영자와 마찬가지로 관람객에게 비상시 피난 절차 등을 관람객에게 주지시켜야 하는 법 조항을 신설했다.[39]

공연장운영자[40]는 이 법 제11조제1항에 근거하여 재해대처계획을 수립하여 매년 12월 31일까지 관할 특별자치시장 · 특별자치도지사 · 시장 · 군수 · 구청장에게 신고하여야 한다.[41] 신고한 재해대처계획을 변경하려는 경우에는 그 계획을 적용하기 전에 변경신고를 하여야 한다. 다만, 공연장운영자가 공연장을 등록하는 경우에는 공연장 등록 신청과 함께 해당 연도의 재해대처계획을 신고하여야 한다.[42] 또한, 공연장 외의 시설이나 장소에서 1천명 이상의 관람이 예상되는 공연을 하려는 자는 해당 시설이나 장소 운영자와 공동으로 공연 개시 14일 전까지 공연장 시설 등을 관리하는 자의 임무 및 관리 조직에 관한 사항, 비상시에 하여야 할 조치 및 연락처에 관한 사항, 화재예방 및 인명피해 방지조치에 관한 사항, 안전관리비, 안전관리조직 및 안전교육에 관한 사항과 안전관리인력의 확보 · 배치계획 및 공연계획서가 포함된 재해대처계획을 관할 특별자치시장 · 특별자치도지사 · 시장 · 군수 또는 구청장에게 신고해야 한다. 만약, 변경이 필요한 경우에는 해당 공연 7일 전까지 변경신고를 해야 한다[43] 공연장 안전관리조직의 설치기준은 〈표 4-3〉과 같다.

---

39)「공연법」제11조의5제2항 신설.

40)「공연법」제9조제1항에 의하면 공연장을 설치하여 운영하려는 자(국가와 지방자치단체를 포함한다. 이하 "공연장운영자"라 한다)는 문화체육관광부령으로 정하는 시설 기준을 갖추어 공연장 소재지를 관할하는 특별자치시장 · 특별자치도지사 · 시장 · 군수 · 구청장에게 등록하여야 한다.

41) 특별자치시장 · 특별자치도지사 · 시장 · 군수 · 구청장은 신고받은 재해대처계획을 관할 소방서장과 관할 경찰서장에게 통보하여야 한다.

42)「공연법 시행령」제9조제2항.

43)「공연법 시행령」제11조제3항.

〈표 4-3〉 안전관리조직의 설치기준

공연장 운영자	공연장 외의 장소에서 공연을 하려는 자
가. 객석 수가 500석 이상 1천석 미만인 공연장의 경우: 안전총괄 책임자 1명 및 안전관리 담당자 1명 이상	가. 1천명 이상 3천명 미만의 관람이 예상되는 공연의 경우: 안전총괄책임자 1명 및 안전관리 담당자 1명 이상
나. 객석 수가 1천석 이상인 공연장의 경우: 안전총괄책임자 1명 및 안전관리 담당자 2명 이상	나. 3천명 이상의 관람이 예상되는 공연의 경우: 안전총괄책임자 1명 및 안전관리 담당자 2명 이상

출처 : 「공연법 시행령」 제9조의3제1항 관련 [별표 1]

〈표 4-3〉에서 명시된 안전관리 조직의 설치는 재해대처계획을 수립하는 공연장운영자에게 해당되며, 공연장운영자등은 공연의 안전에 관한 업무를 총괄하는 안전총괄책임자와 공연 현장에서 안전관리를 담당하는 안전관리 담당자로 구성된 안전관리 조직을 설치해야 한다.[44] 또한, 공연장운영자등은 공연의 안전관리를 위하여 공연에 참여하는 공연자, 안전총괄책임자, 안전관리담당자 등에게 안전교육을 실시해야 한다.[45] 안전교육은 동법 시행령 제9조의4제1항제1호에 따라 공연 전 1시간 이상 실시해야 한다.

공연장은 대규모 인원이 운집하는 다중이용시설로서 다양한 위험 요소를 내포하고 있다. 특히 군집화로 인한 안전사고와 테러 공격의 위험이 높아 철저한 사고 예방과 대응 체계가 요구된다. 「공연법」은 공연장의 안전관리 및 재해예방조치를 통해 안전성을 확보하는 법적 근거를 제공하고 있다. 그러나 2002년[46]에 이어 최근 러시아 공연장[47]에서 발생한 테러 사례에서 나타난 바와 같이, 소프트 타깃을 겨냥한 무차별적 테러 공격은 공연장의 취약한 내부 구조로 인해 대형 인명사고로 이어질 수 있다. 또한, 대부분의 공연은 불특정 다수의 관람객이 참여하는 특성이 있어 군집화, 일탈행위, 전파효과, 흥분 및 돌발적 행동, 연쇄적 반응 등으로 인해 안전사고를 예방하는 데 어려움이 존재한다.[48] 따라서, 공연장을 활용한 국제행사 및 지역축제에서는 공연장 내 안전관

44) 「공연법」 제11조의3.
45) 「공연법」 제11조의4.
46) 2002년 10월 23일부터 26일까지 체첸 테러리스트들이 모스크바 오페라 극장에서 700여 명을 인질로 잡고 농성하였고, 러시아 특수부대가 독가스로 진압한 사건이다.
47) 러시아 타스 통신에 따르면, 2024년 3월 22일 모스크바주 크라스노고르스크의 '크로커스 시티홀'에서 록그룹 '피크닉'의 공연을 관람하기 위해 모인 6200여 명을 대상으로 발생한 테러로 최소 133명(한국시각 25일 오전 10시 30분 기준 137명)이 사망하고 150여 명이 부상당했다고 보도했다.
48) 김상운. (2017). "다중운집행사 경찰동원에 영향을 미치는 요인 비교", 한국콘텐츠학회논문지, 17(6), p. 645; 최광식. (2018). "공연 안전관리제도 개선에 관한 연구", 동아대학교 대학원 박

리 조직을 의무화하고, 공연장 외부와 내부의 접근 통제 및 감시 시스템을 강화하는 한편, 테러 사고 발생 시 신속한 대처를 위한 교육 및 훈련을 정기적으로 실시하는 등의 실질적인 안전관리 체계를 마련해야 한다.

3. 체육시설의 설치 · 이용에 관한 법률

1989년에 3월 31일 [법률 제4106호]로 제정된 「체육시설의 설치 · 이용에 관한 법률」은 체육시설과 관련된 업무를 체육부 소관으로 일원화하고, 체육시설업의 건전한 발전과 육성을 통해 국민의 건강 증진과 여가 선용에 기여하고자 제정되어 같은 해 7월 1일부로 시행되고 있다. 그러나 이 법이 시행된 후 대부분의 체육시설에서는 안전점검 등의 안전관리가 체계적으로 이루어지지 않아 안전사고 발생 우려가 지속적으로 제기되었다. 이에 따라 체육시설의 안전성을 강화하고, 안전관리 규정을 체계적으로 구축하기 위해 2015년 2월 3일 「체육시설의 설치 · 이용에 관한 법률」 제4조의2(체육시설 안전관리에 관한 기본계획 등 수립), 제4조의4(체육시설 안전점검 등의 위임 · 위탁), 제4조의5(안전점검 실시결과의 이행), 제4조의6(체육시설정보관리종합시스템 운영), 제4조의7(체육시설 안전관리 포상) 등의 규정을 신설하였으며, 이후 체육시설 안전점검이 내실 있게 실시될 수 있도록 2020년 12월 8일 법 개정을 통해 제4조의3(체육시설 안전점검) 조항을 신설하여 체육시설 안전점검 업무에 대한 명시적 근거 규정을 마련했다.

「체육시설의 설치 · 이용에 관한 법률」은 체육활동에 지속적으로 사용되는 시설과 그 부대시설을 체육시설로 정의하고 있으며,[49] 체육시설은 운동장, 체육관, 종합 체육시설, 가상체험 체육시설 등 다양한 형태로 구분된다.[50] 문화체육관광부장관은 동법 제4조의2에 의하여, 체육시설의 안전한 이용 및 체계적인 관리를 위하여 체육시설에 대한 중기 및 장기 안전관리 정책, 안전관리 제도 및 업무 개선, 사고 예방을 위한 교육, 홍보 및 안전점검(어린이 포함), 전산시스템 구축 및 관리, 감염병에 대한 위생 및 방역관리, 안전관리 전문기관 육성 및 지원, 기술 연구 및 개발, 그리고 안전관리 표준매뉴얼 개발 등과 관련된 사항을 포함한 체육시설 안전관리 기본계획을 5년마다 수립 · 시행하여야 한다. 또한, 동법 제4조의3에 따른 체육시설 안전관리와 관련된 안전점검을 정기적으로 실시해야 한다.[51]

사학위논문, p. 135.

49) 「체육시설의 설치 · 이용에 관한 법률」 제2조제1호.

50) 「체육시설의 설치 · 이용에 관한 법률 시행령」 제2조 [별표 1].

51) 「체육시설의 설치 · 이용에 관한 법률 시행령」 제2조의3에 따르면 체육시설 안전관리와 관련된 안전점검을 반기마다 실시해야 한다.

그리고 체육시설과 관련된 사고 예방을 위한 교육 및 홍보 활동, 안전점검, 안전관리 전산시스템 구축 및 관리에 관한 사항은 「재난 및 안전관리 기본법」에 따른 재난관리 책임기관에 위임하거나 위탁할 수 있다.[52] 업무를 위임 및 위탁받은 기관은 체육시설의 안전관리를 위하여 체육시설 안전관리에 관한 기본계획 및 관리계획, 체육시설 안전점검 결과, 체육시설 안전점검 실시결과의 통보 · 이행, 체육시설의 안전 및 유지 · 관리에 관련되는 사항과 체육시설의 정보를 체육시설정보관리종합시스템으로 관리 및 운영한다.[53] 또한, 체육시설의 안전점검 결과를 공개하여야 하며, 이를 체육시설의 소유자와 체육시설업자, 시 · 도지사, 시장 · 군수 또는 구청장에게 지체없이 통보하어야 한다.[54] 안전점검 결과를 통보받은 체육시설의 소유자와 체육시설업자는 이용자에게 위해(危害) · 위험을 발생시킬 수 있는 결함이 있는 경우에는 시설물의 보수 · 보강 등 필요한 조치를 취해야 한다.[55]

국제행사 및 지역축제에서 체육시설을 활용한 행사를 진행할 경우에는 「체육시설의 설치 · 이용에 관한 법률」에 근거하여 체육시설의 안전성을 확보해야 한다. 체육시설에서의 행사는 다양한 운동과 활동이 이루어지므로 낙상 및 충돌사고, 장비 및 시설 관련 사고, 심장질환 및 급성 질병 등 다양한 사고가 발생할 가능성이 높다. 특히, 많은 인원이 참여하는 운동경기에서는 군집화로 인한 사고, 고강도 운동에 의한 신체적 부담, 사고 발생 시 응급처치 지연 등으로 인해 안전사고가 빈번하게 발생할 수 있다. 따라서, 이러한 사고를 예방하고, 안전사고 발생 시 신속하게 대응하기 위해서는 체육시설에 대한 철저한 안전관리와 예방조치가 필요하다. 이를 위해 체육시설의 안전관리에 관한 기본계획을 바탕으로 정기적인 안전 점검, 응급처치 훈련, 시설 및 장비의 점검과 보수를 포함한 안전관리 체계를 구축해야 한다. 또한, 대규모 행사에서의 위험 요소를 파악하고 이를 예방하기 위한 법적 규정 및 절차를 준수하는 것이 중요하다.

4. 관광진흥법

1975년 12월 31일 [법률 제2878호]로 제정된 「관광사업법」은 관광여건의 조성과 진흥에 기여하기 위해 1986년 12월 31일 [법률 제3970호] 「관광진흥법」으로 명칭이 변경되었다. 2000년대 들어서면서 유사한 지역축제의 급증으로 인한 예산 낭비를 막고, 지역축제의 체계적인 정비와 육성을 도모할 필요성이 제기되었으며, 선심성 및 전

52) 「체육시설의 설치 · 이용에 관한 법률」 제4조의4.
53) 「체육시설의 설치 · 이용에 관한 법률」 제4조의6.
54) 「체육시설의 설치 · 이용에 관한 법률」 제4조의5제1항.
55) 「체육시설의 설치 · 이용에 관한 법률」 제4조의5제2항.

시성 유사축제의 양산을 방지하고, 각 지역의 관광자원을 활용한 문화관광축제의 특성화를 촉진하기 위해 2009년 3월 25일 일부개정을 통해 「관광진흥법」 제48조의2(지역축제 등)의 조항을 신설하여 같은 해 9월 26일부로 시행되고 있다.

「관광진흥법」 제48조의2에 따르면, 문화체육관광부장관은 지역축제의 체계적 육성 및 활성화를 위하여 지역축제에 대한 실태조사와 평가를 수행할 수 있으며, 지역축제의 통폐합 등을 포함한 발전 방향에 대하여 지방자치단체의 장에게 의견을 제시하거나 권고할 수 있다. 또한, 다양한 지역관광자원을 개발하고 육성하기 위하여 우수한 지역축제를 문화관광축제로 지정하여 지원할 수 있다. 문화관광축제의 지정 기준은 축제의 특성 및 콘텐츠, 운영 능력, 관광객 유치 효과, 경제적 파급효과 등을 종합적으로 고려하여 정해진다.56)

국내 관광산업은 지방자치단체에서 각종 행사를 유치하는 사업의 일부로 음식 · 운동 · 오락 · 휴양 · 공연 · 문화 · 예술 · 레저 등에 적합한 시설과 설비를 갖추어야 한다. 특히 유기시설이나 유기기구를 설치하여 이를 이용하게 하는 경우에는 「관광진흥법」 제33조제1항에 따라 안전성 검사를 받아야 하며, 안전성 검사를 받아야 하는 유원시설업자는 동법 제33조제2항에 의해 유기시설 및 유기기구에 대한 안전관리를 위하여 사업장에 안전관리자를 항상 배치하여야 한다. 유원시설업의 사업장에 처음 배치된 안전관리자는 동법 시행규칙 제41조에 따라 유원시설 안전사고의 원인 및 대응요령, 관련 법령, 안전관리 실무 등 유원시설 안전관리에 필요한 사항에 대한 안전교육을 배치일로부터 3개월 이내에 이수해야 한다. 또한, 해당 교육을 이수한 안전관리자는 교육일로부터 매 2년마다 1회 이상, 1회당 8시간 이상의 정기 안전교육을 받아야 한다.

〈표 4-4〉 안전관리자의 배치기준 및 임무

배치기준	임무
가. 유기기구 1종 이상 10종 이하 운영 시 안전관리자 1명 이상 배치 나. 유기기구 11종 이상 20종 이하 운영 시 안전관리자 2명 이상 배치 다. 유기기구 21종 이상 운영 시 안전관리자 3명 이상 배치	가. 안전운행 표준지침 작성 및 안전관리 계획 수립 · 이행 나. 매일 1회 이상 안전점검 실시 및 기록, 안전점검표시판 게시 다. 운행자 및 종사자 대상 안전교육계획 수립 및 실시

출처 : 「관광진흥법 시행규칙」 [별표 12] 인용.

56) 「관광진흥법 시행령」 제41조의8.

국제행사 및 지역축제를 개최함에 있어 유기시설이나 유기기구를 설치하여 이용할 경우에는 「관광진흥법」에 근거하여 안전관리 의무를 철저히 준수해야 한다. 특히, 다중이용시설로 분류되는 유원시설은 사고 발생 시 대규모 인명피해로 이어질 수 있는 만큼 유원시설업자는 관련 법령에 따라 안전성 검사 및 안전관리자 배치, 정기 교육 등의 의무를 성실히 이행해야 한다. 아울러, 문화체육관광부장관은 동법 제34조의2에 따라 유원시설의 안전 관련 정보를 종합적으로 관리하고, 이를 유원시설업자 및 관광객에게 제공하기 위해 유원시설안전정보시스템을 구축 및 운영할 수 있다. 해당 시스템에는 유원시설의 허가 또는 신고, 보험 가입 여부, 물놀이형 유원시설의 안전 및 위생 상태, 안전성 검사 결과, 안전관리자 교육 이수 여부, 사고 및 조치 내역, 행정처분 이력 등이 포함된다. 이러한 조치는 유원시설의 안전관리 수준을 실시간으로 점검하고, 정보의 투명성을 확보하는 데 기여한다. 이처럼 개별 법령에 따른 안전관리 체계의 구축과 정보시스템 기반의 통합 관리는 유원시설에서 개최되는 다양한 행사에서 발생할 수 있는 안전사고를 사전에 예방하고, 사고 발생 시 신속하게 대응할 수 있는 기반을 마련함으로써 행사 운영의 안정성과 공공의 안전을 효과적으로 보장할 수 있다.

5. 국가통합교통체계효율화법

1999년 2월 8일 국가의 교통시설을 체계적으로 연계하여 효율적인 교통체계를 구축하기 위해 [법률 제5891호]로 「교통체계효율화법」이 제정 되었고, 2009년 6월 9일에는 현행 산림보호제도를 체계적으로 통합하기 위해 [법률 제9763호]로 명칭을 「국가통합교통체계효율화법」으로 변경했다.

이 법 제33조제1항은 국가교통관리에 중대한 차질이 발생할 우려가 있는 경우 비상시 교통대책을 수립할 수 있도록 규정하고 있다. 대규모 국제행사는 같은 법 시행령 제23조의 대통령령으로 정하는 사유에 부합하는 행사로,[57] 특별교통대책의 수립 요건에 해당된다. 이에 특별교통대책본부는 이 법 시행령 제24조제1항에 의해 국토교통부의 일반직 고위공무원 중 국토교통부장관이 임명하는 사람을 본부장으로 하고, 국방부, 행정안전부, 환경부, 국토교통부, 해양수산부, 경찰청, 소방청, 해양경찰청 및 관계 기관의 4급부터 7급까지의 공무원 또는 이에 상당하는 공무원, 그 밖에 국토교통부장관이

57) 「국가통합교통체계효율화법 시행령」 제23조에 의하면, 법 제33조제1항제3호에서 규정한 "교통시설의 파손, 재난의 발생, 에너지 수요·공급의 차질 등 대통령령으로 정하는 사유"란 국가기간교통시설의 대규모 파손, 교통수단의 추락·탈선 등 대규모 재난, 국민생활에 막대한 영향을 미치는 온실가스 배출·대기오염·감염병 확산·테러 등 중대한 재난, 국가경제에 중대한 영향을 미치는 에너지위기, 대규모 국제행사의 개최 등을 포함한다.

요청하는 공공기관의 임직원을 파견받아 이 법 제34조에 의해 특별교통대책본부를 구성하여 운영할 수 있다.

또한 같은 법 제35조에 근거하여 국토교통부장관은 특별교통대책 시행기간에 예상하지 못한 교통 수요의 급격한 증가, 중대한 안전사고 및 재해 발생 등 긴급한 사태가 발생하여 국가교통관리에 중대한 차질이 발생하거나 발생할 우려가 있는 경우에 효과적으로 긴급히 대응하기 위하여 각종 교통수단 또는 교통시설의 관리자, 이용자 및 사업자 등에게 대체 교통로를 지정하여 이용하도록 하는 조치, 여객 및 화물의 긴급운송, 전환운송 및 연계운송 등을 하도록 하는 조치, 사업용 교통수단의 증차 · 증회 및 노선 조정, 그 밖에 긴급사태에 대응하기 위하여 대통령령으로 정하는 조치[58] 등의 사항에 관한 조정 · 명령, 그 밖에 필요한 조치를 할 수 있다. 이러한 조치는 국제행사 또는 지역축제를 개최함에 있어 교통효율성을 높이고 안전대책을 마련하여 행사의 성공적인 진행과 관람객들의 안전한 이동을 보장해야 할 수 있다.

58) 「국가통합교통체계효율화법 시행령」 제26조는 교통체계의 효율성과 안전성을 확보하기 위해 다음과 같은 조치를 규정하고 있다. 첫째, 안전사고가 우려되는 불법 주차 · 정차 자동차의 이동 조치, 둘째, 사고 또는 방치 자동차의 신속한 견인 조치, 셋째, 육상 · 해상 · 항공 교통의 통제 조치, 넷째, 안전사고 또는 재난 발생 시 긴급구난 · 구호 조치를 포함한다.

제5장

국제행사와 민간경비

제1절 민간경비의 의의

제2절 민간경비업무의 법·제도적 기반

제3절 민간경비의 전략적 활용

국제행사와 민간경비

제5장

제1절 민간경비의 의의

1. 민간경비의 개념 정의

민간경비(Private Security)는 국가의 경찰력만으로는 사회 전체의 치안 수요를 충족하기 어려운 상황에서 등장한 민간 주체에 의한 경비활동으로 시대와 사회 구조의 변화에 따라 점차 제도화되고 전문화되어 왔다. 고대[1] 및 중세[2] 사회에서는 치안을 유지하기 위한 활동이 지역공동체 또는 개인 단위로 이루어졌으며, 이는 현대 민간경비의 기원으로 볼 수 있다. 근대에 들어 산업혁명과 도시화의 진전, 인구 밀집과 범죄 증가 등의 사회 문제로 인해 공공 치안의 한계를 보완할 필요성이 대두되면서 민간에 의한 경비활동이 본격적으로 확대되기 시작했다.[3]

"민간경비"란 공공기관 또는 민간 부분에서 사적 계약을 통해 경비업무를 수행하는 활동을 의미한다. 즉, 특정 의뢰자의 요청에 따라 보수를 받고 제공되는 경비용역으로 개인의 신변 보호뿐만 아니라 재산, 시설 및 장소 등의 안전을 확보하는 것을 주요 목적으로 한다.[4] 이러한 경비업무는 「경비업법」 제4조에 따라 관할 행정기관으로부터 허가를 받은 경비업자에 한하여 수행할 수 있도록 규정되어 있다. 또한 같은 법 제2조에

1) 고대 영국 앵글로색슨 시대에는 10인 조합(tithing)과 100인 조합(hundred)을 중심으로 자치적 치안 체계가 운영되었으며, 주민이 선출한 컨스터블(Constable)이 치안과 질서유지를 담당했다. 이는 현대 영국 경찰의 기원으로 간주된다.

2) 중세시대에는 야경인 제도(night watch)가 도입되어 15세에서 60세 사이의 남성 중심으로 치안을 보조했다.

3) 산업혁명 이후인 1829년, 로버트 필(Robert Peel)의 주도로 런던 수도경찰이 창설되었으며, 이는 19세기 중반 미국 주요 도시의 공공경찰 창설에도 영향을 미쳤다.

4) 1950년대 미국 시카고 경찰(형사) 출신 앨런 핑커튼(Allen Pinkerton)은 '핑커튼 탐정 사무소'를 설립하여 사설경비, 탐정, 현상금 사냥, 철도 경비 등의 업무를 수행하였다.

서는 경비업무의 유형별로 수행 가능 범위와 적용 대상이 명확히 규정되어 있다.[5] 민간경비는 공공경찰의 보완적 기능을 수행하면서 민간 영역에서의 치안 수요를 충족시키기 위한 제도적 수단으로 발전해왔으며, 특히 대규모 국제행사나 지역축제와 같은 복합적 행사 현장에서 그 역할의 중요성이 점차 확대되고 있다.

2. 공공치안과의 관계

대륙법계 국가에서는 근대 국가의 형성과 함께 치안 서비스는 국가가 전적으로 책임져야 한다는 인식이 강하게 확립되어 왔으며, 영미법계 국가에서는 국가 주도의 공공치안 활동과 더불어 민간 부문의 적극적인 참여가 제도적으로 허용되고 활성화되어 왔다.[6] 치안 서비스는 공공질서를 유지하고, 범죄 · 무질서 · 각종 재해 등의 위험으로부터 시민의 생명과 재산을 보호하는 가장 기본적인 공공서비스라 할 수 있다. 이러한 치안서비스는 국민 보호와 질서유지에 관련된 다양한 재화와 서비스를 포괄하며, 오늘날에는 국방, 형사사법, 경찰 등 국가 차원의 영역뿐 아니라 민간경비 및 자경활동과 같은 민간 부문에서도 다양한 형태로 제공되고 있다.[7] 특히 민간 차원의 치안 활동은 국가 통치 구조에 따라 그 범위와 역할이 다르게 나타나며, 일반적으로 중앙집권적인 국가에 비해 지방분권적인 국가에서 사적 치안 활동의 허용 범위가 더 넓은 경향이 있다.[8]

공공치안(Public Law Enforcement)과 민간경비(Private Security)는 그 목적과 운영 방식에서 본질적인 차이를 보인다. 공공치안, 즉 공경비는 국가 또는 지방자치단체가 관할구역 내에서 법 집행 권한을 바탕으로 공공의 이익과 질서를 유지하고 국민 전체의 안전을 보장하기 위해 수행하는 활동이다.[9] 반면, 민간경비는 특정 개인, 기업 또는 기관의 요청에 따라 계약을 기반으로 보수를 받고 제공되는 경비서비스로 특정 의뢰인의 생명, 재산, 이익 보호에 중점을 둔다. 즉, 공경비는 법적 강제력을 행사하며 국민 전체를 대상으로 공공서비스를 제공하는 반면, 민간경비는 법적 강제권 없이 예방적 성격의 보안 및 경비활동을 수행하며, 공공치안의 보완적 역할을 담당한다. 그럼에도 불구하고 공경비와 민간경비는 범죄의 예방과 억제, 사회 질서유지라는 공동의 목적

5) 경찰학사전에 따르면, 민간경비는 실질적 개념과 형식적 개념으로 구분되며, 실질적 개념으로는 생명 · 재산 보호 · 질서유지 등 치안 전반을 포함하고, 형식적 개념으로는 「경비업법」에 따라 허가받은 법인이 수행하는 특정 경비업무를 의미한다.
6) 최선우. (2008). “치안서비스의 공공재적 특성과 민간경비의 활동영역”, 경찰연구논집, 3, p. 62.
7) 최선우. (2002). 「치안서비스 공동생산론」, 서울: 대왕사, pp. 25~30.
8) 최선우. (2008). 앞의 논문, p. 65.
9) 공경비(경찰)의 주요 기능에는 교통 통제, 공공질서 유지, 개인의 생명과 재산 보호, 범인의 체포 및 수사, 범죄예방 등이 포함된다.

을 지향하며, 각자의 고유한 기능과 전문성을 바탕으로 상호 보완적 관계를 형성하고 있다.

3. 민간경비의 기능적 역할

현대사회에서 민간경비는 국민의 생명과 재산을 보호하고, 다양한 위험 요소를 사전에 예방하는 필수적인 안전 서비스로 자리매김하고 있다. 특히 경비업무는 유형적(시설, 장비 등) 요소와 무형적(경계심, 감시 활동 등) 요소가 복합적으로 작용하는 특성을 지니며, 개인이 독자적으로 자신의 생명과 재산을 보호하는 것보다 전문성과 체계를 갖춘 경비업체의 서비스를 활용하는 것이 더 효율적이고 안전하다.

1) 시설경비

시설경비는 「경비업법」 제2조제1호가목에 따라, 경비를 필요로 하는 시설 및 장소(이하 "경비대상시설"이라 한다)에서 도난·화재 및 그 밖의 혼잡 등으로 인한 위험 발생을 방지하는 업무로 정의된다. 여기서 "경비대상시설"은 산업시설, 공공시설, 사무소, 흥행장, 주택, 창고, 주차장, 유원지, 항공기, 차량 등 다양한 영역을 포함하며, 해당 시설에서의 사고 방지 필요성이 사회적으로 인정되는지를 기준으로 적용 여부가 결정된다.[10] 시설경비는 단순한 물리적 보안에 국한되지 않고, 사고 예방 및 위험 관리, 군중 통제, 출입 통제, 시설 보안 강화 등 복합적이고 통합적인 안전관리 활동을 포함하는 포괄적 개념으로 이해되어야 한다. 이는 「경비업법」에서 명시한 바와 같이 도난, 화재, 혼잡 등 다양한 위험 요소를 사전에 식별하고 이를 예방하는 경계 중심의 활동을 강조하며, 실무 현장에서 수행되는 혼잡경비와도 실질적으로 연결되는 개념적 기반을 제공한다.

현행 「경비업법」은 혼잡경비를 시설경비업무의 범주에 포함하고 있으며, 이는 다수의 인원이 운집하여 질서 혼란이나 안전사고가 우려되는 상황에서 위험 발생을 사전에 방지하기 위한 경비활동으로 정의할 수 있다. 특히 혼잡경비가 실시되는 집단민원현장은 특정 이해관계의 충돌로 인해 갈등이 발생할 가능성이 높은 장소로 분류된다. 「경비업법」 제2조제5호[11]에 따르면, 이러한 집단민원현장의 범위에는 노동쟁의 발생 사업장,

---

10) 박병식. (1996b). 「용역경비업법」, 서울: 법률출판사, p. 32.

11) 「경비업법」 제2조제5호 "집단민원현장"이란 다음 각 목의 장소를 말한다.
  가. 「노동조합 및 노동관계조정법」에 따라 노동관계 당사자가 노동쟁의 조정신청을 한 사업장 또는 쟁의행위가 발생한 사업장
  나. 「도시 및 주거환경정비법」에 따른 정비사업과 관련하여 이해대립이 있어 다툼이 있는 장소

도시정비사업 갈등지역, 시설 설치에 대한 민원 지역, 주주총회 현장, 부동산 권리 분쟁 장소, 100명 이상이 운집하는 각종 국제·문화·체육 행사장, 「행정대집행법」에 따른 대집행 현장 등이 포함된다. 이러한 집단민원현장은 사적 분쟁으로 인한 폭력 사태, 유혈 사태뿐만 아니라, 압사, 붕괴, 화재 등 다양한 유형의 안전사고가 빈번히 발생할 수 있기 때문에 경비원의 현장 배치가 엄격한 법적 절차에 의해 이루어지고 있다.12)

경비업을 영위하고자 하는 법인은 「경비업법」 제4조제1항에 따라 도급받아 행하고자 하는 경비업무를 특정하여 그 법인의 주사무소의 소재지를 관할하는 시·도경찰청장의 허가를 받아야 한다. 시설경비업의 경우에는 동법 시행령 제3조제2항 [별표 1]에 따라 일정한 경비인력, 자본금, 시설, 장비 등의 요건을 갖추어야 한다. 구체적으로는 일반경비원 10명 이상과 경비지도사 1명 이상의 인력을 확보하고, 자본금 1억 원 이상을 보유하여야 하며, 기준 경비인력을 동시에 교육할 수 있는 교육장을 구비해야 한다. 또한, 경비원 복장 및 경적, 단봉, 분사기 등 기준 인력 수 이상에 해당하는 장비를 확보해야 한다. 한편, 이러한 시설 등의 요건을 허가 신청 시점에 모두 갖추기 어려운 경우에는 시설 등의 확보 계획서를 제출한 후, 허가일로부터 1개월 이내에 이를 완비하고 시·도경찰청장의 확인을 받아야 한다.

경비업자는 경비대상시설의 시설주의 관리권 범위안에서 경비업무를 수행해야하며, 배치된 경비원은 경비대상시설의 이상 유무를 실시간 점검하고, 수상한 행동을 보이는 인원을 발견할 경우에는 즉시 상부에 보고한 후 적절한 조치를 취해야 한다. 또한, 군중 밀집으로 인해 발생할 수 있는 안전사고를 사전에 예방하는 역할도 수행해야 한다. 특히, 사고 발생 가능성을 사전에 식별하고, 이에 대한 예방 조치를 마련하는 것이 중요하며, 실제 사고 발생 시에는 신속하고 체계적인 초동 대응을 통해 피해 확산을 최소화해야 한다.

다. 특정 시설물의 설치와 관련하여 민원이 있는 장소
라. 주주총회와 관련하여 이해대립이 있어 다툼이 있는 장소
마. 건물·토지 등 부동산 및 동산에 대한 소유권·운영권·관리권·점유권 등 법적 권리에 대한 이해대립이 있어 다툼이 있는 장소
바. 100명 이상의 사람이 모이는 국제·문화·예술·체육 행사장
사. 「행정대집행법」에 따라 대집행을 하는 장소

12) 「경비업법」 제18조제2항에 의하면 경비업자가 집단민원현장에 경비원을 배치하기 위해서는 최소 48시간 전에 행정안전부령으로 정하는 바에 따라 배치허가를 신청하고, 관할 경찰관서장의 배치허가를 받은 후에만 경비원을 배치하여야 한다.

2) 호송경비

호송경비는 「경비업법」 제2조제1호나목에 의해 운반중에 있는 현금 · 유가증권 · 귀금속 · 상품 그 밖의 물건에 대하여 도난 · 화재 등 위험 발생을 방지하는 업무로 정의된다. 이 조항에서 규정한 '그 밖의 물건'에는 첨단 반도체, 원자력 관련 장비, 방위산업체 물자 등 국가 경제 및 안보와 밀접하게 관련된 전략 자산이 포함될 수 있다.[13] 즉, 호송경비는 단순한 민간 자산의 안전한 운반 차원을 넘어, 국가 핵심 산업과 전략 물자의 안정적 운송을 보장하는 기능까지 포괄하는 고도의 전문 경비 활동으로 이해된다.

호송경비업무를 수행하고자 하는 자는 「경비업법」 제4조제1항의 규정에 의해 경비업 허가를 받은 법인이어야 하며, 동법 시행령 제3조제2항에 [별표 1]에 명시된 기준을 충족해야 한다. 경비업의 시설 등의 기준에 따르면, 호송경비업무는 무술 유단자인 일반경비원 5명 이상과 경비지도사 1명 이상의 인력을 확보해야 하며, 자본금은 1억 원 이상을 보유하여야 한다. 또한 기준 경비인력을 동시에 교육할 수 있는 교육장을 갖추고, 호송용 차량 1대 이상, 현금호송백 1개 이상, 경비원 복장, 경적, 단봉, 분사기 등 필수 장비를 확보해야 한다.

호송경비업자는 운송 경로상의 위험 요소를 사전에 분석하고, 이를 바탕으로 체계적인 위험관리 전략을 수립하여 운송 과정의 연속성과 보안성을 확보해야 한다. 또한, 일반경비원은 호송 차량에 동승하여 도난, 화재 등 사고를 예방하고, 운송을 방해할 수 있는 상황을 경계함으로써 물품의 안전한 이송을 보장해야 한다. 호송경비업무를 수행하기 위해 관할경찰서의 협조를 얻고자 할 경우에는 「경비업법 시행규칙」 제2조에 따라 현금 등의 운반을 위한 출발 전일까지 출발지의 경찰서장에게 호송경비통지서(전자문서 포함) 를 제출해야 한다. 이러한 절차는 호송경비 활동의 법적 정당성을 확보함과 동시에 경찰의 협조를 통해 운송 과정의 안전성을 한층 더 강화할 수 있다.

3) 신변보호

신변보호는 일반적으로 경호(警護) 또는 호위(護衛)[14]의 개념과 유사하게 사용되며, 이에 대한 정의는 학자마다 다양하게 제시되고 있다. 「대통령 등의 경호에 관한 법률」에서는 '경호'를 '경비'보다 상위개념으로 규정하고 있는 반면,[15] 「경비업법」에서는 '경

13) 박병식. (1996b). 앞의 책, p. 33.

14) "호위(護衛)"란 신체에 대하여 직접적으로 가해지는 위해를 근접해서 방지 또는 제거하는 행위를 말한다.

15) 「대통령 등의 경호에 관한 법률」 제2조제1호에서는 경호를 '경호 대상자의 생명과 재산을 보호하기 위해 신체에 가해질 수 있는 위해를 방지하거나 제거하며, 특정 지역에 대한 경계 · 순찰 및

호'라는 용어 대신 '신변보호'라는 용어를 채택하고 있다. 이처럼 법령 간 용어 사용에 있어 일관성이 부족하여, 실무 현장에서는 '경호'와 '신변보호'라는 용어가 혼용되어 사용되는 실정이다.

과거 신변보호업무는 「용역경비업법」의 적용 대상에 포함되지 않았으며, 일반적으로 자유업으로 간주되어 별도의 법적 규제 없이 운영되어 왔다.[16] 그러나 사회적 위험 요소의 증가와 더불어 개인 신변에 가하는 위해를 방지하기 위해 1995년 12월 30일 「용역경비업법」 개정을 통해 신변보호업무를 용역경비업의 한 분야로 도입하여 법적 근거를 마련했다.[17] 신변보호업무는 현행 「경비업법」 제2조제1호다목에 따라 "사람의 생명이나 신체에 대한 위해의 발생을 방지하고 그 신변을 보호하는 업무"로 정의된다. 한편, 일본의 「경비업법」 제2조제1항제4호에서는 신변보호업무를 "사람의 신체에 대한 위해의 발생을 그 신변에서 경계하고 방지하는 업무"라고 정의하고 있다. 이처럼 신변보호업무는 특정 의뢰인을 대상으로 하여 생명이나 신체에 위해를 가할 수 있는 위험 요소를 사전에 차단하고, 필요 시 적극적 개입을 통해 보호 조치를 수행하는 활동을 의미한다.

신변보호업을 영위하고자 하는 법인은 「경비업법」 제4조제1항에 의해 법인의 주사무소의 소재지를 관할하는 시 · 도경찰청장의 허가를 받아야 하며, 동법 시행령 제3조제2항 [별표 1]에 따라 일정한 경비인력, 자본금, 시설, 장비 등의 요건을 갖추어야 한다. 경비업의 시설 등의 기준에 따르면, 신변보호업무는 무술유단자 일반경비원 5명 이상 및 경비지도사 1명 이상의 인력을 확보해야 하며, 자본금 1억 원 이상, 기준 경비인력을 동시에 교육할 수 있는 교육장, 기준 경비 인력 수 이상의 무전기 등 통신장비, 경비원 복장 및 경적, 단봉, 분사기 등을 확보해야 한다.

일반적으로 신변보호 활동은 일정한 절차와 규범에 따라 수행되는 호위 중심의 활동으로 이해되지만, 실제 운영에 있어서는 상황에 따라 보호 방식이 달라질 수 있다는 점에서 상대성을 지닌다. 즉, 공경호의 경우, 보호 대상자가 명확히 특정되고 활동 범주도 일정하게 설정되어 있어 자체 규정을 통해 정형화된 신변보호 체계 구축이 가능하다.[18] 반면, 「경비업법」상 신변보호는 다양한 직업과 성향을 지닌 의뢰인을 대상으로 실시되기 때문에 신변보호 환경을 일률적으로 통제하거나 표준화된 방식으로 적용하기에는 한계가 있다. 따라서 신변보호업무는 인위적인 위해 요소뿐 아니라, 화재, 지진, 교통사고

방비 등 종합적인 안전 활동을 수행하는 것'으로 규정하고 있다.

16) 박병식. (1996b). 앞의 책, p. 34.

17) 1999년 3월 31일 「용역경비업법」의 명칭을 「경비업법」으로 개명하였다.

18) 안황권. (2009). 「민간경비학」, 인천: 진영사, p. 351.

등 예기치 못한 물리적 위험까지 포괄적으로 고려하여야 하며,[19] 위급 상황 발생 시 신속하고 정확하게 대응할 수 있는 매뉴얼을 사전에 마련하는 것이 요구된다.[20]

4) 기계경비

기계경비는 「경비업법」 제2조제1호라목에 의하여 경비대상시설에 설치한 기기에 의하여 감지·송신된 정보를 경비대상시설외의 장소에 설치한 관제시설의 기기로 수신하여 도난·화재 등 위험 발생을 방지하는 업무로 정의된다. 이는 CCTV 시스템, 출입통제시스템, 침입경보시스템 등 첨단 보안 기술의 발전과 더불어 전통적인 인력 중심 경비의 한계를 보완하고자 도입된 과학적이고 체계적인 경비 방식이다. 특히, 이상 상황을 실시간으로 감지하고 모니터링함으로써 신속한 대응이 가능하다는 점에서 높은 효율성과 정확성을 제공하며, 인력경비와 상호 보완적인 형태로 작동함으로써 종합적인 보안 체계를 구축하는 데 중요한 역할을 한다.

기계경비업을 영위하고자 하는 법인은 「경비업법」 제4조제1항에 의해 법인의 주사무소의 소재지를 관할하는 시·도경찰청장의 허가를 받아야 하며, 동법 시행령 제3조제2항 [별표 1]에 따라 일정한 경비인력, 자본금, 시설, 장비 등의 요건을 갖추어야 한다. 경비업의 시설 등의 기준에 따르면, 기계경비업의 경우 전자·통신 분야의 기술자격증 소지자 5명을 포함한 일반경비원 10명 이상과 경비지도사 1명 이상의 인력을 확보해야 하며, 자본금은 1억 원 이상이어야 한다. 이와 함께, 기준 경비인력을 동시에 교육할 수 있는 교육장과 관제실을 구비하고, 감지장치·송신장치·수신장치 등의 기계경비 시스템을 포함한 관련 장비를 갖추어야 한다. 아울러 출장소별로 출동용 차량 2대 이상, 기준 경비인력 수에 상응하는 경비원 복장 및 경적, 단봉, 분사기 등의 장비도 확보해야 한다.

기계경비업자는 동법 제8조에 따라 경비대상시설에 관한 경보를 수신한 때에는 신속하게 그 사실을 확인하는 등 필요한 대응조치를 취하여야 하며, 이를 위한 대응체제를 갖추어야 한다. 기계경비시스템은 침입, 화재, 무단 접근 등 다양한 위협 요소를 조기에 감지하고, 관제센터를 통해 실시간 모니터링 및 경보 전파가 이루어짐으로써 위기 상황에 대한 신속한 대응을 가능하게 한다. 특히 감지된 이상 신호는 즉시 보안 요원에게 전달되어 현장 출동으로 연계되며, 이를 통해 위험 확산을 효과적으로 차단할 수 있다. 이러한 시스템은 기존의 물리적 경비 방식이 가지는 한계를 보완하고, 경비의 효율

---

19) 全国警備業協会. (2008).「警備業務の解説」[11訂3版], pp. 12~15.
20) 全国警備業協会. (2006).「身辺警備業務の手引」, p. 1.

성과 정확성을 제고하는 데 기여한다.

4차 산업혁명과 디지털 기술 패러다임의 전환은 민간경비 산업 전반에 구조적 변화를 초래하고 있다. 특히 기계경비 분야는 빅데이터와 인공지능(AI) 기술의 융합을 통해 경비 활동의 효율성과 정밀성을 획기적으로 향상시키고 있다. 빅데이터 기술은 과거 유사 사고 사례와 다양한 환경 데이터를 분석하여 위험 요소를 사전에 예측할 수 있으며, AI는 영상 인식, 행동 패턴 분석, 군중 밀도 추적 등 고도화된 알고리즘을 활용해 이상 징후를 실시간으로 탐지하고 자동으로 경보를 발령함으로써 선제적이고 신속한 보안 대응을 가능하게 한다.

기계경비 시스템과 첨단기술의 융합은 기존의 물리적 감시 체계를 효과적으로 보완하며, 관제센터와의 연계를 통해 통합적 대응 체계를 구축하는 데 유용하다. 관제센터는 다양한 센서 및 감지장치로부터 수집된 정보를 기반으로 실시간 위험 요소를 분석하고, 상황에 따라 특정 구역에 경비 인력을 배치하거나 경찰·소방 등 관계기관에 신속하게 협조를 요청할 수 있다.[21] 기계경비시스템은 인간 중심의 전통적 경비 방식이 지닌 물리적·인지적 한계를 기술적으로 보완하고, ICT 기반 감시·감지 시스템을 통해 보다 체계적이고 정밀한 보안 체계를 구현할 수 있도록 지원한다.

5) 특수경비

우리나라는 1976년 12월 31일 용역경비업법이 제정되면서 공공부분에 대한 민영화 정책과 경제적 수익자부담 원칙에 따라 민간경비산업의 양적 성장이 본격적으로 이루어졌다.[22] 이후 2000년대에 들어서면서 국가중요시설의 경비업무가 점진적으로 민간에 이양됨에 따라 정부는 국가중요시설에 대한 효율적인 경비체계의 구축을 위해 2001년 4월 7일「경비업법」전부개정을 통해 경비업의 종류에 특수경비업무를 추가했다. 개정된 이 법은 제2조제1호마목에 의하면 특수경비업무는 공항(항공기를 포함한다) 등 대통령령이 정하는 국가중요시설의 경비 및 도난·화재 그 밖의 위험 발생을 방지하는 업무로 정의된다. 여기서 "대통령이 정하는 국가중요시설"이란 공항·항만·원자력발전소 등의 시설중 국가정보원장이 지정하는 국가보안목표시설과「통합방위법」제21조제4항의 규정에 의하여 국방부장관이 지정하는 국가중요시설을 의미한다.[23]

---

21) 군중 밀집이 예상되는 장소에서는 AI 기반의 군중 분석 기술을 통해 사고 발생 가능성을 사전에 차단하고, 사각지대에서는 스마트 센서를 통해 무단 침입이나 이상 행동을 탐지하여 즉각 대응할 수 있다. 특히 대규모 행사장과 같이 인력만으로는 모든 위험 요소에 즉시 대응하기 어려운 환경에서는 기계경비의 적극적인 활용이 요구된다.

22) 박병식. (1996a). 앞의 책, p. 28; 박정섭. (2023). 앞의 논문, p. 178.

특수경비업을 영위하고자 하는 법인은 「경비업법」 제4조제1항에 의해 법인의 주사무소의 소재지를 관할하는 시 · 도경찰청장의 허가를 받아야 하며, 동법 시행령 제3조제2항 [별표 1]에 따라 일정한 경비인력, 자본금, 시설, 장비 등의 요건을 갖추어야 한다. 경비업의 시설 등의 기준에 따르면, 특수경비업의 경우 특수경비원 20명 이상과 경비지도사 1명 이상의 인력을 확보해야 하며, 자본금 3억 원 이상이어야 한다. 또한, 기준 경비인력 수 이상을 동시에 교육할 수 있는 교육장을 갖추고, 기준 경비 인력 수 이상의 경비원 복장, 경적, 단봉, 분사기 등을 확보해야 한다. 아울러, 특수경비업의 허가를 받은 경비업자는 동법 제4조제3항제5호의 규정에 의하여 첫 업무개시의 신고를 하기 전에 시 · 도경찰청장의 비밀취급인가를 받아야 하며, 시 · 도경찰청장은 동법 제25조에 따라 특수경비업자에 대하여 보안지도 · 점검을 실시해야 한다.[24)]

특수경비업무는 국가중요시설의 특성과 보안 요구에 따라 철저하고 체계적으로 운영된다. 이는 CCTV 및 각종 감시장비를 활용한 기계경비와 경비원의 물리적 순찰 · 통제 활동이 유기적으로 결합된 형태로 구성되며, 필요 시 군 · 경찰 등 국가기관과의 협조체계를 통해 위기 발생 시 신속하고 효과적인 공동 대응이 가능하도록 조정된다. 이에 따라 특수경비업자는 「경비업법」 제14조에 근거하여, 특수경비원으로 하여금 배치된 경비구역 내에서 관할 경찰서장, 공항경찰대장 등 국가중요시설의 경비책임자(이하 "관할 경찰관서장"이라 한다)와 시설주의 감독을 받아 해당 시설을 경비하고, 도난 · 화재 및 기타 위험의 발생을 방지하는 업무를 수행하게 하여야 한다. 이러한 업무를 수행하는 특수경비원은 배치신고, 복장, 장비, 출동차량 등 일반경비원과 명확히 구분된다. 이들은 무장 경비, 대테러 대응, 출입 통제, 위험 요소 탐지 및 제거 등의 전문적인 임무를 수행하며, 평시뿐만 아니라 위기 상황에서도 효과적인 대응이 가능하도록 체계적인 교육과 훈련을 이수해야 한다.

6) 혼잡 · 교통유도경비

우리나라 「경비업법」은 그동안 혼잡경비를 독립된 경비 유형으로 인정하지 않고, 시설경비업무의 일환으로 간주하여 집단민원현장이나 다중운집행사장 등에 일반경비원을

23) 「통합방위법」 제2조제13호에 의하면 "국가중요시설"이란 공공기관, 공항 · 항만, 주요 산업시설 등 적에 의하여 점령 또는 파괴되거나 기능이 마비될 경우 국가안보와 국민 생활에 심각한 영향을 주게 되는 시설을 말한다.

24) 「경비업법 시행령」 제6조제2항에 의하면 시 · 도경찰청장은 특수경비업자에게 비밀취급인가를 하고자 하는 때에는 벚 제25조의 규정에 의하여 특수경비업자로 하여금 경찰청장을 거쳐 국가정보원장에게 보안측정을 요청하도록 해야 한다.

배치하는 방식으로 운영되어 왔다. 그러나 대규모 군중이 운집하는 행사에서 압사, 추락, 붕괴, 화재 등 각종 안전사고가 반복적으로 발생하면서, 혼잡 상황에 특화된 독립적 경비업무의 필요성이 지속적으로 제기되어 왔다.

이에 정부는 2022년 발생한 이태원 압사사고[25]를 계기로 2024년 1월 30일 「경비업법」을 일부 개정하여, 경비업무의 종류에 '혼잡 · 교통유도경비업무'를 신설하고, 혼잡이 예상되는 시설 및 장소에서 경비활동을 수행할 수 있도록 법적 근거를 마련했다. 신설된 혼잡 · 교통유도경비업무는 「경비업법」 제2조제1호바목에 따라 도로에 접속한 공사현장 및 사람과 차량의 통행에 위험이 있는 장소 또는 도로를 점유하는 행사장 등에서 교통사고나 그 밖의 혼잡 등으로 인한 위험 발생을 방지하는 업무로 정의되고 있다. 또한, 이 법 시행령 제3조제2항 [별표 1]에 따르면, 해당 경비업무를 허가받기 위해서는 일반경비원 10명 이상, 경비지도사 1명 이상의 인력을 확보하고, 자본금 1억원 이상, 기준 경비인력 수 이상을 동시에 교육할 수 있는 교육장 및 기본 장비(복장, 경적, 단봉, 분사기 등)를 갖추어야 한다.

그러나 해당 법에 규정된 혼잡 · 교통유도경비업무의 허가 기준은 기존 시설경비업무와 실질적으로 동일하여, 혼잡경비 고유의 특수성과 위험성을 충분히 반영하지 못하고 있다.[26] 관련 법조문의 표현 또한 "그 밖의 혼잡 등으로 인한 위험 발생 방지"라는 추상적인 문구를 포함하고 있어 경비활동의 적용 대상과 범위가 불명확하여 실제 현장에서 혼잡 상황에 효과적으로 대응하기 위한 법적 근거로서의 실효성에 한계가 있다는 문제를 제기할 수 있다. 혼잡 · 교통유도경비는 집단민원현장이나 대규모 행사장에서 일시에 집중되는 미조직 군중으로 인해 발생할 수 있는 자연적 · 인위적 혼란 상황을 사전에 예방하고 경계하여 혼잡사태 발생 시 신속한 조치를 통해 피해의 확산을 방지해야 한다. 즉, 행사장 및 그 인근 지역에서의 보행로 확보, 교통 흐름 관리, 인원 유도 및 안내 등의 활동을 통해 군중 밀집 상태를 효율적으로 통제하고, 과밀 상황을 회피하거나 완화하는 역할을 수행한다. 또한 의심 물체의 조기 발견, 긴급 상황에 대한 초기 대응, 긴급 피난로 확보 등의 조치를 포함한 통합적 관리가 요구된다.[27] 따라서 혼잡경비업무에 종사하는 경비원은 혼잡 상황과 군중의 특성을 잘 이해하고, 정리, 유도, 홍

25) 2022년 이태원 압사사고는 군중 안전에 대한 제도적 허점을 여실히 드러내며, 국가 차원의 혼잡 대응 체계 전반에 대한 근본적인 재정비를 촉구하는 계기가 되었다.

26) 대규모 군중이 밀집하는 집단민원현장이나 축제 · 행사 등에서는 예측 불가능한 군중 흐름과 돌발 상황에 대한 전문적 대응 역량이 요구되나 해당 기준은 이러한 현장 대응 능력을 구체적으로 반영하지 못하고 있다.

27) 박용숙. (2022). "일본에서의 경비업법 개정 및 '혼잡경비' 업무검정의 신설에 대한 일고찰", 입법과 혁신, 2, p. 98.

보 등 의 기술을 습득하여 대상이 되는 사람들의 협력을 얻을 수 있어야 한다.[28]

우리나라와 유사한 일본의 경우 1972년 일본 「경비업법」을 통해 혼잡경비 개념을 도입하였으며,[29] 대규모 군중 밀집 사고가 증가하면서 2001년 7월 '아카시시 시민 불꽃축제' 사고를 계기로 2005년(平成17年) 11월에는 「일본 경비업법」과 「국가공안위원회 규칙」을 개정하여 '혼잡경비 자격검정제도'[30]를 도입 · 실시하고 있다. 일본 「경비업법」 제2조제2호는 혼잡경비를 '사람이나 차량이 혼잡한 장소 또는 그 통행에 위험이 있는 장소에서의 부상 등의 사고 발생을 방지하는 업무'로 정의하고 있으며, 이는 교통유도경비까지 포괄하는 광의의 개념으로 적용된다. 즉, 일본은 혼잡경비와 교통 · 유도경비를 구분 없이 통합적으로 관리하며, 사고 예방과 안전 확보를 위한 실질적 기능 중심의 경비 개념을 정립하고 있다.

한국과 일본의 「경비업법」을 비교한 결과, 일본은 혼잡경비업무의 적용 대상과 활동 범위를 법률상 명확하게 규정함으로써, 현장에서의 역할 수행 기준이 뚜렷하고 실무적 혼선을 최소화하고 있다. 반면, 우리나라의 관련 규정은 혼잡경비의 개념과 범위를 추상적으로 설정하고 있어, 실제 현장에서 경비원이 혼잡 상황에 적극적으로 개입하고 조치를 취할 수 있는 법적 권한이 충분히 확보되어 있는지에 대해 의문이 제기된다. 이로 인해 경비업체와 현장 인력이 법적 해석의 불확실성 속에서 혼란을 겪을 수 있으며, 혼잡 대응의 실효성을 저해하는 요인으로 작용할 가능성이 크다. 따라서 우리나라도 일본의 사례를 참고하여, 집단민원현장 및 다중운집행사에서 유사한 사고가 반복되지 않도록 하기 위해 현행 「경비업법」을 개정할 필요가 있다. 구체적으로는 혼잡 · 교통유도경비업무의 적용 대상과 범위를 명확히 규정하고, 경비원에 대한 전문교육 및 훈련, 장비 기준, 권한과 책임, 행사 전 · 중 · 후 단계별 안전관리 지침, 사고 발생 시 대응 절차 등을 포함하는 체계적인 법적 기준을 마련해야 한다.

4. 현대사회에서 민간경비의 필요성

역사적으로 국가의 통치 체계가 미비하거나 공공 치안 시스템이 충분히 구축되지 않았던 시기에는 치안의 공백을 민간 영역의 자율적 방식으로 보완해 왔다. 대표적으로 자경활동이나 경비원의 고용과 같은 형태가 등장했다.[31] 이후 중앙집권적 국가가 등장

---

28) 全国警備業協会, 雑踏警備業務の手引, 2005, p. 3~4.

29) 김일곤. (2010). "혼잡경비제도의 도입방안에 관한 연구", 경기대학교 대학원 박사학위논문, p. 59.

30) 일본의 혼잡경비 자격검정시험은 1급과 2급으로 구분하여 학과시험, 실기시험으로 나뉘어 경비업무 관련사항, 법령 관련사항, 혼잡정리 등에 관한 사항, 사람이 혼잡한 장소에서 사고발생 시 응급처치에 관한 사항, 혼잡경비업무 관리에 관한 사항에 대해 실시하고 있다.

하면서 정부는 사적 제재를 규제하고 공식적인 법 집행 및 형사사법제도를 도입했다. 그러나 자본주의 사회의 진전과 함께 경찰력의 한계와 시민들의 치안 수요 증가는 치안 영역에서 민영화를 촉진시키는 계기가 되었고, 이는 곧 민간경비산업의 발달로 이어졌다.[32)]

우리나라의 경우, 1960년대 민간경비회사의 설립을 기점으로 정부 및 공공부문의 민간 부문에 대한 개입 축소, 자본주의 사회에서의 수익자 부담 원칙, 공공부문 민영화 추세 등의 영향을 받아 민간경비산업이 점차 성장해 왔다. 그러나 오늘날까지도 민간경비가 담당해야 할 영역에서 경찰력에 의존하는 사례가 빈번히 발생하고 있으며, 이는 민간경비산업의 독립적인 역할 정립과 효율적인 운영을 저해하는 주요 요인으로 작용하고 있다.

미국과 일본을 비롯한 선진국에서는 민간경비산업이 단순히 공공 치안의 보조적 기능에 머무르지 않고, 적극적인 안전관리 주체로서 기능하고 있다. 이들 국가에서는 공공기관과의 긴밀한 협력을 통해 범죄예방 및 대응, 시설 보안, 대규모 행사 관리, 개인 신변보호 등 다양한 분야에서 민간경비가 체계적으로 운영되고 있다. 우리나라에서도 1976년 12월 31일 「용역경비업법」이 제정되면서 민간경비산업이 제도적 기반 위에서 본격적인 양적 성장을 이루기 시작했다. 이후 2001년 4월 7일 법률 명칭이 「경비업법」으로 개정되면서 민간경비의 범위와 역할이 보다 명확히 정립되었고, 국가중요시설의 경비업무가 민간으로 이양되는 등 산업 전반의 구조적 전환이 이루어졌다.

현대사회는 정보화의 급속한 발전, 인구의 도시 집중화, 다문화 가정의 증가, 빈부격차의 심화 등 다양한 사회적 변화 속에서 범죄율이 꾸준히 증가하고 있으며, 이에 따른 치안 수요 또한 급격히 확대되고 있다. 특히 취약계층을 대상으로 한 범죄, 혐오범죄, 성범죄, 사이버범죄 등 다양한 유형의 범죄가 국민 생활 전반으로 확산되면서 개인과 공동체의 안전이 심각하게 위협받고 있다. 또한 지역축제 및 대규모 행사와 같이 다중이 운집하는 장소에서 발생하는 안전사고가 대형 참사로 이어지는 사례도 빈번해지고 있어 사회 안전망 전반에 대한 강화가 절실한 상황이다. 이러한 치안 환경의 변화에 따라, 국민에게 제공되는 치안 서비스의 질과 범위를 확대하려는 논의가 활발히 진행되고

---

31) 이창무. (2003). “한국과 미국의 민간경비 성장요인에 대한 비교연구”, 한국민간경비학회보, 2, pp. 223~241.

32) 최선우. (2014). “영국 민간경비산업의 제도적 정비와 민간조사에 관한 연구”, 한국공안행정학회보, 55, pp. 241~264; 라광현. (2019). “미국 민간보안 산업의 지역사회 공동 치안 서비스로의 확장: 휴스토 Sharpstown 사례 및 시카고 Special Service Area 프로그램을 중심으로”, 한국민간경비학회보, 18(1), p. 50.

있으나, 경찰력을 중심으로 한 공공 치안만으로는 증가하는 범죄와 복잡한 사회적 위험 요인에 효과적으로 대응하는 데 한계가 있다. 이에 따라 공공 치안의 구조적 · 인력적 한계를 보완하고, 시민들의 다양한 안전수요를 충족하기 위한 현실적 대안으로 민간경비의 역할이 점점 더 중요해지고 있다. 민간경비산업은 단순한 보조 수단을 넘어, 국가 치안 체계의 한 축으로 기능할 수 있는 전문성과 독립성을 갖춘 영역으로 자리매김할 필요가 있다.

제2절 민간경비업무의 법 · 제도적 기반

1. 재산권 보장과 경비업무

「헌법」 제23조[33]는 모든 국민의 재산권을 주관적 권리로 보장하고 있다. 여기서 말하는 재산권은 사유재산권(private property)을 의미하며, 이는 사유재산제도 하에서 법률에 따라 그 내용과 한계가 구체적으로 정해진다. 재산권은 소유권자나 관리권자가 자신의 재산을 보호하고 보존하기 위해 허용된 범위 내에서 권리행위를 하는 것이 원칙이다. 이러한 맥락에서 경비업무는 헌법이 보장하는 재산권을 실질적으로 행사하고 보호하기 위한 수단으로 이해될 수 있다.

경비업무는 유 · 무형의 다양한 영향력 하에서 경비대상 시설에서의 생명, 신체, 재산 보호 및 위험 발생 방지를 목적으로 수행된다. 특히, 경비업무의 수행 범위와 관련하여 「경비업법」 제7조는 경비업무가 일반적으로 관리권을 가진 재산이나 관리권 하에서 이루어지는 행사에 한정됨을 명시하고 있다. 즉, 관리권자는 자신이 소유하거나 관리하는 시설과 장소에서만 경비업무를 수행할 법적 권한을 가진다. 그러나 경비업무의 공간적 범위를 오직 특정 시설이나 재산에 국한할 경우, 해당 재산이나 행사와 관련된 공공장소 또는 타인의 재산에 대한 방범 및 안전대책에 문제가 발생할 가능성이 존재한다. 따라서 경비업무의 장소적 범위는 단순히 관리권자가 소유하는 재산에 한정되지 않고, 그 재산이나 행사가 주변 환경에 미치는 영향까지 고려하여 확대할 필요가 있다. 즉, 관리권자의 책임 범위는 해당 재산이나 행사 장소뿐만 아니라, 그로 인해 영향을 받을 수 있는 인접 지역까지 포함하여 방범과 안전대책을 마련하는 것이 합리적이라 할 수 있다.

---

33) 「헌법」 제23조는 재산권의 보장을 명시하면서도, 그 내용과 한계를 법률로 정하도록 하고, 재산권 행사는 공공복리에 적합해야 하며, 공공필요에 따른 수용 · 사용 · 제한 시에는 법률에 근거하여 정당한 보상이 이루어져야 한다고 규정하고 있다.

2. 경비업무 범위의 한계

현행「경비업법」제7조제1항에 의하면 경비업자는 경비대상시설의 소유자 또는 관리자(이하 "시설주"라 한다)의 관리권의 범위 내에서 경비업무를 수행해야 한다. 이는 경비업무의 법적 한계를 명확히 설정하여 경비업무가 타인의 권리를 존중하면서도 법적 절차에 따라 수행되도록 하기 위한 조치이다. 즉, 경비업무는 관리권자로부터 위탁받은 권한 범위 내에서 사전에 수립된 경비계획에 따라 수행되는 것이 원칙이다. 특히 자체경비의 경우, 그 수행 범위는 소유권자 또는 관리권자가 실제로 점유하거나 관리하는 구역으로 한정되며, 경비 활동 역시 명확히 규정된 계획에 따라 합법적으로 이루어져야 한다. 그러나 경비의 목적을 달성하기 위한 수단과 방법에는 유형적인 것뿐만 아니라 무형적인 요소도 포함될 수 있다. 따라서 관리권자와 경비업자는 경비업무의 효율성을 높이기 위해 다양한 수단과 방법을 충분히 검토하고 이를 적법하게 활용해야 한다.

경비업무의 수행 능력은 경비업자의 전문성과 실무 경험에 크게 좌우된다. 특히 행사장 경비의 경우에는 주최 측과의 사전 협의를 통해 경비 범위와 한계를 명확히 설정해야 한다. 이때 설정되는 범위는 행사장 내부의 안전뿐만 아니라 주변 지역의 안전까지 포괄적으로 고려할 필요가 있다. 2022년 10월 29일 발생한 이태원 핼러윈 참사는 경비 범위 설정의 중요성을 단적으로 보여주는 사례이다.[34] 만약 당시 인근 클럽 등에 배치된 민간경비 인력이 클럽 내부뿐만 아니라 경비시설 외곽과 주변 밀집 지역까지 경비 범위를 확대하여 혼잡 상황을 통제했더라면 압사 사고를 예방할 수 있었을 가능성이 제기된다. 이 사례는 국제행사 및 지역축제에서 경비 범위를 행사장 내부에 한정하지 않고, 지하철역, 주요 도로, 인근 상업시설 등 혼잡이 예상되는 외부 공간까지 포괄적으로 설정할 필요성을 보여준다.

확장된 경비 범위 설정은 민간경비와 공공안전기관 간의 유기적인 협력을 통해 구축되어야 한다. 민간경비는 행사 주최 측의 요구에 따라 현장 위험 요소를 직접 관리하고, 공공기관은 지역 전반에 대한 안전을 포괄적으로 조율함으로써 양자가 상호 보완적인 역할을 수행해야 한다.

34) 이태원 핼러윈 축제는 주최 측이 없는 자율적 시민 참여 행사로써 용산구청과 상인회 등 관계기관의 사전 안전대책 부재가 대규모 참사로 이어졌다.

3. 경비업자와 경비원의 역할

1) 경비업자와 경비원의 권한 및 의무

「경비업법」 제2조제3호에 의하면 경비원은 일반경비원과 특수경비원으로 구분되며, 동법 제13조에 근거해 경비원 신임교육 및 직무교육을 이수해야 한다. 신임교육을 이수한 일반경비원은 시설경비업무, 호송경비업무, 신변보호업무, 기계경비업무, 혼잡·교통유도경비업무를 수행할 수 있으며, 특수경비원은 국가주요시설이나 중요 산업시설과 같은 특정 장소에서 경비업무를 담당하게 된다.

현행 「경비업법」에 따르면, 경비업자는 도급받은 경비업무를 수행할 수 있는 법적 주체로서 경비계획 수립, 경비원 교육 및 훈련, 경비원 배치, 경비지도사 선임 등 경비업무 전반을 관리·운영할 권한을 가진다. 반면, 경비원은 경비업자의 지시에 따라 지정된 업무를 수행하는 종사자로서 제한적이고 간접적인 권한만을 행사할 수 있다. 즉, 경비원은 경비대상시설 내에서 질서유지 및 위험 예방을 위한 순찰, 출입 통제 등 예방중심의 활동만이 허용되며, 물리력 행사나 강제력 동원은 원칙적으로 금지된다. 이에 비해 경비업자와 경비원에 대한 법적·윤리적 의무는 구체적으로 규정되어 있다.

경비업자는 「경비업법」 제7조에 따라 다음과 같은 의무를 이행해야 한다. 첫째, 경비업자는 경비대상시설의 소유자 또는 관리자(이하 "시설주")의 관리권 범위 내에서 경비업무를 수행하여야 하며, 이 과정에서 타인의 자유와 권리를 침해하거나 정당한 활동을 방해해서는 안 된다. 둘째, 경비업자는 도급받은 경비업무를 성실히 수행해야 하며, 만약 도급 내용이 위법하거나 부당한 경우에는 그 수행을 거부해야 한다. 셋째, 경비업자는 불공정한 계약을 통해 경비원의 권익을 침해하거나, 경비업의 건전한 발전을 저해하는 행위를 해서는 안 된다. 넷째, 경비업자의 임·직원 또는 전 임·직원은 다른 법률에 특별한 규정이 없는 한, 직무상 알게 된 비밀을 누설하거나 제3자에게 제공하여 부당한 목적으로 이용하게 해서는 안 된다. 다섯째, 경비업자는 허가받은 경비업무 외의 업무에 경비원을 종사하게 해서는 안 되며, 여섯째, 집단민원현장에 경비원을 배치할 경우에는 반드시 경비지도사를 선임하고, 그 장소에 배치하여 경비원을 지도·감독하게 해야 한다.

경비원은 동법 제15조의2에 따라 직무를 수행함에 있어 타인에게 위력을 과시하거나 물리력을 행사하는 등 경비업무의 범위를 벗어난 행위를 해서는 안 되며, 누구든지 경비원에게 그러한 행위를 하도록 지시하거나 유도하는 것도 금지된다. 이는 경비 권한의 남용을 방지하고, 경비 행위의 법적 정당성과 정당한 권한 행사의 한계를 명확히 하기 위한 기본 원칙이다. 만약, 경비원이 고의 또는 과실로 경비대상에 손해를 입힌 경우 그 손해를 배상할 책임이 있으며, 제 3자에게 손해가 발생한 경우에는 경비업자가 손해를 배상할 책임이 있다.[35] 이러한 규정들은 경비원의 업무수행이 관리권자의 요청 범위 내에서 제한적으로 행사되어야 하며, 경비업자 역시 그 책임을 공동으로 부담해야 함을 명확히 하고 있다. 이는 경비업무가 공권력에 준하는 성격을 지니는 과정에서 발생할 수 있는 인권 침해와 권리 남용의 위험을 사전에 차단하고, 경비업의 공공성과 책임성을 제도적으로 확보하기 위한 법적 장치이다.

한편, 특수경비원에 대해서는 보다 강화된 규제가 적용된다. 동법 제15조에 따르면, 특수경비원은 직무수행 시 시설주, 관할 경찰관서장 및 소속 상사의 명령에 복종해야 하며, 정당한 사유나 허가 없이 경비구역을 이탈할 수 없다. 또한, 파업 · 태업 등 경비업무의 정상적인 운영을 저해하는 모든 쟁의행위는 금지된다. 이는 경비체계 내 지휘통제의 일원성을 확보하고, 경비공백을 방지하며, 책임 소재를 명확히 하기 위한 제도적 장치다. 특히, 특수경비업무의 공공성과 지속성이라는 특수성을 고려할 때, 쟁의행위 금지는 실질적인 국가 치안유지와 직결된다고 볼 수 있다. 다만, 이러한 제한은 노동기본권과 충돌할 가능성이 있어 헌법적 권리와의 조화 측면에서 법적 쟁점이 될 수 있다.

2) 경비원의 위법성조각사유

위법성(違法性)이란 행위가 법적으로 허용되지 않음을 의미하며, 즉, 어떤 행위가 법을 위반하는 것을 지칭한다. 위법성의 본질에 대해서는 학설 간에 견해 차이가 존재하지만 일반적으로는 구성요건에 해당하는 행위는 위법하다고 추정된다.[36] 그러나 모든 구성요건 해당 행위가 항상 위법한 것은 아니며, 일정한 사유가 존재할 경우 위법성이 조각되어 그 행위는 법적으로 정당화될 수 있다. 이를 위법성조각사유 또는 정당화 사유라 하며, 「형법」은 정당행위(제20조), 정당방위(제21조), 긴급피난(제22조), 자구행위(제23조), 피해자의 승낙(제24조) 등을 대표적인 위법성조각사유로 규정하고 있다.

경비원이 경비업무를 수행하는 과정에서 형식상 구성요건에 해당하는 행위를 하였더라도 정당방위나 긴급피난과 같은 위법성조각사유에 해당하는 경우에는 위법성이 인정되지 않는다. 즉, 침입자에 대한 방어행위나 긴급한 위험 상황에서의 불가피한 조치는 정당한 법적 근거와 상황적 정당성이 존재할 경우 위법성이 인정되지 않아 법적 책임에서 면제될 수 있음을 의미한다. 정당방위와 긴급피난은 경비원이 직무를 수행하는 과

---

35) 「경비업법」 제26조제1항 · 제2항.

36) 박병식 · 이용학. (1996). 「경비법학개론」, 서울: 법률출판사, pp. 208~210.

정에서 범죄를 방지하거나 위험에 대응하기 위한 필수적인 조치로써 경비업무의 본질상 불가결한 행위로 이해된다.

그러나 현행법상 경비원의 권한은 제한적이며, 위법성조각사유로 인정받기 위한 법적 요건 또한 엄격하게 적용되기 때문에 실제로 경비대상시설 내에서 범죄나 화재 등 긴급상황이 발생하더라도 경비원이 즉각적이고 적극적으로 개입하는 데에는 현실적인 제약이 따른다. 예컨대, 경비원이 도난, 폭행, 화재 등의 상황에서 범죄자를 현행범으로 체포하거나, 위험 회피를 위한 긴급피난 조치를 관리권자의 사전 허가 없이 취한 경우라도 해당 행위가 정당한 것으로 평가될 수 있을지는 법적 판단의 대상이 된다. 특히 그러한 대응이 정당방위나 긴급피난의 범위를 벗어나 과잉방어나 불필요한 행위로 간주될 경우에는 오히려 경비원 본인이 불법행위에 따른 형사적 또는 민사적 책임을 질 수 있다. 따라서 경비원의 직무수행은 항상 법적 정당성의 범위 내에서 신중하게 이루어져야 하며, 위법성조각의 인정은 사후적으로도 엄격한 요건 하에 판단될 수 있다는 점에서 실무상 주의가 요구된다.

〈표 5-1〉 「형법」상 위법성조각사유

법 조항	세부 내용
제20조(정당행위)	법령에 의한 행위 또는 업무로 인한 행위 기타 사회상규에 위배되지 아니하는 행위는 벌하지 아니한다.
제21조(정당방위)	① 현재의 부당한 침해로부터 자기 또는 타인의 법익(法益)을 방위하기 위하여 한 행위는 상당한 이유가 있는 경우에는 벌하지 아니한다. ② 방위행위가 그 정도를 초과한 경우에는 정황(情況)에 따라 그 형을 감경하거나 면제할 수 있다. ③ 야간이나 그 밖의 불안한 상태에서 공포를 느끼거나 경악(驚愕)하거나 흥분하거나 당황하였기 때문에 그 행위를 하였을 때에는 벌하지 아니한다.
제22조(긴급피난)	① 자기 또는 타인의 법익에 대한 현재의 위난을 피하기 위한 행위는 상당한 이유가 있는 때에는 벌하지 아니한다. ② 위난을 피하지 못할 책임이 있는 자에 대하여는 전항의 규정을 적용하지 아니한다. ③ 전조 제2항과 제3항의 규정은 본조에 준용한다.
제23조(자구행위)	① 법률에서 정한 절차에 따라서는 청구권을 보전(保全)할 수 없는 경우에 그 청구권의 실행이 불가능해지거나 현저히 곤란해지는 상황을 피하기 위하여 한 행위는 상당한 이유가 있는 때에는 벌하지 아니한다.

법 조항	세부 내용
	② 제1항의 행위가 그 정도를 초과한 경우에는 정황에 따라 그 형을 감경하거나 면제할 수 있다.
제24조(피해자의승낙)	처분할 수 있는 자의 승낙에 의하여 그 법익을 훼손한 행위는 법률에 특별한 규정이 없는 한 벌하지 아니한다.

4. 경찰권과의 관계

경찰의 임무, 권한 및 조직에 관한 기본사항은「국가경찰과 자치경찰의 조직 및 운영에 관한 법률」(이하 "경찰법"이라 한다)[37]에서 정의하고 있으며, 경찰관의 직무수행과 관련된 구체적인 사항은「경찰관직무집행법」[38]에 의해 규정되어 있다. 경찰권의 개념과 범위를 보다 명확히 이해하기 위해서는 그 법적 근거와 한계를 먼저 살펴볼 필요가 있다.

우리「헌법」은 모든 행정작용이 법률에 의해 수권(授權)되고, 동시에 그 법률에 의하여 기속(羈束)되어야 한다고 명시하고 있다. 이는 행정권이 자의적으로 행사되지 않도록 법적 근거와 절차를 명확히 규정하여 통제해야 함을 의미한다. 경찰권 또한 이러한 원칙에 따라 행사되어야 하며, 정부조직법 등을 통한 조직적 수권 외에도,「경찰관직무집행법」과 같은 작용법에 의한 구체적 수권을 필요로 한다. 따라서 경찰권은 단순히 법률에 의해 부여되는 것에 그치는 것이 아니라, 그 권한의 행사 내용과 절차까지도 법률에 의해 구체적으로 규율되어야 한다.[39]

1) 경찰권의 법적 근거

경찰이 일반적인 경찰 권한을 행사할 수 있는 범위는「헌법」제3조에서 규정하고 있는 한반도와 그 부속 도서로서 원칙적으로 한국이 통치하는 국토 전역이라 할 수 있다. 「경찰법」제3조는 국민의 생명·신체 및 재산의 보호와 범죄의 예방·진압 및 수사, 범죄피해자 보호, 경비·요인경호 및 대간첩·대테러 작전 수행, 공공안녕에 대한 위험의 예방과 대응을 위한 정보의 수집·작성 및 배포, 교통의 단속과 위해의 방지, 외국 정

37) 「경찰법」은 경찰의 민주적 운영과 공정한 권한 행사를 위해 1991년 제정되었으며, 2021년부터는「국가경찰과 자치경찰의 조직 및 운영에 관한 법률」로 개정되어 자치경찰제를 도입하고 경찰권을 국가경찰사무와 자치경찰사무로 분산함으로써 경찰권 비대화를 방지하고 지역 맞춤형 치안 서비스 제공을 목적으로 시행되고 있다.
38) 「경찰관직무집행법」은 경찰관이 생명·신체·재산보호, 범죄예방, 공공안녕 유지 등 기타 법령집행 등의 직무를 충실히 수행하도록 하기 위한 법률로 1953년 12월 14일 신규 제정·시행 되었다.
39) 박병식·이용학. (1996). 앞의 책, p. 105.

부기관 및 국제기구와의 국제협력, 그 밖에 공공의 안녕과 질서유지를 경찰의 임무로 규정하고 있으며, 「경찰관직무집행법」 제2조에서는 위의 사항을 경찰관 직무의 범위로 명시하고 있다. 경찰은 그 직무를 수행할 때 헌법과 법률에 따라 국민의 자유와 권리 및 모든 개인이 가지는 불가침의 기본적 인권을 보호하고, 국민 전체에 대한 봉사자로서 공정 · 중립을 지켜야 하며, 부여된 권한을 남용하여서는 아니 된다.[40] 그리고 경찰관은 「경찰관직무집행법」 제5조[41]에 의해 위험 발생의 방지 등의 조치를 취할 수 있으며, 범죄행위가 목전(目前)에 행하여지려고 하고 있다고 인정될 때에는 동법 제6조[42]에 의해 범죄의 예방과 제지를 할 수 있다. 또한 사람의 생명 · 신체 또는 재산에 대한 위해가 임박한 때에 동법 제7조[43]에 따라 위해를 방지하거나 피해자를 구조하기 위하여 위험 방지를 위한 출입을 할 수 있다.

2) 경찰권과 경비업자의 관계

경찰권과 경비업자 간의 관계는 공공안전과 민간안전이라는 이중적 치안 수요를 균형 있게 충족시키기 위한 협력적 구조로 이해되며, 상호 보완적 협력에 기반을 두고 있다. 경찰은 국가의 권한을 행사하여 공공질서와 사회 안전을 유지하는 공적기관으로서의 역할을 담당하며, 경비업자는 사적 영역에서 타인의 요청에 따라 계약을 통해 행하는 관

---

40) 「경찰법」 제5조.

41) 「경찰관 직무집행법」 제5조에 따르면, 경찰관은 사람의 생명 또는 신체에 위해를 끼치거나 재산에 중대한 손해를 끼칠 우려가 있는 천재(天災), 사변(事變), 인공구조물의 파손이나 붕괴, 교통사고, 위험물의 폭발, 위험한 동물 등의 출현, 극도의 혼잡, 그 밖의 위험한 사태가 발생한 경우에는 다음과 같은 조치를 취할 수 있다. 첫째, 해당 장소에 모인 사람이나 사물의 관리자 등 관계인에게 필요한 경고를 할 수 있으며, 둘째, 매우 긴급한 경우에는 위해를 입을 우려가 있는 사람을 필요한 범위 내에서 억류하거나 피난시킬 수 있다. 셋째, 위해를 방지하기 위하여 필요하다고 인정되는 경우에는 그 장소에 있는 사람이나 관계인에게 필요한 조치를 하게 하거나 경찰관이 직접 해당 조치를 취할 수 있다.

42) 「경찰관 직무집행법」 제6조에 따르면, 경찰관은 범죄행위가 목전(目前)에 행하여지려고 하고 있다고 인정될 때에는 이를 예방하기 위하여 관계인에게 필요한 경고를 하고, 그 행위로 인하여 사람의 생명 · 신체에 위해를 끼치거나 재산에 중대한 손해를 끼칠 우려가 있는 긴급한 경우에는 그 행위를 제지할 수 있다.

43) 「경찰관 직무집행법」 제7조에 따르면, 경찰관은 위험한 사태가 발생하여 사람의 생명 · 신체 또는 재산에 대한 위해가 임박한 때에 그 위해를 방지하거나 피해자를 구조하기 위하여 부득이하다고 인정하면 합리적으로 판단하여 필요한 한도에서 다른 사람의 토지 · 건물 · 배 또는 차에 출입할 수 있다. 또한, 흥행장(興行場), 여관, 음식점, 역, 그 밖에 많은 사람이 출입하는 장소의 관리자나 그에 준하는 관계인은 경찰관이 범죄나 사람의 생명 · 신체 · 재산에 대한 위해를 예방하기 위하여 해당장소의 영업시간이나 해당 장소가 일반인에게 공개된 시간에 그 장소에 출입하겠다고 요구하면 정당한 이유 없이 그 요구를 거절할 수 없다. 아울러 경찰관은 동법 규정에 따라 필요한 장소에 출입할 때에는 그 신분을 표시하는 증표를 제시하여야 하며, 함부로 관계인이 하는 정당한 업무를 방해해서는 아니 된다.

리권의 대리 행위이자 사적 보호 서비스로서 국가기관인 경찰과는 법적 성격과 권한 구조에 있어 명확히 구분된다. 즉, 경찰은 강제력을 수반한 공권력 행사 주체인 반면, 경비업자는 법적으로 제한된 범위 내에서 예방적 기능을 수행하는 보완적 존재이다.

최근 민간경비산업이 발전함에 따라 수익성 있는 행사에서 주최 측이 행사장 안전을 주도하고, 경찰은 치안유지에 집중하는 경향이 나타나고 있다. 이는 경찰이 본래의 기능인 사회 안전과 공공질서 유지에 보다 집중할 수 있도록 역할을 분담하는 구조로 해석할 수 있으며, 행사장 내 구체적인 질서유지와 위험 방지 등은 민간경비가 담당하는 방식으로 전환되고 있는 추세이다. 그러나, 불특정 다수가 일시적으로 몰릴 수 있는 행사나 혼잡 상황에서는 여전히 경찰의 개입 의무가 발생한다. 특히, 군중 밀집으로 인한 위험 발생을 방지하기 위해 경찰이 개입해야 하지만, 한정된 인력과 장비로 인해 경찰이 모든 행사의 위험을 대비하기는 어려운 실정이다. 이러한 한계를 보완하기 위해 경찰은 직접적인 경찰력 배치 외에도 행정지도, 경고 및 설득, 지역 안전관리기구 참여 등의 방법을 통해 사전 위험관리에 적극적으로 나서고 있다. 또한, 행사 준비단계부터 위험 요소를 감축하고 제거하는 활동을 강화하고 있으며, 필요 시에는 「경찰법」 제3조, 「경찰관직무집행법」 제2조, 제5조, 제6조, 제7조, 「도로교통법」 제6조[44], 제7조[45], 제9조[46], 「경비업법시행령」 제30조[47] 등의 법적 근거에 따라 경찰력을 배치하여 행사장

44) 「도로교통법」 제6조(통행의 금지 및 제한) ① 시 · 도경찰청장은 도로에서의 위험을 방지하고 교통의 안전과 원활한 소통을 확보하기 위하여 필요하다고 인정할 때에는 구간(區間)을 정하여 보행자, 차마 또는 노면전차의 통행을 금지하거나 제한할 수 있다. 이 경우 시 · 도경찰청장은 보행자, 차마 또는 노면전차의 통행을 금지하거나 제한한 도로의 관리청에 그 사실을 알려야 한다. ② 경찰서장은 도로에서의 위험을 방지하고 교통의 안전과 원활한 소통을 확보하기 위하여 필요하다고 인정할 때에는 우선 보행자, 차마 또는 노면전차의 통행을 금지하거나 제한한 후 그 도로관리자와 협의하여 금지 또는 제한의 대상과 구간 및 기간을 정하여 도로의 통행을 금지하거나 제한할 수 있다. ③ 시 · 도경찰청장이나 경찰서장은 제1항이나 제2항에 따른 금지 또는 제한을 하려는 경우에는 행정안전부령으로 정하는 바에 따라 그 사실을 공고하여야 한다. ④ 경찰공무원은 도로의 파손, 화재의 발생이나 그 밖의 사정으로 인한 도로에서의 위험을 방지하기 위하여 긴급히 조치할 필요가 있을 때에는 필요한 범위에서 보행자, 차마 또는 노면전차의 통행을 일시 금지하거나 제한할 수 있다.

45) 「도로교통법」 제7조(교통 혼잡을 완화시키기 위한 조치) 경찰공무원은 보행자, 차마 또는 노면전차의 통행이 밀려서 교통 혼잡이 뚜렷하게 우려될 때에는 혼잡을 덜기 위하여 필요한 조치를 할 수 있다.

46) 「도로교통법」 제9조(행렬등의 통행) ① 학생의 대열과 그 밖에 보행자의 통행에 지장을 줄 우려가 있다고 인정하여 대통령령으로 정하는 사람이나 행렬(이하 "행렬등"이라 한다)은 제8조제1항 본문에도 불구하고 차도로 통행할 수 있다. 이 경우 행렬등은 차도의 우측으로 통행하여야 한다. ② 행렬등은 사회적으로 중요한 행사에 따라 시가를 행진하는 경우에는 도로의 중앙을 통행할 수 있다. ③ 경찰공무원은 도로에서의 위험을 방지하고 교통의 안전과 원활한 소통을 확보하기 위하여 필요하다고 인정할 때에는 행렬등에 대하여 구간을 정하고 그 구간에서 행렬등이 도로 또는 차도의 우측(자전거도로가 설치되어 있는 차도에서는 자전거도로를 제외한 부분의 우측을 말한다)으로 붙어서 통행할 것을 명하는 등 필요한 조치를 할 수 있다.

의 안전을 유지한다.

「헌법」 제23조에서 보장하고 있는 사유재산권과 관련한 분쟁에 있어서는 경찰의 직무권한보다 재산관리자의 재산관리 행위가 1차적으로 선행되어야 하고, 그들에 대한 경찰의 직무권한 행사가 2차적으로 집행되어야 한다. 하지만 재산권자가 행하는 사적인 관리행위라 하더라도 그것이 타인의 권리에 영향을 끼치거나 혹은 공공복리와 질서유지를 위해 필요하다고 인정되는 경우에는 경찰권의 행사가 요구된다. 예를 들면, 「경비업법」 제5조에 규정된 "집단민원현장" 은 소유자 또는 관리자의 관리권 범위에서 경비업무가 이루어져야 하며, 경찰은 경비업무의 적정한 수행을 위하여 지도 · 감독을 실시해야 한다. 단, 행사의 주최자가 사적인 법인이나 단체라 하더라도 그 행사의 성격이 '공공성이 더 높은' 것 또는 '역사적 관습'인 경우에는 경찰에 의한 경비가 전면에 나서는 경우가 있다. 따라서 해당 행사의 성격에 따라 경비업자와 경찰 권한에 따른 경비의 방식이 상이할 수 있다.

제3절 민간경비의 전략적 활용

1. 민간경비 현황

1) 민간경비제도

우리나라의 민간경비제도는 1960년대 초반 국가 주도형 경제 개발이 본격화되면서 산업시설, 공장, 금융기관 등의 경비 수요가 증가하였으며, 화영기업(和永企業)과 경원기업(慶元企業)이 미 8군부대의 용역경비를 담당했다. 1962년 범아실업공사(汎亞實業公私)가 한국석유저장 주식회사와 용역경비 계약을 체결함으로써 최초의 민간 경비업의 기틀을 마련했다.[48] 이후, 1976년 12월 31일 「용역경비업법」이 제정되면서 공공부문의 민영화 및 경제적 수익자 부담 원칙에 따라 민간경비산업의 양적 성장이 본격적으로 이루어졌다. 1995년 12월 30일 「용역경비업법」일부가 개정되어 경비원의 질적

47) 「경비업법」 제30조(경비가 필요한 시설 등에 대한 경비의 요청) 시 · 도경찰청장은 행사장 그밖에 많은 사람이 모이는 시설 또는 장소에서 혼잡 등으로 인한 위험의 발생을 방지하기 위하여 법 제2조제3호의 규정에 의한 경비원에 의한 경비가 필요하다고 인정되는 때에는 행사개최일 전에 당해 행사의 주최자에게 경비원에 의한 경비를 실시하거나 부득이한 사유로 그것을 실시할 수 없는 경우에는 행사개최 24시간 전까지 시 · 도경찰청장에게 그 사실을 통지하여 줄 것을 요청할 수 있다.

48) 한국경비협회. (2013). 「한국민간경비산업60년사」, pp. 137~143.

향상을 목적으로 경비원의 지도·감독 및 교육을 전담하는 경비지도사제도가 신설되었으며, 개인의 신변에 가하는 위해를 방지하기 위해 신변보호 업무를 용역경비업의 한 분야로 추가 도입했다. 그리고 1999년 3월 31일에는 「용역경비업법」의 명칭이 「경비업법」으로 개정되었으며, 2001년 4월 7일 「경비업법」의 전면 개정을 통해 특수경비업무가 추가되고, 기계경비 업무가 신고제에서 허가제로 변경되면서 보다 체계적인 근거 법령으로서 작용했다.[49]

그러나 지역축제 및 대규모 인파가 운집하는 행사에서 각종 사건·사고가 지속적으로 발생하였으며, 특히 행사 주최 측의 안전관리 미흡과 시민들의 안전불감증이 대형사고로 이어지는 구조적 문제점이 드러났다. 이러한 문제는 2022년 이태원 참사를 계기로 사회적 경각심을 고취 시키는 계기가 되었고, 정부는 대규모 행사 및 인파 관리를 위한 제도적 개선의 필요성을 인식했다. 이에 따라 2024년 1월 30일 「경비업법」 일부 개정을 통해 경비업무의 종류에 '혼잡·교통유도경비업무'를 추가하고, 이를 일반경비원의 업무로 규정했다. 해당 개정안은 2025년 1월 31일부터 시행되고 있다. 우리나라의 민간경비제도는 사회적 변화와 치안 수요 증가에 맞춰 지속적으로 발전해왔으며, 경비업의 법적 체계 정비를 통해 보다 전문적이고 체계적인 경비서비스가 제공될 수 있도록 제도적 보완이 이루어지고 있다.

2) 민간경비업의 현황

1976년 「용역경비업법」이 제정될 당시, 국내 경비업체 수는 9개 사, 경비원 수는 5,022명에 불과했다.[50] 1979년에는 전체 경비업무 종사 인원이 5,012명으로 감소하였으나, 1981년에는 경비업체 수가 24개 사로 증가하면서 경비원 수도 5,800명으로 증가하는 추세를 보이기 시작했다. 초기 경비회사의 지역별 분포는 1980년대까지 서울에 집중되었으나, 이후 점진적으로 전국적으로 확대되기 시작했다. 1981년 부산, 1982년 경기도 수원, 1983년 전남 광주, 1984년 전북 군산에서 경비회사가 설립되었으며, 1989년 대구·경북지회의 설립을 기점으로 지역별 지회가 점차 형성되었다. 이러한 지역별 확산을 기반으로 2008년 7월 16일부터 지역단위의 지회 명칭이 '지방협회'로 통일되었으며, 2009년 강원지방협회 설립을 마지막으로 전국에 9개의 지방협회가 구성되어 운영되고 있다. 2013년 기준 경비업체 수는 3,934개로, 이는 「용역경비

49) 박정섭. (2023). 앞의 논문, p. 178.
50) 당시 국가 중요시설인 한국전력의 경비업무와 관련하여, 안보적 차원에서 무기 휴대가 가능해야 한다는 치안당국의 강력한 지시가 내려짐에 따라 경비업무가 해약되었으며, 이에 따라 해당 업무에 종사하던 경비원 1,164명이 해직되는 결과를 초래했다.(김정환·서진석, 2009).

업법」 제정 당시(1976년) 경비업체 수에 비해 437배 이상 증가한 수치이며, 경비원 수도 152,356명으로 약 30배 이상 증가했다.[51] 이후 2022년에는 경비업체 수가 4,294개로 증가하였으며, 경비원 수도 190,015명으로 확대되어 민간경비 산업의 지속적인 성장세를 반영하고 있다.[52]

〈표 5-2〉 연도별 경비업체 현황

구분	법인수	허가업종별 업체 수					
		계	시설 경비	호송 경비	신변 보호	기계 경비	특수 경비
‘18년	4,542	5,461	4,528	41	600	149	143
‘19년	4,502	5,324	4,420	37	583	145	139
‘20년	4,438	5,265	4,355	29	603	146	132
‘21년	4,402	5,223	4,314	34	603	145	127
‘22년	4,294	5,074	4,207	30	585	131	121

출처 : 경찰청 통계자료. (2025).

2018년부터 2022년까지 경비업체 및 경비원 현황을 분석한 결과에 따르면, 〈표 5-2〉에 나타난 바와 같이 연도별 경비업체 수는 지속적으로 감소하는 추세를 보이고 있으며, 특히 시설경비업체는 전체 경비업체 중 가장 큰 비중을 차지하면서도 감소 폭이 가장 두드러졌다. 또한, 신변보호, 기계경비, 특수경비 등 전문 분야에 해당하는 업체 수도 소폭 감소하는 경향을 나타냈다. 이는 경비업체의 운영 여건 악화, 인력 확보의 어려움, 경비원 근로 환경 개선 부족 등 다양한 요인이 복합적으로 작용하면서 경비업체 수 감소에 영향을 미친 것으로 해석할 수 있다.

반면, 〈표 5-3〉에 따르면 경비원 수는 같은 기간 동안 소폭 증가한 것으로 나타났다. 이는 단일 경비업체가 2개 이상의 업종에서 영업이 가능함에도 불구하고 허가 업종별 업체 수가 정체된 상태임을 보여준다. 이러한 현상은 국내 민간경비업체의 구조적 한계를 반영하며 업계의 성장과 전문화가 여전히 미약한 수준에 머물러 있음을 시사한다.

---

51) 한국경비협회. (2013). 「한국민간경비산업60년사」, pp. 189~190.
52) 경찰청 통계자료, https://www.police.go.kr/www/open/publice/publice0203.jsp, 검색일, 2025, 6. 25.

〈표 5-3〉 경비원 현황

연도	'18년	'19년	'20년	'21년	'22년
경비원 수	158,020	157,774	164,014	186,609	190,015

출처 : 경찰청 통계자료. (2025).

2. 민간경비의 활용 실태와 문제점

1) 민간경비의 활용 실태

2000년대 이후, 우리나라는 급속한 경제성장을 기반으로 다자간 정상회의와 국제스포츠 행사 등 다양한 국제행사를 성공적으로 개최해 왔다. 이에 따라 지방자치단체 또한 지역 경제 활성화를 위한 전략의 일환으로 국제행사 유치를 적극적으로 추진하고 있다. 국제행사 개최 사례를 살펴보면, 한·아세안 특별정상회의(2019),[53] 서울 핵안보정상회의(2012),[54] 서울 G20 정상회의(2010),[55] 부산 APEC 정상회의(2005),[56] 서울 ASEM 정상회의(2000)[57] 등 주요 정상회의가 있으며, 국제스포츠 행사로는 광주세계수영선수권대회(2019), 평창동계올림픽대회 및 동계패럴림픽대회(2018), 인천아시아경기대회(2014), 세계조정선수권대회(2013), 대구세계육상선수권대회(2011), 한·일월드컵대회(2002) 등이 있다. 또한, 지방자치단체에서도 여수세계박람회(2012)를 비롯한 다양한 유형의 지역축제를 개최하여 지역경제 활성화와 문화교류를 촉진하고 있다.

53) 2019년 부산에서 개최한 한·아세안 특별정상회의는 아세안 10개국(브루나이, 캄보디아, 인도네시아, 라오스, 말레이시아, 미얀마, 필리핀, 싱가포르, 태국, 베트남)정상과 기업 CEO, 언론인 등이 참여한 국제행사로, 정상회의, 양자회담, CEO 서밋, 문화행사 등을 통해 아세안 국가들과의 교류와 협력을 증진하는 계기를 마련하였다.

54) 서울핵안보정상회담은 UN 회원국 중 47개국과 국제기구 4곳(국제연합, IAEA, 유럽연합, 인터폴)이 참여한 정상회의로, 핵 테러 차단을 위한 국제 공조, 핵물질과 시설의 안전한 방호, 불법거래 차단 등을 핵심 의제로 삼아 핵안보와 원자력 안전을 연계하여 논의하였다.

55) G20(Group of 20)은 국제금융시장 안정과 세계 경제 협력을 위한 협의체로, 미국·캐나다·사우디아라비아·호주(1그룹), 러시아·인도·터키·남아프리카공화국(2그룹), 브라질·아르헨티나·멕시코(3그룹), 영국·프랑스·독일·이탈리아·EU 의장국(4그룹), 한국·일본·중국·인도네시아(5그룹) 등 총 20개국이 참여한 정상회의이다.

56) APEC(Asia-Pacific Economic Cooperation)은 아시아태평양 경제협력기구로서 총 21개 국가들이 참여하고 있다. 이 기구는 어디까지나 '비공식'으로 되어 있으며, 명목상 각국은 국가를 대표하는 것이 아니라 '경제권'을 대표하고 무역·투자 자유화, 경제기술협력, 비즈니스 원활화를 3대 축으로 설정·운영하고 있는 아시아태평양 경제협력체를 말한다.

57) ASEM(Asia Europe Meeting)은 아시아 유럽 정상회의로서 아시아 10개국과 유럽연합(EU) 15개 회원국의 국가원수 또는 정부수반과 EU집행위원장이 모여서 2년에 한 번씩 개최하는 비공식적 협력체로서 동등한 동반자 관계로 정치, 경제, 문화·사회 3개 분야에 동일한 비중을 두고 정부 간 협력뿐 아니라 사람과 사람, 사회와 사회 등 다양한 사회적 계층 간 교류를 통해 아시아-유럽지역간 소통확대를 위한 정상회의를 말한다.

국내에서 개최된 대규모 국제행사는 공경비 중심의 민·관 합동체제를 기반으로 안전하게 운영되며 그 역량을 인정받아 왔다. 그러나 국제행사의 규모가 확대되고 개최 빈도가 증가함에 따라 보다 체계적이고 전문적인 경비 시스템의 필요성이 대두되고 있다. 특히, 글로벌 정세 변화로 인해 테러 위협이 증가함에 따라 주요 국가들은 국제행사에서 대테러 활동을 의무화하고 있으며, 행사장 내 안전사고 예방을 위한 보안 조치를 강화하는 추세이다. 이는 행사 기간 중 발생할 수 있는 테러나 안전사고가 인명 및 재산 피해뿐만 아니라 개최국의 국제적 신뢰도와 국가 이미지에도 부정적인 영향을 미칠 수 있기 때문이다.

미국, 일본 등 주요 선진국에서는 국가 중요 행사 및 대규모 이벤트에서 민간경비의 참여가 활발히 이루어지고 있으며, 공경비를 보조하는 수준을 넘어 적극적인 안전관리 주체로 기능하고 있다. 특히, 미국의 경우에는 민간경비업체가 행사장의 설계 단계부터 기존 행사내역 검토, 긍정적·부정적 요소 파악, 행사장 내부와 주변 배치 등 실질적인 위험 요소에 대한 안전관리계획 및 대책을 수립한다. 한편, 일본에서는 민간경비업체가 행사의 경비 운영을 주도적으로 수행하며, 경비원 배치를 포함한 현장 안전관리 전반을 책임진다.[58] 국내에서도 민간경비업체와의 도급계약이 가능하도록 법적·제도적 기반이 마련되어 있으며, 「경비업법」을 통해 민간경비원의 배치 기준과 운영체계를 체계적으로 규율하고 있다. 그러나 최근 민간경비의 운용 실태를 살펴보면, 공익적 성격이 강한 다자간 정상회의나 국제스포츠 행사와 같은 대규모 국가행사의 경우에는 여전히 공경비가 중심이 되어 전체적인 안전관리 체계를 주도하고 있으며, 민간경비는 보조적 역할에 머무는 구조가 지속되고 있다. 반면, 지방자치단체, 민간기관·단체가 주관하는 행사에서는 예산 확보 여건과 수익성 여부에 따라 민간경비에 대한 의존도가 결정되며, 이는 민간경비의 활용 범위와 역할의 일관성을 저해하는 주요 요인으로 작용하고 있다.

실질적으로 공익적 성격이 강한 행사에서는 민간경비의 참여가 배제되는 경향이 있으며, 공익성과 수익성이 혼재된 국제행사의 경우에도 민간경비의 활용도가 상대적으로 낮은 수준에 머물고 있다. 나아가 민간이 주도하는 상업적 행사에서도 예산 절감의 필요성으로 인해 행사 주최 측이 운영 인력을 최소한으로 배치하고, 필수적인 안전 확보는 경찰력에 의존하는 사례가 빈번히 나타나고 있다. 이러한 현실은 행사 현장에서 요구되는 안전관리 수요와 실제 공급 간의 질적·양적 불균형을 심화시키고 있으며, 공경비와 민간경비 간의 기능적 분리가 구조적으로 고착화되는 문제로 이어지고 있다.[59]

58) 이윤근. (2003). "시민참여 대규모행사시 민간경비의 역할에 관한 연구", 한국공안행정학회보, 15, pp. 174~194.

그 결과, 민간경비의 제도적 · 실무적 역할은 축소되는 경향을 보이며, 이는 치안서비스의 효율적 분담이라는 국가적 정책 기조와도 괴리를 보이고 있다. 따라서 향후에는 민간경비의 역할을 재정립하고, 공경비와의 기능적 중첩 및 협력 가능성을 기반으로 한 유기적 통합 모델을 구축할 필요가 있다.

2) 민간경비 활용의 한계

(1) 법 · 제도적 한계

현행 「경비업법」 제2조제5호바목에 의하면 100명 이상의 사람이 모이는 국제 · 문화 · 예술 · 체육행사장은 '집단민원현장'으로 분류된다. 이 조항에 명시된 행사장은 주최 측이 민간경비업자와 도급계약을 체결하여 행사장 내 안전관리를 주도하고, 경찰은 외곽 치안유지 및 공공질서 확보를 담당하는 형태의 민 · 경 공동 안전관리 체계를 기반으로 행사장 안전을 확보한다. 단, 대규모 국제회의나 국제경기대회와 같이 국가 차원의 행사는 별도의 법률에 따라 조직위원회가 구성되며, 범정부 차원의 안전관리 대책이 수립 및 시행되는 등 보다 체계적인 민 · 관 협력체계가 구축된다.

이러한 법 · 제도적 체계에 따라 국제행사를 개최하는 주최 측은 「경비업법」에 근거하여 민간경비원을 현장에 배치하고 자체경비를 강화함으로써 행사장의 안전을 확보할 법적 의무를 지닌다. 이는 행사 특성에 적합한 경비인력을 조직적으로 운용하여 군중 밀집, 돌발 상황, 위험 요소 등에 대한 사전 대응력을 갖추도록 하기 위한 제도적 장치이다. 그러나 현실에서는 민간경비의 주도적 역할이 요구되는 수익성 행사임에도 불구하고, 많은 주최 측이 법령상 최소 기준만을 충족하는 데 그쳐 현장 대응의 전문성과 자율성이 충분히 확보되지 않는 경우가 많다. 이로 인해 민간경비가 실질적인 안전관리 주체로 기능하지 못하고, 경찰력에 과도하게 의존하는 구조가 반복되고 있다. 또한, 지역축제 및 행사에서 요구되는 소방력의 적정 배치 기준이 법령상 명확히 규정되어 있지 않아 현장별 · 시기별로 임의적으로 인력을 운용하고 있는 실정이다.[60] 이는 화재나 응급 상황 발생 시 구조 및 구급을 포함한 초기 대응에 한계가 발생할 수 있으며, 전반적인 현장 안전관리의 신뢰성과 일관성을 확보하는 데에도 어려움이 따를 수 있다.

---

59) 공배완. (2005). "민간경호 · 경비 산업의 발전을 위한 전문교육 및 인증제도의 필요성 제고", 경호경비연구, 9, pp. 1~19.

60) 윤소연 · 김민영. (2023). "경기도 다중운집 축제 · 행사 안전관리를 위한 소방력 운영에 관한 연구", 강원도: 한국지방행정연구원, 정책연구 2023-23, p. 7.

(2) 민간경비업체의 전문성 부족

최근 국내에서 개최된 대규모 국제행사 및 지역축제에서는 영세한 경비업체의 난립과 행사에 특화된 전문인력의 부족으로 인해 체계적이고 효과적인 안전관리가 이루어지지 못하고 있다. 특히, 전문성이 결여된 경비업체가 행사 경호·경비 업무를 수행하는 과정에서 사고 예방 및 대응 체계가 허술해지는 문제가 반복적으로 나타나고 있다.

대표적인 사례로는 2005년 '상주 콘서트 압사 사고', 2009년 '창녕 화왕산 억새 태우기 화재 사고', 2014년 '판교 공연장 환풍구 붕괴 사고' 등이 있다. 이들 사고는 경비 인력의 전문성 부족과 행사 주최 측의 안전관리 미흡이 복합적으로 작용해 대형 참사로 이어졌다. 2014년 인천아시아경기대회와 2018년 평창동계올림픽에서는 단기 고용 조건과 낮은 임금으로 인해 전문인력 확보에 어려움이 발생했으며, 일부 영세 경비업체에서는 임금체불 문제까지 발생한 바 있다.[61] 또한, 민간경비업체의 전문화된 교육과 체계적인 훈련 프로그램이 부족하고, 민간안전요원의 높은 이직률로 인해 재교육이 원활하게 이루어지지 않는 등 구조적인 문제점도 지속적으로 제기되고 있다.

국제행사 및 지역축제는 그 특성상 예기치 않은 안전사고에 항상 노출되어 있으며, 사고 발생 시 대형 참사로 이어질 가능성이 높다. 따라서, 국제행사의 안전성을 확보하기 위해서는 행사 성격과 규모에 적합한 전문 민간경비업체를 육성하고, 체계적인 교육·훈련을 통해 전문 경비인력을 양성하는 것이 필요하다.

(3) 예산 부족과 민간경비 활용 축소

국제행사를 주최하는 주최 측은 행사 안전관리의 일환으로 민간경비를 도급하여 운영해야 함에도 불구하고, 경비 관련 예산을 현실적인 수준으로 반영하지 못하는 사례가 다수 발생하고 있다. 이는 안전을 필수적이고 전략적인 투자 항목이 아닌 단순한 소모성 비용으로 인식하는 구조적 관행에서 기인한 것으로 분석된다. 그 결과, 민간경비의 배치는 최소화되는 반면, 경찰 등 공경비에 대한 의존도는 지속적으로 심화되고 있으며, 이러한 현상은 행사 안전관리 체계 전반에서 공공 중심의 안전관리 구조가 고착화되는 경향으로 이어지고 있다.

그동안 국제행사 및 지역축제의 운영 사례를 살펴보면, 행사 주최 측은 비용 절감을 목적으로 민간경비 인력을 축소하고, 대신 자체 모집한 행사요원이나 자원봉사자를 중심으로 안전관리 업무를 수행하는 방식을 채택해 왔다.[62] 이러한 인력에 대해서는 간

61) CBS노컷뉴스 (2014. 11. 13). 인천아시안게임 조직위, 아르바이트 '임금체불', https://www.nocutnews.co.kr/news/4326183, 검색일 2025. 6. 23.

단한 보수교육만을 실시한 후 제한된 범위의 안전관리 업무를 부여하고 있으며, 이는 현장의 전문성과 대응력을 저하시킬 수 있는 요인으로 작용하고 있다. 더 나아가, 전문성이 요구되는 일부 공공업무마저 자원봉사 인력으로 대체되고 있어, 결과적으로 현장에서는 안전관리 공백과 취약 요소가 반복적으로 노출되고 있는 실정이다.[63]

이러한 운영 방식은 민간경비를 단순한 비용 절감 수단으로 인식하는 잘못된 관행에서 비롯된 것으로, 본래의 제도적 취지인 '민영화' 및 '수익자 부담 원칙'과도 정면으로 배치된다. 이로 인해 민간경비의 전문성과 자율성이 충분히 발휘되지 못하고 있으며, 나아가 민간경비 산업 전반의 발전 가능성을 저해하는 구조적 장애 요인으로 작용하고 있다.

3. 민간경비의 전략적 활용 방안

1) 법 · 제도적 방안

국제행사의 안전역량을 실질적으로 강화하기 위해서는 민간경비를 전략적으로 활용하는 것이 필요하다. 이를 위해 현행 「경비업법」상 경비업의 허가기준, 경비업무의 범위, 민간경비의 도급 의무화, 손해배상보험 등 주요 조항에 대한 법적 개선이 이루어져야 한다.

〈표 5-4〉 국제행사 규모별 허가기준 개정(안)

국제행사 규모	자본금		경비인력	
	현행	개정(안)	현행	개정(안)
· 시간당 최대 관람객 수 1만 명 이상의 규모 (다자간 정상회의, 국제 스포츠 행사 등)	1억 원 이상	5억 원 이상	경비원 10명 이상 경비지도사 1명 이상	경비원 100명 이상 경비지도사 3명 이상
· 시간당 최대 관람객 수 3천명 이상의 규모 (지방자치단체 축제 등)		2억 원 이상		경비원 50명 이상 경비지도사 2명 이상
· 시간당 최대 관람객 수 100명 이상의 규모 (축제, 공연, 행사 등)		1억 원 이상		경비원 10명 이상 경비지도사 1명 이상

62) G20 정상회의준비위원회. (2011). 「2010 서울 G20 정상회의: 제2권 준비와 성과」, pp. 290~293.
63) 이선기. (2007). 앞의 논문, pp. 223~224.

첫째, 국제행사의 규모와 특성에 적합한 경비서비스를 제공하기 위해서는 「경비업법」 제4조제2항을 개정하여 경비업체의 허가기준(자본금 및 경비인력 확보 기준)을 조정하고, 이를 입찰 기준에 반영함으로써 자격을 갖춘 전문 경비업체의 참여를 유도해야 한다. 〈표 5-4〉에서 제시한 바와 같이, 행사 규모별로 경비업체를 일반기업, 중소기업, 중견기업으로 체계적으로 분류함으로써 경비서비스의 전문성과 질적 수준을 향상시키고, 민간경비산업의 구조적 선순환을 촉진시켜야 한다.

둘째, 현행 「경비업법」상 '혼잡경비'는 '시설경비업무' 와 '혼잡 · 교통유도경비업무' 범주에 포괄적으로 규정되어 있어 경비업무의 세분화와 역할의 명확성이 미흡한 실정이다. 이에 따라 일본 「경비업법」에서 규정한 바와 같이, 군중 안전관리를 주 목적으로 하는 '혼잡경비'를 독립된 경비 유형으로 분리하고, 법적 정의와 적용 범위를 명확히 할 필요가 있다.[64] 특히, 군중의 특성과 심리 이해를 바탕으로 군중유도, 혼잡정리, 주차관리, 위험예방 및 초기대응, 행사홍보 및 안내 등 다층적 역할을 수행하는 혼잡경비의 중요성에 비춰볼 때 경비원 자격 요건과 훈련 기준도 강화되어야 한다.

셋째, 지방자치단체 및 민간단체가 주관하는 지역축제의 경우에는 「재난안전법」 제66조의11에 따라 안전관리계획을 수립하고 필요한 조치를 취해야 한다. 그러나 현실적으로 많은 행사에서 예산 부족을 이유로 최소한의 민간경비원을 배치하고, 경찰에 의존하는 사례가 다수 발생하고 있다.

넷째, 경비업무 과정에서의 사고나 피해 발생에 대비한 손해배상책임을 실효적으로 담보하기 위해, 현행 「경비업법」 제26조의 손해배상 규정과 연계하여 제4조제2항에 경비업체 설립 시 보험가입 의무를 명문화해야 한다. 즉, 영세한 경비업체가 손해를 보상할 수 있는 실질적 능력을 갖추도록 제도적 장치를 마련함으로써 민간경비의 공공성과 신뢰성을 제고해야 한다.

이러한 법 · 제도적 개선방안은 단기적으로 국제행사의 운영 효율성과 현장 안전성을 제고하는 데 기여하며, 장기적으로는 민간경비의 전문성과 자율성을 강화하여 경비산업 전반의 안전역량을 높이는 기반이 될 수 있다.

---

64) 일본 「경비업법」 제2조제1항제2호에 의하면 '혼잡경비'란 "사람들이 모이거나 차량이 혼잡한 장소에서 사고 또는 부상을 방지하기 위한 경비 업무"로 정의된다. 같은 조 제2호에서는 경비업의 유형을 '혼잡경비'와 '교통유도경비'로 구분하고 있으며, 전자는 인구 밀집 또는 혼잡 상황에서의 사고 예방을 목적으로 하고, 후자는 차량 통행이 주된 혼잡 원인일 경우 이에 대응하는 경비 업무로 간주된다.

2) 전문성 강화 및 교육

국제행사에서 민간경비의 역할은 대규모 국제행사와 지방자치단체 및 민간단체 주관 행사로 구분되며, 행사 유형에 따라 임무 범위와 운영 방식이 상이하다. 대규모 국제행사에서는 공경비 체계를 보완하는 지원 형태로 민간경비가 배치되며, 지역축제나 민간단체가 주관하는 행사에서는 민간경비가 주도적으로 경비활동을 수행하는 구조로 운영된다. 그러나 실제 현장에서는 국제행사를 안정적이고 전문적으로 수행할 수 있는 민간경비업체의 부재로 인해 인력 확보부터 교육·훈련, 현장배치, 관리·감독에 이르기까지 단발성 중심의 운영체계에 의존하고 있는 실정이다. 이러한 구조는 지속적이고 체계적인 전문인력 양성을 어렵게 만들며, 단기간의 기본 교육만 이수한 인력이 현장에 투입되는 문제가 반복되고 있다. 이는 경비서비스의 전반적인 품질 저하와 안전관리 미흡으로 이어져 국제행사의 신뢰성과 안전성 확보에 심각한 장애 요인으로 작용하고 있다.

민간경비의 전략적 활용을 위한 선결 조건은 민간경비업체의 전문성 제고와 경비원 개개인의 직무역량 강화를 위한 제도적 기반 마련이 필요하다. 이를 위해 경비원 자격제도를 직무별·역할별로 세분화하고, 국제행사 경비에 특화된 자격 기준과 교육 커리큘럼을 도입해야 한다. 또한, 경비원의 배치 전 필수교육, 현장 대응훈련, 평가 및 피드백 체계를 일원화하여 정착시켜야 한다.

3) 민·관 협력체계 구축

국제행사에서 민간경비는 단순한 시설 보호를 넘어, 행사장 내 질서유지, 출입 통제, 대테러 대응, 군중 밀집 관리 등 다양한 분야에서 공공기관과의 유기적인 협력을 통해 안전관리의 실질적 주체로 기능해야 한다. 특히 혼잡, 폭력, 테러 등 복합적 위협에 대응하기 위해 민간경비는 군중관리 중심의 경비업무를 체계화하고, 공공기관과의 정보 공유 및 상황 대응체계를 상시 연계할 수 있어야 한다. 또한, 인공지능(AI), 고해상도 CCTV, 드론, 사물인터넷(IoT) 등 첨단 감시장비와 통신기술을 접목한 스마트 경비 시스템의 도입을 적극적으로 검토하고, 이를 현장 대응력 향상의 핵심 수단으로 활용해야 한다. 이를 위해 민·관은 인적 자원의 공동 교육·훈련 체계를 구축하고, 감시장비, 통신 인프라, 응급 대응 시스템 등 물적 자원을 상호 연계·공유할 수 있도록 기술적 기반을 정비해야 한다. 아울러 민·관 협력체계를 전략적으로 강화하고, 민간경비를 효율적으로 활용하기 위해서는 민간경비의 법적 권한과 책임을 명확히 규정하고, 경찰·소방·지자체 등 공공기관과의 협력 범위와 지휘체계를 제도적으로 정비해야 한다. 특히 기관 간 역할 중복을 방지하고, 위기 발생 시 일원화된 지휘·통제체계 하에서 유기적으로 작동할 수 있도록 통합형 안전관리 모델을 구축하는 것이 필요하다.

4) 안전관리 예산 편성의 의무화

최근 정부, 지방자치단체, 민간단체가 주최하는 국제행사의 수가 급증하고 있으며, 특히 지역축제는 계절, 장소, 시간, 주제, 유형 등에 따라 다양한 형태로 확산되고 있다. 문화체육관광부의 연도별 지역축제 통계에 따르면, 2023년 전국에서 개최된 지역축제는 총 1,129건으로, 이는 2022년의 944건 대비 약 19.6% 증가한 수치이다.[65] 이처럼 국제행사와 지역축제의 양적 확대는 행사 참여자와 방문객의 안전 확보, 편의 보장을 위한 관리 체계의 정비를 필수적으로 요구하며, 이 과정에서 민간경비의 역할은 더욱 중요한 요소로 부각되고 있다.

그러나 현실적으로 민간경비는 국제행사 안전관리에서 실질적인 주체로 기능하지 못하고 있으며, 여전히 단순 보조 역할에 머물러 있는 실정이다. 이는 행사 예산 편성 시 안전관리 비용이 후순위로 밀리거나, 아예 편성 과정에서 명확한 기준 없이 배제되는 구조적 한계에서 기인한다. 이러한 문제를 해소하고 국제행사의 안전관리 체계를 보다 안정적이고 체계적으로 구축하기 위해서는, 관련 법령을 개정하여 안전관리 예산을 행사 예산 내 필수 항목으로 명시하고, 행사 기획 초기 단계부터 이를 제도적으로 반영하는 것이 필요하다. 또한 정부 및 지방자치단체는 행사별 안전관리 예산의 편성 및 집행 실태를 정기적으로 점검하고, 그 과정에서 도출되는 미비점을 보완할 수 있는 지속적인 관리·감독 체계를 구축해야 한다.[66] 아울러 실질적인 민간경비 예산의 안정적 확보를 위해 중앙정부 차원의 재정지원 장치를 마련하고, 정책적 기반을 보완하는 노력이 병행되어야 한다.

---

65) 김소영. (2023). 「지역축제장」 안전실태조사 결과, 한국소비자원, p. 1.
66) 박정섭. (2024b). "지역축제 안전성 강화를 위한 빅데이터와 AI의 법적 적용 방안에 관한 연구", 한국재난정보학회, 20(3), pp. 640~642.

제6장

협력과 연대를 통한 안전관리

협력과 연대를 통한 안전관리

제6장

제1절 관계기관 및 유관기관 간의 협력체계 구축

1. 다자간 정상회의

1) 경호·안전대책기구 구성 및 운영

다자간 정상회의[1]는 국내외 주요 인사들이 참석하는 외교적 행사로서 다층적 안전관리 체계를 통해 정상회의의 성공적인 개최를 보장하고, 국가안보와 국제 외교적 신뢰를 확보하는 것이 중요하다. 우리나라는 다자간 정상회의의 경호 및 안전관리를 효율적으로 수행하기 위해 「대통령 등의 경호에 관한 법률」 제5조의2제1항에 따라 대통령 소속의 경호·안전대책기구(경호안전통제단, 이하 "통제단")를 설치할 수 있으며, 통제단은 정상회의 기간 동안 경호 및 안전관리의 총괄 기구로서 경호·안전 종합대책을 수립 및 시행하고,[2] 이를 효과적으로 운영하기 위해 경호안전기획조정실(이하 "기조실" 이라 한다) 을 두며, 기조실 산하에 경호작전본부, 대테러본부, 군작전본부, 경찰작전본부, 소방방재본부, 해경작전본부를 조직하여 다층적 협력 체계를 구축한다.[3]

통제단장은 관계 행정기관 또는 공공단체의 장과 협의하여 해당 기관 소속 공무원 또는 직원의 파견이나 겸임을 요청할 수 있으며, 예산 범위 내에서 관련 분야 전문가 및 보조 인력을 채용할 수 있다. 또한, 파견 공무원의 복귀는 해당 기관장과의 사전 협의를 통해 조정되며.[4] 파견된 공무원 및 직원의 보수는 원 소속기관에서 지급하고, 통

1) 다자간 정상회의는 여러 국가의 정상(대통령, 총리, 국왕 등)이 한자리에 모여 국제적, 정치적, 경제적, 안보적 현안을 논의하고 공동 대응 방안을 모색하는 외교적 협의체이다. 이러한 회의는 국제 평화와 협력 증진, 글로벌 정책 조율, 경제 및 안보 협력 강화를 위한 핵심적인 플랫폼으로 기능하며, 참여국들은 이를 통해 양자 및 다자 외교를 동시에 수행할 수 있다.

2) 「다자간 정상회의의 경호 및 안전관리 업무에 관한 규정」 제2조.

3) 「다자간 정상회의의 경호 및 안전관리 업무에 관한 규정」 제4조.

제단 소속 하부조직 운영에 따른 예산 편성과 집행 책임 또한 원 소속기관이 담당하되, 필요한 경우 통제단에서 일부 예산을 지원할 수 있다.[5)]

아울러, 통제단장은 경호 및 안전관리 업무의 자문을 위해 관계 전문가 등으로 구성된 '경호 · 안전자문위원회'를 둘 수 있으며, 위원회 운영 및 위원 위촉에 관한 사항은 통제단장이 정한다.[6)] 또한, 통제단장과 관계기관의 장은 동원 인력의 임무 수행 능력 향상을 위해 각각 통합 교육훈련계획 및 자체 교육훈련계획을 수립 · 시행하여 경호 · 안전 역량을 강화해야 한다.[7)]

2) 관계기관의 역할과 기능[8)]

(1) 기획조정실

기획조정실은 경호처 소속 공무원 및 관계기관에서 파견된 공무원 또는 직원으로 구성되며, 정상회의의 경호 및 안전관리를 위한 핵심 조직으로서 경호 · 안전계획의 수립과 세부 지침 마련, 통제단 하부조직의 활동 조정 · 통제, 경호 · 안전종합상황실의 구성 · 운영, 항공 통제 및 공중 경호의 총괄 조정, 경호 · 안전 관련 정보 · 첩보의 수집 및 전파, 공항운영협의회의 운영 계획 수립 · 시행, 경호 · 안전 예산의 편성 및 집행 조정, 행사장 시설 검측 및 식음료 안전관리 계획의 수립 · 시행, 인력 운용 및 교육훈련 계획의 수립 · 시행 등의 업무를 수행하며, 이 외에도 통제단장이 지시하는 경호 · 안전 관련 사항을 관장한다.[9)]

(2) 경호작전본부

경호작전본부는 경호실 및 관계기관에서 파견된 공무원으로 구성되며, 참가국 정상 등의 신변보호를 위한 경호 활동을 최우선으로 수행하는 동시에 행사장별 작전 요소의 조정 · 통제, 회의장 · 숙소 · 공항 · 기동로 등의 세부 경호 · 안전계획 수립 및 시행을 담당하며, 이외에도 통제단장이 지시하는 경호 · 안전 관련 업무를 수행한다. 특히, 참가국 정상 등의 신변보호를 위한 경호 활동은 통제단의 다른 업무보다 최우선적으로 시행된다.[10)]

---

4) 「다자간 정상회의의 경호 및 안전관리 업무에 관한 규정」 제12조.
5) 「다자간 정상회의의 경호 및 안전관리 업무에 관한 규정」 제13조.
6) 「다자간 정상회의의 경호 및 안전관리 업무에 관한 규정」 제14조.
7) 「다자간 정상회의의 경호 및 안전관리 업무에 관한 규정」 제15조.
8) 관계기관의 주요 임무 및 기능은 2014년 7월 4일 제정 · 시행된 「다자간 정상회의의 경호 및 안전관리 업무에 관한 규정」 [대통령훈령 제331호]을 근거로 작성되었다.
9) 「다자간 정상회의의 경호 및 안전관리 업무에 관한 규정」 제5조.
10) 「다자간 정상회의의 경호 및 안전관리 업무에 관한 규정」 제6조.

(3) 대테러본부

대테러본부는 국가정보원 및 관계기관에서 파견된 공무원으로 구성되며, 정상회의 기간 동안 경호·안전 위해(危害) 정보·첩보의 수집 및 분석을 지원하고, 대테러 관련 업무 조정 및 국가보안시설 관리, 행사장 내 테러 위험 및 취약 요인의 종합 분석과 대응책 마련, 출입국 공항·항만의 대테러 및 경호·안전 대책 지원, 경찰 및 군 대테러 특공대의 행사 지역 내 활동 지원 등의 업무를 수행하며, 이외에도 통제단장이 지시하는 경호·안전 관련 사항을 담당한다.11)

(4) 군작전본부

군작전본부는 국방부 및 관계기관에서 파견된 공무원으로 구성되며, 정상회의의 경호·안전활동과 관련된 군사 업무를 총괄하고 협조하는 역할을 수행한다. 주요 임무로는 경호·안전 위해 정보·첩보의 수집 및 분석 지원, 북한의 위협 요인 분석 및 군사 대비태세 유지, 행사장 및 기동로 주변 거부작전 계획의 수립·시행, 해상 및 공중 경호계획의 수립·시행, 경호구역 내 군부대 및 군사시설의 안전 조치, 화생방 방호대책 및 의료 지원, 검측 및 안전 관련 활동 지원 등이 포함되며, 이외에도 통제단장이 지시하는 경호·안전 관련 업무를 수행한다.12)

(4) 경찰작전본부

경찰작전본부는 경찰청 및 관계기관에서 파견된 공무원으로 구성되며, 정상회의 기간 동안 국가 주요시설 및 행사장 주변의 치안 유지와 경호·안전 활동을 담당하는 핵심 조직이다. 주요 임무로는 경호·안전 위해 정보·첩보의 수집 및 분석 지원, 국가 주요 시설물 및 다중이용시설에 대한 치안 활동, 행사장별 또는 구역별 경호·경비 운영계획의 수립 및 시행, 경호·안전을 위한 검측 및 안전 유지 지원, 연도(沿道) 경호 및 취약 지역 검문·검색, 행사장 주변 집회·시위에 대한 안전관리 및 교통대책 수립·시행, 본대(本隊) 차량 이동 시 경호 지원, 행사장 주변 총포·도검 및 화약류에 대한 안전 조치 등이 포함되며, 이외에도 통제단장이 지시하는 경호·안전 관련 업무를 수행한다.13)

---

11) 「다자간 정상회의의 경호 및 안전관리 업무에 관한 규정」 제7조.
12) 「다자간 정상회의의 경호 및 안전관리 업무에 관한 규정」 제8조.
13) 「다자간 정상회의의 경호 및 안전관리 업무에 관한 규정」 제9조.

(5) 소방방재본부

소방방재본부는 소방방재청 및 관계기관에서 파견된 공무원으로 구성되며, 정상회의 기간 동안 화재 예방 및 재난 대응을 총괄하는 조직으로서 행사장의 소방 · 전기 · 가스 시설 등에 대한 안전관리 및 비상대책 수립 · 시행, 화재 진압 및 구조 대책 마련, 위험 시설물에 대한 안전관리 대책 수립 · 시행, 기상 재해 대비 재난 대책 수립 · 시행, 응급 구조사 및 구급 장비 투입을 통한 의료 지원 등의 업무를 수행하며, 이외에도 통제단장이 지시하는 경호 · 안전 관련 업무를 담당한다.14)

(6) 해경작전본부

해경작전본부는 해양경찰청 및 관계기관에서 파견된 공무원으로 구성되며, 정상회의 기간 동안 해상 및 항구 지역의 경호 · 안전 활동을 총괄하는 조직으로서 항구 및 해상 관련 경호 · 안전 위해 정보 · 첩보의 수집 및 분석 지원, 항구 및 해상 구역에 대한 검측 · 안전 활동 및 외사 업무 수행, 해상 비상대피 대책 수립, 군 지원본부와의 긴밀한 협조를 통한 해상 안전 활동 등의 업무를 수행하며, 이외에도 통제단장이 지시하는 경호 · 안전 관련 업무를 담당한다.15)

2. 국제스포츠 행사

1) 대테러 · 안전대책본부 구성 및 운영

올림픽, 아시안게임, 월드컵과 같은 국제스포츠 행사는 참가국 및 관람객 규모가 크고, 전 세계적인 주목을 받기 때문에 테러, 범죄, 재난 등에 대비한 포괄적 안전대책이 요구된다. 국제스포츠 행사는 국내외 관심과 국가적 영향력이 큰 국가중요행사로서, 「국제경기대회지원법」 제10조제2항에 따라 조직위원회가 대회 관련 시설 및 선수 · 임원 · 보도진 · 관람객 등의 안전을 확보하고 테러를 방지하기 위해 국가의 지원을 요청할 수 있으며, 이에 국가는 「테러방지법」을 근거로 대테러 · 안전대책본부를 구성하여 실질적인 대테러안전활동을 지원한다.

최근 국내에서 개최된 국제스포츠 행사에서는 대테러 · 안전대책본부와 조직위원회 안전관실이 협력하는 이원적 안전관리 체계를 구축 · 운영했다. 조직위원회 안전관실은 민간경비업체의 경비 인력을 지휘 · 통제하는 역할을 수행하였으며, 대테러 · 안전대책본부는 대테러안전활동을 총괄적으로 운영 · 지휘 · 조정 · 통제했다. 특히, 국가정보원

14) 「다자간 정상회의의 경호 및 안전관리 업무에 관한 규정」 제10조.
15) 「다자간 정상회의의 경호 및 안전관리 업무에 관한 규정」 제11조.

은 대테러·안전대책본부의 컨트롤타워로서 유관기관을 조정·통제하고, 체계적인 대테러 대응 및 정보 관리를 총괄함으로써 국가적 차원의 보안 체계를 강화했다.

국무총리 산하 대테러센터는 「테러방지법」 제6조제1항제4호에 따라 국가중요행사의 대테러 안전대책을 수립해야 하며, 관계기관의 장은 동법 제10조제1항에 의거하여 국가 중요행사에 대한 안전관리 대책을 수립해야 한다. 국가중요행사는 국내외에서 개최되는 행사 중 관계기관의 장이 소관 업무와 관련하여 주관기관, 개최 근거, 중요도 등을 기준으로 대테러센터장과 협의하여 지정하며,16) 이에 따라 행사 특성에 맞는 분야별 안전관리대책을 수립 및 시행해야 한다.17) 또한, 관계기관의 장은 국가중요행사의 안전관리 대책을 협의·조정하기 위해 필요할 경우 대책위원회의 심의·의결을 거쳐 관계기관 합동으로 대테러·안전대책기구를 편성·운영할 수 있다.18)

〈그림 6-1〉 대테러안전활동 운영체계

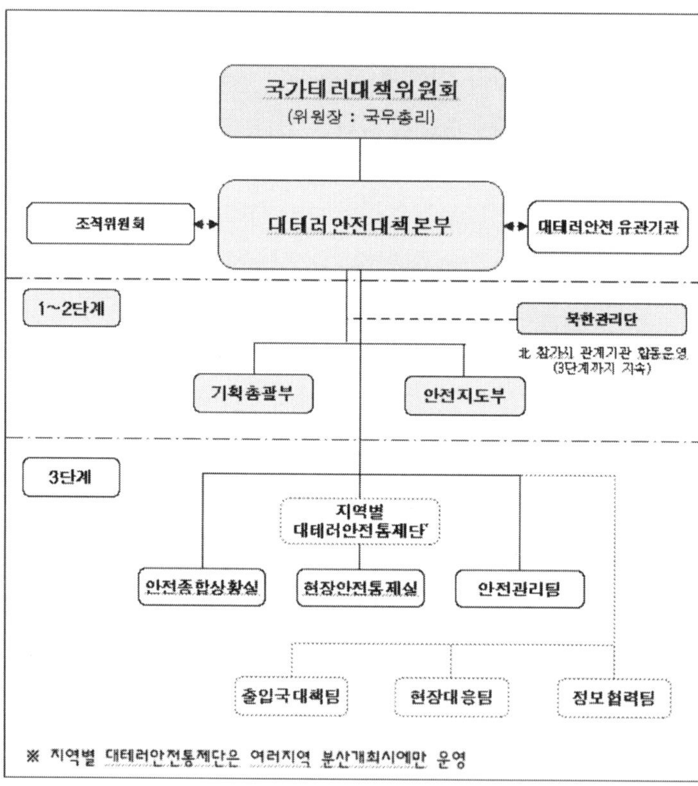

출처 : 대테러센터. (2018). 「국가 중요행사 대테러안전활동 지침」, p. 5.

16) 「테러방지법 시행령」 제26조제1항.
17) 「테러방지법 시행령」 제26조제2항
18) 「테러방지법 시행령」 제26조제3항

2) 관계기관 별 주요 임무와 협력 구조

(1) 대테러센터

대테러센터는 관계기관의 장과 협의하여 대테러안전대책기구를 설치 · 운영할 수 있으며, 「대테러안전대책본부」를 구성하여 기관별 대테러 안전활동을 총괄적으로 조정 · 통제하고, 각 기관 간 임무 중복 및 사각지대 발생을 방지하기 위한 협의 및 조율을 수행한다.

(2) 국가정보원

국가정보원은 대테러 정보협력, 출입국 대책 수립 및 북한 참가와 관련한 대응을 수행하며, 테러 및 안전 위협과 관련된 첩보를 수집 · 분석하여 지원하는 역할을 담당한다. 또한, 대테러 합동조사팀을 편성 · 운영하여 관계기관 간 협력을 강화하고, 효과적인 대테러 대응체계를 구축한다.

(3) 외교부

외교부는 국제행사 참가단의 사증 발급을 담당하며, 테러 위해분자 등 위험인물에 대한 정보를 입수 · 전파하여 사전 대응을 강화한다. 또한, 행사 참가국 정부 및 주한 외국공관과의 협력체계를 유지하여 외교적 지원을 제공하며, 귀빈 및 외국 주요 인사의 영접 · 안내 · 의전 업무를 수행하여 원활한 행사 진행을 지원한다.

(4) 법무부(출입국)

법무부(출입국)는 행사 참가자의 출입국 심사 절차를 원활히 진행할 수 있도록 지원하며, 국제 테러분자 등 위험인물의 국내 입국을 차단하는 역할을 수행한다. 또한, 테러 위험국 국민에 대한 출입국 심사를 강화하고 체류 동향을 면밀히 관리함으로써 국가 안전을 확보하는 데 기여한다.

(5) 국방부(함참 · 기무사)

국방부(함참 · 기무사)는 행사장 원격지 및 해상에서 초계 경비를 수행하며, 행사 관련 중요시설의 외곽 접근로 및 취약 지역을 수색(1지대 · 3선)하여 보안 강화를 담당한다. 또한, 우발 사태 발생에 대비하여 인력 · 장비의 출동태세를 유지하고, 현장안전통제실 및 출입국대책팀과 협력하여 대테러 안전활동을 지원한다.

(6) 행정안전부

행정안전부는 행사 개최 지역에서 발생할 수 있는 폭설, 호우, 지진, 강풍 등 자연재해 및 재난에 대비하여 종합적인 대응책을 마련하고, 안전관리 체계를 구축하여 행사 운영의 안정성을 확보한다.

(7) 산업통상자원부(한전, 가스공사)

산업통상자원부(한전, 가스공사)는 행사시설의 전기 및 가스를 안정적으로 공급하고, 이에 대한 안전관리 및 복구 대책을 수립하여 원활한 행사 운영을 지원한다.

(8) 보건복지부

보건복지부는 행사 참가자를 위한 응급 · 의료 지원체계를 구축하여 신속한 의료 대응을 보장하고, 생물테러 대응태세를 마련하여 감시 · 탐지 활동을 수행하며, 검역 및 방역 활동을 강화하여 공중보건 안전을 확보한다.

(9) 환경부

환경부는 유해화학물질 취급시설 및 취 · 정수장의 안전관리 체계를 강화하여 환경적 위해 요소를 사전에 예방하고, 화학테러 대응태세를 구축하여 탐지 · 분석 활동을 수행하며, 현장측정분석차량 운영 등을 통해 실시간 감시 역량을 강화한다.

(10) 국토교통부

국토교통부는 공항 및 항공기의 대테러 안전관리를 강화하고, 행사장 및 주요 시설로의 접근 교통망을 안전하게 관리하며, 행사 참가자가 탑승하는 항공기의 안전 운항을 지원한다. 또한, 고속철 · 철도 · 도로 등 주요 교통수단에 대한 대테러 안전대책을 마련하여 원활하고 안전한 교통 운영을 보장한다.

(11) 해양수산부

해양수산부는 항만 및 여객선의 안전관리를 강화하여 해상 교통과 물류의 원활한 운영을 보장하고, 대테러 및 재난 대응체계를 구축하여 항만과 선박의 보안 수준을 향상한다.

(12) 과학기술 정보통신부

과학기술정보통신부는 행사 참가자를 대상으로 한 위해 우편물의 배달을 차단하여 보안 위험을 예방하고, 행사 관련 전산망을 철저히 관리하며 해킹 시도에 대한 차단 및 복구 조치를 수행하여 정보 보안과 사이버 보안을 강화한다.

(13) 문화체육관광부

문화체육관광부는 대국민 및 행사 관람객을 대상으로 안전활동 홍보를 강화하고, 계도대책을 마련하여 안전의식을 제고하며, 행사와 관련된 정부 지원 사항을 공유하고 유관기관과 협력하여 원활한 안전대책 수립 및 시행을 지원한다.

(14) 원자력안전위원회

원자력안전위원회는 행사 개최지 주변의 원자력 이용시설에 대한 대테러 안전관리를 강화하고, 방사능 테러 발생에 대비한 대응 태세를 구축하여 국가 원자력 안전을 확보한다.

(15) 관세청

관세청은 행사 참가자가 반입하는 장비 · 자재 등의 통관 절차를 지원하며, 폭발물 · 총기류 · 화생방 위험물질 등 테러에 악용될 수 있는 물품의 반입을 철저히 차단하여 행사 안전을 강화한다.

(16) 경찰청

경찰청은 행사 관련 시설 및 부대행사에 대한 경비 · 안전대책을 수립 · 시행하고, 일반 테러 분야에 대한 대테러 안전활동을 추진하며, 교통관리 전담부대를 운영하여 원활한 교통흐름을 유지한다. 또한, 주요 외빈의 신변 보호를 담당하고, 범죄 예방 강화구역을 지정하여 외국인 관련 사건 · 사고 처리 등 민생 치안 활동을 강화함으로써 행사 기간 동안의 공공질서와 안전을 확보한다.

(17) 소방청

소방청은 행사시설에 대한 화재진압 및 구조대책을 수립 · 시행하고, 행사기간 동안 소방안전 대책본부를 운영하여 화재 예방 및 긴급 대응체계를 강화한다. 또한, 위험물 취급시설에 대한 안전점검을 실시하고, 관계자를 대상으로 화재 예방 및 대응 교육을 수행하여 행사 안전성을 극대화한다.

(18) 해양경찰청

해양경찰청은 해양범죄 및 해양테러의 예방과 대응을 담당하며, 행사장 인근 해역에서 해상 경비를 지원하여 해상 안전을 강화한다. 또한, 현장안전통제실 운영 등 대테러 안전활동을 지원하여 행사기간 동안의 해상 보안을 확보한다.

(19) 식품의약품안전처

식품의약품안전처는 행사와 관련된 식·음료의 취급 안전관리를 강화하여 식품 위생을 철저히 점검하고, 식중독 및 위해 요소를 예방하여 행사 참가자의 건강과 안전을 보호한다.

3. 지방자치단체 축제

1) 지역안전관리위원회 구성 및 운영[19]

지방자치단체에서 주관하는 지역축제는 개방된 공간에서 불특정 다수가 참여하는 행사로, 군중 사고, 화재, 시설 붕괴, 자연재해 등의 다양한 위험 요소에 대비한 철저한 안전관리 체계가 필요하다. 지방자치단체 축제를 주관하는 주최 측은 행사의 개요, 장소, 시설 관리, 화재예방 및 인명피해 방지조치, 안전관리 인력의 확보 및 배치 계획, 비상시 대응 요령, 그리고 담당 기관과 담당자의 연락처가 포함된 안전관리계획을 수립 및 시행해야 한다.

지방자치단체 축제는 「재난안전법」을 근거로 '지역안전관리위원회', '지역안전관리민관협력위원회', '안전관리자문단'을 구성·운영하여 지역축제의 안전성을 강화한다. 이들 기구는 축제의 안전관리계획을 종합적으로 검토·심의하고, 행사장에 대한 합동 지도·점검을 수행하며, 안전관리계획 수립에 대한 전문적 자문을 제공함으로써 축제 운영의 안전성을 확보하는 역할을 담당한다. 다음은 각 기구의 구성 및 운영에 대한 세부 내용이다.

(1) 지역안전관리위원회

지역안전관리위원회는 「재난안전법」 제11조에 따라 시·도 안전관리위원회[20] 및 시

---

19) 행정안전부. (2021). 「지역축제장 안전관리 매뉴얼」, p. 6의 재구성.
20) 지역별 재난 및 안전관리에 관한 사항을 심의·조정하기 위하여 특별시장·광역시장·특별자치

· 군 · 구 안전관리위원회[21] 등의 지역위원회를 구성하여 운영되며, 해당 지역의 재난 및 안전관리 정책을 심의하고, 지역별 안전관리계획을 검토 · 승인하며, 위원장이 회의에 부의하는 사항을 심의하는 역할을 수행한다. 특히, 지방자치단체장이 주관하는 지역축제 중 순간 최대 관람객이 1천 명 이상 예상되거나, 산악 · 수면 지역에서 개최되거나, 불 · 폭죽 · 석유류 · 가연성 가스 등 폭발성 물질이 사용되는 축제에 대해 안전관리계획을 검토 · 심의하여 축제의 안전성을 확보한다.

(2) 지역안전관리민관협력위원회

지역안전관리민관협력위원회는 「재난안전법」 제12조의2에 근거하여 운영되며, 지방자치단체, 경찰서, 해양경찰서, 소방서 및 시설 · 전기 · 가스 · 통신 등 유관기관의 지역관리 전문가로 구성되어 지역축제의 안전관리를 강화하는 역할을 수행한다. 본 위원회는 축제 행사장에 대한 합동 지도 · 점검을 실시하고, 안전관리계획 수립에 대한 자문을 제공함으로써 축제 운영의 안전성을 확보하며, 유관기관 간 협력을 통한 신속한 대응체계를 구축하는 기능을 담당한다.

(3) 안전관리자문단

안전관리자문단은 「재난안전법」 제75조에 근거하여 운영되며, 지역축제의 안전성을 강화하기 위해 시설, 전기, 가스, 기계, 소방 등 관련 분야의 대학교수 및 안전관리 전문기관 소속 전문가 등 민간 전문가로 구성 · 운영된다. 본 자문단은 지역축제 행사장에 대한 합동 지도 · 점검을 수행하고, 안전관리계획 수립에 대한 자문을 제공함으로써 축제 운영의 실효성을 높이며, 위험 요소를 사전에 예방하는 기능을 수행한다.

2) 관계기관 및 유관기관의 주요 역할과 기능

(1) 관할 지방자치단체

관할 지방자치단체의 재난관리부서 및 지역축제 담당부서는 축제 개최자와 협의하여 안전관리계획을 심의하고, 현장 합동 지도 · 점검을 실시하는 등 안전사고 예방대책을 적극적으로 수행한다. 또한, 경찰, 소방, 시설, 전기, 가스, 통신, 민간자원봉사단체 등

시장 · 도지사 · 특별자치도지사(이하 "시 · 도지사"라 한다) 소속으로 시 · 도 안전관리위원회(이하 "시 · 도위원회"라 한다)를 둔다.

21) 시장(「제주특별자치도 설치 및 국제자유도시 조성을 위한 특별법」 제11조 제1항에 따른 행정시장을 포함한다. 이하 같다) · 군수 · 구청장 소속으로 시 · 군 · 구 안전관리위원회(이하 "시 · 군 · 구위원회"라 한다)를 둔다.

지역의 안전관리 전문가가 참여하는 지역안전관리민관협력위원회(지역안전관리자문단)를 구성 · 운영한다. 지역축제의 개최자가 민간기관 또는 단체인 경우, 지역축제 담당부서 및 재난관리부서는 축제 개최자와 협의하여 업무 범위를 명확히 구분하고, 기관의 역할과 책임을 체계적으로 정립하는 등 안전관리 분야에 적극적으로 참여한다.

관할 지방자치단체는 지역축제와 관련된 다양한 집회 허가 등 인 · 허가 절차를 사전에 검토하여 축제 전까지 차질 없이 이행할 수 있도록 조치해야 한다. 이와 함께, 재난관리부서는 축제 개최자 등 관계자가 안전관리 계획 수립 또는 작성 방법 등에 대한 협조를 요청하는 경우에는 관련 내용을 정확하게 안내하여 축제 안전관리가 체계적으로 이루어질 수 있도록 지원해야 한다.

(2) 경찰

경찰은 안전관리계획의 심의에 참여하며 안전관리계획에 따라 경찰력 배치 계획을 수립하고, 긴급 상황 발생에 대비하여 유관기관과의 연락체계를 구축한다. 또한, 축제장 주변 도로의 교통 통제, 질서유지, 경호 · 경비에 대한 계획을 마련하고, 합동 지도 · 점검을 대비하여 소관 분야의 중점 점검 항목을 작성하며, 화약류 사용 및 집회신고 등 축제 진행과 관련된 인 · 허가 사항을 검토하여 행사 안전을 강화한다.

(3) 소방

소방은 안전관리계획의 심의에 참여하며, 지자체 및 축제 개최자는 소방서와 사전 협의하여 구조 · 구급요원 배치, 소방차 주차장소 지정 등 현장 지휘체계 구축을 위한 방안을 마련해야 한다. 또한, 긴급 상황 발생에 대비하여 유관기관 및 인근 소방서와의 연락체계를 구축하고, 합동 지도 · 점검을 대비한 중점 지도 · 점검 항목을 작성하며, 소방 관련 법령에 따른 인 · 허가 사항을 검토하여 축제 현장의 화재 예방 및 대응체계를 강화한다.

(4) 시설, 전기, 가스, 통신, 민간단체 등

시설, 전기, 가스, 통신, 민간단체 등 유관기관은 안전관리계획의 심의에 참여하며, 안전관리계획에 따라 지방자치단체 및 행사 개최자와 사전 협의를 통해 비상연락망과 현장 지원체계를 구축한다. 또한, 합동 지도 · 점검을 대비하여 각 소관 분야의 중점 점검항목을 작성하고, 축제 행사장의 시설, 전기, 가스, 통신, 폭발물 등의 설치 및 사용 현황을 파악하여 적정성을 검토함으로써 축제의 안전성을 확보하는 역할을 수행한다.

제2절 민간경비와의 협력 강화 전략

1. 민간경비의 역할과 법적 책임

1) 공경비와의 협력체계

최근 민간경비 산업의 발전과 보안 기술의 고도화로 인해 대규모 국제행사의 안전관리 체계가 기존의 공공기관 중심 구조에서 민간경비와 협력하는 민·경 협력 체제로 전환되는 추세를 보이고 있다. 특히, 수익성이 높은 스포츠 경기나 지역축제와 같은 행사에서는 민간경비가 행사장 내·외부의 안전관리를 담당하고, 경찰은 행사장 외곽에서 범죄예방 및 질서유지 등의 치안 업무를 전담하는 방식으로 역할이 분리되고 있다. 그러나 대규모 국제행사의 경우 공익성과 수익성이 혼재되어 있어 단순히 행사 수익성만을 기준으로 경찰 개입 여부를 결정하는 것은 현실적으로 어려운 문제이다. 즉, 행사의 성격, 국가적 중요성, 안전 위협 수준에 따라 경찰의 개입 필요성이 달라질 수 있으며, 수익성이 있는 행사라 하더라도 테러, 군중 사고, 치안 불안 등의 위험 요소가 내재된 경우 경찰이 적극적으로 개입해야 하는 법적·실무적 의무가 발생한다.

국제행사에서 민간경비는 공경비와 협력하여 행사장 내·외부의 보안과 안전을 책임지는 핵심 주체로서, 테러 예방, 긴급상황대응, 질서유지, 출입 통제, 군중 관리, VIP 경호 등의 경호·경비 업무를 수행하며 행사 안전성을 확보하는 중요한 역할을 담당한다. 특히, 대규모 군중이 밀집하는 국제행사에서는 신속한 사고 대응과 사전 예방 조치가 필수적이며, 이를 위해 경찰, 소방, 의료기관 등 공공기관과 민간경비 간의 긴밀한 협력체계 구축이 필요하다. 민간경비는 공경비와의 역할 분담을 통해 행사장 내 경비·보안 업무를 수행하는 한편, 공공기관과의 정보 공유 및 합동 대응체계를 바탕으로 테러, 화재, 군중 사고 등의 비상 상황에 대비할 수 있도록 해야 한다.

이러한 협력 모델을 효과적으로 운영하기 위해서는 사전 훈련 및 합동 대응 시스템을 강화하고, 법적·제도적 기반을 마련하여 민·경 협력 체제의 실효성을 높이는 것이 중요하다. 또한, 민간경비 인력에 대한 체계적인 교육과 훈련을 통해 전문성을 확보하고, 최신 보안 기술과 위기관리 기법을 도입하여 국제행사에서의 안전관리 체계를 보다 체계적이고 효율적으로 운영해야 한다.

2) 민간경비의 주요 임무 및 기능별 역할 정립

(1) 행사장 내·외부 출입통제

행사장 내·외부의 출입 통제는 행사 보안을 강화하고 질서를 유지하기 위한 필수적인 경비활동으로 무단출입을 방지하고 허가된 인원만 출입할 수 있도록 관리하는 역할을 수행한다. 이를 위해 민간경비업체는 출입 인원의 신원을 철저히 확인하고 방문 목적을 파악하여 보안 절차에 따라 출입을 통제해야 하며, 주요 임무와 기능은 다음과 같다.

가. 출입 인원 관리 및 신원확인

출입 인원 관리 및 신원확인은 행사장의 보안을 강화하고 무단출입을 방지하기 위한 필수적인 절차로 출입구에서 신분 확인 및 사전 등록된 인원의 신원 검증을 수행하며, QR 코드, 출입증, 생체 인식 시스템 등을 활용한 자동 출입 관리 시스템을 운영하여 출입 절차의 효율성을 높인다. 또한, VIP 및 주요 인사의 출입 보안을 강화하기 위해 개별 경호를 수행하고, 전용 출입구 및 별도 검문 절차를 적용함으로써 행사장 내외의 보안 수준을 극대화한다.

나. 보안 검색 및 소지품 검사

보안 검색 및 소지품 검사는 행사장 내 무기·위험물 반입을 차단하기 위해 금속 탐지기, X-ray 장비 등을 활용하여 출입 인원의 소지품을 검사하고, 특정 구역 출입 시 추가적인 보안 절차를 수행한다. 또한, 보안 인력을 주요 출입구 및 행사장 내외에 상시 배치하여 감시를 강화함으로써 잠재적 위협 요소를 조기에 식별하고 신속히 대응할 수 있도록 한다.

다. 출입 허가 및 무단출입 방지

출입 허가 및 무단출입 방지는 승인된 인원만이 지정된 구역을 이동할 수 있도록 하는 핵심적인 관리 절차이다. 행사장 구역별 출입 권한을 차등 부여하여 허가된 인원만 이동할 수 있도록 통제하며, CCTV 및 AI 기반 감시 기술을 활용한 실시간 모니터링 시스템을 운영하여 출입 현황을 지속적으로 확인한다. 또한, 출입로 및 주요 구역에 경비 요원을 배치하여 비인가 인원의 접근을 차단하고, 무단출입 시 신속한 대응을 통해 행사장의 보안과 질서를 유지한다.

(2) 행사장 혼잡경비 및 군중유도

행사장 혼잡경비는 대규모 인원이 제한된 공간에 일시적으로 운집하는 상황에서 군중의 과도한 밀집을 방지하고 질서를 유지함으로써 행사장의 안전을 확보하는 업무이다. 이를 위해 인파 흐름을 체계적으로 관리하고, 군중 간 충돌이나 밀집으로 인한 사고를 예방하며, 필요 시 단계적 입장 · 퇴장 유도, 안내 방송, 물리적 통제 장비 활용 등을 통해 군중 밀집을 완화하여 위험을 최소화한다. 군중유도는 행사장 내 · 외부에서 질서를 유지하며, 군중 간 충돌이나 혼잡으로 인한 사고를 예방하고 원활한 이동과 흐름을 유지하도록 유도하는 업무이다. 이를 위해 경비원은 주요 동선과 밀집 가능 구역에서 군중의 움직임을 세심히 관찰하고, 적절한 유도 신호, 안내 방송, 물리적 경계 설정 등을 활용하여 인원의 흐름을 조정한다. 또한, 긴급 상황이나 돌발적인 군중 행동이 발생할 경우 신속히 대처하여 안전한 환경을 확보함으로써 행사 운영의 원활함을 지원한다.

(3) VIP 신변보호

신변보호는 행사에 참석하는 특정 인물(VIP)의 생명이나 신체에 위협이 가해질 위험을 방지하고, 안전을 보장하기 위해 수행되는 전문적인 경비업무이다. 이 업무는 보호대상자의 동선과 주변 환경을 사전에 분석하여 잠재적 위험 요소를 식별하고, 이를 예방하기 위한 계획을 수립하는 데 중점을 둔다. 경비원은 보호 대상자와 물리적으로 가까운 거리에서 안전을 직접적으로 보장하며, 대규모 군중 밀집 상황, 돌발 사건, 반대 시위 등 행사 특유의 위험 요소에 대비해 신속하고 효과적으로 대응해야 한다.

(4) 행사장 시설경비 및 보안 시스템 운영

행사장 내 경비 대상 시설과 군중 혼잡 지역을 효과적으로 관리하기 위해 CCTV, 열감지기, 출입문 센서 등 다양한 보안 시스템을 설치 · 운영하며, 이를 유지 · 보수하고 실시간으로 모니터링하는 것이 필수적이다. 이러한 보안 시스템을 통해 행사장 내외의 이상 징후를 감지하고, 신속한 대응 체계를 구축하여 사고를 사전에 예방할 수 있도록 한다. 특히, 관제센터는 보안 시스템으로부터 수집된 정보를 분석하고, 이상 신호가 감지될 경우 즉각적인 조치를 시행한다. 예를 들어, 특정 구역에서 이상 움직임이 포착되거나 보안 시스템이 경고 신호를 감지한 경우에는 해당 지역으로 경비 인력을 즉시 파견하여 현장 상황을 확인하고, 필요 시 경찰 · 소방 등 유관기관과 협력하여 초동 조치를 수행한다.

(5) 테러 예방 및 대응

행사장에서의 테러 예방 및 대응은 잠재적인 위협을 사전에 식별하고, 테러 발생 시 신속하고 효과적인 조치를 통해 피해를 최소화하는 핵심적인 경비 업무이다. 대규모 국제행사는 불특정 다수가 운집하는 공간으로, 테러의 표적이 될 가능성이 높은 만큼 사전 예방 조치와 체계적인 대응 시스템 구축이 필수적이다.

가. 테러 예방을 위한 보안 강화

테러 예방을 위한 보안 강화를 위해 행사장 내·외부의 정기적인 보안점검을 실시하고, 주요 취약 지점을 사전에 분석하여 선제적 보안 조치를 시행해야 하며, 이를 위해 신원 확인 및 보안 검색 절차를 철저히 시행하여 무단출입을 방지하고, X-ray 검색기 및 금속 탐지기 등을 활용하여 무기·폭발물 등의 위험물 반입을 차단하며, 군중 밀집이 예상되는 지역에 대한 동선을 조정하고 차단벽 및 안전 가이드라인을 설치하는 한편, CCTV 및 AI 감시 시스템을 운영하여 행사장 전역을 실시간 모니터링하고 이상 행동을 감지하여 조기에 대응할 수 있도록 해야 한다.

나. 테러 발생 시 신속한 대응체계 구축

테러와 같은 돌발 상황(폭발, 무장 공격, 화학·생물학적 테러 등)이 발생할 경우, 초기대응 능력이 행사장의 안전 확보에 핵심적인 역할을 하므로 신속한 대응체계 구축이 필수적이다. 이를 위해 경비 인력은 사전에 교육받은 위기대응매뉴얼에 따라 즉각적인 조치를 시행해야 하며, 관제센터를 중심으로 경찰·소방·군·의료진 등 유관기관과 긴밀한 협력 체계를 유지하여 신속한 지원 요청 및 공동 대응이 이루어질 수 있도록 해야 한다. 또한, 비상 방송시스템을 활용한 대피 안내를 통해 참가자들의 혼란을 최소화하고 안전한 경로로 이동하도록 유도하는 것이 중요하다. 아울러, 부상자에 대한 응급처치 및 의료기관 이송을 신속하게 진행하여 피해를 최소화해야 하며, 피해 복구 절차를 체계적으로 수행함으로써 행사의 안정적인 운영과 안전성을 확보해야 한다.

2. 민·관 협력 사례 및 효과 분석[22)]

1) 행사장 안전인력 배치 및 운영 사례

2018 평창동계올림픽 및 패럴림픽대회는 다기관 간 유기적인 협력체계를 기반으로 민간 보안업체와 공공기관이 역할을 분담하고 긴밀히 협업함으로써, 대규모 국제행사에서 민·관 협력의 중요성을 입증한 실질적 모델로 평가된다. 올림픽 조직위원회는 대회기간 동안의 경비 및 안전관리 강화를 위해 총 218억 원의 예산을 편성하였으며, 민간 안전요원의 안정적인 확보를 위해 전문기관 및 관련 학회에 인력 선발을 의뢰했다. 민간경비업체는 조직위원회로부터 추천받은 인력 중 우수한 인재를 선발하여 자체 교육을 실시했고, 대학 및 유관기관에서는 위탁 교육과정을 통해 이론과 실무를 결합한 정기적인 융합형 교육·훈련을 제공했다. 또한, 민간경비 교육기관에서는 관련 법령에 따라 일반경비원 신임교육을 편성·운영하여 법적 요건을 충족했다. 이와 같은 교육·훈련 체계를 기반으로, 민간 안전요원은 대회 기간[23)] 동안 대회시설의 경비, 출입 통제, 보안 검색, 대테러 및 안전사고 예방 등의 임무를 수행했다.

〈표 6-1〉 대회기간 안전인력 투입 현황(단위: 명)

구분	군인	경찰	소방	민간안전	자원봉사	기타	총계
동계 올림픽	50,000	13,000	750	2,400	171	270	66,591
패럴림픽	28,000	3,300	329	1,200	63	200	33,092

출처 : 2018 평창 동계올림픽 조직위원회, 「대테러·안전활동 리포트」, p. 10. 인용.

〈표 6-1〉의 대회 기간 안전인력 투입 현황에 따르면, 실제 대회기간 동안 평창동계올림픽에는 총 66,591명의 안전인력이, 동계패럴림픽에는 33,092명이 투입되었다. 이 중 민간 안전인력은 일 최대 2,400명(올림픽), 1,200명(패럴림픽) 수준으로, 전체 인력 대비 약 3.6%~4.1%를 차지하였다.

민간 안전요원은 경기장 내에서 출입 통제, 군중 밀집 관리 등 1차 현장 대응을 중심으로 보안 임무를 수행하였으며, 경찰은 행사장 외곽의 보안 유지, 테러 대응, 교통 통

22) 민간경비업체와의 협력 사례와 효과 분석에 관해서는 국내에서 개최된 대규모 국제행사들 중 대표적인 사례로 2018년 평창 동계올림픽 및 패럴림픽대회를 중심으로 분석하였으며, 해당 분석은 대회 기간 동안의 대테러·안전활동 리포트 결과를 근거로 하여 민간경비업체와 공공기관 간 협력 구조, 역할 분담, 안전관리 성과 등을 종합적으로 검토하였다.

23) 2018년 평창 동계올림픽은 2018년 2월 1일부터 2월 25일까지, 동계패럴림픽은 3월 7일부터 3월 21일까지 개최되었다.

제를 전담함으로써 공공 치안 확보에 기여했다. 군은 대테러 작전 및 국가보안과 관련된 전략적 대응을 통해 고위험 상황에 대비한 안보 역량을 지원하였고, 소방 및 응급의료기관은 화재 진압, 구조·구급 활동, 응급환자 이송 체계 구축 등을 통해 위기 발생 시 신속하고 체계적인 응급 대응이 가능하도록 했다. 이러한 민·관 협력체계는 행사에 내재된 다양한 위험 요소를 사전에 식별하고 효과적으로 차단함으로써, 예방 중심의 안전관리 기반을 구축하였다. 또한, 돌발 상황 발생 시 유관기관 간의 긴밀한 공조를 통해 신속하고 체계적인 초동 대응이 가능하도록 함으로써, 행사장의 전반적인 안전성과 운영의 효율성을 실질적으로 향상시키는 데 기여하였다.

2) 보안장비 및 시스템 도입 현황

2018 평창동계올림픽 및 패럴림픽의 안전 확보를 위해 총 4,400백만 원의 예산[24]이 투입되어 X-ray, 금속탐지기(MD), 핸드스캐너, 차량하부검색장비, 폭발물흔적탐지기 등 다양한 보안검색 장비와 드론, 전술비행선 등 공중감시 장비가 운용되었으며, 이를 통해 각종 테러 및 북한 도발 등 외부 위협에 대비한 종합적인 보안체계를 구축했다.[25] 대회기간 동안 인원검색지점(PSA) 75개소, 차량검색지점(VSA) 31개소, 원격차량검색지점(MSS) 3개소, 물자인도구역(MTA) 2개소를 운영하였으며, 바리케이드 86개, 철심판 92개, 차량하부 검색경 62개 등의 보안검색 및 안전물품을 현장에 배치했다. 또한, 드론 피아식별 사이니지, 안전 환기 문구 사이니지, 보안씰 및 봉인케이블 등 식별 및 안전 관련 보조장비도 함께 제작·운영했다.

---

24) 장비 구매 예산 4,400백만 원은 국고와 체육진흥기금으로 편성되었으며, 이 중 2017년에 4,200백만 원, 2018년에 200백만 원이 각각 집행되었다.

25) 2018 평창 동계올림픽대회 조직위원회. (2018). 「대테러·안전활동 리포트」, p. 6.

〈표 6-2〉 보안검색 및 감시장비 운영 현황

구분	장비	수량	비고
보안검색	X-ray 검색기	266대	위험물 반입 여부 판별
	금속탐지기(MD)	490대	금속성 위험물 탐지
	핸드스캐너	980개	휴대용 금속 탐지기
	차량하부검색 시스템(이동식)	1대	차량하부 영상 촬영 및 분석
	폭발물흔적탐지기	2대	폭발물 입자, 흔적 감지
공중감시	전술비행선	1대	공중감시 및 통신 중계
	포획 및 제설드론	3대	그물망 포획, 눈 제설
	UAE(주한미군지원)	3eo	영상 촬영, 열 감지, 경계 감시

출처: 2018 평창 동계올림픽 조직위원회, 「대테러 · 안전활동 리포트」p, 6의 재구성.

3) 인원 및 차량검색 운영체계

대규모 국제행사에서 차량을 통한 테러나 위해물 반입 가능성이 증가함에 따라, 차량검색구역(Vehicle Screening Area, VSA)은 출입 차량과 탑승자를 대상으로 한 체계적인 보안 검색을 수행하는 필수 안전관리 절차로 운영된다. 〈그림 6-2〉의 운영체계는 경찰과 민간안전인력이 협업하여 차량 및 인원의 보안 위협 요소를 다단계로 식별 · 차단하는 방식으로 구성된다.

〈그림 6-2〉의 차량검색 운영 체계도에 따르면, 차량 출입 통제 지점에는 총 9명의 전문 인력이 배치되어 운영되며, 이 중 5명은 경찰, 4명은 민간 안전인력으로 구성된다. 경찰은 차량 외부 및 하부 검색, 운전석 및 동승자석 주변의 이상 유무 점검 등 직접적인 보안 검색을 담당한다. 특히, 여성 검색 대상자에 대해서는 여성 경찰관이 신체검색을 수행함으로써 성별 분리 원칙을 적용하였다. 민간 안전인력은 차량 진입 안내, 탑승자의 신원 확인, 소지품 검사 및 X-ray 판독 등 지원 역할을 수행하였다. 출입 대상자의 신분은 RFID 태그와 사전 등록 정보를 통해 검증되었으며, 차량과 인원의 휴대물품에 대해서는 금속탐지기(MD) 및 X-ray 장비를 활용한 정밀 검사가 병행되었다. 필요 시에는 차량 내부 및 하부에 대한 추가 검색도 수행되어, 출입 차량에 대한 다층적인 보안 조치가 이루어졌다.

〈그림 6-2〉 차량검색(VSA) 운영체계도

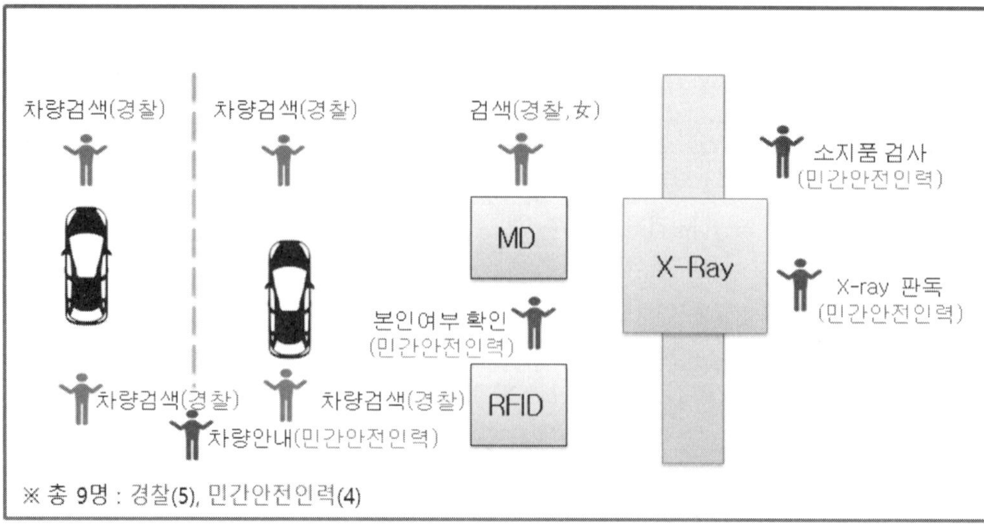

출처 : 2018 평창 동계올림픽 조직위원회, 「대테러 · 안전활동 리포트」, p. 4.

〈그림 6-3〉의 인원검색 구역(Personal Screening Area, PSA)은 국제행사와 같은 대규모 행사장에서 테러 및 위해물 반입을 방지하고, 관람객의 안전을 확보하기 위한 출입 보안검색 구역을 의미한다.

〈그림 6-3〉 인원검색(PSA) 운영체계도(관람객, 1 SET)

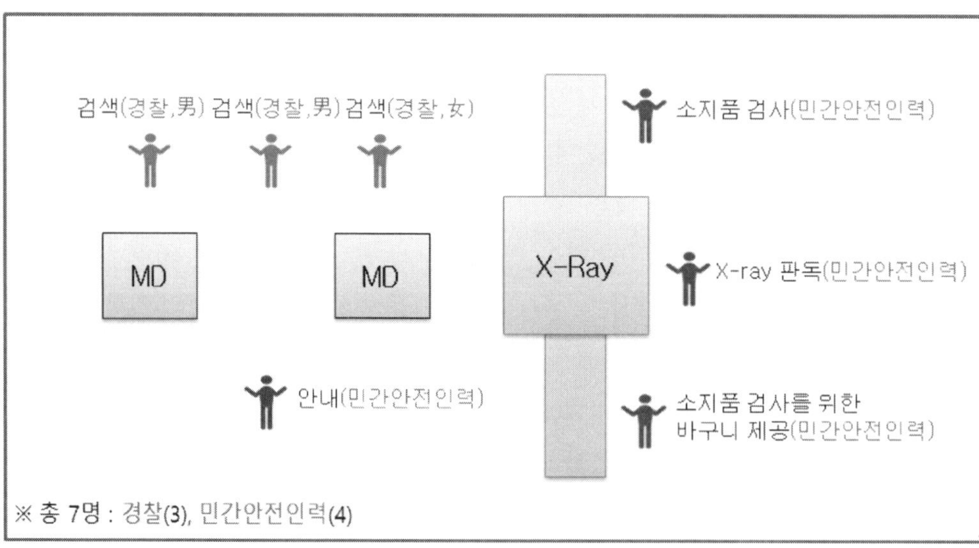

출처 : 2018 평창 동계올림픽 조직위원회, 「대테러 · 안전활동 리포트」, p. 5.

PSA는 성별에 따라 분리 운영되며, 경찰은 금속탐지기(MD) 및 휴대용 스캐너를 활용한 신체 검색을 담당하고, 민간 안전인력은 X-ray 판독, 안내, 검색 보조 등의 업무를 수행하였다. 본 구역은 총 7명(경찰 3명, 민간 4명)의 인력으로 운영되었다. 이러한 PSA 운영체계는 대규모 인원의 동시 이동이 이루어지는 상황에서도 질서 있는 출입과 신속한 검색이 가능하도록 설계되었으며, 보안 검색의 효율성과 이용자 편의성을 동시에 확보한 행사 보안 운영의 모범 사례로 평가된다.

제3절 안전문화 정착을 위한 민·관 협력

1. 행사 참가자 및 시민의 안전인식 제고

1) 안전 문화의 개념과 중요성

안전 문화(safety culture)란 조직이나 사회가 위험 요소를 인식하고, 이를 사전에 예방하며, 사고 발생 시 신속하고 효과적으로 대응하기 위해 공유하는 가치관, 태도, 행동 양식의 총체를 의미한다. 이는 단순히 제도적 규정이나 기술적 장치에 의존하는 것을 넘어, 구성원 개개인의 자발적 참여와 행동 변화에 기초한 사회적 실천으로 기능한다. 다시 말해, 안전 문화는 규범과 제도를 넘어선 '사회적 안전 감수성'으로 볼 수 있으며, 이는 조직과 공동체의 전반적인 안전 수준을 좌우하는 핵심 요인이라 할 수 있다.

특히 시민 개개인의 안전의식 수준은 위기 상황에서의 대응력과 직결되며, 이는 대규모 재난이나 사고의 발생 가능성을 감소시키는 데 있어 결정적인 역할을 한다. 예를 들어, 인파 밀집 사고, 화재, 테러와 같은 비상 상황에서는 즉각적인 상황 판단과 행동이 요구되는데, 이때 시민이 평소 안전 절차에 대한 이해와 훈련을 바탕으로 자발적으로 행동에 나설 수 있다면 피해를 최소화할 수 있다. 반면, 안전에 대한 경각심이 부족하거나 관련 지식이 부재할 경우, 초기대응의 실패로 인해 사태가 심각하게 확산될 위험이 크다.

안전 문화는 단기간에 형성되는 것이 아니라, 일상생활 속 교육, 경험, 제도적 지원을 통해 장기적으로 구축되어야 한다. 이를 위해서는 정부와 지자체, 교육기관, 언론, 민간단체 등 다양한 주체가 협력하여 시민 참여형 안전교육과 캠페인을 지속적으로 추진해야 한다. 더불어 안전한 행동을 장려하고 모범 사례를 확산시키는 사회적 분위기 조성도 필요하다. 결국 안전 문화는 시민의 인식과 행동이 변화되는 '사회적 학습 과정'이며, 지속 가능한 안전 사회의 기반이 된다.

2) 시민 대상 안전 교육 및 캠페인

국제행사에서 발생할 수 있는 각종 안전사고에 효과적으로 대응하기 위해서는 공공기관이나 행사 주최 측의 대응 조치뿐만 아니라 시민 개개인의 능동적인 참여와 실천 역량이 함께 요구된다. 특히 대규모 인원이 밀집하는 국제행사의 특성상, 재난 발생 시 초기대응의 성패는 일반 시민의 행동에 따라 크게 좌우될 수 있다. 이에 따라 지역사회와 행사 조직위원회는 시민을 대상으로 정기적인 안전 교육 프로그램을 운영할 필요가 있다.

안전 교육의 주요 내용은 재난 발생 시 행동 요령, 비상 대피 절차, 응급 상황별 초기 대응 방법 등을 포함하며, 연령, 역할, 참여 형태 등을 고려한 맞춤형 교육 설계를 통해 교육의 실효성을 제고할 수 있다. 특히 행사 자원봉사자, 인근 지역 주민, 행사장 이용객 등은 우선적인 교육 대상자로 선정될 수 있다. 이와 함께 시민들이 일상 속에서 자연스럽게 안전의식을 내면화할 수 있도록 다양한 채널을 활용한 홍보 캠페인도 병행되어야 한다. 예를 들어 대중교통 광고(버스, 지하철), 지역 커뮤니티, 온라인 플랫폼, SNS(소셜 미디어) 등은 접근성과 반복 노출 측면에서 안전 메시지 전달에 효과적인 수단으로 시민의 관심을 유도하고, 안전에 대한 경각심을 고취할 수 있다. 이러한 다채로운 교육 및 캠페인 전략은 시민 개개인의 안전역량을 강화함과 동시에 사회 전반의 안전문화 확산에 기여할 수 있다. 즉, 시민이 '수동적 보호 대상'이 아닌 '능동적 대응 주체'로 자리매김할 수 있도록 유도하는 것이 국제행사 안전관리 체계의 지속 가능성을 높이는 핵심 요소라 할 수 있다.

3) 참여형 프로그램 운영

안전 문화의 실질적 정착을 위해서는 단순한 정보 전달이나 일 방향적 교육을 넘어 시민이 직접 참여하고 체험할 수 있는 참여형 프로그램의 운영이 요구된다. 이러한 프로그램은 시민의 흥미를 유발하고 자발적인 학습 참여를 유도함으로써, 안전에 대한 이해도와 실천 역량을 동시에 향상시키는 효과를 갖는다. 예를 들어, 심폐소생술, 화재 대피, 응급처치 등을 직접 체험할 수 있는 실습형 부스, 퀴즈 형식의 안전상식게임, 가상현실(VR) 기술을 활용한 재난 체험 콘텐츠 등은 참가자가 교육 내용을 실감나는 방식으로 체득할 수 있게 해 준다. 이러한 실감형 학습은 단순한 이론 교육보다 높은 몰입도와 기억 지속성을 제공하며, 위기 상황에서의 실제 행동으로 이어질 가능성을 높인다.

특히 학생 및 청소년을 대상으로 한 조기 안전교육은 장기적인 안전 문화 확산의 토대를 형성하는 중요한 전략이다. 미래 사회의 핵심 구성원인 이들은 어릴 때부터 체계적인 교육과 반복된 실습을 통해 안전에 대한 감수성과 책임감을 내면화할 수 있다. 해당 프로그램은 학교 정규 교육과정과 연계하거나 방과 후 활동 및 지역사회 체험 프로그램 형태로 운영될 경우 그 효과는 더욱 증대된다. 참여형 프로그램은 단순한 교육 이벤트가 아니라, 시민과 지역사회가 공동으로 만들어가는 안전 문화 실천의 장이다. 이는 지역단위의 재난 대응력 향상뿐만 아니라, 공동체 기반의 지속가능한 안전관리 체계를 구축하는 데에도 중요한 기여를 한다.

2. 민·관 합동 훈련 및 모의 대응 시스템 운영

1) 민·관 협력의 필요성

국제적으로 대규모 행사에서의 안전관리는 민·관 협력 기반의 통합적 체계를 중심으로 구축되고 있으며, 이는 각국의 정치·사회·경제·안보 환경에 따라 다양한 방식으로 운영되고 있다. 민간의 전문성과 공공기관의 제도적 권한이 결합된 이 협력 구조는 비상 상황에서의 대응 속도와 효율성을 높이는 동시에, 현장에서 요구되는 실질적인 안전관리 역량을 체계적으로 강화하는 데 기여한다.

행사장 안전사고는 대부분 예측이 어렵고, 발생 시 짧은 시간 내에 피해가 광범위하게 확산될 수 있기 때문에 단일 기관이나 특정 주체만으로는 효과적인 대응이 불가능하다. 이러한 특성으로 인해 사건 사고가 발생했을 때는 민간과 공공의 통합적이고 유기적인 협력체계가 필수적으로 요구된다. 특히 긴급상황에서는 민·관 공동 대응체계가 구축되어 있어야만 초기 혼란을 줄이고, 신속하고 효율적인 대응 조치를 실행할 수 있다. 예를 들어, 민간 보안업체나 의료기관은 전문 장비와 숙련된 인력을 기반으로 현장 대응에 기여하며, 시민단체와 자원봉사 조직은 인명 구조, 구호물자 분배, 정보 전달 등 실질적인 작동력을 현장에서 제공할 수 있다.

위기 대응 역량을 실질적으로 제고하기 위해서는 공공부문이 주도하는 법·제도적 기반 안에 민간 부문의 참여를 제도화하고 체계화하는 방안이 필요하다. 특히 행사 안전관리의 효율성을 높이기 위해 민간 경비업체의 역할을 확대하고, 소방력의 사전 배치 등을 명확히 규정하는 제도적 장치 마련이 요구된다. 이를 위해서는 민간 경비업체가 안전관리의 핵심 주체로 참여할 수 있도록 법적 근거를 마련해야 하며, 사전 훈련, 공동 매뉴얼 개발, 정보공유시스템 구축 등을 통해 민·관 간 협력 기반을 강화해야 한다. 아울러 재난 발생 시에는 실시간 정보 공유와 공동 대응이 가능한 통합지휘체계를 운영함으로써 협력의 효과성을 극대화해야 한다.

2) 합동 훈련 체계 구축

재난 및 안전사고에 효과적으로 대응하기 위해서는 실제 상황을 가정한 정기적 합동 훈련 체계의 구축이 필요하다. 특히 국제행사와 같이 대규모 인파가 밀집하는 환경에서는 다양한 위기 상황이 복합적으로 발생할 수 있으므로 경찰, 소방, 의료기관, 민간 보안업체 등 관계기관이 함께 참여하는 다기관 합동 훈련이 정례화 되어야 한다. 이러한 훈련은 단순한 형식적 절차가 아닌 위기 상황에서의 역할 분담, 통합지휘체계 운용, 정보 공유 및 의사결정 절차 등 실질적인 대응 프로세스를 점검하고 보완하는 데 중점을 두어야 한다. 특히 기관 간 협업의 실효성을 높이기 위해서는 명확한 지휘체계 구축과 각 주체 간 상호 운용성 확보가 선행되어야 한다. 또한 행사장(베뉴)의 특성과 위험 요소를 반영한 맞춤형 훈련 시나리오 설계가 요구된다. 실내 경기장, 야외 공연장, 대중교통 연계 지점 등은 각각 상이한 구조와 리스크를 지니기 때문에 적합한 인력배치와 장비운용 방안이 사전에 숙지되어야 한다. 인파밀집관리, 대피동선설정, 응급의료체계 가동 등 핵심 대응 요소들은 반복 훈련을 통해 실제 상황에서의 실행 가능성을 검증받아야 한다.

최근에는 드론, AI 기반 CCTV, 가상현실(VR) 시뮬레이터 등 첨단기술을 활용한 훈련 방식이 도입되면서 기존 훈련의 한계를 보완하고 있다. 이와 같은 기술 기반 훈련은 보다 실제에 가까운 환경에서의 반복 모의훈련을 가능케 하여 참여자의 대응 역량을 정밀하게 향상시킬 수 있다. 또한 훈련 데이터를 기반으로 한 효과 분석 및 피드백 제공이 가능해짐에 따라 훈련의 질과 정확도 역시 크게 제고되고 있다. 합동훈련 체계는 개별 기관의 대응 역량 강화에 머무르지 않고, 기관 간 유기적 연계와 기술 기반의 지속가능한 위기관리 시스템 구축을 목표로 삼아야 하며, 이는 국제행사 안전관리 전략의 핵심 축으로 기능해야 한다.

3) 모의훈련의 실제 적용 사례

모의훈련은 민·관 협력 기반의 위기 대응체계가 실제 상황에서 효과적으로 작동할 수 있는지를 점검하고, 그 결과를 바탕으로 제도 및 운영상의 미비점을 개선할 수 있는 핵심적 수단이다. 특히 국제행사나 지역축제 등과 같이 대규모 인원이 밀집하는 상황에서는 모의훈련을 통해 잠재적 위험 요소를 사전에 식별하고, 대응체계의 실제 작동 여부를 검증함으로써 사고 예방과 위기 관리 역량을 동시에 강화할 수 있다.

실제 사례로, 2018 평창동계올림픽 및 패럴림픽의 성공적 개최를 위해 조직위원회는 현장 중심의 실질적인 대응 역량 강화를 목표로 관계기관 합동 대테러·안전 종합 모의훈련을 두 차례에 걸쳐 실시했다. 1차 대테러·안전 종합 모의훈련은 2017년 6월, 강원도 평창군 대관령면에 위치한 국제방송센터(IBC)에서 진행되었으며, 강원지방경찰청, 강원소방본부, 육군 제36사단, 원주지방환경청, 강원도청, 평창경찰서, 평창소방서, 경기북부특공대 등이 참여하여 비인가 드론 비행에 대한 대응 절차, 다양한 유형의 테러 상황 대비 훈련, 폭발물에 의한 건물 붕괴 상황에서의 인명 구조 훈련 등을 실시했다.

〈표 6-3〉 1차 대테러 안전종합 모의훈련

상 황	주무 기관	조치 내용
IBC 폭설 시 재난대책	조직위원회 (안전관실)	· IBC 폭설 시 재난대책에 대한 안전대책 CG 영상 시청
비인가 드론 비행	조직위원회 (안전관실)	· 현장 안전통제실 초동조치 · 그물포획드론 대응
미상인 침입	조직위원회 (안전관실)	· 보안관제센터, CCTV로 미상인 탐지 및 상황 전파 · 현장안전통제실 초동조치
차량, 총기테러 및 인질극	경기북부 경찰특공대	· 관계기관 초동조치 · 경찰 주도하 인질 협상 및 군 특임대 무력진압
폭발물 제거	경찰, 36사단	· 군 EOD 조치
독가스 테러	경찰, 원주환경청	· 군 화생방지원부대 및 환경청 지원 (탐지 및 제독)
폭발물에 의한 건물붕괴 및 화재발생	소방	· 화재진압, 인명구조 및 긴급구조

출처 : 2018 평창 동계올림픽 조직위원회, 「대테러·안전활동 리포트」, p. 19. 인용.

이어 2차 대테러·안전 종합 모의훈련은 대회가 임박한 2018년 1월, 강원도 평창군 대관령면에 위치한 평창선수촌에서 진행 되었으며, 강원지방경찰청, 강원소방본부, 육군 제36사단, 평창경찰서, 평창소방서, 경기북부특공대 등이 참여하여 폭설 등 자연재난 발생 시 대응 체계 점검, 선수촌 내 인질 및 폭발물 테러 상황에 대한 조치 절차, 화재 발생 시 장애인 참가자에 대한 우선 비상 대피 및 구조 활동 등의 훈련을 실시했다.

〈표 6-4〉 2차 대테러 안전종합 모의훈련

상 황	주무 기관	조치 내용
선수촌 폭설 시 재난대책	조직위원회, 강원도 등	· 선수촌 폭설 시 재난댈책 및 선수단 후송관련 훈련 실시
선수촌 인질테러	경찰특공대, 소방	· 상황전파 초동조치 · 테러범 제압 및 사상자 긴급구조
폭발물 의심물체 발견	경찰특공대, 군(36사단) EOD	· 폭발물 의심 물체 탐지 및 X-ray 확인 · 폭발물 제거
대규모 화재사고 발생	강원소방본부	· 특수장비 이용, 대규모 화재 진압
장애인 비상대피	강원소방본부	· 장애인 우선 구조(대피동선 숙지)

출처 : 2018 평창 동계올림픽 조직위원회, 「대테러 · 안전활동 리포트」, p. 21. 인용.

이러한 모의훈련은 단순한 훈련 실행에 그치지 않고, 훈련 종료 후 실시되는 성과 평가 및 피드백 시스템을 통해 그 효과가 극대화된다. 참여기관 간 사후 평가 회의에서는 훈련 결과를 바탕으로 위기관리 매뉴얼의 수정 · 보완이 이뤄지며, 실제 재난 상황에 적용가능한 대응 시나리오가 재정비된다. 이를 통해 반복 가능한 학습과정이 형성되며, 각 기관의 역할 이해도와 협업 능력 또한 실질적으로 향상된다. 따라서 모의훈련은 민 · 관 합동 대응체계의 실효성을 점검하고 지속적으로 진화시키기 위한 핵심 수단으로 자리매김해야 한다.

3. 지속 가능한 안전관리 체계 구축

1) 단기 대응에서 장기 체계로의 전환

현행 안전관리 체계는 여전히 사고 발생 이후의 사후 조치에 집중되거나, 일회성 캠페인 · 훈련에 그치는 단기 대응 중심의 방식으로 운영되는 경우가 많다. 그러나 현대 사회에서 발생하는 재난과 안전 위협은 상시적이며 복합적인 형태로 진화하고 있으며 특히 국제행사와 같이 다양한 위협 요소가 동시에 작용할 수 있는 상황에서는 기존 대응 방식의 한계가 뚜렷하게 드러난다. 이에 따라 안전관리의 패러다임을 단기 중심에서 장기적이고 지속가능한 체계로 전환할 필요성이 점점 더 강조되고 있다.

이러한 체계 전환을 위해서는 단순한 현장 대응 매뉴얼 정비를 넘어서 제도적 기반과 조직적 인프라 구축이 선결되어야 한다. 일회성 행사나 훈련 중심의 대응체계에서 벗어나 법 · 제도적 차원에서 안전관리 체계를 내재화하고 이를 실행할 수 있는 조직

간 협력 구조, 그리고 예산과 인력의 안정적 확보가 병행되어야 한다. 특히 지방자치단체, 민간기관, 지역사회가 함께 참여하는 지속가능한 안전 거버넌스 모델을 설계하고 정착시키는 것이 중요하다. 또한 안전관리 체계의 핵심은 사고 발생 이후의 수습보다 사전 예방에 중점을 둔 구조 전환에 있다. 예방 중심 접근은 비용 대비 효율성이 높고, 궁극적으로 인명 피해와 사회적 자산 손실을 최소화할 수 있는 근본적인 해법이다. 예컨대 위험 예측 시스템 도입, 정기적 리스크 평가, 시민참여 기반의 안전 점검 활동 등을 통해 일상 차원의 예방 조치를 제도화하고 체계화해야 한다. 안전은 단발성 조치가 아닌 사회 전반에 내재된 가치로 정착되어야 하며, 이를 실현하기 위한 지속 가능한 안전관리 체계 구축이 현대적 위기관리의 핵심 과제가 되어야 한다.

2) 민간 부문의 제도적 참여 기반 마련

국제행사의 효과적인 안전관리 체계를 구축하기 위해서는 공공부문 중심의 일방적 대응을 넘어서 민간 부문의 지속적이고 체계적인 참여를 제도화하는 것이 필요하다. 최근 재난 및 안전사고가 복합화 되고 다원화되는 양상을 보임에 따라, 민간 보안업체, 시민단체, 협동조합, 자원봉사 조직 등 다양한 민간 주체들의 역할이 점차 확대되고 있으며, 이들이 단기적 보조 역할에 머무르지 않고 장기적 안전관리 파트너로 기능하기 위한 제도적 기반 마련이 요구되고 있다. 예를 들어, 민간 인력의 전문성과 책임성을 제도화할 수 있는 방안으로 '민간안전관리사' 자격제도 도입을 검토할 수 있다. 이 제도는 일정한 교육과 인증 과정을 통해 민간 인력을 양성하고, 단순 보조 인력이 아닌 공공 안전의 협력 주체로 공식화하는 데 목적이 있다. 또한 지역사회 단위에서는 '지역안전협의회'의 정례적 운영을 통해 민·관 협력 거버넌스 구조를 제도화할 필요가 있다. 이를 통해 지역 내 다양한 이해관계자의 의견이 정책 과정에 반영될 수 있으며, 실질적 현장 대응력을 강화하는 동시에 민간 주체의 정책 참여성과 책임성도 함께 확보할 수 있다.

민간 참여의 지속 가능성을 보장하기 위해서는 지방자치단체와 민간기관 간의 공식적인 협약 체결을 통해 역할 분담을 명확히 하는 제도적 기반이 필요하다. 해당 협약에는 인력 지원, 정기적인 교육훈련, 공동 대응훈련 등 구체적이고 실행 가능한 조항이 포함되어야 하며, 이러한 조항들이 실질적으로 이행될 수 있도록 행정적·재정적 지원 체계도 병행하여 구축되어야 한다. 이와 같은 제도적 장치는 민간 참여의 일관성을 유지하는 데 기여할 뿐만 아니라, 지역의 특성과 위험 요인에 기반한 맞춤형 안전관리 체계의 운영을 가능하게 한다. 민간 부문의 제도적 참여는 결과적으로 공공안전의 외연을 확장시키는 동시에, 지역 단위의 안전 자율성과 지속 가능성을 강화하는 핵심적 수단으로 작용한다.

3) 지역 중심의 안전 네트워크 강화

안전관리의 효과성과 지속 가능성을 확보하기 위해서는 중앙정부 주도의 하향식(top-down) 대응체계만으로는 근본적인 한계가 존재하며, 지역사회 차원에서 자율적이고 통합적인 협력 네트워크의 구축이 필수적으로 요구된다. 특히 재난 및 안전사고는 지역의 지리적, 사회적, 인문적 특성과 밀접하게 연관되어 발생하기 때문에, 지역 단위의 대응 역량을 강화하는 것은 단순한 보완책을 넘어 국가 전체 안전체계를 견고히 하는 전략적 핵심 수단으로 기능한다.

이러한 관점에서 지방자치단체는 정책 수립과 예산 배분이라는 핵심 기능을 통해 안전관리 체계의 실행력을 확보하는 한편, 지역 대학, 주민조직, 민간기업 등 다양한 주체들과의 연계 체계를 구축함으로써 지역사회 전반에 걸친 협력 기반을 조성해야 한다. 이를 통해 안전관리 체계가 특정 기관에 집중되지 않고, 다중 주체 간 역할 분담과 공동 대응이 가능한 분산형 구조로 전환될 수 있다. 특히 '지역안전관리협의체'의 구성과 운영은 지역사회 안전관리 거버넌스의 중심축으로 기능할 수 있다. 협의체는 각 참여 주체의 역할과 책임을 명확히 규정하고, 정기적인 안전 컨설팅 및 점검 체계를 통해 지역 실정에 적합한 예방 중심의 안전대책을 수립하는 기능을 수행해야 한다. 더불어 훈련 및 교육 프로그램의 실효성을 지속적으로 점검 · 보완함으로써 지역 내 실질적 대응 역량을 체계적으로 축적할 수 있다.

지역 중심의 안전 네트워크는 단순한 유관기관 간 정보 교류 수준을 넘어서, 지역사회 전체가 안전관리의 실질적 주체로 기능하는 분권적 거버넌스 모델을 실현하는 데 중요한 의의를 갖는다. 이러한 모델은 지역의 재난 대응 역량을 실질적으로 강화함과 동시에, 시민의 자발적 참여와 안전문화의 일상화를 유도하는 기반이 될 수 있다.

4) 성과 평가 및 지속적 피드백 시스템 구축

지속 가능한 안전관리 체계를 구축하기 위해서는 단순히 계획을 수립하고 훈련을 실행하는 데 그치지 않고, 그 성과를 정량적[26] · 정성적[27]으로 평가하고 이를 바탕으로 지속적으로 개선할 수 있는 체계적인 피드백 시스템의 정착이 필요하다.

이러한 평가 결과는 단순한 사후 점검에 그치지 않고, 운영 매뉴얼의 개선, 교육 콘텐츠의 보완, 정책 방향의 조정 등으로 이어지는 지속적 개선 구조 속에서 활용되어야 한다. 예를 들어, 훈련 과정에서 드러난 문제점이나 비효율적인 대응 절차는 신속하게 운영 매뉴얼에 반영되어야 하며, 실효성이 낮은 교육 내용 또한 수정 · 보완되어 다음 실행 단계에 반영되는 학습 기반의 순환 체계가 마련되어야 한다.

아울러 성과 평가 및 피드백 시스템은 단기적 계획 주기에 국한되어서는 안 되며, 연간 단위의 중장기 계획과 연계되어야 지속 가능한 운영이 가능하다. 이를 위해 민 · 관 협력 주체들이 공동으로 참여하는 평가 회의 또는 실무 워크숍을 정례화 함으로써 평가 결과의 공유와 검토, 개선방안의 실질적 환류가 이루어질 수 있도록 제도적 기반을 강화해야 한다.

---

26) 정량적 평가는 KPI(Key Performance Indicators)를 기반으로 하여, 위험요소 점검 횟수, 교육훈련 참여율, 대응 시간 단축률, 민원 발생 건수 감소 등 수치로 측정 가능한 항목을 중심으로 수행된다.

27) 정성적 평가는 참여자 만족도, 조직 간 협력 수준, 현장 실행력 등 질적 요소에 중점을 두며, 이는 전문가 인터뷰, 설문조사, 주민 의견 수렴 등 다양한 방식으로 수집될 수 있다.

제7장

기술과 혁신을 통한 행사장 안전관리

기술과 혁신을 통한 행사장 안전관리

제7장

제1절 첨단 감시 및 보안 기술

1. 촬영 및 감시장비

1) 촬영 및 감시장비의 법적 정의

(1) 고정형 영상정보처리기기

"고정형 영상정보처리기기"는 「개인정보 보호법」 제2조제7호에 의해 일정한 공간에 설치되어 지속적 또는 주기적으로 사람 또는 사물의 영상을 촬영하거나 이를 유·무선망을 통해 전송하는 장치를 의미하며, 동법 시행령 제3조제1항에 따라 폐쇄회로 텔레비전(Closed Circuit Television)[1]과 네트워크 카메라(Network Camera)[2]로 구분된다. 고정형 영상정보처리기기는 공공기관, 주요 국가기반시설, 민간 건물 등 다양한 공간에서 테러 예방, 보안 및 안전관리, 출입 통제, 범죄예방 등의 목적을 위해 광범위하게 활용되고 있다. 특히 공공기관 및 주요 시설에서는 사회적 안전망을 구축하고 위험요소를 사전에 감지·대응하기 위한 핵심 장비로 기능하며, 실시간 모니터링 및 증거 확보 수단으로서의 역할도 수행한다. 이러한 영상정보처리기기의 설치 및 운영은 개인의 프라이버시 보호와 공공의 안전 간 균형이 요구되므로 「개인정보 보호법」을 비롯한 관련 법령 및 지침을 철저히 준수하여야 하며, 설치 목적의 명확화, 최소한의 범위 내 운영, 정보주체의 권리 보장 등 법적·윤리적 책임이 수반되어야 한다.

---

1) 폐쇄회로 텔레비전(CCTV)은 일정한 공간에 설치된 카메라를 통해 지속적 또는 주기적으로 영상정보를 촬영하거나 이를 유·무선 폐쇄회로 등의 전송로를 통해 특정 장소로 전송하고 녹화·기록할 수 있는 장치를 의미한다.

2) 네트워크 카메라는 촬영된 영상정보를 설치·관리자가 유·무선 인터넷을 통해 원격으로 수집·저장 및 처리할 수 있도록 하는 장치이다.

(2) 이동형 영상정보처리기기

"이동형 영상정보처리기기"는 「개인정보 보호법」 제2조제7호의2에 의해 사람이 신체에 착용 또는 휴대하거나 이동 가능한 물체에 부착 또는 거치(据置)하여 사람 또는 사물의 영상 등을 촬영하거나 이를 유 · 무선망을 통하여 전송하는 장치를 의미하며, 동법 시행령 제3조제2항에 따라 3가지 유형으로 정의된다.

〈표 7-1〉 이동형 영상정보처리기기의 유형 및 정의

유 형	정의	예시
착용형 장치	· 안경, 시계 등 사람의 신체 또는 의복에 착용하여 영상을 촬영하고, 촬영된 영상정보를 수집 · 저장 또는 전송하는 장치.	· 스마트 안경 · 바디캠 · 웨어러블 카메라
휴대형 장치	· 이동통신단말장치 또는 디지털 카메라 등 사람이 휴대하면서 영상을 촬영하고, 촬영된 영상 정보를 수집 · 저장 또는 전송하는 장치.	· 스마트폰 · 액션캠 · 핸드헬드 카메라
부착 / 거치형 장치	· 차량, 드론 등 이동 가능한 물체에 부착 또는 거치하여 영상을 촬영하고, 촬영된 영상정보를 수집 · 저장 또는 전송하는 장치.	· 차량 블랙박스 · 드론 카메라 · 로봇 감시장치

출처 : 「개인정보 보호법 시행령」 제3조제2항.

이동형 영상정보처리기기는 보안, 치안, 산업안전, 교통관리, 연구 및 교육, 군사훈련, 재난 대응 등 다양한 분야에서 활용된다. 착용형 장치는 경찰과 소방관의 바디캠을 활용한 현장 기록, 건설 및 제조업 근로자의 스마트 글래스를 통한 원격 작업 모니터링, 응급 구조 상황에서의 실시간 의료지원 등 현장 중심의 대응력 강화에 활용된다. 휴대형 장치는 기자나 콘텐츠 제작자의 영상 취재, 자연 탐사 및 과학 연구 기록, 원격 교육과 실시간 훈련 지원 등 정보 수집과 교육 · 홍보 목적으로 주로 사용된다. 부착 · 거치형 장치는 차량 블랙박스를 통한 교통사고 기록과 도로 감시, 드론 기반의 군중 모니터링 및 재난 대응, 무인 정찰 드론을 활용한 국경 감시 및 군사작전 수행 등 공공안전과 국가안보 분야에서 핵심적인 기능을 수행한다.

2) 촬영 및 감시장비의 유형별 특징

(1) 감시장비의 유형 및 특징

CCTV 카메라는 렌즈와 이미지 센서를 포함하여 영상을 수집하는 장치로 촬영 목적과 환경에 따라 다양한 유형으로 구분되며, 신호 전송 방식에 따라 아날로그 카메라

(Analog Camera)와 IP 카메라(Internet Protocol)로 나뉜다. 아날로그 카메라는 기존의 신호 전송 방식을 기반으로 하며, 비교적 낮은 화소를 제공하고 단순 영상 전송 및 확인 기능만을 수행하는 장치이다. 일반적으로 DVR(Digital Video Recorder)과 함께 사용되며 초기 설치 비용이 저렴하지만 확장성과 영상 품질이 제한적이라는 단점이 있다. 반면, IP 카메라는 네트워크를 통해 컴퓨터 및 서버와 연결되는 디지털 방식의 카메라로 고해상도 영상 저장·편집이 가능하며, 모션감지, 객체인식, 화재감지 및 이상행동 탐지 등의 지능형 분석 기능을 지원한다.

〈표 7-2〉 CCTV 카메라의 유형별 특징

구분	특징	활용 분야
고정형 카메라	· 특정 방향을 지속적으로 감시하는 유형으로, 시야각이 고정되어 있지만 높은 해상도와 경제적인 비용이 장점임.	출입구, 복도, 주요 경로 등 특정 지점 모니터링
PTZ 카메라 (Pan/Tilt/Zoom)	· 원격 조작을 통해 수평(팬)·수직(틸트) 회전 및 줌 기능을 지원하여 넓은 범위를 감시하거나 특정 대상에 초점을 맞출 수 있음.	대형 행사장, 공공장소, 대규모 시설보안
적외선 카메라	· 적외선 LED를 활용하여 어두운 환경에서도 영상 촬영이 가능하며, 야간 감시에 특화됨.	경비구역, 외곽지역, 무인시설
돔 카메라	· 360도 전방위 감시가 가능한 실내형 카메라로, 렌즈 방향이 쉽게 식별되지 않아 보안성이 높음.	실내보안, 매장, 사무실, 외곽지역
ANPR 카메라	· 차량 번호판을 자동으로 인식하는 기능을 포함하여 차량 출입 관리 및 교통 감시에 활용됨.	주차관리, 교통단속, 도로감시
열 감지 카메라	· 적외선 센서를 이용하여 열 감지를 수행하며, 연기나 어두운 환경에서도 물체 탐지가 가능함.	화재감지, 야간감시, 군사·산업 보안

(2) 영상 감시장비 시스템의 구성요소

영상 감시 시스템(Video Security System)은 폐쇄회로 텔레비전(CCTV), 인터넷 프로토콜(IP) 카메라, 각종 센서 등으로부터 수집된 정보를 기반으로 영상 데이터를 분석·처리하는 것을 의미하며, 물체의 검출 및 분류, 이상행동 감지, 지속적인 모니터링 등 관제를 위한 포괄적 기능을 포함하고 있다.[3] 수집된 정보는 영상 데이터와 연계되어 보다 정밀한 분석이 가능하여 보안 및 안전관리뿐만 아니라, 범죄예방, 테러 대응,

3) 여성수·박종준·왕세연. (2022). "CCTV의 효율적인 운영을 이한 공간정보 기반의 영상감지 시스템 연구", 시큐리티연구, 73, p. 236.

재난·재해의 조기 탐지 및 상황 대응 등 공공안전 분야 전반에 걸쳐 활용될 수 있다.

〈표 7-3〉 영상 감시장비 시스템의 구성요소

구성요소	설명
촬영 장치 (CCTV)	· 영상 정보를 수집하는 핵심 장치로, 고정형 카메라, PTZ(팬/틸트/줌) 카메라, 적외선(IR) 카메라, 열감지카메라 등 다양한 유형이 존재한다.
통신 네트워크	· 영상 정보를 수집하는 핵심 장치로, 고정형 카메라, PTZ(팬/틸트/줌) 카메라, 적외선(IR) 카메라, 열감지 카메라 등 다양한 유형이 존재하며, 촬영 목적과 환경에 따라 적절한 장비가 선택됨.
영상 저장장치	· 디지털 영상 저장장치(DVR)은 아날로그 신호를 디지털로 변환하여 저장하며, 네트워크 영상 저장장치(NVR)은 IP 카메라 기반의 고해상도 영상 저장을 지원한다. 또한, 클라우드 서버는 대규모 영상 데이터를 효율적으로 관리하고 원격 접근이 가능하도록 한다.
영상제어 및 분석장치	· 영상제어(Video Management System)를 활용하여 다수의 CCTV를 통합 관리하며, 객체 인식, 이상행동 감지, 출입 통제 등의 지능형 분석 기능을 제공한다. 또한, AI 기반 영상 분석 기술과 결합하여 실시간 자동 감시, 예측 분석, 이상 패턴 탐지 등의 기능을 수행한다.
영상 재생장치	· 저장된 영상을 검색하고 재생하는 기능을 담당하며, 관제센터의 모니터링 시스템, 원격 접속용 사용자 인터페이스(UI), 모바일 및 웹 기반의 영상 관리 시스템 등이 있다.
관제 시스템	· 다수의 감시장치를 중앙에서 통합 운영할 수 있도록 지원하고, 이상행동 감지 시 자동 알림 기능, 비상 대응 시스템과의 연계, 원격 제어 기능 등을 포함하여 신속한 대응을 가능하게 한다.

특히, 영상 감시 시스템은 CCTV뿐만 아니라 열화상 카메라, 적외선 감지기, 동작 감지 센서 등 다양한 감지장치를 활용하여 주변 환경 변화를 실시간으로 감지하고, 이를 영상 데이터와 연계하여 분석·처리한 후 통합 관제 플랫폼(Integrated Control Platform)으로 전송하는 기능을 포함한다. 이를 통해 침입 탐지, 화재 감지, 군중 밀집도 분석, 비상상황대응 등 보다 정밀하고 신속한 보안 및 안전관리가 가능하다.

2. 지능형 CCTV와 영상 분석 기술

기존의 폐쇄회로 텔레비전(CCTV) 시스템은 단순한 영상 저장 및 실시간 모니터링 기능에 국한되었으나, 최근 인공지능(AI) 및 딥러닝 기술의 비약적인 발전으로 보다 고도화된 지능형 CCTV 중심으로 개편되고 있다. 지능형 CCTV는 실시간 영상 분석 기술을 기반으로 객체 인식, 행동 패턴 분석, 이상 상황 탐지 등의 기능을 수행하며, 이를 통해 잠재적인 위험 요소를 사전에 식별하고, 자동 경보 시스템과 연계하여 보다 신속하고 효율적인 대응을 가능하게 한다. 특히, AI 기반의 데이터 학습을 통해 탐지 정확도를 지속적으로 개선할 수 있어, 교통 관리, 공공안전, 범죄예방, 산업 보안 등 다양한 분야에서 활용성이 높아지고 있다.[4] 이러한 기술적 발전은 기존의 수동적 감시 체계를 넘어, 실시간 영상 분석과 자동화된 대응이 가능한 능동적 보안 시스템으로의 전환을 촉진하고 있다.

1) 얼굴인식 및 객체 탐지 기술

최근 컴퓨터 비전 분야에서는 인간과 기계 간의 상호작용을 중심으로 한 다양한 응용기술에 대한 관심이 증가하고 있으며, 이러한 상호작용 시스템의 핵심은 기계가 인체의 동작을 인식하고 해석함으로써 인간의 행동을 이해하도록 하는 행동 인식 기술에 있다.[5] 얼굴인식 기술 또한 이러한 맥락에서 주목받고 있으며, 범죄자 식별, 전자주민증 등 공공부문에서의 활용을 통해 사회 안전 확보와 행정 효율성 개선에 기여할 수 있을 것으로 기대되고 있다.[6] 과거에는 딥러닝 기술의 한계로 인해 CCTV 기반 얼굴인식 기술이 실시간 처리 및 다양한 환경에서의 운용에 있어 제약이 있었으며, 사람의 시각 수준에 도달하지 못하는 한계가 존재했다. 그러나 최근 인공지능(AI), 머신러닝 알고리즘, 고성능 컴퓨팅 기술의 발전과 빅데이터 활용 확대를 통해 얼굴인식 기술의 정확성과 속도가 획기적으로 향상되었으며,[7] 실시간 분석이 가능해짐에 따라 공항, 행사장, 스마트 시티, 금융보안, 출입통제시스템 등 다양한 분야에서 상용화되고 있다. 특히, 중국을 비롯한 여러 국가에서는 얼굴인식 기술을 공공안전 및 사회 관리 체계에 적극 도입하고 있으며, 공항, 관공서, 호텔, 대형 행사장 등에서 출입관리 및 보안 강화의 핵심 기술로 활용되고 있다. 또한, 대규모 CCTV 네트워크 운영을 통한 실시간 감시 및 위험 요소 탐지 기술이 정교화되었으며, 걸음걸이 분석을 통한 신원식별기술이 도입되어 범죄자 추적 및 공공질서 유지에 기여하고 있다.[8]

---

4) 박장식. (2017).「CCTV 영상보안시스템」, TTA Journal, 171, pp. 6~13.
5) 박진호. (2023). “딥러닝 기반 지능형 인간행동 검출 및 인식 기술”, 동명대학교 대학원 박사학위논문, p. 3.
6) 한국과학기술기획평가원. (2019).「안면인식 도입 확산과 국내 활성화 방안 모색」, 과학기술 & ICT정책·기술동향, pp. 1~17.
7) 국내에서는 계층적인 local appearance feature pair relation을 사용해서 얼굴인식 딥러닝(DL: Deep Learning) 이전에 사용하던 방법론을 DL과 결합하였으며, DR-GAN 이후 Generative Model로 얼굴인식 성능이 향상하는 연구가 진행되고 있다.

국제행사와 같은 대규모 인원이 모이는 공간에서는 지능형 CCTV 시스템을 활용한 얼굴인식 및 객체 탐지 기술 도입이 요구된다. 얼굴인식 기술을 활용하면 행사장 출입이 허가된 인원만 접근할 수 있도록 통제할 수 있으며, 테러리스트 및 블랙리스터에 등록된 인원의 출입을 제한하여 보안성을 강화할 수 있다. 또한, 객체 탐지 기술을 통해 무단 침입, 위험 물체(무기, 폭발물 등)의 소지를 자동으로 감지하여 신속한 대응이 가능하도록 지원한다. 그러나 이러한 감시 기술의 확산은 개인정보 보호 및 인권 침해에 대한 우려를 야기하고 있다. 특히, 안면 및 DNA 데이터를 포함한 대규모 생체 정보 수집은 개인의 사생활 침해 가능성이 높다. 지능형 감시 기술의 발전과 보안 강화를 균형 있게 유지하기 위해서는 개인정보 보호 가이드라인을 철저히 준수하고, 법적 규제를 기반으로 한 윤리적 감시 체계를 확립하는 것이 중요하다.

2) 군중 밀집도 분석 및 이상행동 감지

(1) 군중 밀집도 분석을 위한 지능형 CCTV 활용

국제행사와 같은 대규모 이벤트에서는 불특정 다수가 운집하는 공간의 특성상 군중 밀집도를 실시간으로 분석하고, 이상 상황 발생 시 신속하게 대응할 수 있는 체계적인 군중관리시스템이 필수적이다. 기존에는 CCTV 관제센터 직원이 직접 영상을 모니터링하며 군중 밀집도를 확인하고 대응하는 방식이었으나 최근에는 고해상도 카메라와 인공지능(AI) 기반 영상 분석 기술이 결합된 지능형 CCTV 시스템이 도입되어, 군중 밀집도를 자동으로 분석하고 위험 상황 발생 가능성을 사전에 탐지할 수 있는 능동적 안전관리 체계로 발전하고 있다.

국제행사의 안전을 확보하기 위해서는 고해상도 CCTV와 영상분석 서버, AI 기반 피플 카운팅(People Counting), 지리정보체계(GIS) 기반 히트맵(Heat Map) 기술 등을 활용하여 군중 밀집도를 실시간으로 감지하고, 특정 구역의 혼잡도가 임계치를 초과할 경우 이상행동 감지 및 자동 경보 시스템과 연계하여 즉각적인 대응이 가능하도록 하는 통합 안전관리 시스템의 구축이 요구된다. 이 시스템은 1㎡당 인원수를 자동으로 산출하여 공간 단위의 혼잡도를 정량적으로 분석하며, 군중의 이동 경로와 밀집 현황을 시각화함으로써 운영 주체가 실시간으로 상황을 모니터링하고 선제적으로 대응할 수 있도록 지원한다. 또한 갑작스러운 인구 집중이나 이상 상황이 발생할 경우, 시스템은 자동으로 경보를 발생시켜 행사 운영본부, 경찰, 소방 당국에 실시간으로 정보를 전송함으로

8) 한경 (2020. 6. 25). “14억 인구, CCTV 6억대로 감시”···中, 걸음걸이까지 데이터화, https://www.hankyung.com/article/202006241254g, 검색일 2025. 6. 24.

써 신속하고 유기적인 현장 대응이 가능하도록 한다.[9] 이러한 지능형 감시 시스템의 도입은 국제행사에서의 실시간 위험 감지와 사전 예방 조치를 가능하게 하며, 군중 밀집으로 인한 사고 발생을 최소화하여 안전성을 극대화할 수 있을 것으로 기대된다.

(2) 이상행동 감지를 위한 영상 분석 기술

대규모 국제행사에서는 군중의 움직임과 개별 행동을 실시간으로 분석하여 이상행동을 조기에 탐지하고 신속하게 대응하기 위해 지능형 CCTV 및 인공지능(AI) 기반 영상 분석 기술의 도입이 필수적이다. 특히 AI 기반 행동분석 기술은 군중 속에서의 싸움, 폭력, 도난, 급격한 속도 변화, 특정 방향으로의 집중 이동 등 비정상적인 행동 패턴을 자동으로 감지하고, 이를 경보 시스템과 연계하여 보안 요원의 즉각적인 대응을 유도한다. 또한 실시간 인체 자세 분석 및 쓰러짐 감지 기술을 통해 참가자의 낙상이나 실신 등 응급 상황 발생 시 구조 시스템과 자동 연동되어 압사 사고나 응급환자 발생에 대한 즉시 대응이 가능하도록 지원한다. 아울러, 객체 탐지 기술을 활용하면 보안구역 내 무단 침입 감지, 무기·폭발물 등 위험 물체 식별이 가능해져 테러나 안전 위협 요소를 사전에 차단할 수 있어, 국제행사의 종합적인 보안성과 대응력을 크게 향상시킬 수 있다.[10]

제2절 빅데이터와 인공지능 기반의 행사장 안전관리

1. 빅데이터와 인공지능의 의의

1) 빅데이터와 인공지능의 개념 정의

(1) 빅데이터의 개념 정의

'데이터(Data)'라는 용어는 1646년 영국 문헌에서 최초로 등장한 것으로 알려져 있으며, 라틴어 'dare(주다)'의 과거 분사형으로 '주어진 것'이라는 의미이다. 1940년대 이후 컴퓨터 시대가 도래하면서 데이터는 자연과학뿐만 아니라 경영학과 통계학 등 다양한 사회과학 분야에서 활용되며, 과거의 관념적·추상적 개념에서 기술적·사실적 의미의 개념으로 진화하고 있다.[11] 오늘날 데이터는 기업, 정부, 개인, 그리고 사회 전

9) 박정섭. (2024a). 앞의 논문, pp. 181~182.
10) Advantage. Tech (2025. 4. 14). Leveraging AI Cameras for Efficient Crowd Management, Leveraging AI Cameras for Efficient Crowd Management - Advantage Technology, 검색일 2025. 6. 24.

반에 걸쳐 점점 더 가치 있는 자산으로 인식되고 있다. 특히 데이터의 가용성과 보편성은 새로운 제품, 서비스, 비즈니스 모델의 창출을 가능하게 하며, 기존 시스템과 구조의 획기적인 개선을 이끌고 있다.[12)]

빅데이터의 개념에 대해 다양한 기관과 연구자들은 다음과 같이 정의 내리고 있다. IDC(International Data Corporation)는 빅데이터를 다양한 종류의 대규모 데이터로부터 저비용으로 가치를 추출하고, 데이터의 초고속 수집 · 발굴 · 분석을 지원하도록 설계된 차세대 기술 및 아키텍처로 정의했으며, 맥킨지(Mckinsey)는 일반적인 데이터베이스 소프트웨어로 저장 · 관리 · 분석할 수 있는 범위를 초과하는 규모의 데이터를 '빅데이터'로 정의했다. 또한, 가트너 그룹(Gartner Group)은 빅데이터가 단순히 데이터의 양이 방대할 뿐만 아니라, 데이터 형식이 다양하고 생성 속도가 매우 빠르며, 이러한 특성으로 인해 전통적인 데이터 처리 방법으로는 관리 및 분석이 어려운 대규모이거나 복잡한 데이터 집합을 의미한다고 설명했다.[13)]

빅데이터는 복잡하고 다양한 정보의 대량 집합을 분석하고 처리하는 혁신 기술의 한 분야로서 초기에는 주로 데이터의 크기(Volume)와 이를 처리하는 기술적 역량에 초점을 맞춰 정의되었다. 그러나 최근에는 단순한 물리적 규모를 넘어 데이터의 가치와 활용 가능성에 중심을 두는 방향으로 그 의미가 확장되고 있다. 일반적으로 빅데이터는 3V 모델, 즉 양(Volume), 속도(Velocity), 다양성(Variety)을 핵심 요소로 정의하지만, 여기에 변동성(Variability)[14)] 과 복잡성(Complexity)[15)]을 추가하여 보다 정교하게 설명되기도 한다.[16)] 그리고 최근에는 빅데이터의 중요성이 더욱 부각되면서 가치(Value), 진실성(Veracity), 정확성(Validity), 휘발성(Volatility)의 개념이 등장하여 9V 모델이 제안되고 있다. 이러한 확장된 9V 모델은 단순한 데이터 양과 처리 속도뿐 아니라, 데이터의 신뢰도, 일관성, 유효기간, 변동성 및 분석의 복잡성까지 포괄함으로

---

11) 윤종식. (2023). 「데이터 분석 전문가」, 부산: 데이터에듀, pp. 10~32.
12) OECD. (2021). Going Digital Toolkit Note: Measuring the economic value of data, Directorate for Science, Technology and Innovation Committee on Digital Economy Policy, p. 5.
13) 김현곤. (2013). 「정보화의 새로운 가능성과 데이터기반 정보화」, HIRA정책동향, 7(6), pp. 20~32; 김정선. (2015). "혁신기술로서의 빅데이터 국내 기술수용 초기 특성 연구", 이화여자대학교 박사학위논문, p. 11.
14) 변동성(Variability)은 데이터의 흐름이 얼마나 빈번하게 변화하는지 데이터 내용의 변화를 나타낸다.
15) 복잡성(Complexity)은 데이터 소스의 다양성과 연관된 데이터 세트들 간의 관계를 관리하는 데 발생하는 어려움을 의미한다.
16) 홍명원. (2014). "빅데이터 분석을 위한 요소 기술, 한국산학기술학회 추계학술발표논문집, pp. 1~2.

써, 보다 정교한 데이터 관리와 고도화된 분석 역량이 요구되는 현대의 빅데이터 환경을 보다 현실적으로 반영한다.

〈그림 7-1〉 빅데이터 9V 모델 개념

<table>
<tr><th colspan="3">3V</th><th rowspan="3">+</th><th>4V</th><th rowspan="3">+</th><th>2V</th></tr>
<tr><td>양
(Volume)
⇩
데이터의
규모 측면</td><td>다양성
(Variety)
⇩
데이터의
유형과 소스
측면</td><td>속도
(Velocity)
⇩
데이터의
수집과 처리
측면</td><td rowspan="2">가치
(Value)
진실성
(Veracity)
정확성
(Validity)
휘발성
(Volatility)</td><td rowspan="2">변동성
(Variability)
복잡성
(Complexity)</td></tr>
<tr><td>센싱
데이터,
비정형
데이터</td><td>정형,
비정형
데이터
(영상, 사진)</td><td>원하는
데이터의
추출 및
분석속도</td></tr>
</table>

(2) 인공지능의 개념 정의

인공지능(AI)의 이론적 기원은 1950년 영국의 수학자이자 전산학자인 앨런 튜링(Alan Turing, 1912~1954)이 발표한 논문 "Computing Machinery and Intelligence"에서 시작된다.[17] 튜링은 이 논문에서 "기계가 생각할 수 있는가?"라는 질문을 제기하며, 기계가 인간과 유사한 방식으로 사고할 수 있는지를 검증하는 방법으로 '튜링 테스트(Turing Test)'를 고안했다.[18] 그의 연구는 현대 인공지능의 철학적 및 논리적 기반을 제시했을 뿐만 아니라, 범용 컴퓨터의 개념을 정립하여 현대 컴퓨터 구조의 토대를 마련한 것으로 평가된다. 인공지능이라는 용어는 1956년 미국 다트머스 대학에서 열린 워크숍에서 존 매카시(John McCarthy)가 처음으로 사용했다.[19] 이 워크숍은 학계 및 산업계가 인공지능을 학문적 연구 분야로 공식화한 계기가 되었으며, 이후 수십 년간 인공지능 분야의 발전에 중요한 기반을 제공하고 있다.[20]

17) 정보통신용어사전에 의하면, 튜링은 '튜링 테스트(Turing Test)' 개념을 제시하며, 컴퓨터가 인간처럼 사고할 수 있는지를 평가하기 위해 기계가 자연어(사람이 사용하는 언어)를 통해 인간과 구별할 수 없는 대화를 수행할 수 있는지를 테스트하는 방법을 설명했다.

18) A. M. Turing. (1950). "Computing Machiney and Intelligence". Mind 49, pp. 433~460.

19) Rajaraman, V. (2014). "John McCarthy: Father of artificial intelligence". Resonance, 19, pp. 198~207.

20) 임영환. (1990). 「인공지능 기술의 동향」, 한국전자통신연구소 인공지능연구실, p. 24.

인공지능의 개념을 정립하는 데 중요한 기여를 한 선구적 연구를 살펴보면 다음과 같다. 매컬러(McCulloch, 1943)는 “신경 행동에서 내재적 사고의 논리적 계산”에서 신경망을 통한 계산 논리를 제시하며, 이후 인공지능 신경망 연구의 기반을 마련했으며, 튜링(Turing)은 “기계와 지능의 계산”에서 기계의 계산 능력과 지능의 관계를 탐구하며 계산 가능성 개념을 심화했다.[21] 그리고 리클라이더(Licklider)는 “인간과 컴퓨터의 공생”에서 인간과 컴퓨터의 상호작용을 통한 지능 확장의 가능성을 탐구하며, 인간 중심의 컴퓨터 보조 시스템 개념을 정립했다.[22] 이들은 기계 지능의 가능성과 계산적 논리를 탐구한 선구적인 연구로 평가받고 있다. 반면, 기계 지능의 가능성을 부정한 초기 논문들도 존재한다. 대표적으로 루커스(Lucas)는 그의 논문 지성, 기계와 괴델(Minds, Machines and Gödel)을 통해 괴델의 불완전성 정리를 기반으로 기계 지능의 한계를 논증했다. 루커스는 기계가 수행하는 계산은 항상 형식 체계 내에 제한되며, 인간의 직관과 창의성을 재현할 수 없다고 주장했다.[23]

또한, 1969년, 인공지능의 선구자인 존 매카시(John McCarthy)와 패트릭 헤이스(Patrick J. Hayes)는 “인공지능 관점에서 본 몇 가지 철학적 문제(Some Philosophical Problems from the Standpoint of Artificial Intelligence)”라는 논문에서 ‘프레임 문제(Frame Problem)’를 제기했다. 프레임 문제란 인공지능 시스템이 특정 행위로 인해 어떤 조건만이 변화하고 나머지는 변하지 않는다는 사실을 자동으로 추론하는 데 있어 직면하는 논리적·인지적 한계를 의미한다.[24] 이는 상황 변화에 대한 이해, 불변 조건의 식별, 맥락 기반 추론 수행의 어려움과 직결되며, 자율주행, 로봇공학, 대화형 인공지능 등 실제 환경에서의 AI 응용 기술 발전에 있어 핵심적인 이론적 과제로 여겨지고 있다. 이러한 프레임 문제를 해결하기 위해 다양한 형식 논리 모델과 지식표현 체계가 제안되어 왔으며, 이는 인공지능이 실세계에서 일관성 있는 결정을 내리기 위한 기초 구조로 작용한다. 인공지능의 이론적 배경은 앨런 튜링의 계산 가능성 이론을 기반으로 매컬러와 피츠의 신경망 모델, 리클라이더의 인간-컴퓨터 공생 개념, 매카시와 헤이스의 프레임 문제에 이르기까지 다양한 철학적·기술적 논의를 통해 다면적으로

---

21) B. Jack Copeland. (2004). The Essential Turing. Oxford University Press, pp. 40~41.
22) Licklider, J. C. R. (1960). “Man-Computer Symbiosis, IRE Transactions on Human Factors in Electronics”. HFE-1(1), pp. 4~11.
23) J.R. Lucas. (1961). “Machines and Gödel”. Cambridge University Press on behalf of Royal Institute of Philosophy, 36(137), pp. 112~127.
24) John M. C., & Patrick J. H. (1969). “Some Philosophical Problems from The Sthandpoint of Artificial Intelligence”. Computer Science Department Stanford University, pp, 30~31.

발전해 왔음을 확인할 수 있다.

최근 인공지능의 개념은 산업계와 학계에서 다양한 방식으로 정의되고 있으며, 그 범위와 해석은 기술 발전에 따라 점차 확장되고 있다. ICT R&D 기술로드맵 2025에 따르면, 인공지능은 인간의 지적 능력의 일부 또는 전체를 컴퓨터로 구현하는 기술로 정의되며, 이는 4차 산업혁명 시대에 데이터와 지식을 기반으로 산업 경쟁력의 핵심 원천이자 주요 동력으로 인식된다.[25] 또한, 2024 ICT 표준화 전략 보고서에서는 인공지능을 학습 능력, 추론 능력, 지각 능력, 자연언어 처리 등의 인간 지능을 컴퓨터 프로그램으로 구현한 기술로 설명하고 있으며, 각각의 능력은 다음과 같이 정의된다. 학습은 데이터로부터 패턴과 규칙을 인식하는 과정이며, 추론은 규칙을 통해 결론을 도출하는 과정이다. 지각 능력은 기계나 소프트웨어를 통해 정보를 수집하고 이를 처리하여 주변 환경을 인식하는 과정을 포함하고, 자연언어 처리는 컴퓨터가 인간의 언어를 인식하고 의미를 파악하여 적절히 반응하는 기술을 의미한다.[26] 이 두 정의를 종합하면, 인공지능은 인간의 지적 능력, 즉 학습, 추론, 지각, 자연언어 처리 등을 컴퓨터로 구현하여 데이터를 분석하고 지식을 활용하는 고차원적 ICT 기술이다. 이러한 인공지능 기술은 4차 산업혁명의 주요 동력으로 작용하며, 산업 경쟁력의 핵심 원천으로서 인간의 인지와 정보처리 기능을 고도화된 형태로 재현하고 이를 통해 다양한 산업 분야에서 고차원적 판단과 분석을 가능하게 한다.

〈표 7-4〉 주요 국가의 인공지능 정의

국가	기관	정의
일본	인공지능학회	· 인공지능을 인간의 지능을 가진 기계를 만들거나 인간이 사용하는 지능을 기계에 적용하려는 것.
	국립정보학 연구소	· 인공지능을 인공적으로 만들어진 지능을 가진 실체 또는 그것을 만들기 위한 인공지능 자체를 연구하는 분야.
미국	인공지능법 (National Artificial intelligence Act 2020)	· "인공지능(Artificial Intelligence)"이라는 용어는 인간이 정의한 특정 목표 집합에 따라 예측, 추천 또는 결정을 내릴 수 있으며, 이를 통해 현실 또는 가상 환경에 영향을 미치는 기계 기반 시스템을 의미한다.
	의회 조사국	· 인간처럼 생각하는 시스템(인간의 사고와 관련된 활동, 의사결정, 문제해결, 학습과 같은 활동들의 자동화).

25) 정보통신기획평가원. (2020). 「ICT R&D 기술 로드맵 2025 인공지능 · SW · 자율주행자동차」, p. 158.

26) 한국정보통신기술협회. (2024). 「ICT 표준화 전략 요약 보고서」, pp. 1~108.

국가	기관	정의
		· 합리적으로 생각하는 시스템(인식, 이성, 행동을 가능하게 하는 계산 연구). · 인간처럼 행동하는 시스템(인간의 지능이 필요한 기능을 하는 기계를 만드는 기술). · 합리적으로 행동하는 시스템(지능적 행동의 자동화와 관련된 컴퓨터 과학의 한 분야).
EU	EU Artificial Intelligence Act (Artcle 3: Definitions)	· 'AI 시스템'이란, 다양한 수준의 자율성을 가지고 작동하도록 설계된 기계 기반 시스템으로서 배포 이후에 적응성을 나타낼 수 있으며, 명시적 또는 암시적인 목표를 위해 입력받은 정보를 바탕으로 예측, 콘텐츠, 추천 또는 물리적 및 가상 환경에 영향을 미칠 수 있는 결정을 포함한 출력을 생성하는 방법을 추론하는 시스템을 의미한다.

출처 : 송기복. (2021). 앞의 책, pp. 14~15 참조.

〈표 7-4〉를 살펴보면, 주요 국가들은 자국의 산업 구조와 정책적 우선순위를 반영하여 인공지능에 대해 상이한 관점에서 정의하고 있다. 일본은 인공지능을 인간 지능을 모방하는 기술로 규정하며, 인공지능의 원리와 구현 방식에 대한 탐구를 중심으로 기초 연구 및 학문적 발전에 중점을 두고 있다. 미국은 인공지능을 자율성과 상황 적응 능력을 갖춘 시스템으로 정의하며, 군사 및 산업 분야에서의 실용성 강화와 자율적 문제 해결 능력 확보를 핵심 목표로 설정하고 있다. 이에 반해 유럽연합(EU)은 AI를 환경과의 상호작용을 통해 추론 및 의사결정을 수행하는 시스템으로 정의하면서, 기술적 진보보다는 윤리성, 신뢰성, 사회적 영향 관리 등 인간 중심의 책임 있는 인공지능 개발에 중점을 두고 있음을 확인할 수 있다.

2) 빅데이터와 인공지능의 사회적 영향

(1) 빅데이터의 가치와 영향

빅데이터는 단순한 기술적 진보를 넘어 데이터 활용 방식의 근본적인 혁신을 의미하며, 현대 산업과 학계, 기술 전반에서 핵심 성장 동력으로 자리 잡고 있다. 특히, 디지털 전환과 인공지능 기술의 발전은 빅데이터의 중요성을 더욱 부각시키며 데이터 기반의 비즈니스 모델 혁신, 연구 패러다임의 변화, 보안 기술의 고도화 등 다양한 분야에 걸쳐 광범위한 영향을 미치고 있다. 그러나 빅데이터의 가치를 산정하는 일은 데이터의 활용 방식, 잠재적 가치 창출 가능성, 분석 기술의 발전 수준 등 다양한 변수에 의해

영향을 받기 때문에 단순하고 일률적으로 평가하는데 어려움이 있다.27)

최근에는 데이터의 재사용과 재조합이 일반화되고, 다목적용 데이터 개발이 확산되면서 특정 데이터가 언제, 어디서, 누구에 의해 활용될지 예측하기 어려워 데이터의 객관적 가치 평가가 더욱 복잡해지고 있다. 또한, 빅데이터 시대에는 기존에 없던 새로운 가치가 지속적으로 창출되면서 데이터의 가치를 정량적으로 측정하는 것이 더욱 어려워지고 있다. 즉, 현재는 활용되지 않거나 의미 없는 데이터라 하더라도 향후 새로운 분석 기법의 등장에 따라 잠재적 고가치 자산으로 전환될 가능성이 존재한다. 이는 빅데이터가 단순히 현재의 기술 수준에 의해 고정된 정적인 자원이 아니라 시간의 흐름에 따라 가치를 재구성하고 확장해가는 동적인 자원임을 시사한다.28)

〈표 7-5〉 빅데이터 출현 배경과 요인

구분	출현 배경	내용
산업계	고객 데이트의 폭발적 증가	· 디지털 소비 환경 확산과 온라인·모바일 플랫폼 활성화로 인해 대규모 고객 데이터가 축적됨. · 고객 데이터를 분석하여 개인 맞춤형 서비스 제공, 시장 예측, 비즈니스 혁신 등에 활용.
	데이터 기반 비즈니스 모델 확대	· AI 및 데이터 분석 기술 발전으로 데이터의 가치를 극대화하는 새로운 비즈니스 모델이 등장. · 데이터 경제(Data Economy) 활성화 및 데이터 중심 기업(Netflix, Amazon 등)의 시장 지배력 강화.
학계	데이터 과학 및 AI 연구 확산	· AI 및 데이터 분석 기술 발전으로 데이터의 가치를 극대화하는 새로운 비즈니스 모델 등장. · 데이터 경제(Data Economy) 활성화 및 데이터 중심 기업(Netflix, Amazon 등)의 시장 지배력 강화.
	데이터 기반 의사결정 확대	· 전통적인 연구 방식에서 벗어나, 실시간 데이터 분석을 통한 과학적 의사결정 체계 강화. · 빅데이터 기반 정책 연구, 신약 개발, 기후 예측 등의 연구 활성화.
기술 발전	디지털 전환(DX) 가속화	· 기업과 정부가 디지털 전환을 추진하면서 데이터 수집 · 저장 · 처리 기술 발전. · 빅데이터를 활용한 자동화, 최적화, 예측 분석 등의 기술

27) Edward Curry., Andreas Metzger., Sonja Zillner., Jean-Christophe pazzaglia., & Ana Garcia Robles. (2021). 「The Elements of Big Data Value: Foundations of the Research and Innovation Ecosystem」. Springer, pp. 3~19.
28) 윤종식. (2023). 앞의 책, pp. 10~25.

구분	출현 배경	내용
		도입 증가.
	고성능 컴퓨팅 및 AI 기술 발전	· 클라우드 컴퓨팅, 엣지 컴퓨팅, 양자 컴퓨팅 등의 발전으로 대용량 데이터 처리 속도 향상. · 데이터 기반 AI 모델(예: ChatGPT) 연구 활성화.
	데이터 인프라 및 보안 강화	· 5G, IoT, 블록체인 기술 확산으로 데이터 수집·전송·저장 인프라 고도화. · 데이터 프라이버시 보호 및 보안 강화 기술(동형암호, 페더레이티드 러닝) 중요성 증가.

〈표 7-5〉 의 빅데이터 출현 배경과 요인 분석에 따르면, 빅데이터는 산업계와 학계 전반에서 데이터의 중요성을 부각시키며, 기업의 경쟁력 확보와 연구 혁신을 촉진하는 핵심 자산으로 자리매김하고 있음을 보여준다. 산업 부문에서는 방대한 데이터 분석을 통해 개인 맞춤형 서비스, 소비자 행동 예측, 시장 트렌드 분석 등을 가능하게 하여 비즈니스 경쟁력을 실질적으로 강화하고 있다. 한편, 학문 분야에서는 AI 및 데이터 과학 기반의 분석 기법을 활용해 사회 · 경제 · 환경 등 복잡한 문제에 대한 통합적 해결 방안을 모색하고 있으며, 이는 새로운 학문적 가치 창출과 융합 연구의 활성화로 이어지고 있다.

최근 세계 각국은 국가 경쟁력 강화를 위한 전략적 자원으로서 빅데이터의 수집과 활용에 주력하고 있다. 미국은 2010년 12월 발표한 Designing a Digital Future 보고서에서 빅데이터를 지식과 성과로 전환하기 위한 전략적 접근의 필요성을 강조하였으며, 한국 역시 2011년 11월 제8회 정보화 전략회의에서 빅데이터를 활용한 스마트정부 구현(안)을 통해 데이터 기반 정부 운영의 비전을 제시했다.

〈그림 7-2〉 빅데이터를 활용한 스마트 정부 구현 전략

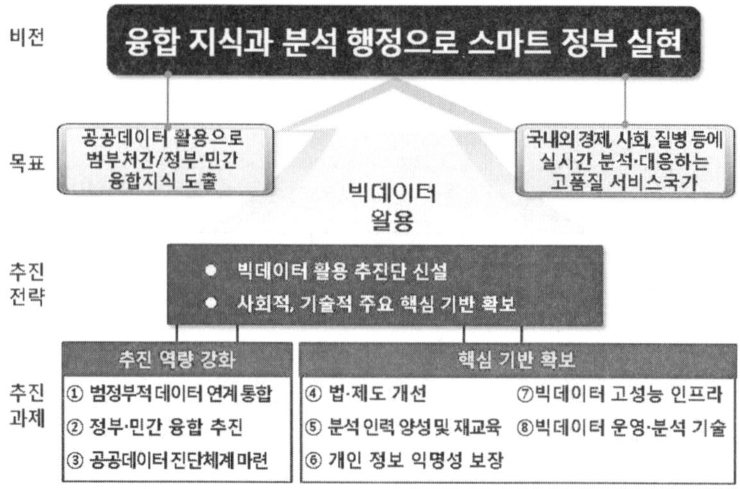

출처 : 빅데이터를 활용한 스마트 정부 구현(안), p.3.

〈그림 7-2〉의 스마트 정부 구현(안)에 따르면, 국가정보화전략위원회는 정부와 민간의 융합 지식을 기반으로 경제 · 사회 문제에 실시간 대응이 가능한 스마트 정부 전략을 수립하고 있으며, 이를 위해 전방위적 역량 강화와 핵심 기반의 체계적 확보를 추진하고 있다. 이러한 맥락에서 빅데이터는 산업 혁신, 공공 서비스 개선, 국가 경쟁력 확보 등 다양한 분야에서 핵심 자원으로 기능하며, 사회 전반의 디지털 전환과 데이터 기반 의사결정 체계 정착을 촉진하는 핵심 동력으로 작용하고 있다.[29)]

29) 행정안전부 국가기록원, 빅데이터, https://www.archives.go.kr/next/newsearch/listSubjectDescription.do?id=009370&pageFlag=&sitePage=, 검색일 2025. 5. 25.

〈표 7-6〉 빅데이터가 사회 주체별 분야에 미치는 영향

구분	영향	내용
개인	맞춤형 서비스 확대 및 편의성 향상	· 소비 패턴 분석을 통한 맞춤형 추천 서비스(예: 인터넷 쇼핑, 유튜브, 넷플릭스 등)제공. · AI 비서, 스마트 기기를 통한 생활 편의성 증대.
	비용 절감 및 서비스 다양화	· 데이터 분석 비용 감소로 무료 · 저비용 서비스 확대. · 건강관리, 금융 등 다양한 분야 서비스 제공.
기업	경쟁력 강화 및 생산성 향상	· 소비자 행동 및 시장 예측을 통한 수요 관리 최적화. · AI 및 자동화 도입으로 운영 효율성 증대.
	신사업 발굴 및 비즈니스 모델 혁신	· 데이터 기반 신상품 기획 및 서비스 개발. · 핀테크 · 유통 · 헬스케어 등 신사업 창출.
정부	공공안전 및 재난 위기관리 강화	· 빅데이터 기반 기상 예측 및 재난 경보 시스템 구축. · 교통, 안전, 범죄 데이터 분석을 통한 공공안전 향상.
	사회 현상 분석 및 정책 수립지원	· 인구 · 질병 확산 경로 분석 및 경제 동향 분석. · 공공데이터 개방을 통한 정부 · 민간 협력 및 창업.
	스마트 행정 및 서비스 혁신	· 스마트 행정 서비스(효율성, 시민 편의성) 도입.
	국가 안보 강화 및 안전성 확보	· 데이터 분석을 통해 국가 안보 및 사이버 보안 강화. · 국방 및 군사 전략 수립에 최적화(위성, 감시데이터).

〈표 7-6〉과 같이 빅데이터는 활용 주체별로 서로 다른 방식으로 가치를 창출하며, 사회 · 경제 전반의 혁신을 촉진하는 핵심 자원으로 작용하고 있다. 개인 차원에서는 맞춤형 서비스 제공과 생활 편의성 향상, 기업 차원에서는 시장 예측, 소비자 분석, 신사업 발굴을 통한 경쟁력 강화, 정부 차원에서는 정책 수립의 효율성 제고, 공공안전 확보, 스마트 행정 구현 등 다양한 분야에서 실질적인 활용이 이루어지고 있다.

(2) 인공지능의 가치와 영향

인공지능은 21세기 디지털 전환의 핵심 기술로 부상하며, 산업 전반과 사회 구조에 지대한 영향을 미치고 있다. AI는 대규모 데이터를 실시간으로 수집·분석하고, 이를 기반으로 예측과 판단을 수행함으로써 업무 자동화, 생산성 향상, 의사결정 고도화 등 다양한 가치를 창출한다. 의료 분야에서는 인공지능 기반의 영상 진단, 질병 예측, 개인 맞춤형 헬스케어 서비스가 상용화되고 있으며, 제조업에서는 스마트 팩토리를 통해 공정 자동화와 품질 개선이 이루어지고 있다. 또한 금융, 교육, 도시행정 등 공공 영역에서도 AI는 정책의 효율성과 행정 서비스의 품질을 향상시키는 전략적 도구로 활용되고 있다.[30]

특히 생성형 인공지능(Generative AI)의 등장은 이러한 기술적 진보를 한 단계 끌어올렸다. 미국 국가경제연구국(NBER)에 따르면, 생성형 AI를 고객 상담 업무에 활용한 결과 상담원 1인당 고객 민원 해결 건수가 평균 14% 향상되었으며, OpenAI의 거대언어모델(LLM)을 통한 연구에서도 생성형 AI가 업무 처리 속도를 평균 15%가량 높일 수 있다는 결과가 발표되었다.[31] 이러한 수치는 인공지능이 단순한 자동화 도구를 넘어 인간의 인지적 한계를 보완하는 '생산성 촉진자'로 기능하고 있음을 보여준다. 실제로 인공지능은 디지털 서비스 산업, 의료 및 고객 응대 현장 등 시간·자원의 제약이 큰 분야에서 업무 품질을 유지하면서 처리 속도를 높이고, 운영비용을 절감하며, 조직 내 지식 순환 체계를 고도화하는 데 기여하고 있다.

그러나 인공지능의 급속한 확산은 다양한 부작용과 윤리적·사회적 우려도 동시에 낳고 있다. 생명미래연구소(Future of Life Institute)는 인공지능 시스템이 허위 정보와 가짜 콘텐츠를 대량 생성해 사회적 진실성을 훼손하고 정치적 긴장을 고조시킬 수 있다고 경고하였다. 또한, 기존의 편견을 강화하거나 소외된 집단을 더욱 배제하는 결과를 초래할 수 있으며 인공지능 기술의 독점화와 권력 집중 문제도 제기되고 있다. 더 나아가, 인공지능이 생물학·화학·사이버 무기의 개발에 악용되거나, 인류의 존엄성과 권리를 무시한 채 목표를 추구하는 방식으로 설계될 경우, 인류의 존립 자체를 위협할 수 있는 잠재적 위험도 존재한다. 이에 따라 인공지능 기술의 고도화는 반드시 안전성 확보와 윤리적 통제가 병행되어야 하며,[32] 국제적인 협력 기반의 거버넌스 체계와 투

---

30) 김주은. (2019). "인공지능이 인간사회에 미치는 영향에 대한 연구", 국제문화기술진흥원(JCCT), 5(2), pp. 177~182.

31) NBER, Generative AI at Work, https://www.nber.org/papers/w31161, 검색일 2025. 6. 26.

32) Roman V., & Yampolskiy. (2019). 「Artificial Intelligence Safety and Security」. Chapman and Hall/CRC, pp. 57~71.

명한 규제 장치의 마련이 시급하다.[33] 오늘날 인공지능은 인간의 창의성과 판단력을 보완하며 복잡한 문제 해결을 가능하게 하는 '지능적 파트너'로 진화하고 있으며, ChatGPT, AlphaFold, 자율주행 시스템 등 초거대 AI 기술은 인간의 사고방식과 사회시스템 전반에 걸쳐 구조적 변화를 유도하고 있다. 그러나 이러한 기술 발전은 결정의 투명성 부족, 알고리즘 편향, 일자리 대체 등 윤리적 리스크를 동반하고 있어, 기술 수용과 함께 사회적 통제와 규제의 균형 있는 접근이 요구된다.

〈그림 7-3〉 인공지능 기술 발전 전망도

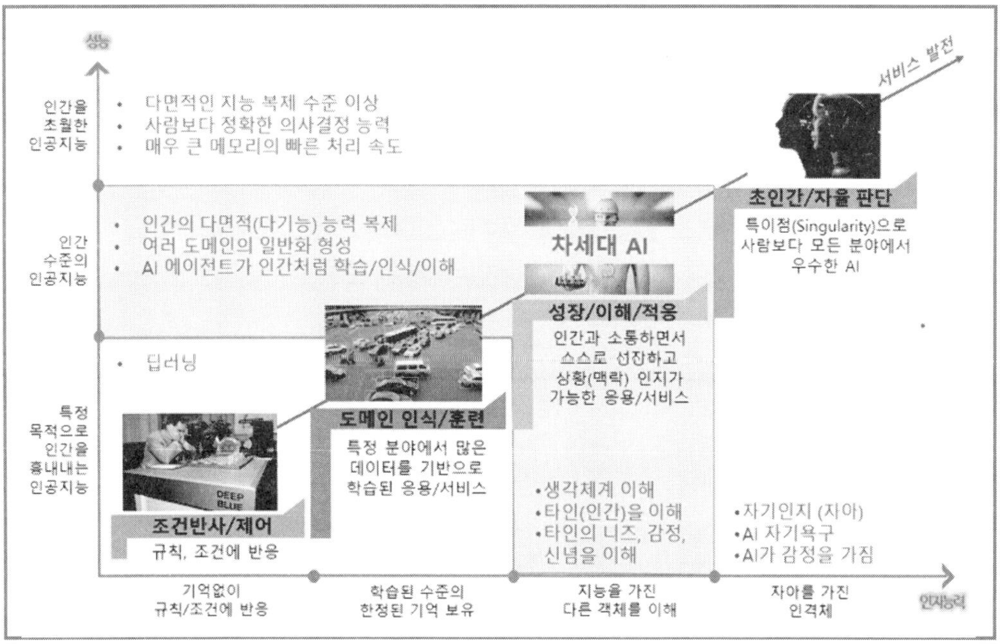

출처 : 정보통신기획평가원. (2020). p. 180.

2. 빅데이터와 인공지능 기술의 발전

1) 빅데이터 기술의 발전 동향

(1) 국내외 빅데이터 기술 현황

가. 국내 빅데이터 기술 현황

우리나라는 4차 산업혁명과 디지털 대전환이라는 시대적 흐름에 발맞추어, 데이터 기반 경제로의 전환을 제도적으로 뒷받침하고자 2021년 10월 19일 「데이터 산업진흥

33) 한국과학기술기획평가원. (2023). 「과학기술 & ICT 정책·기술 동향」, No. 249, p. 1~5.

및 이용촉진에 관한 기본법」(이하 '데이터산업법')을 제정하였으며, 2022년 4월 22일부터 본격적으로 시행하고 있다. 동 법은 데이터의 생산, 수집, 저장, 가공, 유통, 활용에 이르는 전 주기적 관리체계를 법제화하고, 5G, 인공지능(AI) 등 첨단 기술과의 융합을 통해 데이터 산업을 전략적으로 육성하는 것을 주요 목표로 삼고 있다. 비록 법률 시행 이후에도 데이터 기술 활성화를 위한 정부의 실질적 정책 지원은 다소 부족하다는 지적이 있으나, 민간 부문에서는 디지털 전환에 대한 관심과 인식이 빠르게 확산되고 있으며, 주요 기업들은 데이터 저장 · 처리 기술의 내재화 및 상용화에 주력하고 있다. 특히, 2023년 해외에서 인공지능 기반 상용 서비스가 산업 전반에 혁신을 일으키자, 국내 기업들도 데이터 저장 및 처리 기술 개발에 주력하며 기술 경쟁력을 확보했다. 이러한 데이터 기술은 수집, 처리, 분석의 고도화된 과정을 통해 사회, 경제, 환경 등 다양한 분야에서 혁신적인 변화를 주도하며, 산업 전반의 디지털 전환을 가속화하고 있다.34)

〈표 7-7〉 빅데이터 기술 분류

소분류	세분류	기술 요소
빅데이터 처리 · 유통	빅데이터 수집 · 유통기술	· 빅데이터 수집 정제 융합 가공, 데이터 품질관리, 실시간 ETF · ELT, 데이터 생성 · 증강, 비식별화 및 필터링, 데이터 마켓, 데이터 레이크, 데이터 프리퍼레이션, 마스트 데이터관리.
	빅데이터 저장 · 처리 · 관리 기술	· 실시간 스트림 처리, 데이터 처리 및 관리, 데이터 라이프사이클, 가상 데이터맵 관리, 데이터 처리 프레임워크.
빅데이터 분석 · 활용	빅데이터 분석 · 예측 기술	· 심층분석, 실시간분석, 그래프분석, 에지분석, 예측분석, 지시적분석, 인지분석, 시공간복합분석, 분석모델링, 시뮬레이션, 데이터 기계학습 · 딥러닝, 이상치 검출.
	빅데이터 활용 · 시각화 분석	· 빅데이터 서비스, 빅데이터 응용, 사회변화 예측, 데이터 시각화, 분석 시각화, 대시보드.

출처 : 권순선. (2020). p.40. 인용.

최근 인공지능 기술 기반 서비스(머신러닝, 딥러닝, 클라우드 컴퓨팅 등)가 상용화됨으로써 데이터 운영 및 관리 프로세스를 자동화하는 데이터 옵스(Data Ops) 개념이 주목받았으며, 데이터 파이프라인의 신뢰성과 효율성을 높이는 기술들이 도입되기 시

34) 한국정보통신기술협회. (2023). 「2024 ICT 표준화 로드맵」, pp. 18~20.

작했다. 또한 「데이터산업법」 시행 이후, 기업들은 개인정보 보호 및 활용에 대한 관심을 더 크게 가지게 되었으며, 이에 따라 암호화 기술(Encryption Technology) 중 하나인 동형암호(Homomorphic Encryption)가 주목받고 있다. 동형암호는 데이터를 암호화된 상태 그대로 분석하거나 처리할 수 있는 기술로 금융이나 의료처럼 민감한 정보를 다루는 분야에서 안전하게 데이터를 활용할 수 있어 앞으로 다양한 산업에서 널리 사용될 것으로 기대된다.[35]

국내 데이터 기술은 단순한 데이터 수집과 처리를 넘어 빅데이터 분석 기반의 실시간 의사결정과 고도화된 서비스 제공을 가능하게 하여 산업 전반의 혁신과 경쟁력 강화를 촉진하고 있다. 특히, 빅데이터 기술은 인공지능 기술의 진화를 가속화하는 핵심 동력으로 작용하고 있으며, 그 중요성과 활용 범위는 지속적으로 확대되고 있다. 향후에는 사물인터넷(IoT), 엣지 컴퓨팅, 스마트 디바이스와의 융합을 통해 데이터 생태계의 고도화가 더욱 가속화될 것으로 전망된다.[36] 이와 더불어, 빅데이터 플랫폼[37]은 데이터의 수집, 저장, 운영, 분석, 서비스까지 일련의 유기적인 과정을 포함하며, 사회·경제·환경 등 다양한 분야에서 세분화된 지표를 제공함으로써 연구자들의 심층적인 분석과 의사결정 지원을 가능하게 한다. 또한, 원격탐사위성 및 지리공간 데이터는 정책 수립자들이 보다 광범위하고 다차원적인 정보를 기반으로 정밀하고 합리적인 판단을 내릴 수 있도록 보조하는 중요한 도구로 활용될 수 있다.[38]

나. 해외 빅데이터 기술 현황

한국정보화진흥원(NIA)과 빅데이터 전략연구센터가 발행한 "빅데이터 글로벌 10대 선진 사례 보고서"에 따르면, 빅데이터는 공공, 의료, 안전 등 다양한 분야에서 사회적 가치를 창출하며 우리 사회의 혁신을 견인하고 있다. 이 보고서는 '빅데이터로 꿈꾸는 행복한 사회', '빅데이터를 통한 건강한 사회', '빅데이터로 희망하는 안전한 사회'를 주제로 각국의 빅데이터 활용 사례를 제시하고 있으며, 〈표 7-8〉에서 소개된 사례들을 통해 빅데이터 기술이 공공 서비스의 효율성 향상, 정밀의학 기반 의료 혁신, 위험 예

35) 한국정보통신기술협회. (2023). 앞의 보고서, pp. 18~20.
36) 정보통신기획평가원. (2022). 「빅데이터 기반 통계분석 운영 환경 조사」, 주간기술동향 2074호, p. 13.
37) 빅데이터는 대량의 정형 및 비정형 데이터를 네트워크와 IoT 등을 통해 연결·수집·관리·분석하며, 웹을 통해 시각화된 형태로 서비스된다. 이러한 빅데이터의 수집, 관리, 운영, 분석, 서비스 등 일련의 유기적 환경은 빅데이터 플랫폼(Big Data Platform)이라고 한다.
38) Cohen, J. L., & Kharas, H. (2018. 11. 15). Using big data and artificial intelligence to accelerate global development, Using big data and artificial intelligence to accelerate global development | Brookings, 검색일 2025. 6. 25.

측 및 치안 강화 등 다양한 사회 문제 해결에 기여하고 있음을 확인할 수 있다.

〈표 7-8〉 주요 국가별 빅데이터 활용 사례 및 효과 분석

분류	국가	활용 사례	효과 및 전망
제정 효율성 제고	미국 (국세청)	· 탈세 및 사기 범죄예방 시스템 (사기 방지 솔루션, 소셜 네트워크 분석, 데이터 마이닝 등)	· 세금 누락 방지 · 불필요한 세금 환급 감소 · 재정 효율성 제고
	일본 (정부)	· 지능형 교통안내 시스템 (GPS 및 센서데이터 분석)	· 최적 경로 안내 · 에너지 효율 향상 · 교통 체증 감소
의료 혁신	미국 (국립보건원)	· 유전자 데이터 공유 및 분석 시스템 구축	· 정밀의학 발전 · 효율적 질병 치료 체계 마련
	미국 (국립보건원)	· 질병 관련 통계 데이터 분석 (Pillbox 프로젝트)	· 질병 분포 및 추세 예측 · 국가 차원의 대응체계 구축
	미국 (건강보험회사웰포인트)	· 슈퍼컴퓨터 기반 의료 진단 시스템 (임상실험 및 진료 데이터 분석)	· 진단 · 치료율 향상 · 근거 기반 최적 치료법 제공
공공 안전 강화	싱가포르 (정부)	· 국가위험관리시스템 구축 (빅데이터 분석, 시뮬레이션, 시나리오 기법 활용)	· 위험 요인 선제 파악 · 국가 차원의 과학적 위험관리 계획 수립
	미국 (FBI)	· 유전자 색인 시스템(DNA Index System) 활용	· 신속한 범인 검거 · 사건 해결 정확성 및 반복 · 범죄 예방 강화
	미국 (샌프란시스코)	· 범죄예방시스템(범죄데이터 및 패턴 분석)	· 범죄 발생 지역 · 시각 예측 · 선제적 경찰 인력 배치 · 시민 안전 확보

출처 : 한국정보화진흥원. (2012). Big Data 글로벌 10대 선진 사례, pp. 6~41.

디지털 전환의 확산에 따라 기업들은 방대한 데이터를 통합 · 관리 · 재가공하여 실시간 분석을 구현하는 데이터 가상화(Data Virtualization) 기술에 주목하고 있으며, 이를 통해 산업 전반에 걸쳐 빅데이터 및 인공지능 기반의 비즈니스 모델 혁신이 가속화되고 있다. 예를 들어, 구글은 검색엔진과 온라인 광고 분야에서 인공지능과 빅데이터 기술을 활용하여 여전히 높은 시장 점유율을 유지하고 있으며, Google Cloud Platform을 통해 대규모 데이터 처리 및 분석 도구를 제공하며 클라우드 시장에서의

영향력을 확대하고 있다. 아마존(Amazon)은 전자상거래 플랫폼에서 맞춤형 추천 시스템을 고도화하여 소비자 만족도를 높이고 구매율을 극대화하고 있다. 또한, 의료 산업에서는 미국 스타트업 MediView가 증강현실 기반의 AR 수술 보조 시스템을 개발하여, 의료 영상 데이터를 환자 신체에 실시간 투영함으로써 수술 및 진단의 정확성과 효율성을 크게 향상시키고 있다.[39] 이처럼 빅데이터 기술은 공공안전, 산업 혁신, 의료 분야, 등 다양한 영역에서 국가전략 기술로 자리매김하며, 디지털 경제 성장과 산업 경쟁력 강화에 중추적인 역할을 수행하고 있다.

(2) 빅데이터 기술의 발전 과정

가. 데이터 처리 기술의 발전

빅데이터는 기존의 전통적인 데이터베이스 관리 시스템(DBMS)으로는 처리하기 어려울 정도로 대용량, 고속 처리, 다양한 형태(정형 · 반정형 · 비정형 데이터)로 생성되기 때문에, 이를 효과적으로 관리하고 분석할 수 있는 분산 데이터 처리 및 실시간 분석 기술이 지속적으로 발전해왔다.[40] 대표적인 데이터 처리 기술로는 Hadoop(하둡)과 Spark(스파크)가 있으며, 하둡은 오픈소스 기반의 분산 데이터 저장 및 처리 프레임워크로 대규모 데이터를 여러 대의 서버에 분산 저장하고 병렬 연산을 수행하는 기술이다.[41] 하둡의 핵심 기술인 Hadoop Distributed File System은 데이터를 여러 노드에 분산 저장하여 처리 속도를 향상시키며, 데이터 처리 모델로 Map Reduce를 사용하여 병렬 연산을 최적화한다. 그러나 하둡의 속도 및 유연성 한계를 보완한 Spark(스파크)는 메모리 기반(in-memory) 데이터 처리를 지원하여 보다 빠른 데이터 분석이 가능하며, 실시간 데이터 스트리밍 분석, 머신러닝 및 그래프 분석을 효과적으로 수행할 수 있도록 설계되었다. 또한, 데이터 마이닝(Data Mining) 기술이 발전하면서 대량의 데이터에서 패턴을 발견하고 의미 있는 정보를 추출하는 분석 기법이 활용되고 있다.[42] 데이터 마이닝은 연관 규칙 분석(Association Rule Mining), 군집 분석(Clustering), 분류(Classification), 회귀 분석(Regression), 이상 탐지(Anomaly Detection) 등의 기법을 통해 분석의 정밀도를 높이며,[43] 최근에는 딥러닝 기술과 결

---

39) 한국정보통신기술협회. (2023). 앞의 보고서, pp. 18~20.
40) Dean, J., & Ghemawat, S. (2008). "MapReduce: Simplified data processing on large clusters". Communications of the ACM, 51(1), pp. 107~113.
41) Ghemawat, S., Gobioff, H., & Leung, S. T. (2003). "The Google File System". ACM SIGOPS Operating Systems Review, 37(5), pp. 29~43.
42) Han, J., Kamber, M., & Pei, J. (2011). 「Data Mining: Concepts and Techniques」(3rd Edition). Morgan Kaufmann, pp, 1~14.

합하여 더욱 정교한 데이터 패턴 분석과 예측이 가능해지고 있다. 이러한 데이터 처리 기술의 발전은 고속 데이터 처리, 실시간 분석, 패턴 탐색 및 예측 기술을 결합하여 다양한 산업 분야에서 데이터 기반 의사결정을 지원하는 필수 기술로 자리 잡고 있으며, 특히 AI 및 클라우드 컴퓨팅과 융합되면서 더욱 정교한 데이터 분석과 실시간 대응이 가능해지고 있다.

나. 클라우드 컴퓨팅과 빅데이터의 융합

전통적으로 빅데이터 시스템을 구축하려면 고성능 서버와 대용량 저장장치가 필요했으나, 클라우드 컴퓨팅 기술의 발전으로 인해 빅데이터 처리 환경이 더욱 유연하고 확장 가능해졌다. 클라우드 환경에서는 물리적인 인프라 구축 비용을 절감하고, 확장성과 탄력성을 극대화할 수 있어 다양한 산업에서 빅데이터 활용이 더욱 활성화되고 있다.[44] 특히, 클라우드 기반 빅데이터 분석 서비스는 온프레미스(On-premise) 환경보다 높은 비용 효율성을 제공하며, 필요에 따라 컴퓨팅 자원을 동적으로 조정할 수 있는 탄력적 리소스 할당 기능을 지원한다.[45]

기존의 빅데이터 분석 시스템은 서버 인프라 구축 및 유지보수에 높은 비용과 관리 부담이 있었지만, 최근 서버리스(Serverless) 컴퓨팅 기술의 발전으로 자동 확장(Auto Scaling)과 종량 과금(Pay-per-use) 모델 적용이 가능해지면서 비용 절감과 운영 효율성을 획기적으로 개선하고 있다.[46] 또한 빅데이터 분석과 AI가 결합하면서 더욱 정교한 데이터 분석 및 예측 모델 생성이 가능해지고 있다.[47]

클라우드와 빅데이터 기술의 결합은 탄력적 확장성과 데이터 처리 효율성을 바탕으로 실시간 분석 및 예측 모델 자동화를 구현하며, 4차 산업혁명의 핵심 인프라로 자리 잡고 있다. 특히 최근에는 AI 기술이 통합됨에 따라, 자동화된 데이터 패턴 분석과 예측 모델 구축이 가능해지면서 빅데이터 분석의 정밀성과 지능화 수준이 한층 향상되고

---

43) Zaharia, M., Chowdhury, M., Franklin, M. J., Shenker, S., & Stoica, I. (2010) "Spark: Cluster computing with working sets". HotCloud, 10(10-10), p. 95.
44) Zhou, X., Wang, C., & Chen, L. (2019). "Big Data Processing in Cloud Computing Environments." IEEE Transactions on Cloud Computing, 7(2), pp. 289~302.
45) Lu, R., Zheng, D., & Jin, Y. (2021). "Elastic Resource Allocation for Big Data Processing in Cloud Computing". IEEE Transactions on Emerging Topics in Computing, 9(4), pp. 1134~1147.
46) Jin, Y., Zhang, X., & Wang, L. (2020). "Serverless Computing for Large-Scale Data Analytics: Challenges and Opportunities". ACM Transactions on Computer Systems, 38(1), pp. 1~29.
47) Brown, T., Patterson, D., & Barham, P. (2022). "AI-Driven Big Data Analytics in Cloud Environments". Future Generation Computer Systems, 126, pp. 57~72.

있다. 이와 같이, 클라우드 기반 빅데이터 + AI 융합 시스템은 실시간 데이터 처리, 예측 모델 실행, 의사결정 자동화 기능을 고도화하고 있으며, 향후 엣지 컴퓨팅과 사물인터넷(IoT) 등의 분산형 인프라와 융합하여 더욱 지능화된 분석 환경으로 진화할 것으로 전망된다.[48]

다. 인공지능 기반 빅데이터 분석 기술

인공지능 기술의 급속한 발전은 빅데이터 분석 패러다임에 혁신적 전환점을 제공하고 있다. 특히, 기계학습(Machine Learning)과 딥러닝(Deep Learning) 알고리즘의 도입은 기존의 정적 데이터 검색 방식에서 벗어나, 미래 예측, 이상 탐지, 자동화된 의사결정 등 고도화된 데이터 분석을 가능하게 하고 있다.[49] 이러한 기술 융합은 데이터 분석의 정확성 향상, 실시간 처리, 자동화 수준 제고를 실현하여, 다양한 산업 분야에서 정밀하고 신속한 인사이트 도출과 대응체계 구축을 가능하게 한다.

인공지능 기반의 자동화된 머신러닝(AutoML) 기술은 스스로 최적의 분석 모델을 선택하고, 하이퍼파라미터 조정 및 모델 튜닝을 자동화함으로써 빅데이터 분석의 효율성과 확장성을 극대화한다. 대표적인 자동화된 머신러닝 플랫폼으로는 Google AutoML, H2O.ai, DataRobot 등이 있으며, 이는 제조, 금융, 헬스케어, 물류 등 다양한 산업 현장에서 데이터 분석 자동화 및 예측 모델 최적화에 활용되고 있다.[50] 한편, 딥러닝 분야에서는 합성곱 신경망(CNN), 순환 신경망(RNN), 트랜스포머(Transformer) 모델이 이미지, 음성, 자연어 등 비정형 데이터 분석에 광범위하게 활용되고 있으며, 대표적 사례로는 OpenAI의 GPT-4, Google의 BERT, DeepMind의 AlphaFold 등을 들 수 있다. 이러한 모델은 자연어 처리(NLP), 의료 영상 및 유전체 데이터 분석, 자율주행, 과학연구 등 고난도 응용 분야에서 인공지능 기반 고차원 빅데이터 분석 도구로 기능하며 산업 전반의 혁신을 선도하고 있다.[51]

최근 빅데이터 분석 기술은 기존의 배치 처리(batch processing) 방식에서 벗어나,

48) Chen, H., Zhang, W., & Li, Y. (2023). "Real-Time AI-Based Big Data Processing in IoT-Cloud Environments". IEEE Internet of Things Journal, 10(5), pp. 3945~3962.
49) Jordan, M. I., & Mitchell, T. M. (2015). "Machine learning: Trends, perspectives, and prospects", Science, 349(6245), pp. 255~260.
50) Feurer, M., Klein, A., Eggensperger, K., Springenberg, J., Blum, M., & Hutter, F. (2015). "Efficient and robust automated machine learning". Advances in Neural Information Processing Systems, p. 28.
51) Vaswani, A., Shazeer, N., Parmar, N., Uszkoreit, J., Jones, L., Gomez, A. N., & Polosukhin, I. (2017). "Attention is all you need". Advances in Neural Information Processing Systems, p. 30.

인공지능 기술과의 융합을 통해 실시간 데이터 스트리밍 분석으로 진화하고 있다. 과거에는 데이터가 저장된 후 일정 시간 간격으로 일괄 처리되는 방식이 주를 이루었으나, 현재는 데이터가 생성되는 즉시 분석이 가능해지면서 실시간 대응 및 예측 역량이 크게 향상되고 있다. 이러한 분석 환경을 가능하게 하는 대표적인 기술로는 Apache Kafka, Apache Flink, Google Cloud Dataflow 등이 있으며, 이는 IoT 센서 데이터 분석, 금융 거래 모니터링, 온라인 사용자 행동 분석, 사이버 보안 이상 탐지 등 다양한 분야에 적용되고 있다.[52]

특히 인공지능 기반 이상 탐지(Anomaly Detection) 기술은 대규모 데이터에서 정상과 비정상 패턴을 자동으로 분류·학습함으로써 미래 위험 요소를 사전에 예측할 수 있게 해준다. 금융권에서는 부정 거래 탐지(Fraud Detection), 제조업에서는 장비 이상 예측(Predictive Maintenance), 보안 분야에서는 사이버 공격 감지 등에 광범위하게 활용되고 있으며, 이 중 딥러닝 기반의 이상 탐지 모델은 기존의 통계 기반 기법보다 높은 정확도와 적응력을 보여주고 있다. 인공지능 기반 빅데이터 분석 기술의 발전은 데이터 분석의 자동화와 정밀도를 높이며, 실시간 대응 능력을 강화하는 방향으로 발전하고 있으며, 향후 AI와 빅데이터의 융합은 예측 분석 및 자동 의사결정 지원을 넘어, 보다 고도화된 실시간 대응 및 최적화 기술로 진화할 것으로 전망된다.

2) 인공지능 기술의 발전 동향

(1) 인공지능 기술의 발전 과정

가. 1차 인공지능 붐(1950 ~ 1970년대) : 전문가 시스템 중심

1950년대 후반부터 1960년대는 인공지능 연구가 본격적으로 시작된 시기로, 컴퓨터 기반 탐색 알고리즘과 추론 기법을 통해 다양한 문제 해결을 시도한 연구가 활발히 이루어졌다. 당시 인공지능 연구는 주로 미로 탐색, 수학 정리 증명, 단순 가설 설정, 자연어 처리 등 기초적인 문제 해결 능력에 초점이 맞추어졌다.[53] 이 시기는 '인공지능'이라는 용어가 처음 등장한 시기이기도 하며, 연구자들은 충분한 추론 능력을 학습한 인공지능이 인간처럼 사고하고 의사결정을 내릴 수 있을 것이라는 기대했다.[54]

---

52) Noghabi, S. A., Paramasivam, K., Pan, J., Kulkarni, J., Michel, T., Kirde, R., & Shah, H. (2017). "Samza: stateful scalable stream processing at LinkedIn". Proceedings of the VLDB Endowment, 10(12), pp. 1634~1645.

53) 송기복. (2021). 앞의 책, p. 16.

54) 류정희. (2021). "AI에 관한 국가의 규제와 법적 수용 방안 연구", 숙명여자대학교 박사학위 논문, p. 8.

초기 인공지능 연구는 규칙 기반(Rule-based) 접근에 중점을 두고 전개되었으며, 이는 인간의 추론 과정을 명시적인 규칙으로 모사하려는 시도였다. 1943년 매컬록(Warren McCulloch)과 피츠(Walter Pitts)는 생물학적 뉴런을 수학적으로 모델링함으로써 인공신경망(Artificial Neural Network)의 이론적 기초를 제시하였고, 이어 1959년 로젠블랫(Frank Rosenblatt)은 단층 신경망인 퍼셉트론(Perceptron)을 개발하며 기계학습(machine learning)의 가능성을 제시하였으나, 비선형 분류 문제를 해결하지 못하며 신경망 기반 연구는 한동안 정체기를 맞이했다.[55]

1970년대에 들어서면서, 인공지능 연구자들은 인간과 유사한 자율적 사고 능력을 갖춘 '강한 인공지능'에 대한 관심이 고조되었으나, 당시 기술력과 컴퓨팅 자원의 한계로 인해 연구 성과는 기대에 미치지 못하였다.[56] 이러한 기술적 정체와 반복된 실패는 인공지능에 대한 과도한 기대와 대비되어 학계와 산업계의 관심을 급격히 저하시켰고, 결과적으로 연구비 감소 및 투자 중단 현상이 발생하며 'AI 겨울(AI Winter)'이라 불리는 침체기를 초래했다.[57]

나. 2차 인공지능 붐(1980 ~ 1990년대) : 머신러닝 도입

1980년대는 인공지능 기술이 성장기에 접어든 시기로, 전문가 시스템을 통해 지식 표현 및 문제 해결 능력을 갖춘 인공지능 기술이 주목받았다. 전문가 시스템은 지식 기반에 저장해둔 지식과 정보로부터 새로운 지식을 이끌어 내는 추론 엔진(inference engine)으로 구성된다.[58] 즉, 특정 분야의 전문 지식을 데이터베이스화 하고, 규칙 기반 추론 엔진을 통해 실제 문제를 해결하는 컴퓨터 프로그램이다.

전문가 시스템은 의학, 금융, 법률 등의 분야에서 특정 문제 해결에 활용되었으며, 혈액진단시스템에서 높은 정밀도를 보이면서 그 가능성을 입증하기도 했다.[59] 그러나 이 시스템은 몇 가지 근본적인 한계를 드러냈다. 시스템의 성능은 입력된 지식의 정확성과 구조화 수준에 크게 의존했으며, 데이터베이스에 없는 미리 정의되지 않은 문제나 새로운 상황에는 효과적으로 대응하지 못했다.[60] 또한, 지식을 수동으로 입력해야 하

---

55) 조민호. (2021). "인공지능의 역사, 분류 그리고 발전 방향에 관한 연구", Journal of the KIECS, 16(2), pp. 307~312.

56) 방정미. (2021). "인공지능 알고리듬 규제거버넌스의 전환: 최근 미국의 알고리듬 규제와 인공지능 윤리원칙을 중심으로", 한국공법학회, 49(3), pp. 376~406.

57) 김용대 · 장원철. (2016). "인공지능산업 육성을 위한 개인정보보호 규제 발전 방향", 경제규제와 법, 9(2), pp. 161~176.

58) 윤지영 · 김한균 · 감동근 · 김성돈. (2017). "법과학을 적용한 형사사법의 선진화 방안(Ⅷ) : 인공지능기술", 한국형사정책연구원, p, 25.

59) 송기복. (2021). 앞의 책, pp. 17~18.

는 과정은 많은 시간과 비용이 소요되었으며, 복잡성이 높아질수록 유지 및 관리에 어려움을 겪는 근본적인 한계를 드러냈다.

1990년대 중반 이후, 컴퓨팅 성능의 비약적인 향상과 빅데이터 환경의 등장으로 기존 전문가 시스템의 한계가 점차 극복되기 시작하였고, 이와 함께 기계학습이 새로운 대안으로 주목받기 시작했다. 1997년, IBM의 슈퍼컴퓨터 '딥 블루(Deep Blue)'가 세계 체스 챔피언인 게리 카스파로프(Garry Kasparov)를 이긴 사건은 기계학습 기술의 가능성을 대중적으로 각인시킨 대표적 사례로 평가된다. 그러나 당시의 기계학습 모델은 높은 알고리즘 복잡도와 데이터에 대한 낮은 유연성, 제한된 학습 능력 등의 문제로 인해 실용화에 한계가 있었으며, 이는 1990년대 후반부터 2000년대 초반까지 인공지능 연구 전반의 정체를 초래하며 '제2차 AI 겨울(Artificial Intelligence Winter)'로 이어졌다.[61]

다. 3차 인공지능 붐(2000년대 이후) : 딥러닝과 빅데이터의 결합, 초거대 생성형 AI 등장

2000년대 이후 인공지능은 심층 학습 기술의 부상과 함께 세 번째 기술 혁명기를 맞이했다. 특히, 방대한 양의 데이터를 활용할 수 있는 빅데이터 환경의 도래, 컴퓨팅 파워의 비약적인 향상, 그리고 GPU를 기반으로 한 병렬 처리 기술의 발전은 기계학습 및 심층 학습 기술의 급속한 성장을 견인했다.[62] 이와 같은 기술적 진보는 인공지능이 사물이나 데이터를 군집화 및 분류함으로써 음성인식, 물체 감지, 이미지 식별 및 예측 등과 같은 고차원적 인지 능력을 구현했다. 또한, 자율주행과 같은 복합적 판단 영역에까지 도달하며, 특히 생성형 AI 모델을 중심으로 자연어 처리, 콘텐츠 생성, 창의적 문제 해결 등 다양한 분야에서 혁신적인 성과를 이루어냈다.[63]

다양한 인공지능 기술의 성과는 산업, 의료, 교육, 예술 등 전 분야에 걸쳐 인공지능을 필수적인 기술로 자리매김하게 하였으며, 이는 실제 적용 사례를 통해 입증되고 있다. IBM의 '왓슨(Watson)'은 자연어 처리 기반 인공지능을 활용하여 의료 진단 및 법률 분석 서비스를 혁신하였고, 2012년 알렉스넷(AlexNet)은 심층 신경망을 기반으로

---

60) 양천수. (2017). "인공지능과 법체계의 변화: 형사사법을 예로 하여", 법철학연구, 20(2), p. 54.
61) 양종모. (2016). "인공지능의 위험의 특성과 법적 규제방안", 홍익대학교 법학연구소, 17(4), pp. 537~565.
62) 한요셉. (2023).「인공지능으로 인한 노동시장의 변화와 정책방향」, KDI 연구보고서 2023-03, pp. 13~14.
63) 최순식. (2021). "인공지능을 활용한 플랫폼/비즈니스 활성화 방안에 관한 연구", e-비즈니스연구, 22(5), pp. 133~150.

이미지 인식 분야에 획기적인 전환점을 마련했다. 2016년 알파고(AlphaGo)는 강화학습을 통해 인간 최고 수준의 바둑 기사를 이긴 자율 학습 시스템으로 주목받았으며, 2020년 딥마인드의 알파폴드(AlphaFold)는 단백질 3차원 구조 예측의 정확도를 획기적으로 향상시켜 생명과학 분야에 돌파구를 제공했다. 최근에는 오픈AI의 ChatGPT가 초대규모 언어모델을 기반으로 인간 수준의 대화 능력을 구현하면서 대화형 인공지능 기술의 가능성을 넓히고 있다.

이러한 기술적 성취는 인공지능이 단순한 자동화 도구를 넘어 지능형 의사결정 및 창의적 문제 해결을 가능케 하는 범용 기술로 진화하고 있음을 보여준다. 향후 인공지능 기술은 자율성, 신뢰성, 윤리성 등 해결해야 할 기술적·사회적 과제를 중심으로 지속적인 진화를 거듭할 것이며, 다양한 분야에서 인간의 역량을 확장시키는 동력으로 기능할 것으로 기대된다.

(2) 인공지능 기술의 활용 분야

인공지능은 현대 기술 혁명의 중심에 있으며 인간의 삶과 사회 전반에 지대한 영향을 미치고 있다. 인공지능 기술은 다양한 산업과 분야에서 혁신을 주도하며, 그 활용 범위는 지속적으로 확대되고 있다. 최근 인공지능 개발 경향은 단순한 정보 인식 수준을 넘어 ① 인지한 환경 속에서 최적의 답을 찾아내고, ② 학습한 내용을 바탕으로 추론 및 예측을 수행하며, ③ 문제를 스스로 발견하고 해결하는 행동 단계에 이르기까지 다양한 분야에서 활발히 연구와 투자가 진행되고 있다.[64] 이러한 인공지능 기술의 발전은 대규모 데이터의 축적, 고성능 컴퓨팅 자원의 향상, 그리고 딥러닝 알고리즘의 고도화를 기반으로 가속화되고 있다. 특히, 인공지능은 기초 과학을 비롯한 다양한 학문 및 산업 분야에서 핵심 원천기술로 활용되며, 분야별 기술 혁신과 연구 성과 창출의 기반을 제공하고 있다.[65]

64) 국경완. (2019). 「인공지능 기술 및 산업 분야별 적용 사례」, 정보통신기획평가원 주간기술동향, p. 17.

65) 정보통신기획평가원. (2020). 앞의 보고서, p. 180.

〈표 7-9〉 인공지능 기술의 분류

소분류	세분류	기술 요소
학습 지능	머신러닝	· 베이지안 학습, 인공신경망, 딥러닝, 강화학습, 앙상블러닝, 판단근거 설명.
	추론 · 지식표현	· 추론, 지식표현 및 온톨리지, 지식처리.
단일 지능	언어지능	· 언어분석, 대화 이해 및 생성, 자동 통 · 번역, 질의응답, 텍스터요약 생성.
	시각지능	· 객체인식 · 탐지, 패턴인식, 행동이해, 장면분석, 시공간 영상이해, 비디오예측 및 요약.
	음성 및 청각지능	· 음석분석, 음성인식, 화자인식, 음성합성, 오디오 색인 및 검색, 잡음제거 및 음원분리, 음향인식.
복합 지능	행동 · 소셜지능	· 공간지능, 운동지능, 소셜지능, 협업지능.
	상황 · 감정이해	· 감정이해, 사용자 의도 이해, 뇌신호인지, 센서 데이터이해, 오감인지, 다중상황판단.
	지능형 에이전트	· 에이전트 플랫폼, 에이전트 기술, 게임지능, 모방 · 창작 지능.
	범용 인공지능(AGI)	· 상식학습, 범용문제해결, 평생학습, 도덕 · 윤리 · 법 지능.

출처 : 권순선. (2020).「인공지능과 빅데이터 기술동향」, p. 40 참조.

2024 ICT 표준화 전략 보고서에 따르면, AI는 적용 분야에 따라 융합 서비스와 기반 서비스로 구분된다. 융합 서비스는 인공지능이 다양한 산업과 접목되어 부가가치를 창출하는 영역으로, 의료, 헬스케어, 멀티미디어, 자율주행, 로봇, 반도체, 무인기, 스마트시티, 스마트공장, 스마트팜, 환경 및 에너지, 금융 분야 등이 포함된다. 반면, 기반 서비스는 인공지능 기술의 고도화를 지원하는 핵심 인프라 영역으로, 클라우드 컴퓨팅, 통신 및 네트워크, 정보 보안 등 인공지능의 성능 향상 및 안정적인 운용을 위한 기술에 중점을 두고 있다.[66] 또한, 인공지능 기술의 산업별 활용 분야를 보다 세분화하여, 인공지능 적용 산업을 IT, 헬스케어, 농업 · 에너지, 무인기기, 지식 서비스, 공공 부문의 6가지 산업군으로 분류했다.[67] 이처럼 인공지능 기술은 거의 모든 산업 분야에 적용될 수 있으며, 특정 영역을 명확히 규정하는 것이 어려울 정도로 광범위한 활용성을 지닌다.

66) 한국정보통신기술협회. (2024). ICT 표준화 전략 요약 보고서, pp, 1~108.
67) 이종용 · 조병선. (2016). "인공지능 산업활성화 생태계 조성을 위한 제언", 한국전자통신연구원, 31(2), pp. 51~62.

〈표 7-10〉 인공지능 기술의 산업별 활용 분야

산업 분야	활용 영역	설명
IT	클라우드 컴퓨팅, 빅데이터 분석, 사이버 보안.	· 인공지능 기반 시스템 기술이 IT 인프라와 결합되어 데이터 처리 및 보안 기술이 발전.
헬스케어	의료 데이터 수집 · 제공 · 분석, 신약 개발, 질병 진단, 맞춤형 치료.	· 의료 서비스 전반에서 인공지능이 활용되어 정밀의료 및 치료 효율성 향상.
농업 · 에너지	지리 · 기상 정보 분석, 사례 기반 추론, 데이터 기반 의사결정.	· AI를 활용한 환경 분석 및 최적화로 위험과 비용을 최소화.
무인기	자동차, 항공, 로봇, 컴퓨터 비전, 강화학습, 자율주행 기술	· 무인 시스템 및 자율주행 기술이 적용되며, 광범위한 AI 기술이 집약된 분야.
지식 서비스	교육, 법률, 유통, 광고, 금융, 부동산, 자연어 처리(NLP), 데이터 분석, 추천 시스템.	· 맞춤형 정보 제공 및 자동화 서비스 확대.
공공 산업	스마트 시티, 범죄 예방, 정책 분석, 행정 자동화.	· 공공 서비스의 질적 향상을 통해 안전하고 편리한 사회 구축을 목표로 AI 도입.

출처 : 최순식. (2021). 앞의 논문, p. 137의 재구성.

제3절 빅데이터와 인공지능 기술의 안전관리 적용 사례

1. 실시간 밀집도 예측 및 자동 경보 시스템

행정안전부는 이동통신사의 기지국 접속 정보와 해당 지역의 공간 정보를 기반으로 인파 밀집[68]으로 인한 위험을 예측하기 위해 '인파관리시스템' 시범 서비스를 2023년 10월 27일부터 12월 15일까지 실시했다. 지방자치단체 상황실 담당자는 '인파관리시스템'을 통해 지리정보체계(GIS) 상황판에서 지역의 인파 밀집 정도를 그래픽 형태의 히트맵[69]으로 파악하고, 위험경보 알림을 통해 선제적으로 대응할 수 있다.[70]

68) 인파 밀집도는 통신사 기지국 접속 정보를 기반으로 한 단위 면적 당 인파의 밀집 정도를, 도로 위험도는 도로의 폭 · 경사도 · 길이와 같은 공간 특성과 지하철역, 버스정류장 등의 접근성, 승하차 인원 등 교통 특성을 기반으로 수치화한 것이다.
69) 히트맵(heatmap)이란 데이터를 시각화하기 위해 색을 사용하여 나타내는 그림의 한 종류.

서울시는 2023년 핼러윈 축제를 앞두고, 사람이 몰리는 지역에 인파 밀집 사고에 대비해 '인공지능 인파 감지 시스템'을 도입했다. 이 시스템은 고화질 CCTV와 영상분석 서버를 이용해 실시간으로 인파를 감지하고, 밀집도가 높아지면 관할 구청, 서울시청, 경찰, 소방에 자동으로 경보를 전달한다. 인파 감지 시스템은 200만 화소 이상 고화질 CCTV로 24시간 거리 촬영이 가능하며 촬영 영상은 관할 구청 CCTV 관제센터에 실시간 전송된다. 이에 관제센터 영상분석 서버가 영상을 자동으로 분석해 사람 수를 계산하고, 밀집도가 1㎡당 6명 정도가 되면 촬영 영상과 분석 결과를 즉시 서울시, 경찰, 소방 상황실로 전파한다. 이 시스템은 현장 출동 소방대원이 '보디캠'으로 촬영하는 영상을 상황실에서 실시간으로 볼 수 있는 '미러링 시스템'을 구축하여 119와 서울시 상황실 간의 연계를 강화했다.[71]

2. 군중 흐름 분석 모니터링 시스템

서울시 서초구는 2023년 강남역 일대에 '인공지능 기반 실시간 혼잡도 안내 시스템'을 도입해 인파 사고를 예방하는 시스템을 선보였다. 이 시스템은 인공지능이 거리의 인파 밀집도를 자동 감지해 전광판에 표시하는 방식으로 작동한다. 서초구는 하루 평균 16만 명이 오갈 정도로 유동 인구가 많은 강남역 10번 출구에서 신논현역 부근 약 300m 구간의 두 곳에 설치했다. 해당 기술은 인공지능을 통해 ㎡당 인원수를 1초 단위로 자동 측정하는 '피플 카운팅'을 활용한다. CCTV 촬영 영상이 '서초 스마트 허브센터'에 실시간 전송되면 인공지능 혼잡도 영상분석시스템이 보행 인원, 면적 1㎡당 밀집도 등을 분석하여 강남역 거리에 설치된 59인치 발광다이오드(LED) 전광판에 실시간으로 안내한다. 전광판에는 인파 밀집도에 따라 문구와 색상별로 3단계로 표출된다.[72] 특히 심각 단계에서는 CCTV 방송 스피커로 보행 통제 안내방송을 내보내 우회 등의 인파 분산을 유도한다. 또한, 이 시스템은 서울시 재난상황실, 경찰, 소방 등에 자동 연결되어 신속한 대응이 가능하다.[73]

---

70) 행정안전부 보도자료 (2023. 10. 26). 인파관리시스템 시범서비스 실시, https://www.mois.go.kr/frt/bbs/type010/commonSelectBoardArticle.do?bbsId=BBSMSTR_000000000008&nttId=104396, 검색일 2025. 6. 26.

71) 조선일보 (2023. 10. 13). AI가 인파감지, 제2 핼러윈 사고 막는다, https://www.chosun.com/national/national_general/2023/10/12/LZQNSNFBJRCABMYPVEPNNGSYJE/, 검색일 2025. 6. 26.

72) 안전 및 주의 단계는 녹색 '보행 원활'(1㎡당 2명 이하), 경계 단계는 황색 '약간 혼잡'(1㎡당 3~4명), 심각 단계는 적색 '매우 혼잡'(1㎡당 5명 이상)이다.

73) 연합뉴스 (2023. 10. 24). 강남역에 인파 몰리면 AI가 "우회" 안내…밀집도 전광판 첫 설치, https://www.yna.co.kr/view/AKR20231024023100004, 검색일 2025. 6. 25.

3. 행사장 빅데이터 분석 서비스

KT는 지역축제의 준비 단계부터 운영, 사후 성과 분석에 이르기까지 빅데이터와 인공지능 기술을 활용해 축제의 종합적인 전략 수립을 지원하는 '문화축제 빅데이터 서비스'를 출시했다. 축제 준비 단계에서는 빅데이터 분석을 통해 타겟 마케팅 전략을 수립하고, 인공지능 기반의 홍보 및 마케팅 서비스를 제공한다. 축제 운영 단계에서는 실시간 '인파 관리 서비스'[74]와 실시간 '혼잡도 신호등'[75] 을 통해 안전한 축제 운영을 지원한다. 또한, 축제 전용 앱 서비스를 통해 방문객들에게 행사 일정, 위치 등의 축제 정보를 통합적으로 제공한다. 성과분석 단계에서는 방문객들의 행동 패턴과 카트 결제 데이터를 분석하여 지역사회에 미친 경제적 파급효과를 평가하고, 이를 향후 축제 기획에 활용할 수 있는 자료로 제공한다.[76]

제4절 빅데이터와 인공지능 기반 행사장 안전관리 체계 구축 방안

1. 빅데이터와 인공지능 기술의 활용

1) 빅데이터와 인공지능 기반 안전관리 정책

정부는 2022년 이태원 참사를 계기로 국가안전시스템 개편 종합대책을 발표하고 ①새로운 위험 예측 및 상시 대비 체계 강화, ②현장에서 작동하는 재난관리 체계 전환, ③디지털 플랫폼 기반 과학적 재난안전관리, ④실질적 피해지원으로 회복력 강화, ⑤민간 참여와 협업 중심 안전관리 활성화 등 5대 전략을 제시했다.[77] 특히, 정부는 혼잡지역에서 발생할 수 있는 인파 사고를 방지하기 위해 빅데이터와 AI 기술을 활용한 ICT 기반의 안전관리 시스템을 도입했다. 예를 들어, 행정안전부는 이동통신사의 기지국 접

74) 실시간 인파관리서비스는 5분 단위로 인구 데이터를 지도상에 격자무늬로 표시하고, 12시간 동안의 인구 추이를 예측하여 관리자에게 통보한다.

75) 실시간 혼잡도 신호등은 30분 단위로 지역의 인구 혼잡도를 색상으로 표시하며, 실시간 인파 관리는 5분 단위의 인구 데이터를 지도에 표시하고 향후 12시간 내의 인구 추이를 예측한다.

76) 이데일리 (2023. 6. 2). KT, 지역축제 지원 '빅데이터 서비스' 출시, https://m.edaily.co.kr/news/read?newsId=02292726635637784&mediaCodeNo=257, 검색일 2025. 6. 26.

77) 행전안전부 보도자료 (2023. 10. 25). 「국가안전시스템 개편 종합대책」이렇게 추진했습니다, https://www.mois.go.kr/frt/bbs/type010/commonSelectBoardArticle.do?bbsId=BBSMSTR_000000000008&nttId=104387, 검색일 2025. 6. 26.

속 정보와 공간정보를 기반으로 인파 밀집으로 인한 위험을 예측하는 '인파관리시스템'을 시범 운영한 후, 2023년 12월부터 전국의 중점 관리지역 100곳에서 정식 운영을 시작했다.

서울시는 2023년 10월 핼러윈 축제를 앞두고 인공지능 기반의 인파 감지 시스템을 도입하여 인파 밀집 사고를 예방하고 있으며, 서초구는 강남역 일대에 '인공지능 기반 실시간 혼잡도 안내 시스템'을 설치하여 인파 사고를 방지하고 있다. 이와 함께, KT는 '문화축제 빅데이터 서비스'를 출시하여 지역축제의 준비 단계부터 운영, 사후 성과분석에 이르기까지 축제의 종합적인 전략 수립을 지원하고 있다. 국외 사례로는, 일본 도쿄 시부야구에 AI 카메라 100대를 설치하여 보행자데이터를 수집 및 분석하여 안전사고 예방과 대응계획 수립에 활용하고 있으며,[78] 미국 뉴욕시는 빅데이터 분석을 통해 핼러윈 기간 동안 차량 없는 거리를 운영하여 보행자 사고를 줄이고 대중교통 이용을 증가시키는 효과를 확인했다.[79]

2) 빅데이터와 인공지능 기반 행사장 안전관리

기존의 안전관리 체계는 주로 사고 발생 후의 대응에 중점을 두었으나, 앞으로는 사고를 미리 예방하는 접근 방식이 필수적이다. 지역축제에서 빅데이터와 AI 기술 활용은 기존 인력에 의존한 안전관리 운영체계를 보완하여, 잠재적인 위험 요소를 식별하고, 예방조치를 취하는 등 효과적인 대응체계를 구축할 수 있다. 이러한 혁신 기술은 다양한 데이터 수집과 분석을 기반으로 CCTV, 드론, 애플리케이션 등을 통해 실시간 모니터링 및 대응 방안을 체계적으로 구현할 수 있다. 빅데이터와 인공지능 기술은 지리정보체계(GIS) 상황판에서 행사장의 인파 밀집 정도를 파악하고, 위험경보 알림을 통해 선제적으로 대응할 수 있다. 또한, 고화질 CCTV와 영상분석 서버를 이용해 실시간으로 인파를 감지하고, 밀집도가 높아지면 지방자치단체, 경찰, 소방에 자동으로 경보를 전달하며, AI가 거리의 인파 밀집도를 자동 감지해 전광판에 표시하는 방식으로 작동한다. 그리고 행사 전용 앱 서비스를 통해 방문객들에게 행사 일정, 위치 등의 축제 정보를 통합적으로 제공함으로써 사고 발생 가능성을 예측하고 효과적인 대응 전략을 제공하여 인명과 재산 피해를 최소화하는 데 기여할 수 있다.

이와 같은 빅데이터와 인공지능 기반 행사장 안전관리 시스템을 효과적으로 운영하

---

78) 세이프타임즈 (2023. 6. 7). 일본 시부야에 AI 카메라 100대 설치해 참사 막는다, https://www.safetimes.co.kr/news/articleView.html?idxno=204948, 검색일 2025. 6. 26.
79) 경향신문 (2022. 11. 3). 이미 실시간 도시 데이터 충분한데...'인파관리'에 활용 못하는 한국, https://www.khan.co.kr/article/202211032049015, 검색일, 2025. 6. 26.

기 위해서는 행사장 내 통합 관제센터 구축이 필수적이며, 지방자치단체, 재난상황실, 경찰, 소방 등과의 협력 체계 강화가 필요하다. 빅데이터 및 인공지능I 기반 안전관리 시스템은 군중 밀집 예측, 위험 감지, 신속 대응 등 행사장의 안전성을 획기적으로 개선할 수 있으며, 향후 다양한 축제 및 대규모 행사에서 핵심 기술로 자리 잡을 것으로 기대된다.

2. 빅데이터와 인공지능 기술 도입을 위한 법적 적용 방안

1) 통합 법률 체계 구축

국제행사 및 지역축제와 같은 대규모 행사의 안전성을 확보하기 위해서는 빅데이터와 AI 기술을 활용한 통합적 대응 시스템 구축이 요구된다. 그러나 현행 「재난안전법」, 「경비업법」, 「공연법」, 「체육시설의 설치 · 이용에 관한 법률」, 「관광진흥법」, 「국가 통합 교통체계 효율화법」 등 개별 법률들은 각기 다른 목적과 적용 범위를 갖고 있어, 실제 현장에서 첨단기술의 도입과 연계에 있어 중복, 충돌, 공백 등의 문제가 발생하고 있다. 이러한 문제를 해결하기 위해서는 「재난안전법」 제66조의11을 중심으로 개별 법률 간 법제적 정합성 확보 및 통합 조정이 필요하다.

행사 주최 기관은 명확한 법적 근거하에 AI 및 빅데이터 기반의 실효성 있는 안전관리계획을 수립할 수 있으며, 안전관리 예산의 적정 편성, 경비 인력의 배치, 관제 시스템의 운영 등을 법적 기준에 따라 일관되게 시행할 수 있다. 아울러, 이 법률에 기반하여 정부, 지방자치단체, 관할 재난상황실, 경찰, 소방 등 관계기관 간 협업 체계를 공고히 하고, 위험 예측 구역 사전 식별, 실시간 군중 밀집도 분석, 비상대응인력 및 장비의 전략적 배치를 통해 사고 예방 및 긴급 대응 역량을 제고할 수 있다.[80] 따라서 기술과 제도, 행정 간 유기적 연결을 가능케 하는 통합 법률체계 구축은 국제행사의 안전성을 구조적으로 확보하기 위한 핵심 전제라 할 수 있다.

2) 안전관리 예산 책정의 의무화

지역축제의 주최 측은 유발자 부담 원칙에 따라 행사로 인해 발생할 수 있는 위험에 대비하여 안전관리 예산을 필수적으로 편성하고, 관련 법규에 따라 시설물 설치, 경비 인력 배치 등 안전관리 조치를 철저히 이행해야 한다. 특히, 최근에는 빅데이터 및 AI 기술을 활용한 실시간 인파 밀집도 분석 시스템, AI 기반 이상행동 감지 및 위험 예측

80) 박정섭. (2024b). 앞의 논문, p. 640.

시스템, 비상경보 시스템 등을 도입함으로써 행사 현장의 위험 대응 역량을 실질적으로 강화할 필요가 있다. 그러나 실제로 행사를 주관하는 다수의 주최 측이 안전관리 비용을 과소 책정하여 자체 경비를 최소화 하고, 경찰 의존적 대응에 머무르는 경향이 있다. 이는 「경비업법 시행령」 제30조를 근거로 경찰 인력을 대체 경비 수단으로 활용하려는 시도에서 비롯된다. 이러한 관행은 민영화와 수익자 부담 원칙을 훼손하며, 민간 경비의 자율성과 책임성을 약화시키는 동시에 경찰 본연의 범죄예방 및 치안 유지 기능에 공백을 발생시켜 사회 전체의 안전망을 약화시키는 문제를 유발할 수 있다.[81]

따라서, 국제행사 및 지역축제의 안전 확보를 위해서는 경비인력 인건비, 안전장비 구입, 안전 설비의 설치 및 유지보수, 안전 교육 및 훈련, 안전 진단 및 점검, 보험료 등 안전관리에 필수적인 제반 비용을 사전에 명확히 계상해야 하며, 이러한 예산 책정은 법적 의무로 강제될 필요가 있다. 이를 실현하기 위해, 「재난 및 안전관리 기본법」 제66조의11에 '안전관리비 계상 및 의무화' 조항을 신설하고, 주최 측이 행사의 안전 확보를 위한 독립적이고 자율적인 재정 책임을 이행할 수 있도록 법적 규제와 행정 감독 체계를 강화해야 한다.[82]

3) 통합관제센터 구축 및 운영

통합관제센터의 구축 및 운영은 대규모 군중 밀집 사고를 예방하고, 인명 피해를 최소화하기 위한 핵심적 대응 수단이다. 최근 정부와 지방자치단체는 인파로 인한 사고 재발 방지를 위해 이동통신사의 기지국 접속 데이터와 공간정보, 고해상도 CCTV, 그리고 인공지능 기반 영상 분석 시스템을 통합하여 실시간 인파 흐름을 감시하고, 위험 밀집도에 도달할 경우 자동 경보를 발령하는 인파 관리 시스템을 도입하고 있다. 이는 「재난안전법」 제74조[83]에 따른 재난관리정보통신체계의 일환으로 구축될 수 있는 기술 기반 안전관리 시스템이다.

그러나 대부분의 국제행사가 개방된 야외 공간에서 개최되며, 장소와 규모가 매회 달라지는 특성을 가지기 때문에, 국가 차원의 통합 시스템과의 연계를 위해서는 행사 현장에 이동형 또는 임시 형태의 통합관제센터를 설치 · 운영할 수 있도록 제도적 기반이 요구된다. 이러한 현장 통합관제센터는 지자체 또는 구청 재난상황실과 경찰, 소방,

81) 박정섭. (2024a). 앞의 논문, pp. 184~185.
82) 박정섭. (2024b). 앞의 논문, p. 640.
83) 「재난안전법」 제74조(재난관리정보통신체계의 구축 · 운영) ① 행정안전부장관과 재난관리책임기관 · 긴급구조기관 및 긴급구조지원기관의 장은 재난관리업무를 효율적으로 추진하기 위하여 대통령령으로 정하는 바에 따라 재난관리정보통신체계를 구축 · 운영할 수 있다.

의료기관 등 관계기관 간의 정보 공유 및 실시간 대응 협력체계를 통해 운영되어야 하며, 이를 통해 현장 중심의 안전 대응 역량을 실질적으로 제고할 수 있다.

이를 제도화하기 위해서는 「재난안전법」 제74조의2(재난관리정보의 공동이용),[84] 제74조의3(정보 제공 요청 등),[85] 제74조의4(재난안전데이터의 수집 등)[86]를 지역축제와 같은 임시 대규모 행사에도 적용할 수 있도록 대통령령에 명확히 규정하고, 특히 제66조의11에 빅데이터 기반 AI 인파관리 및 실시간 대응체계 구축 의무화 조항을 신설하는 방안에 대한 법제적 검토와 정책적 논의가 시급히 요구된다.

3. 빅데이터와 인공지능 기술 도입의 기대효과

1) 실시간 군중관리와 비상대응체계 강화

(1) 실시간 인파관리

국제행사나 지역축제와 같은 대규모 행사에서는 불특정 다수가 일정 시간 동안 제한된 공간에 밀집하거나 이동하는 군집화 현상이 필연적으로 발생한다. 이 과정에서 일부 군중의 일탈적 움직임은 군중 전체에 연쇄 반응을 유발하며, 상황이 통제를 벗어나 급작스러운 위험으로 발전할 가능성이 높다.[87] 실제 안전사고 사례 분석에 따르면, 인파관리 실패의 주요 요인으로는 사전 안전관리 대책의 부재, 초기 대응 체계의 미비, 안전요원의 전문성 부족, 기상 변화와 지형 조건에 대한 미흡한 대응 등이 지적되고 있다. 이러한 요인은 대규모 행사의 안전을 심각하게 저해하므로 개선이 시급하다.

우리나라는 2022년 이태원 압사 참사를 계기로 행정안전부와 지방자치단체가 주요

---

84) 「재난안전법」 제74조(재난관리정보통신체계의 구축 · 운영) ① 행정안전부장관과 재난관리책임기관 · 긴급구조기관 및 긴급구조지원기관의 장은 재난관리업무를 효율적으로 추진하기 위하여 대통령령으로 정하는 바에 따라 재난관리정보통신체계를 구축 · 운영할 수 있다.

85) 「재난안전법」 제74조의3(정보 제공 요청 등) ① 행정안전부장관(제14조 제1항에 따른 중앙대책본부가 운영되는 경우에는 해당 본부장을 말한다. 이하 이 조에서 같다), 시 · 도지사 또는 시장 · 군수 · 구청장(제16조 제1항에 따른 시 · 도대책본부 또는 시 · 군 · 구대책본부가 운영되는 경우에는 해당 본부장을 말한다. 이하 이 조에서 같다)은 재난의 예방 · 대비와 신속한 재난 대응을 위하여 필요한 경우 재난으로 인하여 생명 · 신체에 대한 피해를 입은 사람과 생명 · 신체에 대한 피해 발생이 우려되는 사람(이하 "재난피해자등"이라 한다)에 대한 다음 각 호에 해당하는 정보의 제공을 관계 중앙행정기관(그 소속기관 및 책임운영기관을 포함한다)의 장, 지방자치단체의 장, 「공공기관의 운영에 관한 법률」 제4조에 따른 공공기관의 장, 「전기통신사업법」 제2조 제8호에 따른 전기통신사업자, 그 밖의 법인 · 단체 또는 개인에게 요청할 수 있으며, 요청을 받은 자는 정당한 사유가 없으면 이에 따라야 한다.

86) 「재난안전법」 제74조의4(재난안전데이터의 수집 등) ① 행정안전부장관은 데이터에 기반한 재난 및 안전관리를 위하여 재난안전데이터의 수집 · 연계 · 분석 · 활용 · 공유 · 공개(이하 "수집등"이라 한다)를 하여야 한다.

87) 김상운. (2017). "다중운집행사 경찰동원에 영향을 미치는 요인 비교", 한국콘텐츠학회논문지, 17(6), pp. 1~19.

밀집 지역에 '인파관리시스템'을 도입하여 운영하고 있다. 이 시스템은 인구 밀도를 실시간으로 측정하여 일정 수치를 초과할 경우 지자체, 경찰, 소방 등에 자동 경보를 전송하고, 심각 단계에서는 현장 방송을 통해 보행 통제를 유도하는 등 실질적인 위험 분산 기능을 수행하고 있다. 그러나 이러한 시스템은 일반 지역축제에는 적용되지 않고 있어 축제 당일 대규모 혼잡이나 안전사고 위험이 상존하고 있으며, 실제로 몇몇 행사가 축소되거나 전면 취소되는 사례가 발생하기도 한다.[88]

한편, 일본은 2001년 '효고현 아카시시 불꽃놀이' 압사 사고 이후, 경찰관이 직접 마이크를 통해 군중을 유도하는 'DJ 폴리스 제도'[89]를 도입하여 인파 질서를 유지하는 데 활용하고 있다. 최근에는 이러한 인적 안전 대책과 함께 AI 기반 인파관리 시스템을 주요 밀집 지역에 도입함으로써, 실시간 통제와 대응을 가능하게 하는 하이브리드 안전관리 체계를 구축하고 있다.

따라서 지역축제와 같은 대규모 행사에서 효율적이고 실질적인 인파 관리를 위해서는 빅데이터와 인공지능(AI) 기술을 기반으로 한 실시간 인파 분석 및 경보 시스템을 도입하여 사고를 사전에 예방하고, 안전한 행사 환경을 조성할 수 있도록 정책적, 제도적 기반 마련이 요구된다.

(2) 비상대응체계 강화

국제행사의 안전사고를 예방하고 대형 인명 피해를 방지하기 위해서는 사전 단계의 철저한 안전관리 대책 수립과 함께 사고 발생 시 즉각적이고 효과적인 대응체계 구축이 필수적이다. Petak의 재난 대응 모델에 따르면, 사고 발생 시 효과적인 상황 보고 및 전파, 초동 대응, 수습 및 복구 단계가 신속하게 작동해야 하며, 이를 통해 사고의 심각성을 최소화하고 2차 피해 확산을 방지할 수 있다.[90]

윤소연(2023)의 연구에서 살펴본 바와 같이, 2000년부터 2022년까지 국내 지역축제 및 행사에서 발생한 안전사고는 사고 발생 시 초기 대응 미흡, 상황 전파 지연, 응급 구조 시스템의 부재 등 비상대응체계가 원할히 작동하지 못해 대형 참사로 이어진 경우가 다수 있다. 비상대응체계의 한계를 극복하고 보다 효과적인 안전관리 체계를 구

88) 서울신문 (2023. 5. 28). 6만명 몰린 'K-불꽃놀이' 함안낙화놀이…'최악축제' 불만 폭발, https://www.seoul.co.kr/news/society/2023/05/28/20230528500091, 검색일 2025. 6. 26.
89) 경찰관이 마이크로 군중을 질서 있게 유도한 것이 인기를 끌며 'DJ 폴리스'라는 개념이 정립 되었다.
90) Petak, W. J. (1985). "Emergency management: A challenge for public administration". Public Administration Review, 45, pp. 64~72.

축하기 위해서는 빅데이터와 AI를 활용한 실시간 모니터링 및 대응 방안을 체계적으로 구현할 필요가 있다. 첫째, 다양한 비상 상황을 시뮬레이션 하여 축제 및 행사에 적합한 위기 대응계획을 최적화해야 한다. 둘째, 감지된 위험 상황에 대해 즉각적인 경고 및 대응 지침을 제공함으로써 관계기관 및 참가자들이 신속히 대응할 수 있도록 한다. 셋째, 응급 상황을 실시간으로 파악하여 가장 근접한 의료 시설 및 구조 요원에게 신속히 정보를 전달함으로써 응급 구조 및 의료 지원의 효율성을 극대화한다. 넷째, 축제 참가자들에게 모바일 애플리케이션을 통한 실시간 안전 정보 제공 및 비상상황 발생 시 즉각적인 대피 지침 전달을 통해 개별적 대응 능력을 강화할 필요가 있다.

2) 스마트 행사장 구축을 통한 안전 효율성 강화

스마트 행사장은 디지털 기술 기반의 데이터 중심 통합관리체계를 통해 행사장의 안전성과 운영 효율성을 동시에 제고할 수 있다. 특히 국제행사와 같이 대규모 인원이 밀집되는 복합적 공간에서는 군중 밀집, 이상행동, 환경 변화 등 다양한 위험 요인이 동시다발적으로 작용하므로 실시간 예측 및 대응 역량 확보가 필수적이다.[91] 스마트 행사장은 참가자 정보, 환경 데이터, 이상 징후 데이터 등 이질적 정보를 실시간 수집하고, AI, 빅데이터, 머신러닝 등의 첨단 기술을 활용하여 군중 밀집도 예측, 이동 동선 최적화, 이상 상황 감지 및 자동 경보, 대피 유도까지 통합 수행하는 다차원적 안전·운영 플랫폼으로 구현되어야 한다.[92]

AI 기반 지능형 CCTV 및 객체 인식 기술은 행사장 내 비정상 행동, 급격한 군중 이동, 폭력 행위를 자동 탐지하고, 경보 시스템과 연계하여 보안 인력의 신속한 대응을 가능케 하며, 군중 압사나 테러와 같은 고위험 상황에 대한 실질적 예방 수단으로 기능한다.[93] 또한, 과거 행사 데이터를 학습한 머신러닝 기반 예측 모델은 군중 밀집, 이상행동, 기상 악화 등 특정 조건의 위험 상황을 사전 경고하고, 참가자에게는 스마트폰

91) 참가자의 위치정보, 이동경로, 체류시간 등 행동 데이터를 분석하면 군중의 흐름을 예측하고 혼잡지역을 사전에 식별할 수 있으며, 위험지역에 대한 선제적 출입제한조치를 통해 안전사고를 예방할 수 있다. 또한 기온, 습도, 강우량 등 환경 데이터를 실시간으로 모니터링함으로써, 열사병 발생 위험, 시야확보문제, 침수 등 2차적 재해 위험에도 신속히 대응할 수 있다

92) Scoble, R., & Cronin, I. (2025. March 11). AI in Crowd Behavior Analysis: Understanding and Managing Large Gatherings with AI, https://www.unaligned.io/p/ai-in-crowd-behavior-analysis?utm_source=chatgpt.com, 검색일 2025. 6. 26.

93) AxxonSoft (2025. Mar 03). Enhancing Security in Sports & Entertainment Venues with AxxonSoft Solutions, https://www.axxonsoft.com/blog/stadium-venue-security?utm_source=chatgpt.com, 검색일 2025. 6. 26.

알림, 디지털 디스플레이, 음성 방송 등의 다채널 경보 수단을 통해 신속하게 정보를 전달함으로써 안전한 동선 유도와 질서 있는 대응을 유도할 수 있다. 아울러 디지털 트윈(Digital Twin) 기술은 행사장의 물리적 구조와 동선을 디지털 공간에 실시간으로 복제하고, 다양한 비상 상황을 시뮬레이션함으로써 최적화된 대피 시나리오를 사전에 수립할 수 있게 한다. 실제 위기 상황에서는 모바일 앱이나 스마트 웨어러블 기기를 통해 실시간 대피 정보를 참가자에게 제공함으로써 대규모 혼란을 최소화하는 효과적인 대응체계 구축이 가능하다.[94]

이처럼 스마트 행사장은 단순한 기술 도입을 넘어 실시간 데이터 수집, 예측, 자동 대응 기능이 통합된 지능형 관리 체계로서 선제적 안전관리와 효율적 운영을 실현하는 새로운 패러다임을 제시한다. 이는 국제행사를 비롯해 군중관리, 도시 보안, 스마트시티, 재난 대응 등 공공안전 전반의 전략 수립 및 기술 활용에 있어 중요한 정책적·학문적 시사점을 제공한다.

---

94) ST Engineering, Digital Twins: Shaping the Future of Crowd and Safety Management, https://www.stengg.com/en/innovation/innovation-stories/digital-twins-shaping-the-future-of-crowd-and-safety-management/?utm_source=chatgpt.com, 검색일, 2025. 6. 26.

제8장

국제행사의 안전관리 실태와 제도적 과제

국제행사의 안전관리 실태와 제도적 과제

제8장

제1절 법 · 제도적 한계

1. 국제행사 분류체계 및 실무적 문제

1) 국제행사의 분류 기준

대규모 국제행사는 광의적으로 다자간 정상회의(국제회의), 국제스포츠 행사, 지방자치단체 축제 등으로 구분하고, 협의적으로는 행사의 주체(정부 또는 민간), 참가 범위(국내 또는 국제), 개최 장소(옥내 또는 옥외), 행사 성격(공익성 또는 수익성), 행사 유형(체육경기, 문화 · 예술 공연, 지역축제, 경축 및 기념식, 종교 의례, 국제회의 등)에 따라 그 종류가 매우 다양하다. 우리나라는 이러한 국제행사의 유치를 통해 국가 이미지 제고 및 지속 가능한 국가 발전을 도모하고 있으며, 이를 지원하기 위한 제도적 장치로 국고지원을 포함한 다양한 정책을 시행하고 있다.

기획재정부는 2008년 4월 21일 「국제행사의 유치 · 개최 등에 관한 규정」을 제정하여 5개국 이상의 국가에서 외국인이 참여하고 외국인 참여비율이 5%이상인 국제회의, 체육행사, 박람회, 전시회, 문화행사, 관광행사 등을 국제행사로 정의하고 있고,[1] 문화체육관광부는 2010년 6월 4일 「문화체육관광부 국제행사의 유치 · 개최에 관한 규정」을 제정하여 10개국 이상이 참가하여 2일 이상 진행되고 참가자 300명 이상(외국인 100명 이상)인 국제회의, 「국제경기대회법」 및 그 시행령에 해당하는 국제경기대회, 「전시산업발전법 시행령」에 해당하거나 국가 경제 발전에 기여할 가능성이 큰 전시회 · 박람회, 또는 외국인 참관 비율이 10% 이상이며 국가 세계화와 지속적 발전에 기여할 것으로 인정되는 문화 · 체육행사를 문화체육관광부 소관 국제행사로 정의하고 있다.[2]

---

1) 「국제행사의 유치 · 개최 등에 관한 규정」 제3조제1호.

이처럼 두 훈련 모두 외국인 참여 비율과 다자간 국가 참여를 핵심 요건으로 삼고 있다는 점에서 공통점을 갖는다. 그러나 국제행사가 국가중요행사로서 가지는 공공성과 위험성을 고려할 때, 안전관리 기준이 명확히 반영되어 있지 않다는 점은 중요한 한계로 지적된다. 실제로 국제행사는 대규모 인원이 운집하고 외국인 참여 비중이 높아 잠재적인 테러 위협과 안전사고 가능성이 상존함에도 불구하고, 기존의 법적 기준은 '유치 및 분류'에 초점을 두고 있어 '안전관리 체계'에 대한 규정은 미흡한 실정이다. 이러한 제도적 한계를 보완하기 위해 2016년 제정된 「테러방지법」은 이 법 제6조에 의해 국무총리 산하 대테러센터를 두고, 국가중요행사 대한 대테러안전대책 수립 및 지원 기능을 부여하고 있다.

2) 분류체계의 적용 실태와 문제점

국제행사의 실질적인 안전대책을 마련하기 위해서는 우선 국제행사의 분류 기준과 운영체계를 명확히 이해할 필요가 있다. 국내에서는 국제행사를 적용 법령과 제도적 운영체계에 따라 일반적으로 다자간 정상회의, 국제스포츠 행사, 지방자치단체 축제 등으로 구분하고 있다. 이와 같은 유형별 분류에 따라 안전관리의 주체, 적용되는 법적 근거, 정부의 지원 방식, 경호 및 대테러 대응체계 등도 각기 다르게 운영되고 있는 실정이다. 국제행사의 기준과 분류 방식은 외국인 참여 비율과 다자간 국가 참여 여부를 주요 요소로 삼으며, 행사 규모와 성격에 따라 등급별로 분류한 후, 전국 단위 · 지역 단위 · 개별 단위 등으로 국가중요행사를 지정한다.

「테러방지법」 제6조(대테러센터), 제10조(테러예방을 위한 안전관리대책의 수립), 동법 시행령 제26조(국가 중요행사 안전관리대책 수립), 그리고 관계 법령인 「국제경기대회지원법」 제10조(국가 등의 지원)는 국가중요행사에 대한 대테러안전활동의 기준과 절차를 명시함으로써, 행사에 대한 체계적인 안전관리와 성공적인 개최를 법적으로 지원하고 있다. 「테러방지법 시행령」 제26조에 의하면, 국가중요행사는 국내외에서 개최되는 행사 중 관계기관[3]의 장이 소관 업무에 따라 주관기관, 개최 근거, 중요도 등을 기준으로 대테러센터장과 협의하여 지정하며, 관계기관의 장은 대테러센터장과 협의하여 국가 중요행사의 특성에 맞는 분야별 안전관리대책을 수립 및 시행해야 한다. 또한, 관계기관의 장은 국가 중요행사에 대한 안전관리대책을 협의 · 조정하기 위하여 필요한

---

2) 「문화체육관광부 국제행사의 유치 · 개최에 관한 규정」 제3조제1항.
3) '관계기관'이라 함은 「테러방지법」 제2조제7호에 명시된 대테러활동을 수행하는 국가기관, 지방자치단체, 기타 대통령령으로 정하는 기관을 말한다.

경우에는 대책위원회의 심의 · 의결을 거쳐 관계기관 합동으로 대테러 · 안전대책기구를 편성 · 운영할 수 있다.

대테러센터는 국제행사의 규모, 참가국 수, 사회적 파급력, 안전 위해도 등을 종합적으로 고려하여 전국단위, 지역단위, 개별단위로 국가중요행사를 분류하고 있으며, 국가정보원의 대테러 정보와 국제정세 분석을 기반으로 대테러 · 안전활동이 차등적으로 적용된다. 첫째, 전국단위 행사는 하계 · 동계 올림픽, FIFA 월드컵, 세계박람회 등의 대규모 국제행사로 테러대책위원회 심의 · 의결을 거쳐 범정부 차원의 전담 대책기구가 편성 · 운영된다. 둘째, 지역단위 행사는 아시아경기대회, 세계육상선수권대회, 유니버시아드, 아시안컵 등 지역 주관의 중규모 행사로서 지역테러대책협의회를 중심으로 유관기관 합동대책기구가 편성 · 운영된다. 셋째, 개별단위 행사는 ASEM 재무장관회의, 세계태권도선수권대회 등 특정 계층 및 지역의 관심을 받는 중소 규모 행사로, 경찰 및 주관기관 중심의 현장 대응에 중점을 둔 안전활동이 실시된다.[4)]

이러한 분류체계는 국가중요행사의 체계적이고 단계적인 대테러 대응을 가능하게 한다는 점에서 일정 부분 효과를 인정받고 있으나, 실제 적용에 있어 여러 한계가 존재한다. 특히 전국단위의 대형 국제스포츠 행사에 대테러 대응이 집중되는 반면, 지방자치단체가 주관하는 국제행사나 민간 주도의 다중운집 행사는 상대적으로 분류 적용이 미비하고, 대테러 대응 역시 소홀한 경우가 많다. 이는 「테러방지법」이 모든 국가중요행사를 대상으로 대테러 대응 및 국민 안전 확보를 목표로 하고 있음에도 불구하고, 제도의 실질적 운영이 특정 행사 유형에 편중되어 있는 구조적 문제를 반영한다. 이러한 경직된 적용은 사전 안전대책 수립의 부실, 유관기관 간 협력 부족으로 이어지며, 결과적으로는 잠재적 위험 요소의 방치 및 국제행사 전반에 대한 국민적 신뢰 저하로 귀결될 수 있다.

2. 안전관리 책임 구조의 혼선

1) 관계기관 간 책임분담의 모호성

국제행사는 그 유형과 목적에 따라 경호, 대테러, 재난 및 안전관리 등 다양한 형태의 안전관리 체계가 요구된다. 그러나 현행 제도는 행사 주관기관 또는 주최자의 성격에 따라 적용되는 법령과 지침이 상이하여 안전관리 방식은 물론 관계기관 간의 책임분담 또한 일관되게 정립되지 못하고 있다.

---

4) 대테러센터. (2018). 「국가 중요행사 대테러안전활동 지침」, p. 4; 박정섭. (2020). 앞의 논문, p. 72.

예를 들어, 다자간 정상회의는 「대통령경호법」에 따라 대통령경호처가 경호 및 안전을 총괄하며, 경호안전통제단 내 경호안전기획조정실을 중심으로 경호작전본부, 대테러본부, 군작전본부, 경찰작전본부, 소방방재본부, 해경작전본부를 편성하여 기능별 임무를 수행한다. 반면, 국제스포츠 행사는 조직위원회와 대테러·안전대책본부가 이원적 구조로 운영된다. 조직위원회는 대회 직접시설 내의 경비, 출입통제, 질서유지 및 안내를 포함한 1차적 예방 활동을 담당하고, 대테러·안전대책본부는 국무총리 산하 대테러센터 및 국가정보원이 주축이 되어 테러 대응, 시설 외부 통제, 위험물 처리, 군중 대응, 화재 진압, 구조·구급 등 유관기관과 협력해 종합적 안전활동을 수행한다.[5)]

이러한 구조적 이질성은 기관 간 유기적 협업을 요구함에도 불구하고, 실제로는 지휘체계의 중첩, 책임 범위의 모호성으로 인해 실무 현장에서 업무 충돌과 대응 지연이 반복되는 문제를 초래한다. 특히 공공기관과 민간경비 간의 협력체계가 체계화되어 있지 않아 정보 공유와 상황 조율이 지체되며, 각 기관이 독립적으로 움직이는 병렬적 대응 구조가 나타나는 경향이 있다. 더욱이, 지방자치단체의 재정 및 행정 역량에 따라 안전대책의 실효성에 지역 간 편차가 발생하고 있으며, 중앙정부와 유관기관 간 협력이 미흡할 경우 관리 공백이 발생할 위험성도 크다. 이러한 문제는 각 기관이 고유 역할에만 집중하고 안전관리 전체에 대한 공동 책임 의식을 공유하지 못하는 조직문화의 한계에서 비롯된 것으로, 국제행사의 통합적 안전관리 체계를 구축하는 데 있어 중대한 장애 요인으로 작용하고 있다.

2) 법령 체계의 정합성 부족과 개선 과제

국제행사의 안전관리 책임이 혼선을 빚는 주요 원인 중 하나는 관련 법령 간 정합성 부족이다. 현행 법령은 각 기관의 역할과 권한을 개별적으로 규정하고 있으나, 복합적 상황에서 적용 우선순위가 명확하지 않아 현장 운영 시 지휘권 충돌과 책임 회피가 발생할 소지가 크다.

예를 들어, 「테러방지법」 제4조는 대테러 활동이 타 법률에 우선 적용된다고 규정하지만, 「대통령경호법」과 「테러방지법 시행령」 제26조 제4항은 대통령 및 국빈급 인사의 경호와 안전관리 주체를 대통령경호처장으로 명시하고 있다. 이러한 법령 간 해석 충돌은 정상급 인사가 참석하는 국제행사에서 경호와 대테러 기능이 중첩되면서 지휘권 혼선으로 이어질 수 있다. 위기 상황에서는 지휘 체계의 모호성이 판단 지연을 초래

---

5) 박정섭·이대권. (2024). 앞의 논문, pp. 33~34.

하고, 결과적으로 안전조치의 적시성과 효과성을 저해할 수 있다. 또한, 대테러센터, 국가정보원, 대통령경호처 등 주요 기관 간 직무는 법적으로 구분되어 있음에도 불구하고, 각 기관이 자율적 해석에 따라 관할권을 주장하는 경우가 적지 않다. 이로 인해 조직 이기주의가 심화되고, 기관 간 정보 공유는 지체되거나 단절되는 사례도 발생한다.

이러한 문제는 조직위원회와 대테러 · 안전대책본부의 이원화된 운영, 공공기관과 민간경비 간 협력 미흡, 지휘체계의 불명확성과 맞물려 더욱 복잡해진다. 정보 전달의 단절, 책임 분산, 일관성 없는 현장 대응은 국가 차원의 위기 대응 역량을 저해하는 구조적 원인으로 작용한다.

이와 같은 문제를 해소하기 위해서는 다음과 같은 제도적 개선이 시급하다. 첫째, 관계 법령 간 적용 우선순위를 명확히 정립하고, 기관별 역할과 책임 범위를 명문화해야 한다. 둘째, 관계기관 간 지휘 · 조정 기능을 수행할 수 있는 상설 통합기구를 설치하여, 유사시 일관된 지휘체계를 확보할 수 있도록 해야 한다. 셋째, 실무자가 위기 상황에서 즉시 참조할 수 있는 표준화된 통합 매뉴얼을 마련하여, 대응 일관성과 실행력을 제고해야 한다.

제2절 안전관리 체계 및 운영 실태

1. 경호 · 안전활동 체계 및 운영 실태

1) 경호 · 안전활동 체계

국제행사에 참석하는 국가원수 또는 행정수반과 국제기구 대표의 신변을 보호하고, 행사장의 절대적 안전을 확보하기 위해서는 경호 · 경비인력의 전략적 배치와 통합적 운영이 필요하다. 우리나라는 국가중요행사인 다자간 정상회의를 개최할 시 「대통령경호법」 제5조의2에 근거하여 대통령경호처를 중심으로 경호 · 안전대책기구를 편성하고, 경호안전통제단을 구성하여 경호계획의 수립과 실행을 총괄한다. 경호안전통제단은 기능별 전문조직과 관계기관 인력을 통합 · 편성하여 단일 지휘체계 하에 전략적 경호계획을 수립 · 운영함으로써, 위기 상황에 대한 신속대응, 기관 간 협업의 체계화, 분야별 전문성 확보, 단계별 경호활동의 연속성 유지 등 국제행사 전반의 경호 · 안전관리의 효율성을 극대화한다.

그러나 실제 운영 단계에서는 유관기관 간 상이한 보고체계, 정보 공유 및 협력 부족, 민간경비의 실질적 배제 등 다양한 구조적 한계가 지속적으로 제기되고 있다. 특히 군·경찰·국정원·소방 등 관계기관은 사건 발생 시 소속 기관에 우선 보고한 후 경호안전통제단으로 후속 보고가 이루어지는 다단계 지휘체계를 유지하고 있어, 긴급 상황 발생 시 신속하고 일관된 초동 대응이 지연될 가능성이 높다. 또한, 정보 공유 및 합동훈련 체계의 미비는 복합적 위협에 대한 실질적인 대응 역량을 저하시키는 주요 요인으로 작용하고 있다. 따라서 향후 국제행사의 경호·안전체계를 실효성 있게 개선하기 위해서는 민간경비의 실질적 참여 확대, 유관기관 간 통합된 지휘체계의 확립, 정례화된 합동훈련 및 정보 공유체계의 구축 등 제도적 보완이 시급히 요구된다.

2) 주요 다자간 정상회의 운영 실태

2005년 부산 APEC 정상회의, 2010년 서울 G20 정상회의, 2012년 서울핵안보정상회의 등 국내에서 개최된 주요 다자간 정상회의에서는 대규모 경호인력과 장비가 투입되어 범정부 차원의 통합적 경호·안전 활동이 전개되었다. 경호안전통제단은 행사 관련 시설과 그 주변 지역을 광범위하게 통제하고 출입을 제한하는 폐쇄형 경호 방식을 적용하였으며,[6] 경호 장비의 과학화를 통해 시스템 중심의 경호체계를 구축했다.[7]

대통령경호처 보도자료에 따르면, 2005 부산 APEC 정상회의 개최 시 경호안전통제단은 경호실, 군, 경찰, 국정원, 소방방재청 등 총 4만 6000여 명의 인력을 동원하였으며,[8] 2010 서울 G20 정상회의에서는 군과 경찰 등 유관기관 인력 1만여 명이 회의장 주변에 배치되고, 각국 정상의 이동 경로 및 국가중요시설 경비 등 경호·안전활동 전반에 약 4만 명, 집회·시위 대비를 위한 예비 인력으로 2만 명이 추가로 투입되었다.[9] 또한 약 7,500명의 자원봉사자 및 진행요원이 모집되어 행사 지원업무에 배치되었으며,[10] 이들 중 일부는 경호 지원 업무의 보조 역할을 수행하기도 했다. 이어서 개최된 2012년 서울 핵안보정상회의에서도 대통령경호처를 중심으로 군, 경찰, 국가정보

6) 「대통령경호법」 제5조를 해석해 보면, 경호처장은 경호업무 수행에 필요하다고 판단되는 경우 경호구역을 지정하여 질서유지, 교통관리, 검문·검색, 출입통제, 위험물 탐지 및 안전조치 등 위해방지에 필요한 안전활동을 할 수 있다.
7) RFID, 얼굴인식시스템, 지능형 영상감시시스템, 차량 위치확인시스템, 유관기관 통합네트워크 상황망, 3차원 지리정보시스템(3D GIS) 등 첨단 IT 기술이 경호체계에 접목되어 검색시간 단축, 현장 경호인력의 효율적 감축이 이루어졌다.
8) 대통령경호처 보도자료 (2005. 10. 19). APEC정상회의 D-30 준비상황 점검, https://www.pss.go.kr/sites/ko/boards/3/posts/355, 검색일 2025. 6. 29
9) 대통령경호처 보도자료 (2011. 3. 29). G20 경호안전활동 보도 참고, https://www.pss.go.kr/sites/ko/boards/3/posts/379, 검색일 2025. 6. 29.
10) G20 정상회의준비위원회, 2010 서울 G20 정상회의: 제2권 준비외 성과, 2011, p. 40.

원, 소방, 해양경찰 등 관계기관이 참여한 통합적 대응체계가 운영되었으며, 테러 및 폭력시위에 대한 엄정한 대응과 더불어 국민 편의를 고려한 경호활동이 병행되었다. 경호안전통제단은 완벽한 경호안전 태세를 유지하면서도 불필요한 통제를 최소화하는 전략을 수립하였고,[11] 특히 북한의 위협 가능성과 대테러전 주도국가 정상들의 대거 참석이라는 상황을 반영하여 각종 위협 요소와 잠재적 폭력시위에 대비한 경호 조치를 강화했다.[12]

다자간 정상회의와 같은 주요 국제행사의 운영 실태를 분석해보면, 단순한 인력 중심의 대응 방식과 첨단기술 활용의 실효성 부족이라는 구조적 문제가 반복적으로 제기되고 있다. 행사 전반의 안전성을 확보하기 위해서는 단순한 인력의 양적 투입을 넘어, 기능별·주특기별 전문성을 갖춘 인력을 선별적으로 운용할 수 있는 경호전문인력(인재풀)시스템을 구축해야 하며, 민간 전문인력의 실질적 참여를 전제로 한 민·관 협업체계의 기반도 제도적으로 마련되어야 한다. 또한, 국제행사 개최 전 첨단 경호·안전장비의 대대적인 도입과 홍보가 이루어지지만, 행사 종료 후 해당 장비들이 안전 유관기관에 실질적으로 보급되어 운용되는 사례는 극히 제한적이다. 이는 장비 도입의 실용성과 운용성 검토 없이 일시적 홍보 효과에 중점을 둔 전시 행정에 그쳤음을 방증하며, 실질적인 안전 강화보다는 행사의 상징성과 보여주기에 집중한 운영이라는 비판을 받고 있다.

2. 대테러안전활동 체계 및 운영 실태[13]

1) 대테러안전활동 체계

우리나라는 다자간 정상회의, 국제스포츠 행사, 지방자치단체 주관 축제 등 다양한 국가중요행사 및 대규모 국제행사를 개최하면서 현장 중심의 적극적인 테러예방활동 및 테러대응역량 강화로 예방 중심의 테러대응체계를 실시하고 있다.[14] 국가중요행사별 대테러안전활동 체계를 살펴보면, 다자간 정상회의의 경우「다자간 정상회의 경호 및 안전관리 업무에 관한 규정」에 의해 경호안전통제단 내 경호안전기회조정실 산하에

11) 시민 불편을 줄이기 위해 통제구역은 경호안전 확보에 필수적인 지역과 시간대로 한정하여 운영했다.

12) 대통령경호처 보도자료 (2012. 2. 27). 세련된 경호로 국민불편 최소화, https://www.pss.go.kr/sites/ko/boards/3/posts/385, 검색일 2025. 6. 29.

13)「국가대테러활동지침」은 1982년 1월 22일 [대통령 훈령 제47호]로 제정·시행되었으나 2016년 5월 31일 테러방지법 시행령 제정에 따라 2016년 6월 20일 폐지 되었다.

14) 박정섭. (2020). 앞의 논문, p. 84.

대테러본부가 편성되어 대테러 관련 임무를 수행하며, 국제스포츠 행사에서는 「국제경기대회지원법」 제10조제2항과 「테러방지법」에 근거하여 대테러 · 안전대책본부를 구성하고,[15] 관계기관과 협력하에 행사장 전반에 대한 종합적인 대테러안전활동이 이루어진다. 한편, 지방자치단체가 주관하는 축제나 소규모 국제행사의 경우에는 주최기관 및 경찰이 중심이 되어 현장 안전질서 유지, 교통관리 등의 대테러안전활동을 수행하며, 필요시 경찰 · 소방 등 유관기관이 참여하는 '현장상황실'이 운영되어 대응체계를 보완한다.[16]

이러한 대테러 · 안전활동 체계는 국가중요행사의 규모와 관심도, 참가국가, 파급영향, 안전위해도 등에 따라 전국단위, 지역단위, 개별단위로 구분 적용되며, 각 등급별로 안전활동 주관기관이 지정되고, 대책기구가 차등적으로 편성 · 운영된다. 단, 다자간 정상회의의 경우 대테러안전활동이 경호안전대책의 하위 기능으로 포함되어 유관기관의 임무로 조정 · 통제되고 있다. 이는 대테러 전담기관이 실질적으로 통제단을 지원하는 역할에 머무르게 되어 독립적인 대테러 대응 역량을 강화하는데 한계가 있다. 또한, 대다수 지방자치단체 주관 축제나 민간행사는 국가중요행사로 분류되지 않아 실질적 대테러 대응체계를 구축하는데 어려움이 있어 잠재적 테러 위협에 취약하다.

2) 주요 국제스포츠 행사 운영 실태

2011대구세계육상선수권대회, 2013충주세계조정선수권대회, 2014인천아시아경기대회, 2014인천장애인아시아경기대회, 2015광주하계유니버시아드대회, 2018 평창동계올림픽 등 국내에서 개최된 주요 국제스포츠 행사는 「국제경기대회 지원법」 제10조제2항에 근거하여 대회 관련 시설과 선수 · 임원 · 보도진 · 관람객 등에 대한 테러를 방지하고 안전을 확보하기 위해 국가 차원의 지원 요청을 통해 대테러 · 안전대책기구를 편성 · 운영하였다. 국제스포츠 행사의 안전관리는 조직위원회와 대테러 · 안전대책본부가 이원적인 구조로 분리되어 민 · 관 합동체제로 운영되고 있다.

2014년 인천아시아경기대회의 조직위원회는 대회 직접 시설 내에서의 경비, 출입통제, 질서유지 및 안내를 포함하여 선수, 임원, 보도진, 종사자, 관람객 등의 안전에 관한 사항들을 관리하는 1차적인 안전 예방 활동을 담당했고, 대테러 · 안전대책본부는 대회직접시설의 진입도로 교통 통제, 시설내부의 출입통제 및 보안검색 거부자 퇴거 조

15) 대테러센터 국가중요행사 분류 기준에 따라 안전활동 주관기관이 정부합동기구 또는 대테러센터와 지역테러대책협의회 주관 합동기구로 편성 및 운영될 수 있다.

16) 대테러센터. (2018). 「국가 중요행사 대테러안전활동 지침」, p. 4.

치, 위험물질 발견 및 처리, 범죄 및 집단 난동에 대응, 화재예방 및 진압, 응급환자 구조·구급·후송 등을 적극적으로 지원했다.[17)]

2018년 평창동계올림픽에서는 총리실 산하 대테러센터장과 국가정보원 담당 국장이 공동 본부장을 맡아 대테러·안전대책본부를 구성하고, 경찰청, 소방청, 국방부, 대통령경호처 등 유관기관과 함께 통합적 대테러 지휘체계를 구축했다.[18)] 또한, 2018 평창동계올림픽 조직위원회는 대회 참가 국내외 정상급 VIP 경호·안전활동을 책임진 경호안전통제단 및 북한 선수단·응원단·예술단 등의 안전활동을 책임진 정부합동관리단[19)]과 긴밀한 협조관계를 유지하였으며, 민간경비를 활용하여 대회 직접시설에 대한 경비, 보안검색을 포함한 출입통제, 내부 질서유지 및 안내 업무를 수행했고, 선수, 임원, 보도진, 종사자, 관람객 등의 안전을 도모했다.[20)]

[그림 8-1] 대테러·안전대책본부 운영체계도

출처 : 박세선. (2019). 박사학위 논문, p. 14.

[그림 8-1]의 운영체계도를 살펴보면, 2018 평창동계올림픽 대테러·안전대책본부는 통합지휘체계의 컨트롤타워로서의 기능을 수행하였으며, 유관기관과의 업무 공조를 통해 대테러안전활동을 실시했다. 단, 경호가 필요한 행사의 경우에는 대통령경호처와 협력하여 안전대책을 추진했다. 그리고 조직위원회 안전관실은 민간경비업체의 경비인력을 지휘·통제하는 역할을 담당했다.

---

17) 제17회 인천아시아경기대회 공식결과보고서. (2014), 준비운영편, p. 663.
18) 박정섭. (2020). 앞의 논문, p. 85.
19) 정부합동관리단은 통일부, 국가정보원, 경찰청 등으로 구성됨.
20) Pyeong Chang 2018 공식보고서. (2018). 제3권, p. 197; 박정섭·이대권. (2024). 앞의 논문, p. 33.

그러나 대테러 · 안전대책본부와 조직위원회 안전관실 간의 이원적 운영체계는 긴급 상황 발생 시 지휘권의 일원화와 신속한 통합 대응을 어렵게 만들며, 민 · 관 협력 기반의 대테러 · 안전관리 체계의 실효성을 저해하는 구조적 한계로 작용하고 있다. 특히, 현장에서는 관계기관 간 협업을 지원할 표준화된 운영 매뉴얼과 명확한 역할 분장 기준이 부재하여 임무의 중복 또는 누락 사례가 반복적으로 발생하기도 했다. 이러한 문제는 각 소관 부처와 유관기관 간의 업무적 충돌을 초래하며, 궁극적으로는 통합적 대응체계의 지속가능성과 효율성을 약화시키는 주요 원인이 되기도 한다.

3. 재난 및 안전관리 체계 및 운영 실태

1) 재난 및 안전관리 체계

지방자치단체 또는 민간단체가 주관하는 축제 및 행사는 다중이 운집하는 특성상, 옥 · 내외를 불문하고 각종 안전사고의 위험에 상시 노출되어 있다. 이에 따라 지역축제 및 행사를 주관하는 중앙행정기관의 장 또는 지방자치단체의 장은 「재난안전법」 제66조의11에 근거하여 행사별 안전관리계획을 수립하고, 안전관리에 필요한 조치를 취해야 한다. 그리고 주최 측은 행사의 규모 · 성격 · 장소 · 시간 등을 종합적으로 고려하여 「공연법」, 「체육시설의 설치 · 이용에 관한법률」, 「관광진흥법」, 「국가통합교통체계효율화법」, 「경비업법」등 개별 법률을 상황에 맞게 적용하여 다각적인 안전관리 체계를 구축해야 한다.

지역축제 중 재난 또는 안전사고가 발생할 경우, 신속하고 체계적인 긴급구조를 통해 인명피해를 최소화하고, 사고 이후에는 수습복구 절차를 통해 2차 피해를 방지하며 조속한 현장 안정과 회복을 도모해야 한다. [그림 8-2]는 재난 및 안전사고 발생 시 긴급구조 및 수습복구에 대한 조직적 대응체계를 시각적으로 제시하고 있으며, 각 단계별로 지휘체계와 지원기관의 역할을 명확히 구분하고 있다.

[그림 8-2] 긴급구조 및 수습복구 체계

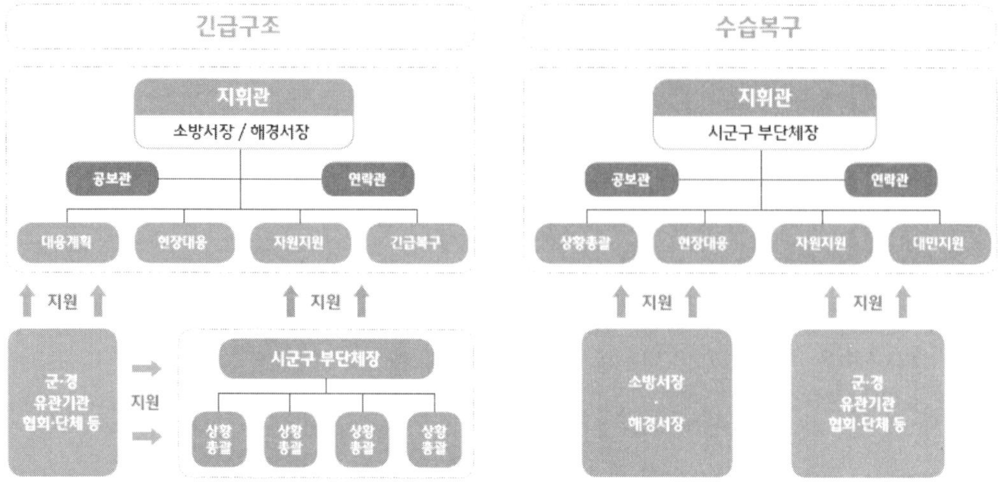

출처 : 행정안전부. (2021). 「지역축제장 안전관리 매뉴얼」, p. 101.

[그림 8-2]의 대응체계를 살펴보면, 긴급구조 단계에서는 소방서장 또는 해양경찰서장이 지휘관으로서 컨트롤타워 역할을 수행하며, 공보관 및 연락관과의 유기적인 협조하에 대응계획, 현장대응, 자원지원, 긴급복구의 네 가지 기능별 업무를 총괄한다. 이때 시 · 군 · 구 부단체장과 군 · 경, 유관기관, 민간 협회 및 단체 등은 현장 중심의 작전 수행을 지원하는 역할을 한다. 이후 상황이 안정화되어 수습복구 단계로 전환되면, 지휘권은 시 · 군 · 구 부단체장에게 이관되며, 공보관 및 연락관과 함께 상황총괄, 현장대응, 자원지원, 대민지원 등의 복구 관련 업무를 중심으로 피해 최소화와 조속한 회복을 목표로 한 전방위적 대응이 이루어진다. 이 단계에서는 소방서장, 해양경찰서장, 군 · 경, 유관기관, 민간 협회 및 단체 등이 지원기관으로서 역할을 지속적으로 수행한다.

지방자치단체는 지역 실정에 맞춘 안전관리 조례를 제정 · 시행하고 있으며, 특히 전국 34개 자치단체는 「옥외행사의 안전관리에 관한 조례」를 별도로 마련하여,[21] 지역사회 중심의 사전 예방적 안전관리체계를 구축하고 있다.

2) 지역축제 운영 실태[22]

지방자치단체 또는 민간단체가 주관하는 지역축제는 규모, 특성, 참가자 수, 행사장

21) 「경기도 옥외행사의 안전관리에 관한 조례」 제2조제1호 "옥외행사"란 주된 행사가 천장이 없거나 사방이 폐쇄되지 아니한 장소에서 다중(多衆)이 참여하는 공연, 축제, 체육 등과 같은 대규모 행사를 말한다.

22) 행정안전부에서 개발 및 보급한 지역축제장 안전관리 매뉴얼의 안전관리 체계 6단계를 재구성함.

위치, 진행 방식 등을 고려하여 관련 법에 따라 합동상황실을 설치 · 운영할 수 있으며, 지방자치단체를 중심으로 소방서, 경찰서, 전기 · 가스 · 통신 기관, 민간자원봉사 및 민간 참여 기업 등과의 협력체계를 구축하여 행사 전반의 안전을 확보하게 된다.[23] 또한, 행정안전부는 「재난안전법」을 근거로 작성된 '지역축제장 안전관리 매뉴얼'을 보급하여 지역축제 운영의 전 주기에 걸쳐 체계적인 안전관리 활동을 유도하고 있다. 이 매뉴얼은 중앙행정기관, 지방자치단체, 민간 등이 개최하는 지역축제의 안전관리 지침서로 활용되며, 축제의 준비, 운영, 종료 후 점검에 이르기까지 단계별로 구체적인 절차와 기준을 제시하고 있다.

- 1단계(안전관리계획수립) : 지방자치단체 축제 개최자는 관할 지방자치단체, 경찰서, 소방서, 전기, 가스 등 지역 안전관리 유관기관의 의견을 수렴하고, 이 의견을 참고하여 「재난안전법」외의 「공연법」, 「경비업법」, 「체육 시설의 설치 · 이용에 관한 법률」, 「관광 진흥법」, 「국가 통합교통체계 효율화법」등의 관련법을 근거하여 중앙행정기관 및 지방자치단체의 지역축제 담당자는 행사개최 30일전까지 안전관리계획을 수립 하여야 한다.

- 2단계(안전관리계획 제출 · 심의 요청) : 지방자치단체 축제를 민간기관 또는 단체 등에서 개최하는 경우에는 지역축제 담당부서에 안전관리계획을 제출하고, 지역축제 담당부서는 안전관리계획을 공연법, 보조금 조건 등을 검토하여 필요시 심의를 요청한다. 지역축제의 행사장 관할 시 · 군 · 구가 2개 이상일 때는 시 · 군 · 구 합동으로 축제를 개최하거나 관할 시 · 도의 재난관리부서에 심의 요청한다. 축제담당 부서는 지역축제 개최 3주 전에 관할 지방자치단체 재난관리부서에 안전관리계획의 심의를 요청한다.

- 3단계(사전검토 요청) : 재난관리부서는 행사개최 14일 전에 지역축제 안전관리 계획서를 지역안전관리위원회[24] 위원 등에게 사전검토를 요청한다.

---

23) 「재난안전법 시행령」 제73조의9제2항에 따르면, 안전관리계획에는 지역축제의 개요, 축제 장소 및 시설의 관리책임자와 관리조직 및 임무, 화재 예방 및 인명피해 방지 조치, 안전관리 인력의 확보 및 배치계획, 비상시 대응 요령, 담당 기관 및 담당자 연락처 등이 포함되어야 한다.

24) 「경기도 안전관리위원회 운영 조례」제3조에 따라 위원회는 도지사를 위원장으로 하여 행정1부지사를 부위원장으로 하며, 안전 및 재난관리 관련 부서 · 기관 · 단체의 장, 전문가, 의회 의원 등 최대 40명 이내로 구성되며, 위촉직 위원은 성별 균형을 고려하여 도지사가 임명 또는 위촉한다.

- 4단계(지역안전관리위원회 심의상정) : 재난관리 부서는 지역안전관리위원회 개최 10일전 안전관리계획에 대한 설명 후 지역안전관리위원회 심의 상정한다.

- 5단계(심의결과 통보) : 재난관리 부서는 행사개최 5일전 지역안전관리위원, 지역축제담당부서, 행사 개최자 등 관계기관에 심의결과를 통보한다.

- 6단계(지역축제 행사장 합동 지도 · 점검실시) : 재난관리 부서는 지역안전관리민관협력위원회와 사전 협의하여 지역축제 행사장에 대한 합동지도 · 점검 계획을 수립하고 행사개최 1~2일 전 재난관리부서 주관 합동 지도 및 점검을 실시한다. 합동 지도 및 점검 시 행사장의 안전관리 상태가 미흡한 사항에 대하여는 보완조치 후 행사를 추진하도록 한다. 지역축제의 안전사고 예방과 긴급 상황 발생에 대비하여 합동상황실의 설치 · 운영계획을 마련하고 소방서, 경찰서 등 안전관리 유관기관, 민간경비요원 등 비상연락망을 상황실에 비치해 두어야 한다.

지방자치단체 축제의 안전관리체계는 「재난안전법」 제66조의11에 따라 안전관리계획의 수립 및 조치가 이루어지며, 축제의 규모, 유형, 시간, 장소 등에 따라 개별 법률이 적용되어 안전관리가 강화되고 있다. 그러나 이러한 법률은 안전관리의 세부 내용을 구체적으로 포함하지 않아, 실질적인 안전성을 강화하기 위한 법적 실효성이 부족하다는 지적이 제기되고 있다. 또한, '지역축제장 안전관리 매뉴얼'은 특정 사고 발생 시 법적 책임을 판단하는 명확한 기준으로 활용될 수 없는 문제점을 안고 있다. 최근 지역경제 활성화를 목적으로 지방자치단체 축제가 급증하고, 축제의 방식과 규모가 점점 다양화됨에 따라 기존의 재난관리 중심 체계에서 벗어나 테러와 안전사고를 통합적으로 관리할 수 있는 종합적이고 체계적인 안전관리 운영체계의 구축이 절실히 요구된다.

제3절 행사장 안전관리 운영 실태

1. 다자간 정상회의

1) 보안구역 설정과 장비 운용

다자간 정상회의는 위협 수준에 따라 보안구역을 설정하고, 고도화된 장비 운영을 통해 단계별 경호 · 안전관리 체계를 구축하고 있다. 일반적으로 3선 경호원칙에 따라 행사장 주변은 1선 보안구역(50m), 2선 경비구역(600m), 3선 경계구역(2km)으로 구분되며, 각 구역은 위협 대응 범위 및 장비 운용 방식에 따라 차별화된 통제 체계를 적용받는다. 이 구역들은 각각 권총, 수류탄, 소총, 박격포 등의 유효 사거리를 기준으로 설계되어 위협의 유형에 따라 점진적 방어가 가능하도록 고안되었다.

1선 보안구역은 철저한 출입통제와 정밀 검색이 이루어지는 핵심 보안지역으로서 휴대용 금속탐지기(Scanner),[25] 문형 금속탐지기(MD),[26] 수하물검색기(X-Ray)[27]등의 장비가 활용되며, 비표 운영을 통해 출입 대상자를 엄격히 관리한다. 2선 경비구역은 1선 보안구역의 안전을 외곽에서 지원하고 방호하기 위한 중간 경계구역으로 소총의 유효 사거리를 고려하여 설정된다. 옥내 행사의 경우에는 건물 내부가 해당 구역으로 지정되며,, 옥외 행사의 경우에는 행사장 담장을 기준으로 설정된다. 이 구역에서는 행사장 주변 지역의 취약 요소와 진출입로의 각종 위험물에 대한 안전조치가 실시되며, 선별적 출입 통제가 이루어진다. 3선 경계구역은 곡사화기인 박격포 유효사거리를 고려하여 행사장 반경 약 2km로 설정하며, 고층건물에 관측조가 운용되고, 감제고지에 대한 수색과 안전을 확보한다. 그리고 행 · 환차로와 진입로를 유동적으로 순찰하며, 행사장 주변 공사장 및 행사 지역 인근의 총포 · 화약류에 대한 안전조치를 강화한다. 특히, 행사와 관련된 정 · 첩보 사항의 수집이 중요시된다.[28]

---

25) 휴대용금속탐지기(SCANNER)는 길이41cm×폭8.3cm×두께4.2cm 무게380g이며, 인체의 접촉없이 철, 금속, 비철금속으로 이루어진 물체의 탐지가 가능하여 국가중요시설, 외교 관계기관, 국제행사장, 다중이용시설 등에서 사용되고 있다.
26) 문형금속탐지기(MD)는 핀포인트 영역을 통해 신체의 머리부터 발끝까지 표적분석하여 철 및 비철무기탐지가 가능하다. 이 장비는 공항, 법원, 교도소, 국제행사 등에서 주로 사용되고 있다.
27) 수화물검색기(X-Ray)는 총기 및 흉기, 폭발물, 정보유출장치 등 출입자의 휴대품, 소형화물 등을 개봉하지 않고 방사선(X선)을 이용한 내부 물품 검색장치로 공항, 항만, 연구소, 외국대사관저, 국제행사장, 등 중요시설에 사용되고 있다.
28) 이선기 · 이충기. (2010). “G20 정상회의 시 주행사장에서의 VIP 안전대책 방안에 관한 연구”, 한국경호경비학회지, 24, p. 100.

[그림 8-3] G20 서울정상회의 경호안전구역

출처 : 국민일보 (2010. 10. 24).

[그림 8-3]의 G20 서울정상회의의 경호안전구역 설정에 관해 살펴보면, 경찰청은 회의장(COEX)에 대해 3선 경호원칙에 따른 경호경비 대책을 수립하고, 부책 경찰서와 책임구역 설정을 통해 안전확보의 토대를 마련했다. 그리고 관련시설 공사 초기부터 회의실 등에 대한 일반인 출입통제를 실시하는 등 단계별로 경호안전을 강화했다.[29] 서울 삼성통 코엑스 일대는 일반인의 접근을 철저히 통제하였고, [그림 8-4]와 같이 행사장 외곽에는 철제펜스나 콘크리트 방호벽이 대신 전통담장형 · 녹색펜스(메쉬펜스) · 담쟁이 라인(안전펜스)등 친환경 방호시설을 개발하여 반경 600m 구역에 높이 2.2m의 방호벽을 설치하여 운영했다.[30] 또한, 차량 하부의 은닉 물품이나 폭발물을 탐지하는 차량하부검색기,[31] 기동성이 우수한 전기자전거(3륜차), 군중 통제 및 대응에 활용되는 다목적 방패차량 등 다양한 장비를 현장 상황에 맞추어 효율적으로 운용했다.[32]

29) 경찰청. (2011). 「경찰백서」, p. 100.
30) 서울신문 (2010. 10. 12). 코엑스 주변 2.2m 방호벽 · 3중경호...'철옹성 요새'로, https://www.seoul.co.kr/news/newsView.php?id=20101012005005, 검색일 2025. 6. 29.
31) 차량하부검색기는 넓은 사각 불록 아크릴 거울이 안착되있어 차량의 출입 시 차량 하부의 은닉한 위험물 또는 폭발물을 검색하는 장비.
32) 경찰청. (2011). 「경찰백서」, p. 64.

[그림 8-4] G20 경호용 안전방호벽

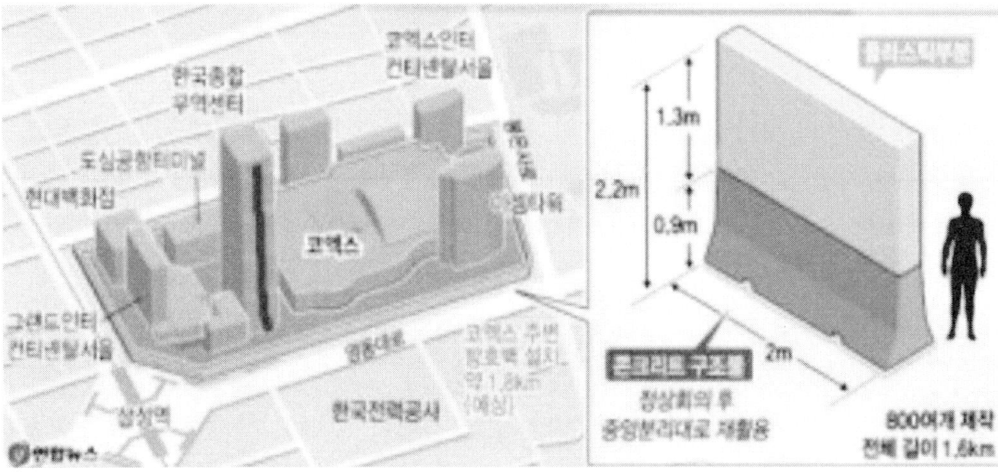

출처 : 연합뉴스 (2010. 10. 10).

다자간 정상회의에서는 대통령경호처를 중심으로 경호안전통제단이 구성되고, 경찰청, 국방부, 국가정보원 등 유관기관이 참여하여 종합상황실을 운영하며 합동 경호·안전활동을 수행한다. 이러한 체계는 통합적 지휘와 협업을 전제로 하고 있으나, 실질적인 운영 단계에서는 기관 간 역할 중복과 지휘체계의 비효율성이 구조적인 문제로 지적되고 있다. 일선에서는 경찰, 국방부, 국가정보원 등 관계기관이 각자의 업무 범위 내에서 현장 활동을 전개하고 있으나, 경계가 불명확한 분야에서는 임무가 중첩되거나 충돌하는 사례가 빈번히 발생하고 있다. 특히, 통제단 종합상황실의 지휘보고 체계는 현장 근무자 -> 직속기관 상황실 -> 합동종합상황실장 -> 통제단장으로 이어지는 다단계 구조를 따르고 있어 긴급상황 발생 시 신속한 의사결정과 초동 대응이 지연될 수 있는 구조적 한계를 내포하고 있다. 이러한 문제는 복합적 위협이 상존하는 국제행사에서 치명적인 대응 공백으로 이어질 수 있다.

2) 경호구역 지정 및 통제 조치

다자간 정상회의는 국가안보와 외교적 상징성이 매우 높은 행사로 관련 법률에 따라 행사장과 그 주변에 대한 철저한 안전조치가 이루어진다. 「대통령경호법」 제5조에 따르면, 대통령경호처장은 정상회의가 개최되는 장소, 각국 정상 및 국제기구 대표의 숙소, 주요 이동 경로 등을 '경호구역'으로 지정할 수 있으며, 해당 구역에서는 경호 목적상 불가피한 경우에 한해 질서유지, 출입통제, 검문·검색, 위험물 탐지 등의 조치를 시행할 수 있다. 이에 따라 대통령경호처는 관계기관과 협의하여 행사와 직접적으로 연계된 시설과 주요 이동로에 대해 '경호안전구역'을 설정하고, 경찰·국정원·군 등 관계기관 소속 경호 공무원을 사전에 배치하여 위해 요소를 차단한다. 경호구역으로 지정된 장소는 일반인의 출입이 전면적으로 제한되며, 출입이 허용된 인원에 대해서도 사전 등록 절차와 비표 확인을 통해 엄격히 통제된다.

경호구역 지정 및 통제 조치는 법적 근거와 체계적인 절차에 기반해 운영되고 있지만, 실질적인 운용 단계에서는 다음과 같은 문제점이 나타난다. 첫째, 경호구역 지정 범위의 과도한 확대는 일반 시민의 일상생활을 불필요하게 제약할 수 있으며, 주변 지역 주민 및 시설 이용자와의 마찰을 유발할 가능성이 존재한다. 특히, 도시 중심부에 위치한 행사장의 경우에는 통행 제한과 교통 통제로 인해 시민 불편이 크게 증대된다. 둘째, 출입 통제 절차는 사전 등록과 비표 발급 중심의 경직된 운영으로 인해 보안성은 확보되나, 긴급상황에서의 신속한 대응이나 예외 인력의 투입이 어려워, 탄력적 대응이 필요한 상황에서는 오히려 현장의 혼란과 대응 지연을 초래할 수 있다는 점에서 한계가 지적된다. 셋째, 경호구역 내에서는 공공기관 중심의 폐쇄적 운영이 일반화되어 있으며, 「경비업법」에 따라 민간경비의 참여가 제도적으로 보장되어 있음에도 불구하고, 실질적인 협업 체계가 마련되지 않아 민간경비를 활용한 대국민 친화적 경비활동의 실행이 사실상 어려운 실정이다.

이와 같은 문제점을 반영하여 경호구역 통제의 실효성과 국민 수용성을 동시에 확보하기 위해서는 법적 기준에 기반하되 실질적 탄력성과 유연성을 갖춘 운영 방안이 병행되어야 하며, 민간경비업체의 연계, 현장 매뉴얼의 구체화 등 실무 중심의 개선책이 마련되어야 한다.

3) 장소에 의한 경호·안전활동

다자간 정상회의는 각국 정상과 국제기구 대표가 참석하는 고위급 외교 행사로, 경호대상자의 신변 안전을 보장하기 위해 장소별로 특화된 경호·안전활동이 실시된다. 주요 경호 대상 장소는 행사장, 숙소, 이동 경로(연도)로 구분되며, 각 장소의 특성과 위협 수준에 따라 맞춤형 경호전략이 적용된다.

(1) 행사장 경호

행사장 경호란 경호대상자가 공식 일정에 따라 행사에 참여하거나 주관하는 장소를 중심으로 이루어지는 경호·안전활동을 의미한다. 행사장은 경호대상자가 비교적 장시간 체류하고, 일반 군중과의 물리적 거리도 가까워 위험 노출 가능성이 높기 때문에 최고 수준의 경호조치가 요구된다.[33] 주요 경호 조치로는 출입 통제, 비표 확인, 위험물 탐지, 수상한 인물 접근 차단 등이 있으며, 행사장 내외부의 취약 지점을 중심으로 경호 인력이 집중 배치된다. 특히, 부대행사가 병행되는 경우에는 유관기관과의 합동 안전점검을 통해 사전 위험 요소를 제거하고, 행사 단계별로 경호인력을 탄력적으로 운영함으로써 전반적인 경호수준을 강화한다.

(2) 숙소 경호

숙소 경호는 경호대상자가 거주하거나 체류하는 관저, 사저, 사무실, 호텔 등에서 신변의 위해를 사전에 방지하기 위해 수행되는 경호ㆍ안전활동이다. 주요 경호ㆍ안전활동으로는 보초, 순찰, 출입통제, 의심 인물 감시, 위험물 탐지 및 제거 등의 조치가 포함된다.[34] 숙소는 행사장과 달리 체류 시간이 장기화되고 야간에도 활동이 지속되므로,[35] 보다 정밀하고 지속적인 경계 태세가 요구된다.

G20 서울정상회의(2010)에서는 양자회담 등 개별 행사가 수시로 개최된다는 점을 감안하여 안전구역을 건물 내부 전역과 승ㆍ하차 지점까지 포함하는 확대된 경호구역을 설정했다. 이 구역에서는 참가자, 일반 이용객, 행사 종사자를 구분하여 전용 출입구를 별도로 지정하고, 불필요한 출입문은 단계적으로 폐쇄하여 보안 취약점을 최소화했다. 그리고 인원 및 차량에 대한 통제선을 설치ㆍ운영하고, 각 호텔별로 부책서장을 지정하여 책임 있는 경호ㆍ안전활동을 실시했다. 리셉션 및 환영 만찬장은 물리적 차단시설 대신 시야차단 조명을 도입하여 정상의 도보 이동 시 외부 위해 가능성을 차단하였으며, 환송 만찬장은 출입구를 최소화하고, 차량검문소 및 고층 건물에 감시 인력을 배치하여 사각지대 없는 대응체계를 구축하였다. 또한 비즈니스 정상회의(Business Summit) 행사와 같은 부대행사는 유관기관의 합동 안전점검을 통해 행사장 안전을 조기에 확보하였으며, 안전 유지 인력을 단계별로 배치하여 행사의 전 과정에서 경호ㆍ안전활동에 만전을 기하였다.[36]

(3) 연도경호

연도 경호란 경호대상자가 공식 일정 중 방문하게 될 행선지(경유지 포함) 및 그 주변 지역에 대해 사전 경호조치를 실시하여, 경호대상자가 도착하기 전에 수상한 자와 위험

33) 양재열. (2012). 「경호학원론」, 서울: 박영사, p. 42.
34) 全国警備業協会. (2006). 앞의 책, pp. 4~5.
35) 양재열. (2012). 앞의 책, p. 42.
36) 경찰청. (2011). 「경찰백서」, p. 65; 박정섭. (2020). 앞의 논문, p. 89.

물을 발견하고 그 밖의 사고방지를 위해 필요한 조치를 강구함과 동시에 경호 대상자가 출발하기까지 수상한 자가 경호 대상자에게 접근하는 것을 방지하여 경호대상자에 대한 위해발생을 미연에 방지하는 경호·안전활동을 말한다. 특히, 경호대상자가 이용하는 이동 수단(자동차, 열차, 선박, 항공기 등)에 경호 인력이 동승하여, 이동 중 주변 상황을 지속적으로 관찰하고 잠재적 위협 요인에 대한 선제적 대응을 통해 위해 발생을 미연에 방지하는 활동이 포함된다.[37] 연도 경호는 정지된 공간이 아닌 이동 경로상에서 이루어지는 고위험 경호활동으로 신속한 상황 인식과 유연한 대응이 요구된다.

(4) 대테러안전활동

다자간 정상회의에서의 대테러안전활동은 경호안전통제단을 중심으로 국가정보원 및 관계기관 공무원이 파견되어, 행사 전반에 걸쳐 테러 위협에 대한 선제적 예방과 실시간 대응을 수행한다. 주요 임무로는 경호·안전 위해(危害) 정보 및 첩보의 수집과 분석, 대테러 관련 업무 조정 및 국가보안시설 관리, 행사장 테러 위험 및 취약 요소에 대한 종합 분석과 대응 방안 수립, 출입국 공항·항만에 대한 경호·안전대책 지원, 경찰 및 군 대테러특공대의 지역 내 작전 활동 지원, 그 외 통제단장이 지시하는 경호·안전 관련 임무 수행 등이 포함된다.[38]

실제 G20 서울정상회의(2010)에서는 이러한 체계를 기반으로 국가중요시설의 안전을 강화하는 한편, 지하철 등 다중이용시설에 경찰력을 배치하여 현장 중심의 안전활동을 전개하였다. 행사 기간이 임박함에 따라 경찰특공대가 행사장과 주요 지점에 전진 배치되었으며, 탐지견, 장갑차 등 장비를 활용해 가시적인 대테러안전활동을 강화했다.[39] 한편, 소방방재청은 인적재난 예방활동으로 인천공항 안전실태 및 소방 등 유관기관 공조체계 점검을 하였으며, 역사내 쓰레기통 철거, 물품보관함 폐쇄, 분전함 등의 개폐구 봉인 등의 안전관리를 강화했다. 그리고 화재예방활동으로 전국 소방관서 화재특별경계근무 '을호비상' 돌입 및 G20 정상회의 기동로팀 현지답사 훈련을 실시하였으며, '갑호비상' 체제 돌입 D-1일에는 G20 정상회의 행사시설 17개소 소방대원 102명, 합동검측을 실시했다.[40] 다자간 정상회의의 행사장 안전대책은 주로 경찰과 소방 위주로 실시되었으며, 특히, 경찰은 대테러활동, 집회시위관리, 교통통제, 치안유지 등 각종 안전활동 분야의 광범위한 업무범위를 수행했다.[41]

37) 全国警備業協会. (2006). 앞의 책, p. 5.
38) 「다자간 정상회의 경호 및 안전관리 업무에 관한 규정」 제7조.
39) 경찰청. (2011). 「경찰백서」, p. 67.
40) 소방방재청. (2010). 「재난종합상황 분석 및 전망」, pp. 36~37.

2. 국제스포츠 행사

1) 보안구역 설정과 장비 운용

2014 인천아시아경기대회와 2018 평창동계올림픽대회에서는 조직위원회 안전관실과 대테러·안전대책본부가 민·관 합동체계를 기반으로 3선 개념의 보안구역을 설정하여 행사장 내·외부의 안전을 강화했다. 2014 인천아시아경기대회에서는 대회직접시설의 안전확보를 위해 국가기관별 임무를 명확히 분장하여 〈표 8-1〉과 같이 체계적인 대테러·안전활동을 수행했다.

〈표 8-1〉 대회직접시설의 국가기관별 임무 분담

분야	국가기관	해당임무
3선 대회직접시설 주변도로 외곽	국방부	- 주요감제고지와 외곽 취약지역경계 - 대회시설 접근 무인기 감지·대응
2선 주변도로, 검색대	경찰청	- 진입도로 교통 혼잡 통제 - 보안검색 거부자 퇴거 - 위험물질 처리 - 범죄·집단난동 대응
1선 검색대 내부	소방방재청	- 화재예방과 신압 - 응급환자 구조·조치·후송

출처 : 제17회 인천아시아경기대회 공식결과보고서. (2014). p. 663.

장비 운용 측면에서는 대회 직접시설 내부에 X-ray 검색기, 문형검색대(MD), 핸드스캐너 등을 배치하고 출입통제 시스템을 강화하여, 무단 출입과 위해요소의 유입을 사전에 차단하였고, 첨단 영상통신 및 감시 기술을 도입하여 행사장 보안 수준을 한층 더 강화했다. 경찰청과 인천경찰청은 LTE카메라와 스마트폰 등 영상통신장비를 활용하여, 현장 근무자가 언제 어디서든 상황실과 실시간으로 영상 및 음성 소통이 가능한 시스템을 운영하였고,[42] 소방방재청은 스마트폰 및 지리정보시스템(GIS)을 기반으로 경기장 주변에 배치된 소방요원으로부터 수집된 데이터를 활용해 상황을 실시간으로 모니터링하였고, 통합무선통신체계(TRS)를 통해 관계기관 간의 즉각적인 정보 공유와 협조체계를 유지했다. 또한, 생화학 테러 등 비상 상황에 대비하여 중앙119구조본부 화생방대응팀의 첨단화학분석제독차 6대를 주요 경기장에 분산 배치함으로써 현장 대응력

41) 서천호·옥원호. (2012). "대규모 국제행사의 안전활동을 위한 경찰력 운용 방안", 한국민간비학회보, 11(2), pp. 132~156.
42) 경찰청. (2015). 「경찰백서」, p. 289.

을 높였다.43)

2018 평창동계올림픽대회 행사장 안전대책은 조직위원회가 경기가 진행되는 설상베뉴44)의 안전을 확보하기 위해 경기장 시설, 경기종목, 기후 조건 등을 고려하여 위험요소를 파악하고, 인적·물적 안전관리대책을 수립했다. 그리고 안전구역을 더욱더 체계적이고 효과적으로 관리하기 위해 3선 개념의 보안구역을 도입하여 정부 안전기관과 협력하에 물리적 안전요소를 적극 활용할 수 있도록 계획했다.

[그림 8-5] 보안구역의 3단계 개념

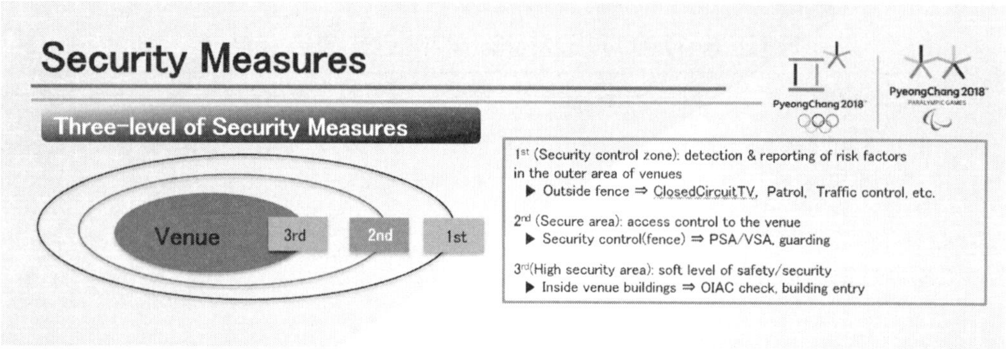

출처: 2018 평창 동계올림픽 조직위원회, 「대테러·안전활동 리포트」

[그림 8-5]의 보안구역 3단계 개념에 대해 살펴보면, 1단계(Security Control Zone)는 경기장 외부 구역에서 위험 요소 탐지 및 보고하는 보안통제구역으로 경기장 외부를 폐쇄회로 TV를 통해 지속적으로 모니터링하여 위험 요소를 실시간으로 감지하고, 순찰 및 교통 통제를 실시한다. 2단계(Secure Area)는 경기장 진입을 위한 통제구역으로 출입자가 보행자검색 구역(Pedestrian Screening Area)과 차량검색 구역(Vehicle Screening Area)에서 보안 검색을 통과한 경우에만 출입이 허용 되었다. 그리고 3단계(High Security Area)는 경기장 내부의 고위험 구역으로 가장 높은 보안수준을 요구하는 등 올림픽등록카드(Olympic Identity Accreditation Card)를 확인한 후에만 경기장 출입이 가능했다. 3선 개념의 안전구역은 간 단계별로 중앙정부 안전기관과의 협업을 통해 군, 경찰, 소방 등이 적절한 위치에 배치되어 경기장 안전을 확보할 수 있도록 조치했다.45)

43) 소방방재청 보도자료 (2014. 9. 17). 제17회 인천아시아경기대회 "스마트 소방안전관리시스템으로 성공적 개최 지원", https://www.korea.kr/briefing/pressReleaseView.do?newsId=155993356, 검색일 2025. 6. 29.

44) 설상 7개 종목의 경기가 이루어지는 곳을 지칭한다.

2018 평창올림픽은 정보통신기술(ICT)과 첨단장비를 적극 활용하여 '스마트 올림픽 치안'을 구현했다. 경찰청은 스마트 순찰차, 열 영상 관측경 등 각종 첨단 치안장비를 대회 개최 지역에서 시범 운용하고, 경기장 · 교통관제 CCTV, 112신고 시스템, 폴리폰, 헬기영상 전송 시스템 등을 연계한 지휘 · 통제시스템을 구축하여 현장 상황을 실시간으로 모니터링하고 신속한 대응체계를 마련했다.[46] 또한, 조직위원회와 대테러 · 안전대책본부는 보안검색장비, 공중감시장비, 기타 보안장비를 폭넓게 도입 · 운용함으로서 행사장 안전을 한층더 강화했다.

조직위원회와 대테러 · 안전대책본부 간의 이원화된 조직체계는 행사장 내 보안구역 설정 및 장비 운용에 있어 임무 수행 범위를 명확히 구분하는 데 구조적인 한계를 지닌다. 이로 인해 관계기관 및 유관기관 간의 업무 중복과 역할 혼선이 현장에서 발생할 가능성이 높으며, 실시간 상황 대응 시 지휘 · 통제 체계의 일원화가 어려운 구조적 취약성을 가지고 있다. 또한, 출입통제 및 보안검색 업무에 경찰과 함께 투입된 민간경비 인력은 현행 법령상 실질적인 법적 권한이 부여되지 않아, 위급 상황 발생 시 자율적 · 독립적인 대응이 제한되는 문제가 있다. 이러한 문제들은 현장 대응 역량을 저하시키고, 보안장비 운용의 실효성을 제한하는 요인으로 작용할 수 있으므로 안전관리 체계의 기능적 완결성과 실행력을 확보하기 위해 제도적 · 운영적 측면에서의 재정비가 필요함을 시사한다.

2) 이원적 구조의 대테러안전활동

2014 인천아시아경기대회와 2018 평창동계올림픽대회는 조직위원회 안전관실과 대테러 · 안전대책본부 간의 이원화된 조직체계로 운영되었다. 2014 인천아시아경기대회는 총 98개소의 경기장 및 훈련시설에서 경기가 분산 개최되었으며, 현장안전통제실은 경찰, 소방CP와 연계해 안전상황실에 일일 상황보고 및 체계유지, 긴급사태 발생 시 유관기관의 협조와 지원체제를 구축하는 등의 안전활동을 강화했다.[47]

45) Pyeong Chang 2018 공식보고서. (2018). 제3권, pp. 196~208.
46) 경찰청. (2018).「경찰백서」, p. 330.
47) 제17회 인천아시아경기대회 공식결과보고서. (2014). 준비운영편, p. 664.

〈표 8-2〉 조직위원회와 국가기관 간 임무 분담

분야	대회직접시설 내부	대회직접시설 외곽
예방활동	조직위원회	국가기관
	국가기관	
대응활동	국가기관	국가기관

출처 : 제17회 인천아시아경기대회 공식결과보고서. (2014). 준비운영편, p. 663.

〈표 8-2〉는「대회지원법 시행령」및「국가대테러활동지침」(대통령훈령 제309호)에 근거하여 조직위원회와 국가기관 간 대테러 및 안전활동에 필요한 임무를 분담한 체계를 보여준다. 조직위원회는 대회 직접시설을 대상으로 경비, 출입통제, 보안검색, 질서유지 및 안내 등 1차적인 예방 중심의 안전활동을 수행하였고,[48] 대테러 · 안전대책본부는 대회 전반에 대한 대테러 안전활동의 종합대책을 수립하고 이를 실행하는 체계를 구축했다.[49]

2018 평창동계올림픽은 정부의 19개 대테러 관계기관이 합동으로 구성한 대테러 · 안전대책본부를 중심으로 운영되었으며, 군, 경찰, 소방 등과의 연계를 통해 종합상황실과 핫라인을 구축하고, 상황별 신속한 의사결정을 위한 지휘체계 및 대응 시스템을 마련하여 대테러 및 안전활동을 수행했다. 조직위원회는 민간경비업체를 활용하여 대회직접시설에 대한 경비, 출입통제(보안검색포함), 내부질서유지 · 안내, 선수 · 임원 · 보도진 · 종사자 · 관람객 등의 안전에 관한 사항을 담당했다. 특히, 국내외 정상급 인사(VIP)에 대한 경호와 안전활동을 전담한 대통령경호처 주관의 경호안전통제단, 그리고 북한 선수단 · 응원단 · 예술단 등에 대한 안전활동을 총괄한 정부합동관리단(통일부, 국가정보원, 경찰청 등 참여)과의 긴밀한 협조체계를 바탕으로 복합적이고 다층적인 안전관리 체계를 구축 · 운영했다.[50] 즉, 조직위원회와 대테러 · 안전대책본부 그리고 관계정부 안전기관들의 기존 협력체계를 기반으로 대테러안전활동이 이루어졌으며, 추가적으로 대통령경호처가 주관하는 경호안전통제단을 설치하여 관계기관을 조정 · 통제했다. 경호통제단은 단일 지휘체계 하에 조직위원회와 정부 안전기관 간의 임무를 명확히 분장함으로써 대회시설 중 경호구역에서의 질서유지, 교통관리, 검문 · 검색, 출입통제,

48) 대회직접시설에서 민간안전요원(1일 최대 3,300여명)을 활용해 긴급상황 시 인원 재배치를 통한 관람객의 긴급대피 유도 임무를 수행하고 재난 · 안전활동을 실시했다.
49) 대회직접시설 진입도로 교통 통제와 시설내부의 출입통제, 보안검색 거부자 퇴거, 적발 위험물질 처리, 범죄 · 집단난동 대응, 응급환자 구조 · 구급 · 후송 등을 적극 지원했다.
50) Pyeong Chang 2018 공식보고서. (2018). 제3권, p. 197.

위험물 탐지 및 안전조치를 실시했다.[51]

[그림 8-6]에 제시된 안전활동 지휘체계도는 2018 평창동계올림픽이 다기관 협업 기반의 통합적 안전관리 체계를 운영하였음을 보여준다. 이 체계는 조직위원회 지휘부(MOC/SCC)와 대테러·안전대책본부(CTSC)가 이원화된 구조로 상호 연계되어 작동하였으며, 기능별 분담을 통해 안전관리의 전략성과 현장 실행력을 동시에 확보하고자 했다.

[그림 8-6] 평창 올림픽 플라자 지휘체계도[52]

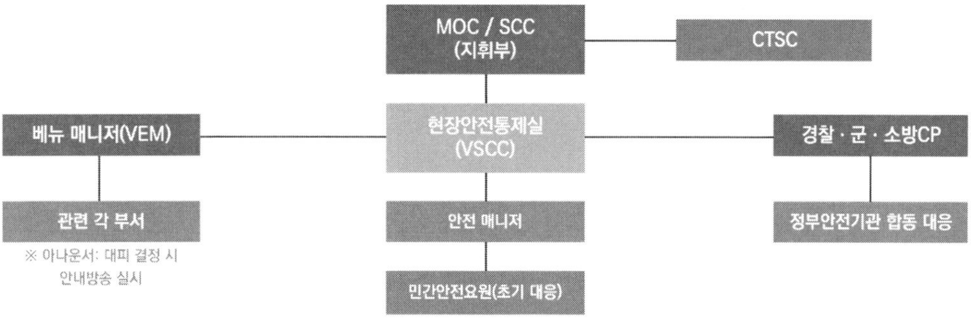

출처 : Pyeong Chang 2018 공식보고서. (2018). 제3권, p. 206.

조직위원회 지휘부(MOC/SCC)는 현장안전통제실(VSCC) 및 경찰·군·소방(CP)과의 연계를 통해 현장 대응을 총괄 조율하고, 민간경비 인력의 운영 및 긴급 상황에 대한 대응을 통합적으로 관리하는 역할을 수행했다. 특히 베뉴 매니저(VEM)는 관련 부서 및 현장 단위 조직과의 연계를 바탕으로 평상시에는 안전상황을 모니터링하고 위기 발생 시에는 신속한 안내방송과 대응지시를 수행함으로써 현장 초기 대응의 핵심 기능을 담당했다. 한편, 대테러·안전대책본부(CTSC)는 상위 전략기구로서 대테러 관련 전략 수립과 관계기관 간 정보 통합·조정 기능을 수행했다.

2014 인천아시아경기대회와 2018 평창동계올림픽대회의 이원화된 대테러·안전활동 체계는 지휘·통제 권한의 중복과 책임소재의 불분명, 정보 공유의 단절, 기관 간 조정력 부족 등 구조적 문제를 초래하였으며, 민간경비 인력을 효율적으로 활용하는 데에도 한계를 드러냈다. 이러한 운영 방식은 위기 상황에서 신속하고 일관된 대응을 저해하고, 현장 대응력의 분산과 지휘체계 혼선을 유발할 수 있다. 따라서 향후 대형 국

51) Pyeong Chang 2018 공식보고서. (2018). 제3권, p. 206.

52) 평창올림픽 플라자 지휘체계도는 올림픽 기간 중 안전관리, 상황대응, 테러예방 및 질서유지를 목적으로 운영된 현장 중심의 지휘·통제 체계를 의미한다.

제행사의 성공적 개최를 위해서는 지휘·통제의 일원화를 중심으로 한 통합적 안전관리 체계 구축과 민·관·군 간의 협력체계를 제도적으로 정비하고 강화하는 것이 필요하다.

3. 지방자치단체 축제

1) 안전관리 인력 운영

지역축제의 안전관리 인력 운영체계는 축제 또는 행사의 유형별 특성과 규모를 고려하여 「재난안전법」을 근거로 구축된다. 이에 따라 '지역안전관리위원회', '지역안전관리민관협력위원회', '안전관리자문단' 등을 구성하여 지역단위의 안전관리계획을 수립하고, 행사 전·중·후 단계에 걸쳐 점검 및 자문 기능을 수행한다. 아울러 주최 측은 민간경비업체에 안전 관련 업무를 도급함으로써 자체경비 역량을 강화하고, 유사시 민·관 협력을 통해 보다 효율적인 현장 대응체계를 운영할 수 있는 기반을 마련한다.

지역축제나 행사와 같이 다수의 인파가 밀집하는 공간에서는 안전사고 예방과 질서유지를 위해 다양한 기관이 유기적으로 협력해야 한다. 특히 경찰, 소방, 민간경비업체는 현장 안전관리의 핵심 주체로서 관련 법령에 근거해 각자의 역할과 임무를 수행하며, 실질적인 안전 확보에 기여한다. 이 기관의 인력 운영 실태를 살펴보면 다음과 같다.

먼저, 경찰은 「경찰법」 제3조에 따라 관람객의 안전보호와 경비, 정보수집, 교통단속, 위해방지 등 다중운집행사에 필요한 공공치안 기능을 수행한다. 또한 「경찰관 직무집행법」에 근거하여 위험 발생 방지, 범죄예방 및 제지, 필요 시 출입 통제 등의 조치를 통해 행사장의 질서유지와 안전 확보에 기여한다.[53] 소방은 구조·구급 인력을 현장에 배치하여 위급 상황에 대비하고, 소방안전 분야의 주요 사항에 대한 점검과 대응체계를 유지한다. 아울러 전기, 통신, 가스 등 각종 시설물에 대한 안전관리 요령을 현장 관계자 및 이용객에게 안내하고, 관련 지도·점검을 실시함으로써 다중 위험 요소에 대한 사전 예방체계를 강화한다.[54] 한편, 민간경비업체는 주최 측의 요청에 따라 「경비업법」에 근거해 관할 경찰서장의 허가를 받아 일반경비원을 행사장에 배치하며, 행사장에 배치된 경비원은 시설 및 장소의 도난, 화재, 혼잡 위험 방지를 비롯하여, 공연 및 행사장의 관람객 진·출입 동선 유도 및 질서유지, 주차 유도, 노점상 관리, 출연자 보호 등의 다양한 임무를 통해 축제장의 질서와 안전을 지원한다.

---

53) 김상운·김명식·도수관·박영주. (2015). "다중운집행사 안전관리를 위한 경찰 개입 수준에 관한 연구", 대구카톨릭대학교 산학협력단, p. 30.
54) 행정안전부. (2021). 「지역축제장 안전관리 매뉴얼」, pp. 20~28.

지역축제의 안전관리는 과거 경찰 중심의 구조에서 점차 민간경비를 포함한 민·경 공동 안전관리 체계로 이행되고 있다. 이는 민간경비산업의 성장과 함께 수익자 부담 원칙이 반영된 결과로, 수익성과 연계된 행사의 경우 주최자가 안전관리를 주도하고 경찰은 공공질서 유지에 집중하는 방식으로 변화하고 있다. 그러나 이러한 구조적 전환에도 불구하고 민간경비 인력에 대한 전문성 부족과 사회적 신뢰 문제가 여전히 해소되지 않아, 전문적이고 양질의 경비인력 확보에 어려움이 지속되고 있다.[55] 특히 주최자는 행사 기획 초기부터 안전관리계획을 수립하고 관련 예산을 확보해야 함에도 불구하고, 「경비업법 시행령」 제30조를 근거로 경찰에 경비지원을 요청하는 관행이 여전히 잔존하고 있다. 이는 수익자 부담 원칙에 반할 뿐 아니라, 민간경비산업의 자율성과 전문성 확보에도 구조적인 제약을 초래한다. 아울러, 현행 관련 법령 및 매뉴얼에는 유관기관으로서의 소관기관의 활동 사항을 단계별로 제시하고 있으나, 소방력의 구체적인 운용기준과 인력 배치 기준이 부재하여 민·관 안전관리 역량을 증진시키는데 한계가 있다.[56]

2) 시설별 안전대책

지역축제에서의 시설물 안전관리는 관람객의 밀집도를 고려한 수용능력 설정과 사고 예방을 위한 구조적·기능적 설계가 핵심이다. 즉, 행사장 시설물의 최대 수용 인원은 관중 수용 면적과 비상 탈출구 수를 기준으로 결정된다.

행사장 진입로는 주차시설과의 연계성을 고려해 설계되어야 하며, 다수의 관람객이 다양한 방향에서 동시에 진입하더라도 혼잡이 최소화되도록 교차 지점을 줄이는 구조가 요구된다. 또한, 피출입문은 피난 방향으로 개방되도록 설계되어야 하며, 출입구 모서리 및 잠재적 위험 요소에는 반드시 보호 장치를 설치하여 안전사고를 예방해야 한다. 공연 및 행사장의 기초 시설은 소방 장비, 진입로, 이동 공간, 음향 장치, 응급처치실, 구급차, 안전장비 등 주요 요소를 고려하여 무대 뒤에 설치되며, 주차장, 응급처치실, 대피처, 환자 대기소 등은 관람객이 쉽게 인지할 수 있는 눈에 띄는 장소에 배치하는 것이 바람직하다. 소방시설은 행사장 전역에 고르게 배치되어야 하며, 각 시설물로부터 50m 이내에 접근 가능하도록 하는 것이 원칙이다. 아울러 임시 무대와 구조물의 설치에 따른 구조적 안전성, 출입문 상태, 소방·방재시설, 전기 발전 및 조명 설비 등

55) 공석주·이석만. (2017). “대규모 행사 안전확보를 위한 민간경비 활성화 방안”, 한국사회안전학회지, 12(1), p. 24.
56) 윤소연·김민영. (2023). 앞의 연구, p. 7.

은 사전 점검을 통해 안전성을 철저히 확보해야 한다.[57]

지역축제를 주관하는 주최 측은 가설무대 및 임시시설을 축제 시작 최소 1~2일 전까지 설치 완료하여, 관계기관의 합동 지도 · 점검이 원활하게 이루어질 수 있도록 사전 준비를 철저히 해야 한다. 아울러 관련 법령에 따른 인 · 허가 사항이 누락되지 않도록 지방자치단체와의 사전협의를 통해 행정절차를 충분히 이행해야 하며, 안전관리계획과 시설 설치 일정이 행정기관과 유기적으로 연계되도록 조율할 필요가 있다. 한편, 지방자치단체, 경찰서, 소방서, 해양경찰서 등 관계기관은 민간기관 또는 단체가 주최하는 축제라 하더라도 그 참여 범위와 역할을 명확히 구분한 상태에서 안전관리 업무에 적극 협조해야 한다.[58] 특히 축제의 안전관리 전반에 대해 기관 간 책임분담과 실질적 참여가 이루어질 수 있도록 상호 협력체계를 강화하는 것이 요구된다.

지역축제의 시설별 안전대책은 「경비업법」, 「관광진흥법」, 「체육시설의 설치 · 이용에 관한 법률」 등 개별 법령에 따른 인 · 허가 또는 신고사항이 누락되지 않도록 지방자치단체와의 사전협의를 통해 이행되어야 한다. 그러나 행사장의 수용 능력 산정, 관람객 동선 설계, 응급대응 인프라 구축, 임시시설 설치 등과 관련된 구체적이고 통합된 법령 기준이 부재한 상황에서, 현장 안전관리는 주로 행정안전부와 소방방재청이 제시한 안전관리 매뉴얼에 의존하고 있는 실정이다. 해당 매뉴얼은 시설 배치 기준과 점검 항목을 비교적 상세하게 제시하고 있음에도 불구하고, 법적 구속력이 없는 지침 수준에 머물고 있어 실효성 확보에 한계가 있다. 특히 가설무대 및 임시 구조물의 설치와 관련하여 구조적 안전성, 소방 · 전기 · 조명 설비의 설치 기준, 대피 동선 확보 등에 대한 법령상 세부 규정이나 의무 조항이 미흡한 실정이다. 이로 인해 실제 현장에서는 주최 측의 판단과 행정기관의 자율적 지도에 의존하는 경향이 강하며, 시설물의 안전 확보 수준은 주최자의 역량, 예산 규모, 지역별 행정 지원 수준에 따라 현저한 편차가 발생할 수 있다.

---

57) 소방방재청. (2009). 「공연 · 행사 · 지역축제장 안전매뉴얼」, pp. 19~22; 박정섭. (2020). 앞의 논문, p. 99.

58) 행정안전부. (2021). 「지역축제장 안전관리 매뉴얼」, pp. 17~18.

제4절 민·관 협력체계 실태

1. 민·관 협력체계 미흡

1) 공경비 주도의 안전관리

국내에서 개최되는 다자간 정상회의 및 국제스포츠 행사는 관련 법령에 따라 조직위원회가 구성되고, 범정부 차원의 안전관리대책이 수립 및 시행된다. 이 과정에서 공경비가 주도하고 민간경비가 보조하는 형태의 안전관리 방식이 일관되게 적용되어 왔다.

다자간 정상회의의 경우, 대통령경호처 주관하에 관계기관에서 파견된 인력을 중심으로 경호안전통제단이 구성되며, 경찰·군·소방 등 다양한 공공기관의 전문인력이 통합 운영된다. 통제단은 예비인력을 포함한 다층적 대응체계를 기반으로 경호 안전, 테러 대응, 질서유지, 응급지원 등 전반적인 안전관리 업무를 수행한다. 이러한 체계는 위기 상황에서의 일정 수준의 안정성과 대응력을 확보하는 데 효과적이지만, 공공부문 중심의 폐쇄적 운영 구조는 국민의 일상생활에 대한 과도한 통제로 이어질 수 있으며, 교통 통제, 출입 제한, 상시 감시 등의 조치로 인해 시민 불편을 야기하고 지역사회와의 마찰을 유발할 수 있다. 한편, 국제스포츠 행사의 경우에는 민·관 합동체제를 기반으로 안전관리 업무가 수행되며, 조직위원회 산하의 안전관리실과 정부 차원의 대테러·안전대책본부로 구성된 이원화된 조직체계를 통해 행사장의 전반적인 안전대책이 수립 및 시행된다. 이러한 구조는 공경비가 지휘·통제를 주도하고 민간이 이를 지원하는 방식으로 운영되며, 이는 국내 대규모 행사에서 일반적으로 채택되는 공경비 주도형 안전관리 모델의 전형적인 형태로 볼 수 있다.

공경비 주도의 안전관리 체계는 국가 주도의 강력한 통제력과 위기 대응 역량을 기반으로 일정 수준의 안정성을 확보해왔으나, 폐쇄적 지휘 구조로 인한 민간경비와의 협업 한계와 과도한 통제로 인한 시민 불편 등 구조적 문제를 내포하고 있다. 이와 같은 공경비 중심의 안전관리 체계의 한계를 극복하기 위해서는 민간의 전문성과 현장성과를 적극 반영할 수 있는 민·관 통합형 안전관리체계로의 전환이 필요하다.

2) 민간경비 주도의 안전관리

지방자치단체와 민간기관 및 단체가 문화·예술 공연, 지역축제, 체육행사, 국제회의, 박람회 등 수익을 목적으로 행사를 개최할 경우, 수익자 부담 원칙과 유발자 책임 원칙[59]에 따라 안전관리의 1차적 책임은 행사를 주관하는 주최자에게 있다. 선진국에서는 이러한 구조가 제도적으로 정착되어 있으며, 행사 주최자는 민간경비업체를 고용해 행사장 내부의 질서유지와 안전관리 전반을 담당하고, 경찰은 행사장 외곽에서의 범죄 예방, 폭력사태 대응 등 공공치안 유지에 한정된 역할을 수행한다. 그러나 국내 현실에서는 여전히 공공기관 중심의 일방적 지휘 구조와 경찰력에 대한 의존이 강하게 작용하고 있어 민간경비는 보조적 · 부차적 역할에 머무는 경우가 많다. 특히 민 · 관 관계가 상호 협력적 파트너십이 아닌 지시 · 이행 중심의 수직적 구조로 인식되는 현실은 민 · 관 간 협업의 실효성을 약화시키는 주요한 제도적 한계로 작용하고 있다.

민간경비 주도형 안전관리 체계에서는 경찰이 원칙적으로 사고 발생 이후의 법 집행과 관련 책임자에 대한 사후적 통제 기능에 중심을 두되, 행사 규모나 위험도에 따라 행정지도, 협의, 사전조사, 지역안전관리기구 참여 등 간접적 개입을 통해 사전 위험요소를 감축하고, 필요시에는 탄력적으로 경찰력을 배치하여 공공안전을 보완한다. 따라서 지방자치단체와 민간기관 · 단체가 주관하는 수익성 행사의 경우, 민간경비의 자율성과 전문성이 실질적으로 발휘될 수 있도록 민 · 관 협력체계를 제도적으로 정비하고, 민간경비의 법적 지위와 기능을 명확히 규정하는 제도적 기반 마련이 필요하다.

2. 첨단장비 활용 실태와 한계

1) 첨단장비 활용 실태

(1) 2019 한 · 아세안 특별정상회의

2019년 한 · 아세안 특별정상회의에서는 대통령경호처를 중심으로 경찰청, 소방청, 국방부, 해양경찰청, 국가정보원 등 관계기관이 참여한 범정부 차원의 경호안전통제단이 구성되어 첨단기술 기반의 경호 과학화 장비를 적극 도입하여 정밀하고 다층적인 안전관리 체계를 구축 · 운용했다. 특히, 정상 차량 이동 시에는 경호헬기를 활용한 고해상도 실시간 영상을 종합상황실에 전송하여 이동 경로의 안전성을 확보하였고, 행사장 내부에는 방범 순찰 및 안내 기능이 탑재된 무인경비 로봇을 배치하여 행사장의 안전성을 한층 더 강화했다. 또한 행사장 일대에는 자율주행 무인경비차량이 투입되어 순찰 기능을 보완하였으며,[60] 경호용 드론을 이용한 지상 및 수중 검측, 저고도 레이더 장비를 통한 무인기 침입 감시 등 공중과 지상, 수중에 이르는 입체적 경호 · 감시 시스

59) 유발자 부담 원칙이란 행사를 주최하는 자가 추상적, 구체적 위험을 스스로 유발하는 자로서 1차적인 책임을 부담한다는 의미이다.

60) 무인경비차량의 상부와 전후좌우에 카메라를 탑재해 주간은 물론 야간에도 차량 주변 360도 영상을 수집하고, 이 영상은 종합상황실로 자동 전송된다.

템을 실현했다.[61]

(2) 2018 평창동계올림픽대회

2018년 평창동계올림픽대회는 정보통신기술(ICT)과 첨단 과학기술을 도입하여 대규모 국제행사에 수반되는 다양한 보안 위협에 선제적으로 대응하고, 경기장 및 대회 지원시설 전반에 걸친 안전을 체계적으로 확보했다.

대회조직위원회는 경기장 및 대회지원시설의 출입 보안을 강화하기 위해 보행자 검색구역에 RFID(Radio Frequency Identification) 기반 게이트를 설치하고,[62] 민간 안전요원과 경찰 간의 협업을 통해 합동 검색 체계를 운영했다. 특히, 경기장 입구와 주요 거점에는 X-ray 검색기, 문형금속탐지기(Metal Detector), 휴대용 금속탐지기, 차량 하부 검색 장비, 폭발물 흔적 탐지기 등을 배치하여 전반적인 보안검색 수준을 한층 강화했다. 또한 설상베뉴[63]의 지형적 특성과 개방성을 고려하여, 보안구역 전체에 펜스를 설치하고 펜스 내부로의 무단침입을 방지하기 위해 중요지점별로 지능형 CCTV 설치했다. 그리고 잠재적인 테러 위협을 사전에 차단하고, 행사장 전반의 안전성을 강화하기 위해 드론, 무인기(UAV), 전술비행선 등 첨단 공중감시장비를 적극 도입하여 운용했다.[64]

경찰청은 '스마트 올림픽 치안'의 구현을 목표로 스마트 순찰차와 열 영상 관측경 등 다양한 첨단 치안장비를 대회 개최 지역에서 시범 운용하였으며, 경기장과 교통관제 CCTV, 112 신고 시스템, 폴리폰, 헬기 영상 전송 시스템 등 ICT 기술이 집약된 지휘·통제시스템을 구축하여 현장 상황을 실시간으로 확인하고 신속히 대응할 수 있는 체계를 마련했다.[65]

(3) 2014 인천아시아경기대회[66]

2014년 인천아시아경기대회에서는 첨단 영상통신기술을 기반으로 한 실시간 상황관리 체계를 구축·운영했다. 경찰청과 인천경찰청은 LTE 기반 카메라와 스마트폰을 활

61) 대통령경호처 보도자료 (2019. 11. 19). 아세안과 함께하는 '감동 경호', https://www.pss.go.kr/sites/ko/boards/3/posts/400, 검색일, 2025. 6. 29.
62) RFID(Radio Frequency Identification) 기반 게이트는 무선 주파수를 이용하여 사람이나 물체에 부착된 RFID 태그를 인식하고, 그 정보를 실시간으로 판독해 출입 여부를 자동으로 제어하는 시스템이다.
63) 설상 7개 종목의 경기가 이루어지는 경기장을 지칭한다.
64) Pyeong Chang 2018 공식보고서. (2018). 제3권, pp. 196~205.
65) 경찰청. (2018). 「경찰백서」, p. 330.
66) 제17회 인천아시아경기대회 공식결과보고서. (2014). 준비운영편, p. 664.

용하여 현장 근무자와 상황실 간 영상 및 음성 정보를 실시간으로 공유함으로써 현장 대응의 효율성과 신속성을 제고했다. 또한, 선수촌, 메인미디어센터(MMC), 본부호텔, 인천국제공항 등 테러 위협 가능성이 높은 주요 거점에는 경찰특공대와 장갑차 등 고위험 대응 전력을 사전 배치하여 위기 상황 발생 시 즉각적인 초동 대응이 가능하도록 예방적 억제력을 강화했다.[67] 소방방재청은 스마트폰과 지리정보시스템(GIS) 등을 활용하여 경기장 및 주요 행사장에 근접 배치된 소방관으로부터 수집된 정보를 기반으로 실시간 현장 상황을 모니터링하고, 통합 무선통신체계(TRS)를 통해 관계기관 요원들과 유기적인 협력체계를 유지했다. 특히, 생화학 테러 등의 위협에 대비하여 첨단화학분석 제독차를 보유한 중앙119구조본부 화생방대응팀을 주요 경기장에 배치하고, 주요 경기 시설 22곳에 119현장대기소를 설치해 모든 사고에 신속히 대응할 수 있도록 했다.[68] 조직위원회는 소속 민간 안전인력 주도로 대회 직접 시설 및 비경기장 운영 베뉴[69]에 X-ray 검색기, 문형금속탐지기(MD), 휴대용 금속탐지기, PFID 시스템 등의 과학장비를 활용해 출입 인원과 반입물품에 대한 정밀 검색을 실시했다. 아울러 차량 출입시에는 출입권한 확인과 보안검색을 병행함으로써 인적 · 물적 이동 전반에 대한 통합적인 출입통제 체계를 운영했다.

(4) 2010 서울 G20 정상회의

2010년 서울 G20 정상회의에서는 최소한의 인력으로 최상의 경호 효과를 달성하기 위한 목적 아래 경호안전통제단은 지능형 영상감시시스템, 얼굴인식시스템,[70] RFID 시스템, 차량 위치확인시스템, 유관기관 통합네트워크 상황망, 3차원 지리정보시스템 등 첨단기술 기반의 경호장비의 과학화 및 시스템 경호를 실시했다.[71] 특히, 얼굴인식 기반 출입 통제시스템은 3단계 보안 절차를 통해 출입자의 신원을 정밀하게 확인했다. 1단계에서는 게이트 근무 경찰관이 사전 등록된 얼굴 사진과 실물을 비교하고, 2단계에서는 운영데스크 요원이 현장 촬영 사진과 데이터 사진을 대조하였으며, 3단계에서는 얼굴인식 시스템을 통한 자동 판독으로 출입 여부를 최종 확인하는 등 다층적 인증

---

67) 경찰청. (2015). 「경찰백서」, p. 289.
68) 디지털타임스 (2014. 9. 17). 인천아시안게임 안전대책···최첨단 소방시스템 '가동', https://www.dt.co.kr/contents.html?article_no=2014091702109960727001, 검색일 2025. 6. 29.
69) 비경기장 운영 베뉴는 선수촌(분촌), 미디어촌, MMC, 본부호텔 등 총 30개소가 지정되었다.
70) 얼굴인식 기술이 적용된 실시간 영상 처리 시스템으로 출입통제 및 RFID 등의 연동을 통해 완벽한 출입보안 및 관리를 할 수 있다.
71) 대통령경호처 보도자료 (2011. 3. 29). G20 경호안전활동 보도 참고, https://www.pss.go.kr/sites/ko/boards/3/posts/379, 검색일 2025. 6. 29.

절차를 통해 회의장 출입의 보안성을 대폭 강화했다.[72] 그리고 경찰청은 대테러 전문교육을 이수한 정예요원들로 구성된 경찰·경호경비단을 출범하여 원격 조정이 가능한 폭발물처리 로봇, 탐색용 디지털 내시경, 전파교란기, 출입문개방기 등 대테러장비와 다목적방패차, 고화질 CCTV와 전파교란장치를 장착한 11t짜리 차륜형 특수진압 장갑차 등을 동원하여 테러 및 과격 시위에 대한 현장 대응 역량을 강화했다.[73]

(5) 2005 부산 APEC

2005년 부산 APEC 정상회의에서는 경호안전통제단 주관 하에 RFID 출입관리시스템, 실시간 항적표시체계(Real-time Track Display System), 차량위치확인시스템(GPS), CCTV 등의 IT 기반의 첨단 과학기술 장비를 대거 도입했다. RFID 시스템은 행사 참석자들의 신원확인뿐 아니라 선박에도 적용시킴으로써 주변 해역을 지나는 모든 국내 선박의 이력에 대한 즉각적인 확인이 가능했다. 실시간항적체계(RTDS)는 항공기의 비행 상황을 실시간으로 포착할 수 있는 시스템으로 GPS, CCTV, 경호 헬기 운용과 더불어 육군, 해군, 공군의 입체적이고 빈틈없는 감시 및 통제조치가 이루어졌다.[74]

정부는 전국의 테러 위험 및 취약 시설 1,500곳을 유관기관 합동으로 점검하고, 화생방 테러에 대비하기 위해서 군의 화학·제독부대와 소방·화생방 대응팀의 비상대기 및 사고대책반 운영계획을 수립했으며,[75] 대테러첨단장비를 보유한 민간기업은 X-ray 검색차량(ZVB)[76], 화생방 제독차량, 주야간 무인감시 시스템, 방폭가방 등의 최첨단 대테러장비를 APEC 개최 지역의 메인 철도역사와 중심지 일대 다중이용시설 현장에 투입하여 대테러 예방업무를 실시했다.

2) 첨단장비 활용의 한계와 과제

우리나라는 대규모 국제행사 개최 시 경호·안전 및 대테러 역량을 대내외에 홍보하기 위한 수단으로 첨단장비를 적극 도입해 왔다. 기존의 통신장비, 광학장비, 검색장비,

72) G20 정상회의준비위원회, 2010 서울 G20 정상회의: 제2권 준비와 성과, 2011, p. 272.
73) 연합뉴스 (2010. 10. 4). 'G20 서울회의' 최첨단 대테러 장비 공개, https://www.yna.co.kr/view/AKR20101004189100004, 검색일 2025. 6. 29.
74) 대통령경호처 보도자료 (2005. 10. 19). APEC정상회의 D-30 준비상황 점검, https://www.pss.go.kr/sites/ko/boards/3/posts/355, 검색일, 2025. 6. 29.
75) 대한민국 정책브리핑 (2005. 10. 6). 'APEC 보디가드 떴다' …테러 가능성 '제로', https://www.korea.kr/news/policyNewsView.do?newsId=100082014, 검색일 2025. 6. 29.
76) X-ray 검색차량(ZVB)은 정지 및 이동 상태에서 주차차량, 주행차량, 화물컨테이너 및 수화물 등의 내부를 선명한 이미지로 촬영하여 폭발물, 총기류, 마약 등을 방사능 피해 없이 검색할 수 있는 차량.

방폭장비 등 기본 장비 외에도 IT 기반의 통합관리시스템, 지능형 영상감시시스템, 무인로봇, 드론, 인공지능(AI), 사물인터넷(IoT) 등 다양한 첨단기술이 행사 현장에 적용되면서 과학기술 기반의 경호 · 안전 및 대테러 대응체계가 구축 및 운영되었다. 이러한 장비 운용은 행사 기간 중 경호 · 안전 및 대테러 대응능력의 신뢰성을 높이는 데 일정 부분 기여했으나, 행사가 종료된 이후 지속적으로 현장에서 활용되는 사례는 극히 드문 것이 현실이다. 실제 현장에서 안정적으로 활용되고 있는 장비는 대부분 범용적 특성을 지닌 통신, 광학, 검색, 방폭 장비에 그치고 있으며, 고가의 첨단장비는 유지 · 관리 비용, 전문 운용 인력 부족 등의 현실적 제약으로 인해 활용도가 낮은 실정이다. 더욱이 첨단장비 도입 및 운용을 제도적으로 뒷받침할 수 있는 법적 기반과 표준화된 운용 지침이 미비하여, 현장 중심의 실효성 있는 체계로 정착되지 못하고 있다.

2005년 부산 APEC 정상회의는 민간기업이 직접 대테러 · 안전 활동에 참여한 대표적인 민 · 관 협력 사례로, 공공기관과 민간기업 간의 유기적 결합을 통해 효율적인 자원 운용 모델을 제시한 바 있다. 이 사례는 첨단기술의 현장 적용 가능성을 높이고, 공공부문과 민간 부문의 상호 보완적 역할을 실현한 점에서 의의가 크다. 그러나 이후 개최된 대부분의 국제행사에서는 공공부문 중심의 경비체계가 강화되었고, 민간기업의 전문성과 기술 역량 활용은 점차 축소되었다. 특히 경찰 등 공경비 중심의 폐쇄적 운영방식을 선호하면서 첨단기술의 유연한 적용과 민간 기술 역량의 활용은 구조적으로 제한되는 양상이 고착화되고 있다.

이와 같은 현상은 지방자치단체와 민간단체가 주관하는 지역축제나 중소 규모의 국제행사에서 더욱 뚜렷하게 나타난다. 해당 행사들에서는 테러 및 사회불안 요소에 대한 예방 및 대응 장비의 확보 수준이 매우 낮고, 관련 인력 및 장비 운용체계 또한 체계화되어 있지 않아, 현장 대응의 실효성에 중대한 한계를 드러내고 있다. 따라서 국제행사에서 첨단장비를 효과적으로 활용하기 위해서는 유관기관 간 장비 운용에 대한 표준화된 지침 마련이 시급하다. 또한, 지속 가능한 교육 및 훈련 체계를 구축하고, 민간기업과의 기술 · 자원 협력 체계를 제도화함으로써 첨단장비의 일회성 도입을 넘어 실질적 대응력을 확보한 지속 가능한 경호 · 안전 및 대테러 대응체계로의 전환이 필요하다.

제9장

국제행사의 안전성 강화를 위한 제도적 개선 방안

국제행사의 안전성 강화를 위한 제도적 개선 방안

제9장

제1절 법 · 제도 정비와 입법론

1. 국제행사 분류기준의 정비

정부는 국제행사 유치를 통해 국가 신뢰도를 제고하고, 지속 가능한 국가 발전의 계기로 삼기 위해 국고지원을 기반으로 국제행사의 유치 및 개최를 지원하고 있다. 기획재정부와 문화체육관광부는 각각 내부 행정규칙을 제정하여, 행사 성격과 유형에 따라 참가국 수, 외국인 참여 비율, 행사 기간, 참가자 수 등을 기준으로 국제회의, 체육행사, 박람회, 전시회 및 박람회, 문화행사, 관광행사, 국제경기대회 등을 국제행사로 분류하고 있다. 그러나 이러한 분류 기준은 대체로 행사 규모나 외형적 조건에 초점을 맞추고 있어, 군중 밀집도, 사회적 파급력, 잠재적 안전 위해 요인 등 행사 자체의 위험 요소에 대한 고려는 부족한 실정이다. 특히, 안전관리 및 위기 대응 조치와 관련된 명시적 기준이나 절차가 규정되어 있지 않아 국제행사 분류체계가 실질적인 안전성 확보라는 정책 목적을 충분히 반영하지 못하고 있다.

이와 같은 문제점을 보완하기 위해 기획재정부 및 문화체육관광부 소관의 국제행사뿐 아니라 정부 또는 지방자치단체가 주관하는 국가중요행사는 「테러방지법」에 따라 국무총리 산하 대테러센터의 관리 대상에 포함된다. 대테러센터는 행사 규모, 참가국 수, 사회적 영향력, 안전 위해도 등을 종합적으로 평가하여 행사 중요도를 등급별로 분류하고, 대테러 · 안전관리대책을 수립 · 조정한다. 대테러센터장은 관계기관으로부터 주요행사 개최계획과 안전대책 협의 여부를 조회할 수 있으며, 관계기관의 장은 「테러방지법 시행령」 제26조제1항에 따라 주관기관, 개최근거, 행사 중요도 등의 정보를 대테러센터와 협의하여 국가중요행사를 지정하고 안전대책을 마련해야 한다. 특히 대테러센터는 국가정보원이 제공하는 국제정세 및 테러 위협 정보를 토대로, 행사 특성, 국내외 정세, 참가국 성격 등을 종합적으로 분석하여 등급별 대테러안전활동의 기본 방향을 설정한다.

〈표 9-1〉 국가중요행사 등급별 대테러안전활동

구분	대테러안전활동
전국단위	· 올림픽 · 월드컵 등 전 세계 관심과 영향이 지대한 국내개최 행사로서 테러대책위원회 심의 · 의결을 거쳐 범정부 차원 전담대책기구 편성 · 운영
지역단위	· 아사안게임 등 국내외 관심과 영향이 상당한 행사로서 지역테러대책 협의회 주관 유관기관 합동대책 기구 편성 · 운영
개별단위	· 특정지역 및 계층에서 관심을 가지는 행사로서 주최(주관)기관 및 경찰주관 현장 안전질서유지 중심 활동 전개

출처 : 대테러센터. (2018). 「국가 중요행사 대테러안전활동 지침」, p. 3.

〈표 9-1〉에서 제시된 바와 같이, 국가중요행사는 규모와 중요도에 따라 전국단위, 지역단위, 개별단위로 구분되어 대테러안전활동의 기본 방향이 설정되고 있다. 그러나 현행 분류체계는 다음과 같은 구조적 문제를 내포하고 있다. 첫째, 전국단위 · 지역단위 · 개별단위 간의 경계가 불분명하여 분류 과정에 주관적 판단이 개입될 가능성이 크며, 이로 인해 분류 기준의 일관성과 객관성이 저해될 우려가 있다. 둘째, 행사 규모, 참가국 수 등 정량적 요소에 대한 명확한 지표가 부재하여 체계적이고 객관적인 분류가 용이하지 않다. 특히 개별단위 행사는 대체로 경찰과 주최기관이 중심이 되어 현장 질서유지에 초점을 두고 운영되고 있지만, 이 과정에서 규모가 작다는 이유로 테러 가능성이 경시되거나, 사전 위험평가 및 예방조치가 소홀히 다루어지는 문제가 발생할 수 있다.

이러한 문제점을 개선하기 위해서는 「국가중요행사 대테러안전활동 지침」에서 제시하고 있는 등급별 분류 기준을 기반으로 정부와 지방자치단체가 주관하는 국제행사를 보다 명확하고 구체적으로 재분류할 필요가 있다. 국제행사의 유형과 위험도를 객관적으로 평가하고, 행사 전반에 대한 안전성을 균등하게 확보함과 동시에 체계적이고 일관된 안전관리체계를 구축해야 한다. 구체적인 개선 방안을 다음과 같이 제안하고자 한다.

첫째, 전국단위 행사는 전 세계의 이목이 집중되는 다자간 정상회의, 특별정상회의, 및 「국제경기대회법」상의 국제경기대회로 정의한다. 이러한 행사는 각국 정상 및 국제기구 대표가 참여하며, 국제사회와 국내 정치 · 경제 · 외교에 중대한 영향을 미친다. 또한, 테러 및 반세계화 · 반정부 집회 등 높은 수준의 위해와 위협 요인이 존재하는 행사가 포함된다.

둘째, 지역단위 행사는 중앙행정기관 및 지방자치단체에서 주관하며, 국내외적으로 상당한 관심과 영향을 미치는 행사를 포함한다. 이는 국가적 중요도가 높은 행사로서, 「국제행사의 유치 · 개최 등에 관한 규정」 및 「문화체육관광부 국제행사의 유치 · 개최에 관한 규정」에 따라 정의된 국제회의, 체육행사, 박람회, 전시회, 문화행사, 관광행사를 포함한다. 특히, 5개국 이상의 국가에서 외국인이 참여하며 외국인 참여 비율이 5% 이상인 경우를 포함한다.

셋째, 개별단위 행사는 특정 지역 및 계층에서 관심이 높은 지역문화축제, 문화관광축제, 문화 · 예술축제로 정의한다. 이러한 행사는 주로 지방자치단체가 주관하거나 민간단체 및 기업이 주최하는 행사로, 상대적으로 소규모의 지역적 관심사를 중심으로 운영된다.

이와 같이 제안하는 3단계 국제행사 분류 기준은 기존 「국가 중요행사 대테러안전활동 지침」에서 정의된 등급별 분류체계를 구체적이고 체계적으로 확장한 것이다. 이를 통해 다자간 정상회의와 같은 대규모 국가중요행사부터 지방자치단체 및 민간단체가 주관하는 지역축제에 이르기까지 다양한 행사 유형을 포괄할 수 있으며, 각 등급에 맞는 차등적이고 실효성 있는 대테러 및 안전관리 전략 수립이 가능할 것으로 기대된다.

2. 국제행사 안전관련 법규의 정비

국제행사는 개최 목적과 특성에 따라 경호, 대테러, 재난 및 안전관리 등 다양한 형태의 안전관리 체계가 요구되며, 행사별 소관 부처와 주최기관에 의해 관련 법률과 제도적 기준이 상이하게 적용된다. 예를 들어, 다자간 정상회의는 「대통령경호법」 제5조의2에 따라 대통령경호처를 중심으로 경호 · 안전대책기구가 설치 · 운영되며, 「다자간 정상회의 경호 및 안전관리 업무에 관한 규정」에 따라 경호처장이 관계 행정기관의 장과 협의하여 경호안전통제단의 구성 및 운영을 조정 · 통제한다. 국제스포츠 행사는 「국제경기대회법」 제10조제2항에 따라 테러방지 및 안전 확보를 위한 국가의 지원을 요청할 수 있으며, 정부는 「테러방지법」을 근거로 관계기관 합동의 대테러 · 안전대책기구를 편성하여 운영할 수 있다. 실제로 2018 평창동계올림픽과 2014 인천아시아경기대회에서는 각각 특별법과 지원법을 한시적으로 제정하여 별도의 대테러 · 안전대책기구를 설치 · 운영한 사례가 있다. 또한, 지방자치단체에서 개최하는 지역축제의 경우에는 「재난 안전법」 제66조의11에 따라 행사 주최 측이 안전관리계획을 수립하고 이를 철저히 이행할 의무가 부여되어 있다.

이와 같이 국제행사의 경호 · 안전 및 대테러 대응은 행사 유형과 특성에 따라 주관부처와 주최기관이 관련 법률에 따라 안전관리계획을 수립하고, 이를 기반으로 유관기관 간 협력을 통해 안전관리활동을 수행하고 있다. 그러나 실무 단계에서는 각 기관이 독립적인 법적 권한에 따라 개별적으로 테러 예방 활동을 전개하고 있어, 협력 과정에서 정보 공유의 비일관성, 역할 중첩, 현장 지휘 체계의 혼선 등이 발생할 수 있다. 특히 「테러방지법」 제4조(다른 법률과의 관계), 「테러방지법 시행령」 제26조 제4항(국가중요행사 안전관리대책 수립), 「대통령경호법」 제5조의2(다자간 정상회의 경호 및 안전관리), 「경비업법 시행령」 제30조(경비가 필요한 시설 등에 대한 경비 요청) 등은 각기 다른 관점에서 경호 · 안전 및 대테러 대응의 근거를 규정하고 있어 관계기관 간 역할 중복과 법 해석상의 충돌을 유발할 소지가 있다.

이러한 제도적 불일치는 단순한 행정 비효율을 넘어 실제 안전 위협 상황에서의 신속한 공동 대응과 선제적 예방 활동에 실질적인 장애 요인으로 작용할 수 있다. 특히 유사한 기능을 수행하는 복수의 법률이 동시에 존재하거나, 법적 근거 없이 관행적으로 역할이 수행되는 경우에는 지휘체계의 중복과 혼란이 발생할 가능성이 높다. 이에 따라 국제행사 안전관리를 위한 법 · 제도 체계는 보다 명확하고 일원화된 구조로 재편될 필요가 있다. 기존의 분산적 법령 구조를 통합하고, 기능별 법률 간 역할과 적용 범위를 정합적으로 조율함으로써 유관기관 간 협력 기반을 제도적으로 확보하고 안전관리의 실효성을 제고해야 한다. 궁극적으로는 단일 법령 체계 내에서 통합된 지휘 · 조정 구조를 수립함으로써 국가 차원의 위기 대응 역량과 국제행사 안전관리의 전문성을 강화할 수 있다.

3. 안전기본법의 신설(가칭: 국제행사안전대책법)[1]

1) 제안이유

최근 국내에서 개최되는 국제행사는 다자간 정상회의, 국제스포츠 행사, 지방자치단체 및 민간단체가 주관하는 지역축제 등 그 유형과 규모가 다양화되고 있다. 그러나 현행 법 체계는 행사를 주관하는 소관부처와 주최 측에 따라 적용되는 법령과 지침이 상이하여 안전관리 방식뿐 아니라 관계기관 간 책임분담도 일관되게 정립되지 못하고 있는 실정이다. 이로 인해 실제 현장에서 안전대책기구와 관계기관 및 유관기관 간의 기능 중복, 역할 분담의 불명확성, 정보 공유의 비효율성 등의 구조적 문제가 야기되고

1) 박정섭. (2020). 앞의 논문, pp. 118~119 재구성.

있다. 이러한 문제들은 행사장에서 발생할 수 있는 테러, 군중사고 등 복합적 위협에 대한 선제적 대응과 긴급 상황 시의 신속한 대응에 심각한 한계를 초래할 수 있다.

국제행사는 그 성격과 목적에 따라 경호, 대테러, 재난 및 안전관리 등 복합적이고 종합적인 안전관리 대응체계를 요구한다. 그러나 현재의 분산된 법 체계는 각 기능이 개별 법령에 의해 운영됨에 따라 통합적 대응과 지휘체계 구축에 제약을 받고 있다. 이에 본 법안은 국제행사의 안전관리에 필요한 경호·테러·재난 및 안전관리 기능을 하나의 통합된 법 체계로 일원화함으로써 관계기관 및 유관기관 간의 유기적 연계와 역할 조정을 가능하게 하고, 통합적 지휘·통제 체계를 제도적으로 보장하고자 한다. 또한, 중앙정부와 지방자치단체가 행사 유형과 규모에 관계없이 실효성 있는 안전관리 대책을 수립·시행할 수 있도록 법적 기반을 마련하고자 한다. 「국제행사안전대책법」(가칭)은 법령 간의 비효율성과 대응 공백을 해소하고, 범정부 차원의 안정적이고 일관된 안전관리 운영체계를 구현함으로써 국민의 생명과 재산을 보호하고, 국제사회에서의 국가 위기대응 역량과 신뢰도를 실질적으로 제고하는 데 기여할 것이다.

2) 주요내용

가. 이 법은 국내에서 개최하는 국제행사의 경호, 테러, 재난 및 안전관리에 필요한 사항을 규정하여 국민의 생명과 재산을 보호하고, 국제행사의 성공적 개최를 보장함을 목적으로 한다(법 제1조).

나. 이 법은 국제행사안전대책 활동에 관하여 다른 법률에 우선하여 적용한다 (법 제2조).

다. 국제행사안전대책 활동에 관한 정책의 중요사항을 심의·의결하기 위하여 국제행사안전대책위원회(이하 "대책위원회"라 한다)를 둔다(법 제3조).

라. 국제행사안전대책 활동과 관련하여 국무총리 소속으로 국제행사안전대책센터를 둔다(법 제4조).

마. 대책위원회는 국제행사안전대책 활동을 위하여 국제행사안전대책본부를 설치하고, 대책본부 단장은 대책위원회에서 정한다(법 제5조).

바. 안전대책본부 단장은 국제행사안전활동을 수행하기 위하여 필요하다고 인정하는 경우 안전 관련기관의 장 또는 공공단체의 장에게 국제행사 안전업무의 지원 및 인력 동원에 관하여 필요한 협조를 요청할 수 있다(법 제6조).

사. 안전대책본부 단장은 국제행사안전활동을 수행하기 위하여 필요하다고 판단하는

경우 관계기관의 장과 협의하여 안전구역을 지정할 수 있다(법 제7조).
아. 안전대책본부와 관계기관의 공무원은 국제행사 안전 목적상 불가피하다고 인정되는 상당한 이유가 있는 경우에 한하여 행사안전구역에서 질서유지, 교통관리, 검문·검색, 출입통제, 위험물의 탐지 및 안전조치 등 위해방지에 필요한 안전활동을 할 수 있다(법 제8조).
자. 행사안전구역에 출입하는 모든 사람은 교통관리, 검문·검색, 출입통제 등 국제행사의 원활한 진행과 안전활동에 협조하여야 한다(법 제9조).
차. 안전대책본부 단장은 교통소통, 질서유지 등 원활한 행사안전업무 수행을 위하여 필요한 경우에 한하여, 관할 경찰관서의 장에게 행사안전구역에서 집회 및 시위를 제한하여 줄 것을 요청할 수 있다(법 제10조)
카. 안전대책본부 단장은 국제행사안전대책 목적을 달성하기 위하여 필요한 경우 관계기관의 장과 협의하여 「통합방위법」제2조제13호에 따른 국가중요시설과 많은 사람이 이용하는 시설에 대한 안전관리를 위하여 필요한 인력을 배치하고 장비를 운용할 수있다(법 제11조).

제2절 통합 안전관리 기구의 설치

1. 통합 안전관리 기구의 구성

1) 소관 부처별 안전관리위원회

우리나라는 대통령 경호, 국가 테러 대응, 재난 및 안전관리 등 국가 주요 안전 현안을 종합적으로 심의·의결하기 위해 기능별로 대통령경호안전대책위원회, 국가테러대책위원회, 중앙안전관리위원회를 각각 설치·운영하고 있다. 각 위원회는 해당 기능을 소관하는 부처의 법령에 따라 구성되며, 운영 절차와 의결 방식 또한 해당 법률에 명시된 규정을 따른다.

〈표 9-2〉의 소관 부처별 안전관리위원회 구성을 살펴보면, 대통령경호안전대책위원회는 「대통령경호법」 제16조를 근거로 설치되며, 대통령의 경호 및 관련 안전대책 활동을 총괄하는 기능을 수행한다. 위원회는 대통령경호처장이 위원장을, 경호처 차장이 부위원장을 맡아 운영하며, 구성원은 대통령령으로 정하는 관계기관 소속 공무원으로 구성된다. 주요 참여기관에는 국가정보원, 외교부, 법무부, 국방부 등 다수의 관계 부처

가 포함되며, 이들 기관 간 협조를 통해 대통령 및 국가 주요행사의 경호 · 안전대책을 통합적으로 조율한다.2)

〈표 9-2〉 소관 부처별 안전관리위원회 구성

소관부처	명칭	위원장	관련법령
대통령경호처	대통령경호 안전대책 위원회	대통령 경호처장	대통령경호법 대통령경호안전대책위원회규정
국무 조정실 (대테러센터)	국가 테러대책 위원회	국무총리	테러방지법 국가테러대책위원회 및 테러대책실무위원회운영규정
국무 조정실 (행정안전부)	중앙 안전관리 위원회	국무총리	재난안전법 중앙안전관리위원회 운영규정

「대통령경호안전대책위원회규정」 제4조에 따르면, 위원회에 소속된 16개 관계기관은 대통령경호안전대책 활동에 대해 위원회 구성원 전원과 그 구성원이 속하는 기관의 장이 공동으로 책임을 지며, 각 구성원은 위원회의 결정사항 기타 안전대책활동을 위하여 부여된 임무에 관하여 상호간 최대한 협조해야 한다. 이와 같은 규정은 경호 · 안전대책의 통합성과 효과성을 높이기 위한 제도적 장치로서, 관계기관 간의 책임 연계성과 상호 협조 체계를 명확히 하는 데 목적이 있다.

국가테러대책위원회는 「테러방지법」 제5조에 따라 설치된 국가 대테러 정책의 최고 심의 · 의결 기구로, 테러 예방 및 대응과 관련된 정책의 중요사항을 종합적으로 조정 · 관리하는 역할을 수행한다. 위원회는 국무총리가 위원장을 맡고, 위원은 국무총리 및 대통령령으로 정하는 관계기관의 장들로 구성되며, 국가정보원, 국방부, 외교부, 법무부, 관세청, 경찰청, 소방청, 해양경찰청 등 주요 안보 · 행정 · 치안 관련 핵심 부처가 포함된다. 본 위원회는 국가적 차원의 대테러 정책 수립과 실행의 핵심 기구로 기능하

2) 「대통령경호안전대책위원회규정」 제2조(구성) 대통령경호안전대책위원회(이하 "위원회"라 한다)의 위원은 국가정보원 테러정보통합센터장, 외교부 해외안전관리기획관, 법무부 출입국 · 외국인정책본부장, 국방부 조사본부장, 문화체육관광부 관광산 업정책관, 과학기술정보통신부 통신정책국장, 국토교통부 항공안전정책관, 식품의약품안전처 식품안전정책국장, 관세청 조사감시국장, 대검찰청 공공수사정책관, 경찰청 보안국장, 소방청 119구조구급국장, 해양경찰청 경비국장, 합동참모본부 작전본부 소속 장성급 장교 중 위원장이 지명하는 1명, 군사안보지원사령부 소속 장성급 장교 또는 2급 이상의 군무원 중 위원장이 지명하는 1명, 수도방위사령부 참모장과 위원장이 임명 또는 위촉하는 자로 구성한다.

며, 유관기관 간의 역할 분담과 협력을 조율함으로써 대테러 대응의 통합성과 실효성을 높이는 데 중추적 역할을 한다.

중앙안전관리위원회는 「재난안전법」 제9조에 따라 설치된 국가 재난안전관리 분야의 최고 심의 · 조정기구로서, 재난 예방, 대비, 대응 및 복구 등 재난안전관리 전 과정에 걸친 주요 정책과 대책을 심의 · 의결한다. 위원장은 국무총리가 맡으며, 위원은 대통령령으로 정하는 중앙행정기관 또는 관계기관 · 단체의 장으로 구성된다. 중앙안전관리위원회는 관계 부처 간 재난 및 안전 관련 정책의 유기적 연계를 촉진하고, 재난 상황 발생 시 통합적 대응체계를 가동하는 등 국가적 재난관리 역량을 총괄하는 기능을 수행한다.

2) 국제행사 안전관련 대책기구

소관 부처별 안전관리위원회는 국제행사의 성공적인 개최를 위해 행사별 특성과 규모에 따라 예상되는 다양한 안전 위협에 선제적으로 대응할 수 있도록, 안전대책기구의 설치 및 운영 여부를 심의 · 의결하는 역할을 수행한다. 각 위원회는 소관 부처를 중심으로 안전대책본부를 구성하여 국제행사의 안전을 도모하고, 효율적이고 체계적인 안전관리 활동을 수행한다. 국제행사의 안전관리위원회별 안전대책기구의 구성은 〈표 9-3〉과 같다.

〈표 9-3〉 국제행사의 안전관련 대책기구

국제행사	안전관리위원회	안전대책기구
다자간 정상회의	대통령경호안전대책위원회	경호안전통제단
국제스포츠 행사	국가대테러대책위원회	대테러 · 안전대책본부
지방자치단체 축제	지역위원회	안전관리민 · 관협력위원회

출처 : 박정섭. (20020). 앞의 논문, p. 122 인용.

〈표 9-3〉에서 보는 바와 같이, 다자간 정상회의, 국제스포츠 행사, 지방자치단체 축제 등은 행사를 주관하는 소관 부처에 따라 안전관리위원회 및 안전대책기구의 구성과 운영 방식이 상이하다. 즉, 다자간 정상회의는 대통령경호처가 중심이 되어 경호를 최우선 과제로 하는 경호안전통제단을 구성하고, 국제스포츠 행사는 국무조정실 소속 대테러센터와 국가정보원이 주축이 되어 대테러 · 안전대책본부를 설치 · 운영한다. 반면, 지방자치단체 축제는 중앙정부 또는 지방자치단체 장이 관련 법에 근거하여 재난안전

중심의 안전관리민관협력위원회가 구성되어 운영된다.

3) 국제행사안전대책기구 구성(안)

다자간 정상회의, 국제스포츠 행사, 지방자치단체 축제 등 국내에서 개최되는 국제행사는 각 행사별 주최 기관의 성격과 목적에 따라 경호안전, 테러예방, 재난안전을 중심으로 상이한 관리체계 하에 운영되고 있다. 그러나 이러한 분절적 운영 방식은 안전관리 체계의 이원화, 기관 간 임무 중복, 지휘체계의 혼선, 자원 낭비 등의 문제를 야기하고 있으며, 이는 위기 발생 시 효율적인 대응체계의 구축과 통합적 조정 능력에 한계를 초래할 수 있다. 이에 따라 국제행사의 안전 역량을 실질적으로 강화하기 위해서는 기존의 기능별 · 기관별 분산 구조를 극복하고, 국가 차원의 통합 안전관리 체계를 제도적으로 마련할 필요가 있다. 이를 위해서는 경호, 대테러, 재난 및 안전관리 기능을 포괄하는 법률의 신설을 통해 관련 기능과 역할을 일원화하고, 안전 유관기관 간 기능 연계와 협업 체계의 제도적 기반을 마련해야 한다.

국제행사에 적합한 통합 안전관리 기구는 안전기본법 신설(가칭 「국제행사안전대책법)을 근거로 하여, 국무총리 소속으로 국제행사안전대책위원회(이하 “대책위원회” 라고 한다)를 두고, 대책위원회는 경호, 대테러, 재난안전 등 안전 유관 기능을 소관하는 관계 부처와 기관 간 기능을 통합적으로 조정하고, 국제행사 전반에 걸친 안전대책을 심의 · 의결하는 최고 정책조정기구로 기능한다. 위원회 산하에는 상설 기획 · 조정 기구로서 국제행사안전대책센터를 설치하여, 위험분석, 전략수립, 관계기관 협력 등 실무적 기능을 상시 수행하게 한다. 이 센터는 대책위원회의 정책 결정을 지원하며, 국제행사의 준비 · 진행 단계에서 중추적 역할을 담당한다. 또한, 특정 국제행사의 개최가 확정되면, 대책위원회의 심의 · 의결을 통해 대통령경호처, 국가정보원, 경찰청, 소방청, 국방부, 행정안전부 등 유관기관 소속 인력을 파견받아 국제행사안전대책본부를 구성한다. 이 본부는 단일 지휘체계 하에 민 · 관 합동운영체계로 작동하며, 실질적 현장 대응 및 위기관리 역량을 집중하여 행사 현장의 안전성을 획기적으로 제고할 수 있도록 설계되어야 한다.

2. 통합 안전관리 기구의 운영 방안

1) 행사 주체별 안전관리 기구의 운영 실태

우리나라는 국제행사를 개최할 시 안전 주관기관을 중심으로 관계기관의 공무원을 파견받아 안전대책 기구를 구성하여 운영하고 있다. 예컨대, 다자간 정상회의는 「다자간 정상회의의 경호 및 안전관리 업무에 관한 규정」에 따라 대통령경호처가 중심이 되어 경호안전통제단을 구성하고, 국가정보원, 국방부, 경찰청, 소방청, 해양경찰청 등 주요 기관이 하부조직으로 참여하여 경호 및 안전업무를 수행한다. 이 통제단은 경호작전본부, 대테러본부, 군작전본부, 경찰작전본두, 소방방재본부, 해경작전본부 등으로 구성되어 각 기능별 안전활동을 실시한다.

국제스포츠 행사의 경우에는 조직위원회 사무처에 안전관실을 편성하고 국정원을 중심으로 경찰청, 소방청, 국방부, 경호처 소속의 공무원이 순차적으로 합류하여 조직위원회 소속으로 안전관리활동이 실시된다. 또한, 조직위원회는「국제경기대회법」을 근거로 대회관련시설과 선수, 임원, 보도진, 종사자, 관람객 등에 대한 테러 및 안전 위협에 대비하기 위해 국가에 지원을 요청할 수 있고 국가는 조직위원회의 요청사항을 지원하기 위하여 「테러방지법」을 근거로 국정원과 대테러센터 중심으로 대테러 안전 관계기관[3])으로 구성되는 대테러 · 안전대책본부를 설치 및 운영할 수 있다. 그리고 지방자치단체와 민간단체가 주관하는 지역축제는 「재난안전법」에 따라 지역 차원의 민 · 관 협력체계를 구축하기 위해 시 · 도 또는 시 · 군 · 구 단위의 안전관리민관협력위원회를 구성 · 운영하고 있다. 지역축제를 개최하는 중앙행정기관의 장 또는 지방자치단체의 장은 해당 축제의 안전관리계획을 수립하고, 이를 지역안전관리위원회의 심의를 거쳐 확정함으로써 축제의 규모와 특성에 적합한 안전관리 체계를 마련해야 한다.

2) 통합 안전관리 기구의 운영체계 제안

다자간 정상회의, 국제스포츠 행사, 지방자치단체 축제 등 다양한 국제행사는 주최기관의 성격과 행사 목적에 따라 경호, 대테러, 재난안전 등 안전관리 기능이 서로 다른 기관을 중심으로 운영되고 있다. 이러한 분산된 운영체계는 기관 간 임무 중복, 지휘체계 혼선, 자원 낭비 등의 비효율성을 초래할 수 있어, 국제행사의 성격과 규모에 관계없이 통합적이고 일관된 안전관리 체계의 구축이 절실히 요구된다. 이에 따라 기존의 부처별 단위 운영방식을 탈피하고, 국제행사 전반을 포괄하는 통합 안전관리체계를 관계기관이 공동으로 구축 · 운영해야 한다. 이 통합체계는 유관기관 간 기능을 유기적으로 연계하고, 기관별 역할과 책임을 명확히 하며, 지휘 · 통제 체계를 단일화함으로써

3) 대테러안전관계기관은 대테러센터, 국가정보원, 외교부, 법무부, 국방부, 행정안전부, 산업통상자원부, 보건복지부, 환경부, 국토교통부, 해양수산부, 과학기술정보통신부, 문화체육관광부, 원자력안전위원회, 관세청, 경찰청, 소방청, 해양경찰청, 식품의학안전처 등으로 구성된다.

현장 대응 능력과 안전관리의 운영 효율성을 동시에 확보할 수 있다.

[그림 9-1] 국제행사의 안전관리 운영 체계

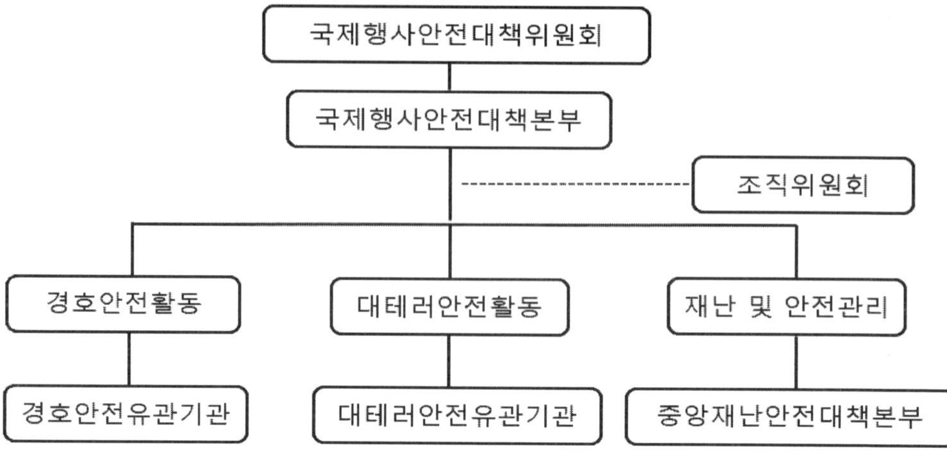

출처 : 박정섭. (2020). 앞의 논문, p. 124 인용.

[그림 9-1]은 국제행사의 규모와 특성에 따라 관계기관 간 협력 구조와 역할 분담을 명확히 설정하고, 국무총리 소속의 국제행사안전대책위원회를 중심으로 하는 일원화된 지휘체계를 설계한 운영모델을 제시한다. 이 운영체계는 행사 개최의 전 단계에 걸쳐 경호, 대테러, 재난안전 관련 기관 간의 협조체계를 강화하고, 중복된 기능을 정비하여 통합적이고 효율적인 안전관리 전략을 실현하는 데 중점을 둔다. 운영체계의 중심이 되는 국제행사안전대책위원회는 국제행사의 안전관리 정책과 주요 사항을 심의·의결하며, 각 행사에 적합한 국제행사안전대책본부를 설치·운영할 수 있다.

(1) 경호안전활동

대통령경호처가 중심이 되어 참가국 정상 및 주요 인사의 신변 보호를 총괄한다. 회의장, 숙소, 공항, 주요 이동 경로 등에서의 경호·안전계획을 수립하고, 군과 경찰의 협조를 받아 3선 경호구역을 설정하여 중첩된 보호 체계를 운용한다. 경호 범위는 행사 성격, 보안 필요성, 첩보 상황 등에 따라 탄력적으로 조정된다.

(2) 대테러안전활동

대테러센터는 테러 위해정보와 첩보의 수집·분석, 대테러 업무 조정 및 국가보안시설 관리, 행사장 테러위험과 취약요인의 분석 및 대책 마련, 출입국 공항·항만의 대테러 및 경호안전대책 지원, 경찰 및 군 대테러특공대의 행사지역 활동 지원 등을 통해 국제행사의 안전성을 체계적으로 확보한다.

(3) 재난 및 안전관리활동

소방청은 행사장의 소방시설, 전기시설, 가스시설 등의 안전관리 및 비상대책, 화재 진압 및 구조 대책, 위험시설물의 안전관리대책, 기상재해 대비 재난대책, 응급구조사와 구급장비 투입을 포함한 의료지원 대책 등을 수립 · 시행한다.

국제행사의 통합관리 기구는 기존에 부처별로 분산되어 관리되었던 국제행사를 하나의 기구에서 통합적으로 운영함으로써, 대통령경호처, 대테러센터, 행정안전부가 각각 본연의 국가 안전역량 강화에 집중할 수 있도록 한다. 또한, 규모가 작은 국제행사의 경우 대책위원회의 심의를 거쳐 경찰청을 활용하여 경호, 테러, 안전업무를 전방위적으로 수행하는 방안도 고려될 필요가 있다. 더불어, 안전 유관기관과 민간경비의 역할을 효율적으로 통합하고 활용할 수 있는 안전 인프라를 구축하는 방안이 요구된다.

제3절 안전성 강화를 위한 인프라 구축

1. 전문인력의 확보

1) 안전기관별 전문인력 확보 방안

국내에서 개최되는 국제행사는 그 성격과 규모에 따라 국가정보원, 국방부, 경찰청, 소방청, 해양경찰청, 대통령경호처 등 주요 안전기관의 인력이 파견되어 합동으로 안전대책기구를 운영한다. 이들 파견 공무원은 각 기관의 전문성을 대표하며, 현장에서 안전활동을 직접 수행함과 동시에 기관 간 업무 조율 및 통제를 담당하는 핵심 인력으로 기능한다. 따라서 이들은 국제행사 경험이 풍부하고, 유관기관 간 협력과 위기 대응에 대한 전문성을 갖춘 고도의 실무형 인재여야 한다. 그러나 현실적으로는 대부분의 안전기관이 국제행사의 일시성과 비정기성을 이유로 상시 전담조직을 보유하지 않고 있으며, 일부 핵심 인력을 제외한 다수의 인력이 임시 파견되는 구조적 한계를 안고 있다.

국제행사에 투입되는 안전기관의 역량을 안정적으로 유지하고, 고도화된 안전관리를 실현하기 위해서는 전문성과 현장 경험을 겸비한 인적 자원의 확보와 운영 체계가 필수적이다. 이를 위해 국제행사의 컨트롤타워 역할을 수행하는 국제행사안전대책기구는 다음과 같은 인력관리 방안을 제도적으로 마련해야 한다.

첫째, 관계 부처 및 안전 유관기관의 국제행사 유경험자 및 훈련 이수자 등을 사전에 선발·관리하여, 국제행사 개최 시 우선적으로 차출할 수 있는 인력 운영 체계를 구축해야 한다. 이를 통해 현장 대응의 연속성을 확보하고, 업무 숙련도를 기반으로 한 안전관리의 효율성을 극대화할 수 있다.

둘째, 국제행사 참여 인력의 경력, 수행 업무, 평가 결과 등을 데이터베이스(DB)화하여 관리하고, 이를 기반으로 인력의 재배치, 승급, 재교육 여부 등을 판단할 수 있도록 해야 한다.

셋째, 축적된 인력 데이터를 기반으로 경호, 대테러, 재난안전 등 기능별 역할에 부합하는 맞춤형 교육 커리큘럼을 개발하고, 실전 대응 중심의 훈련 체계를 구축해야 한다. 특히, 임무 중심형 시나리오 훈련, 통합 지휘·통제 훈련, 상황별 시뮬레이션 훈련 등 현장 대응력 향상을 위한 실전형 교육과정을 강화함으로써, 국제행사에서의 현장 적응력과 통합 운영 역량을 실질적으로 제고할 필요가 있다.

넷째, 안전 유관기관 간 협업 체계를 정례화하고, 공통된 대응 매뉴얼에 기반한 합동 훈련 및 평가 시스템을 도입하여 기관 간 역할 조정 능력과 공동 대응 역량을 체계적으로 강화해야 한다. 이를 통해 기관 간 경계를 초월한 유기적 협력 구조를 실질적으로 구현하고, 복합적 위협 상황에 대한 통합적 대응체계를 안정적으로 구축할 수 있다.

이와 같은 전문 인력 확보 및 운영체계가 정착되면, 국제행사마다 유경험자와 신입 인력이 균형 있게 구성된 실무조직을 체계적으로 편성할 수 있으며, 평상시에도 전문성 유지와 대응력 향상을 위한 지속적 관리가 가능해진다. 이는 궁극적으로 현장 대응력의 극대화, 인적 자원의 지속 가능성 확보, 나아가 국가 차원의 안전역량 고도화로 직결될 수 있다.

2) 민간전문인력 확보 방안

최근 국가 및 지방자치단체가 주관하는 국제행사의 수요가 증가하면서, 민간경비의 역할이 국가적 안전관리 체계의 핵심 축으로 부각되고 있다. 그러나 현실적으로 민간경비 인력의 수급 불균형이 지속되고 있으며, 양질의 전문 인력 확보에 구조적인 어려움이 존재한다. 이는 국제행사의 성공적 개최를 위협하는 중요한 문제로 작용하고 있다. 특히 국제행사는 국가 이미지와 직결되는 대규모 국제적 이벤트로 그 안전관리 수준은 곧 국가의 대응 역량과 신뢰도를 가늠하는 기준이 된다. 이러한 점에서 민간경비 전문

인력의 확보 및 역량 강화는 행사를 주관하는 주최 측의 핵심적 책무로 자리매김 되어야 한다.

2018 평창동계올림픽의 사례는 민·관 합동 안전체계의 모범으로 평가된다. 당시 조직위원회는 국내 대학 및 안전 유관기관과의 협력을 통해 민간경비인력을 확보하여 자체교육과 위탁 교육과정을 통해 실무 투입을 준비했다.[4] 그러나 이러한 사전적 노력에도 불구하고 실제 현장에서는 민간경비 인력이 수요에 미치지 못하는 문제가 발생했다. 이는 단순히 조직위원회의 준비 부족을 넘어 우리나라 민간경비산업 전반의 구조적 취약성과 전문인력 양성 체계의 부재를 드러낸 결과로 해석할 수 있다. 현재와 같은 민간경비 인력 시스템의 부재는 국제행사 개최 시 민간경비 인력을 안정적이고 효율적으로 확보하고 운용하는 데 한계를 초래할 수 있다. 이러한 구조적 문제를 해소하고 국제행사의 전반적인 안전 수준을 높이기 위해서는, 민간경비 전문인력 양성을 위한 법적·제도적 기반을 강화하고, 직무에 적합한 역량을 갖춘 인력을 체계적으로 육성할 수 있도록 실무 중심의 교육·훈련 체계를 조속히 마련해야 한다.

국제행사에서 민간경비 전문인력을 안정적으로 확보하기 위해서는 먼저 「경비업법」 제2조제3호에서 "일반경비원"과 "특수경비원"으로 국한된 규정을 업무 능력 단위별로 등급화하여 경비업무별 전문 인력을 양성할 수 있는 체계를 구축해야 한다. 특히, 국제행사에 투입되는 경비원은 영어 또는 제2 외국어 능력을 사전에 평가받아야 하며, 이를 통해 원활한 의사소통과 국제적 수준의 대응력을 확보해야 한다. 아울러, 경비원의 자질에 따른 처우 개선이 선행되어야 전문성과 동기를 강화할 수 있다. 부차적으로, 민간경비협회를 비롯한 산업계, 학계, 관련 기관은 민간경비인력의 등급에 적합한 양질의 교육·훈련 프로그램을 개발하고, 이를 통해 민간경비산업의 고용 범위를 확장시켜야 한다. 이러한 노력은 체계적이고 효율적인 전문경비인력을 양성할 수 있는 토대를 마련함으로써, 국제행사의 안전관리를 보다 효과적이고 안정적으로 수행할 수 있는 기반을 구축할 수 있다.

2. 첨단장비 도입과 활용

1) 첨단장비 도입의 필요성

국제행사는 테러, 화재·폭발, 군중 사고 등 복합적 위협에 상시 노출되어 있으며, 행사장의 구조적 특성과 인원 밀집도는 이러한 위험을 가중시켜 안전성을 지속적으로

4) 국내 주요 대학의 경찰행정, 경호, 산업보안, 체육 등 관련 학과 전공자를 우선 선발하고, 해당 교육과정을 이수한 인원에게는 학점 인정 등의 인센티브를 부여하는 방식이 활용되었다.

위협한다. 행사장 안전사고는 단순한 현장 혼란을 넘어 대형 재난으로 확산될 수 있으며, 이는 곧 국가 위상을 훼손하고 나아가 국가 경쟁력 저하로까지 이어질 수 있다. 정부는 이러한 복합적 위협에 대응하기 위해 국제행사 개최 시 정치 · 경제 · 사회적 환경 변화와 잠재적 위험 요소를 종합적으로 분석하고, 유치단계 부터 관계기관 전문가를 현지에 파견하여 첩보 수집과 사전 평가를 수행하는 등 철저한 안전대책을 수립 · 시행하고 있다. 특히, 테러, 반세계화 · 반정부 시위, 훌리건 등의 다양한 위협에 대비하여 전담 조직을 구성하고, 유관기관 간 협력체계를 긴밀히 구축함으로써 통합적이고 신속한 대응 역량을 강화하고 있다. 그러나 이 같은 대응체계가 여전히 인력 중심에 머물러 있다는 점은 분명한 한계로 작용한다. 대규모 행사 현장에서 인력만으로 위협을 선제적으로 식별하고 즉각 대응하는 데에는 물리적 · 시간적 한계가 존재하며, 이는 안전 확보의 사각지대를 유발할 수 있다.

국제행사의 안전성을 실질적으로 확보하기 위해서는 기존의 인력 중심 경비체계에서 탈피하여, 지능형 감시, 위험 예측, 신속 대응이 가능한 첨단기술 기반의 장비와 시스템을 전략적으로 도입 · 활용하는 방향으로 안전관리 패러다임의 전환이 필요하다. 실제 국내에서 개최된 주요 국제행사에서는 경호안전통제단 및 대테러 · 안전대책본부를 중심으로 3선 안전지역을 설정하고, 적재적소에 감시카메라, 무인로봇, 지능형센서, 통신장비 등 첨단장비를 배치해 운용해 왔다. 이러한 장비는 위험의 사전탐지, 실시간 위협분석, 긴급상황대응 등 다양한 측면에서 활용되었으며, 기존의 인력 대응체계를 보완하는 역할을 수행했다. 그러나 행사 종료 이후, 상당수 장비들이 관련 유관기관에 안정적으로 이관되지 못하고 일회성 전시행정으로 그치는 사례가 반복되고 있다. 이는 첨단장비의 현장 적합성, 실용성, 운용 효율성에 대한 사전 검토와 평가 체계가 부족했음을 반영하는 결과다.

국제행사의 안전성을 실질적으로 제고하기 위해서는 인력 중심 대응체계를 보완할 수 있는 기술 기반 안전관리 인프라의 확충, 첨단장비의 전략적 · 통합적 운영체계 정립, 그리고 사후 활용까지 고려한 지속가능한 관리 시스템 마련이 반드시 병행되어야 한다.

2) 첨단장비의 활용 방안

국제행사의 안전역량을 실질적으로 강화하기 위해서는 기존의 공공기관 중심 경비체제를 탈피하고, 민간기업과의 상호보완적 협력을 통해 첨단장비의 효과적인 도입과 통합 운용이 가능한 기반을 마련해야 한다. 즉, 단순한 인력 의존형 안전관리에서 벗어나, 물리적 보안 요소와 기술 기반 장비가 균형 있게 작동하는 관리·운영 체계를 수립하는 것이 필요하다.

우선, 고화질 CCTV 영상분석 서버와 인공지능 기반의 인파분석 기술을 활용하여 군중 밀집도를 실시간 감지하고, 일정 기준을 초과할 경우 지방자치단체, 경찰, 소방 등 관계기관에 자동으로 경보를 전송하는 시스템을 마련해야 한다.[5]또한, 행사 전용 애플리케이션을 통해 방문객에게 행사일정, 시설위치, 안전안내 등의 정보를 통합적으로 제공하고, 상황에 따라 실시간 알림을 전달함으로써 현장 내 위험 요인을 조기에 차단하고 대응력을 강화할 수 있다.[6] 이와 함께, 행사장에는 통합관제센터를 구축하고, 이를 관할 구청이나 지방자치단체의 재난상황실, 경찰, 소방 등과 실시간으로 연계 운영하여 정보 공유와 즉각적인 공동 대응을 가능케 해야 한다. 이러한 융합형 운영체계는 단순한 기술 배치가 아닌 실질적 운용성과 협업 기반의 통합 대응을 목표로 해야 한다.

그리고 통합 안전관리기구(가칭)는 안전 관계기관 또는 유관기관이 보유한 장비 및 기술 자원을 데이터베이스화하여 중앙 차원에서 통합적으로 관리하고, 중앙행정기관과 지방자치단체 간 장비 공유 체계 및 운용 표준을 마련해야 한다. 이를 통해 국가중요행사는 물론 지방자치단체 또는 민간단체가 주관하는 지역축제 등 다양한 유형의 국제행사에서도 보편적이고 실효성 있는 현장 배치 전략을 수립하고 첨단장비를 효율적으로 운용할 수 있는 기반을 갖춰야 한다. 특히, 사물인터넷(IoT), 인공지능(AI), 가상현실(VR), 5G 통신망, 자율주행 기술, 드론 등 신기술을 융합한 첨단장비의 중장기적 도입을 위한 재정 기반을 조속히 마련해야 하며, 이들 장비의 운용 효과를 극대화하기 위해 관련 법령의 정비 및 새로운 법적·제도적 기반 구축이 병행되어야 한다.

3. 새로운 경비업무의 도입

최근 드론의 활용 범위는 공공분야를 넘어 일상생활 전반으로 빠르게 확산되고 있다.[7] 특히 경찰은 2015년 실종자 수색 및 구조를 위한 목적으로 드론을 운용하기 시작했으며, 「경찰무인비행장치운용규칙」[8] 제2조제2호에 근거하여 그 사용 목적을 "수색"에 한정하여 사용해 왔다.[9] 이와 더불어 드론의 치안 활용 가능성에 대한 연구도 활

5) 박정섭. (2024b). 앞의 논문, p. 641.
6) 박정섭. (2024a). 앞의 논문, p. 183.
7) 백승민. (2019). "드론을 활용한 민간경비 발전방안에 관한 연구", 한국민간경비학회보, 18(4), pp. 125~148.
8) 「경찰무인비행장치운용규칙」은 경찰청이 소유한 수색용 무인비행장치의 운용에 관한 기본적인 사항과 절차를 규정하기 위해 2019년 9월 26일 경찰청 훈령 제951호로 제정되어 시행되고 있다.
9) 류지웅·박희균. (2023). "경찰의 드론 활용을 위한 법제 개선 방안 연구", 한국경찰학회보,

발히 이루어졌다. 김순석(2017)[10]은 교통관리 영역에서 드론의 활용성을 높게 평가했으며, 선종수(2020)[11]는 범죄예방 등 경찰업무에서의 드론의 적용 가능성을 확인했다. 이러한 논의는 드론이 기존 물리적 경비체계의 보완 수단에서 치안 활동 전반에 실질적 영향을 미치는 수단으로 발전할 수 있음을 시사한다.

경찰은 2024년 3월 19일 「경찰무인비행장치운용규칙」을 일부 개정하여 기존 인명구조 및 수색 중심의 활용에서 보다 다양한 경찰 활동으로 무인비행장치의 활용 범위를 확대했다. 개정된 규칙 제9조에 따르면, 드론은 실종아동 등의 수색(「실종아동등의 보호 및 지원에 관한 법률」 제9조), 자살위험자의 구조(「자살예방 및 생명존중문화 조성을 위한 법률」 제4조제1항), 재난상황에서의 인명 수색(「재난 및 안전관리 기본법」 제3조제6호), 테러 발생 시 구조·구급 활동(「테러방지법 시행령」 제15조), 교통법규 위반 단속(「도로교통법」 제160조제3항), 집회 및 시위 현장 관리(「집회 및 시위에 관한 법률」 제2조), 집단민원현장에서의 증거자료 수집(「경비업법」 제2조) 등 다양한 상황에 대응하여 운용할 수 있도록 관련 법 조항이 신설되어 운영되고 있다. 또한 각 경찰관서의 장이 필요하다고 인정하는 경우, 법령의 범위 내에서 목적 달성을 위한 최소한의 범위에서 드론 운용이 가능하도록 규정하고 있다.

드론은 무인항공기(Unmanned Aerial Vehicle) 또는 원격조정항공기(Remotely Piloted Aircraft)를 활용하여 경비가 요구되는 시설, 특정 장소, 혹은 다중이 운집하는 행사 현장에서 도난, 화재, 군중 혼잡, 범죄, 교통 제한 등의 위험을 사전에 탐지하고 예방하는 데 활용되는 첨단 경비기술이다. 이러한 드론 기반 경비활동은 실시간 정보 수집과 광범위한 감시가 가능하다는 점에서 기존 물리적 경비의 한계를 보완할 수 있으며, 민간경비 분야에서도 적극적으로 도입이 요구되는 차세대 경비시스템으로 평가된다.

국내 보안전문 회사인 ADT캡스는 세계보안엑스포(2015)에서 '드론을 활용한 미래형 보안서비스'[12]를 선보였으며,[13] 그 후 2020년 6월 단국대 천안캠퍼스에서 드론을

25(3), pp. 55~78.

10) 김순석. (2017). "드론을 활용한 치안활동의 한계와 가능성", 한국경호경비학회지(드론특별호), pp. 111~140.

11) 선종수. (2020). "경찰의 드론 활용에 따른 형사법적 문제", 경찰법연구, 18(2), pp. 83~103.

12) 위험 현장이나 외곽지역 등을 순찰하는 지능형 이동 CCTV형태의 드론을 활용할 수 있으며, 드론에 장착된 고성능 카메라를 통해 영상 뿐만 아니라 움직임 감지, 화재감지를 통해 이상신호를 고객 사업장의 관제실이나 ADT캡스 상황실, 고객 모바일로 전송해 실시간 모니터링 할 수 있도록 하고, 위험 감지 시 바로 출동까지 현계할 수 있는 서비스를 공개했다.

13) 이투데이 (2015. 3. 18). ADT캡스, 'SECON 2015'서 '드론' 보안서비스 선봬, https://www.etoday.co.kr/news/view/1092679, 검색일 2025. 6. 29.

활용한 순찰 서비스 시범 운영을 실시하기도 했다.[14] 그리고 일본경비회사인 세콤은 2015년 12월 개정된 항공법이 발효됨에 따라 드론 비행 승인취득을 받았으며,[15] 세계 최초로 침입자 경고가 발동되면 목표물을 즉시 추적하는 드론 서비스를 선보였다.[16] 2018년 10월에는 일본 야마구치현의 민간위탁 교도소 수형자 감시에 드론을 사용한다고 보도하기도 했다.[17]

드론 산업의 급속한 성장과 기술 발전을 반영하여 민간경비 분야에서도 드론을 효과적으로 활용하기 위해서는 다음과 같은 제도적 개선이 필요하다. 첫째, 2019년에 제정된 「드론 활용의 촉진 및 기반조성에 관한 법률」 제2조제1항제2호를 개정하여, 현행 "드론사용사업자"의 정의에 경비업무를 명시적으로 포함시켜 민간경비업체가 법적 제약 없이 드론을 경비업무에 활용할 수 있도록 해야 한다. 둘째, 현행 「경비업법」 제2조제1호라목에서 정의하고 있는 기계경비업무의 범위에 드론 운용을 포함하고, 경비업무의 적용 대상을 기존의 경비대상시설에 국한하지 않고, 다중이 운집하는 행사장이나 집단민원현장 등 공공안전 관리가 필요한 장소까지 확대 적용할 수 있도록 법 개정이 이루어져야 한다.

제4절 안전사고 예방과 대응

1. 불법 집회 · 시위의 예방과 대응

1) 집회 · 시위 문화 개선

정부는 집단노숙, 도로점거, 야간 문화제를 빙자한 불법집회 등 공공질서를 위협하고 국민 불편을 심각하게 초래하는 불법행위로부터 국민의 평온권과 교통권 등 「헌법」상

14) ADT캡스가 선보인 자율비행 드론 순찰 서비스는 자체적으로 드론이 스테이션에서 이 · 착륙 및 충전을 하고, 정해진 구역을 순찰하며 데이터를 수집하는 무인 경비 솔루션이다. 조종 인력 없이 드론 스스로 영상을 촬영하고 분석하는 것은 물론, 이상 감지 시 CCTV와 연계해 긴급 신호를 전송하고 출동을 요청하는 등 통합 관제 시스템 역할까지 수행한다.

15) 김일곤. (2020). "민간경비업체의 드론 경비업무 도입에 관한 장애요인 연구", 한국민간경비학회보, 19(2), pp. 51~76.

16) 헤럴드경제 (2015. 12. 14). 침입자 추적하는 드론...日 세콤, 감시 서비스 시작, http://news.heraldcorp.com/view.php?ud=20151214000987, 검색일 2025. 6. 29.

17) 디지털타임스 (2018. 9. 10). 드론이 죄수 감시하는 일본··· 야마구치현 민간교도소 첫 도입, https://www.dt.co.kr/contents.html?article_no=2018091002109957820004&ref=naver, 검색일 2025. 6. 29.

기본권을 보호하기 위해 2023년 6월 1일 국무조정실장을 단장으로 한 '공공질서 확립 특별팀'을 구성했다. 이 특별팀에는 행정안전부, 경찰청 등 7개 부처가 참여했으며, 집회·시위 관련 제도 개선과 현장 대응력을 강화하기 위한 다각적 논의가 이루어졌다. 특히, 대통령실은 2023년 6월 13일부터 7월 3일까지 3주간 국민 참여 토론 게시판을 통해 '집회와 시위 요건 및 제재 강화'라는 주제로 국민 의견을 수렴한 결과, 집회·시위 제재를 강화해야 한다는 국민 여론이 압도적으로 높게 나타났다. 이에 국무조정실과 경찰청은 3개월간의 관계부처 논의를 거쳐 심야시간대 집회·시위 금지 시간 규정, 소음 측정 방식 개선 등 법 제도 개선과 함께 드론 채증 도입, 불법 우려 시 형사팀 사건 배치, 수사전담반 운영 등 현장대응력 강화를 포함한 집회·시위 문화 개선 방안을 마련했다.[18]

경찰은 과도한 집회 소음, 무허가 도로점거, 시내버스 및 지하철 운행 방해 등 시민의 일상과 공공질서를 침해하는 행위에 대해 적극적으로 수사하고 필요한 법적 조치를 취했으며, 현장에서 연행 상황이 발생할 경우에는 연행자를 인계받아 조사 및 입감 등 수사의 전 과정에서 적법절차를 철저히 준수함으로써 연행자에 대한 인권침해 방지에 주의를 기울였다.[19] 이러한 조치는 집회·시위의 자유와 공공질서 간의 균형을 유지하고, 국민의 기본권 보호를 강화하기 위한 경찰의 노력을 보여주는 사례로 평가될 수 있다.

2) 법·제도적 개선[20]

2022년 10월에 실시된 집회 및 시위 관련 대국민 여론조사 결과, 집회·시위로 인한 불편 사항으로는 교통체증(51%)이 가장 큰 비중을 차지했으며, 그 뒤로 집회 소음(20.7%), 심리적 불안감(15.4%), 폭력행위(12.9%) 순으로 나타났다. 이는 국민들이 도로 점거로 인한 교통체증과 집회·시위로 발생하는 과도한 소음을 주요 불편 요인으로 인식하고 있음을 보여준다. 이에 따라, 경찰은 시민들의 불편을 최소화하기 위한 조치를 적극적으로 시행했다. 교통 소통 확보를 위해 교통정보를 실시간으로 제공하고, 교통경찰을 집중 배치하여 교통체증 문제를 완화했다. 또한, 집회 현장에 소음관리 LED 전광판 차량을 배치하여 집회 주최 측이 자율적으로 소음기준을 준수할 수 있도록 유도하고, 소음 측정 방식을 개선한 집회 및 시위에 관한 법률 시행령을 개정하여 보다 체계적인 소음 관리를 도입했다.[21] 특히, 경찰은 집회 소음 피해가 우려되는 장소에 인

18) 경찰청. (2024). 「경찰백서」, p. 178.
19) 경찰청. (2024). 「경찰백서」, p. 180.
20) 경찰청. (2024). 「경찰백서」, pp. 177~185.
21) 「집회 및 시위에 관한 법률 시행령」 제12조 개정을 통해 주거지역, 학교, 종합병원, 공공도서관

력과 장비를 폭넓게 배치하여 적극적인 소음 측정을 실시하였으며, 소음 기준을 초과하는 경우에는 유지명령, 중지명령, 일시보관 조치 등 엄격한 관리 조치를 통해 시민의 평온권 보호에 주력했다.

최근 개정된 「집회 및 시위에 관한 법률」 제14조제1항에 규정된 시간대 · 지역별 소음기준은 아래 표〈9-4〉와 같다.

〈표 9-4〉 확성기등의 소음기준(「집시법」 제14조 관련)

<table>
<tr><th colspan="2" rowspan="2">소음도 구분</th><th rowspan="2">대상지역</th><th colspan="3">시간대</th></tr>
<tr><th>주간 (07:00 ~ 해지기 전)</th><th>야간 (해진 후 ~ 24:00)</th><th>심야 (00:00 ~ 07:00)</th></tr>
<tr><td rowspan="6">대상소음도</td><td rowspan="3">등가 소음도 (Leq)</td><td>주거지역, 학교, 종합병원</td><td>65 이하</td><td>60 이하</td><td>55 이하</td></tr>
<tr><td>공공도서관</td><td>65 이하</td><td colspan="2">60 이하</td></tr>
<tr><td>그 밖의 지역</td><td>75 이하</td><td colspan="2">65 이하</td></tr>
<tr><td rowspan="3">최고 소음도 (Lmax)</td><td>주거지역, 학교, 종합병원</td><td>85 이하</td><td>80 이하</td><td>75 이하</td></tr>
<tr><td>공공도서관</td><td>85 이하</td><td colspan="2">80 이하</td></tr>
<tr><td>그 밖의 지역</td><td colspan="3">95 이하</td></tr>
</table>

표〈9-4〉의 확성기 등의 소음은 관할 경찰서장 또는 현장 경찰공무원이 측정하며, 측정은 피해자가 위치한 건물 외벽에서 소음원 방향으로 1~3.5m 떨어진 지점으로 하되, 소음도가 높을 것으로 예상되는 지점의 지면 위 1.2~1.5m 높이에서 측정한다. 다만, 주된 건물의 경비 등을 위하여 사용되는 부속 건물, 광장공원이나 도로상의 영업시설물, 공원의 관리사무소 등은 소음 측정 장소에서 제외한다. 측정된 소음도는 확성기 소음이 존재할 때의 측정소음도와 없을 때의 5분간 배경소음도로 구분하여 기준을 정하고, 배경소음도가 등가소음도 기준을 초과할 경우 소수점 첫째 자리에서 올림한 값을 적용하며, 측정소음도가 배경소음도보다 10dB 이상 클 경우 보정 없이 적용하고, 3.0~9.9dB 차이가 있을 경우에는 규정된 보정치를 적용하며, 3dB 미만 차이일 경우

등 소음 민감 지역에서의 피해를 신속히 조치하기 위해 소음 측정 방식을 개선했다. 주요 개정 내용으로는 최고소음도(Lmax) 위반 기준을 기존 '1시간 내 3회 초과'에서 '2회 초과'로 강화하고, 등가소음도(Leq) 측정 시간을 10분에서 5분으로 단축했다. 또한, 주요 도시의 주요 도로에서 집회 · 시위를 제한할 경우에는 관할 경찰관서장이 구체적인 제한 조건을 서면으로 통지하도록 하고, 경찰청장은 주요 도로 범위를 3년마다 재검토 · 정비하도록 규정했다.

에는 재측정 후에도 기준 미만이면 확성기 소음으로 보지 않는 방식으로 소음 측정 및 평가가 이루어진다.

2. 재난 및 안전사고의 예방과 대응

1) 사전 안전점검과 계획수립[22)]

국제행사 및 지역축제의 안전관리계획을 수립하기 위해서는 먼저 개최지를 관할하는 지방자치단체, 소방서, 경찰서 등 안전관리 유관기관의 의견을 수렴하고, 행사장에 대한 현장 답사와 사전점검을 실시하여 지역 실정과 행사 특성을 반영한 통합적 안전관리 대책을 다음과 같이 마련해야 한다.

첫째, 주최 측은 재난 및 안전사고 예방과 긴급상황 발생에 대비하여 행사 규모, 특성, 참가자 수, 위치, 진행방식 등을 종합적으로 고려하여 합동상황실 설치 및 운영계획을 수립해야 한다. 합동상황실은 지자체, 소방, 경찰, 안전관리 유관기관, 경비업체, 현장 안전관리요원 등과 긴밀한 비상연락체계를 구축하고, 통신 두절 등 비상상황에 대비하여 무전기, 확성기 등 비상통신 장비를 사전에 비치하며, 모든 관계자가 비상연락체계와 장비 운용 방안을 숙지하도록 조치해야 한다.

둘째, 행사의 안전성을 확보하기 위해 진행단계별 시나리오를 작성하여 운영상의 문제점을 사전에 검토하고, 이에 따른 안전관리 대책을 체계적이고 구체적으로 수립해야 한다. 특히, 안전사고 발생에 대비하여 초동단계, 응급 구호단계, 비상단계로 구분한 단계별 조치계획을 수립하고, 실 · 과별 업무분담 및 근무 인력 투입계획을 명확히 설정해야 한다. 또한 대규모 혼잡사고 발생 시 관람객의 인원 통제 및 대피 유도 방안, 취중 혼란행위자 발생 시 신속한 격리 및 안전조치 방안 등 구체적인 대응지침을 마련해야 한다.

셋째, 행사 기간 중 응급상황에 대비하여 현장 구조 · 구급 등 응급지원체계 구축 계획을 수립해야 한다. 축제장 내에는 소화제 등 기본적인 일반의약품과 혈압계, 체온계 등의 필수 의료장비를 비치하고, 구급차 및 응급조치요원을 주요 지점에 배치하여 초기 대응이 가능하도록 한다. 아울러, 대규모 안전사고 발생 시 인근 병원과의 비상연락체계를 구축하여 응급환자의 신속한 이송 및 치료가 이루어질 수 있도록 준비해야 한다.

넷째, 안전관리요원과 자원봉사자에 대한 배치계획, 근무수칙, 긴급상황 행동요령 등을 마련하고, 눈에 띄는 근무복장 착용을 의무화하여 질서 유지와 관람객 안전을 도모

---

22) 행정안전부. (2021).「지역축제장 안전관리 매뉴얼」, pp. 12~13.

해야 한다. 특히 동선관리계획 및 안전선(Safety Line) 설치계획을 수립하고, 재해취약계층(노약자, 어린이, 장애인, 외국인 등)과 행사 출연자에 대한 별도의 안전관리 대책을 마련해야 한다.

다섯째, 행사장의 원활한 접근성과 안전성을 확보하기 위해 경찰서와 사전 협의를 거쳐 권역별 및 시간대별 교통통제 대책을 마련해야 한다. 특히 행사 전후 관람객이 집중되는 시간대를 고려하여 주정차 지도 및 통제 방안을 포함한 구체적인 교통안전관리 계획을 수립하고, 관람객의 안전한 이동과 주변 교통 혼잡 최소화를 목표로 체계적인 교통 운영 방안을 강구해야 한다.

여섯째, 행사 규모의 특성을 고려하여 시설물, 관람객, 출연자, 진행자 등을 대상으로 한 분야별 보험 가입 계획을 수립하고, 보험 가입 여부, 보장 범위, 가입 방법 등을 안전관리계획에 구체적으로 명시해야 한다.

일곱째, 국제행사 및 지역축제를 방송사 등 전문단체에 위탁하여 운영하는 경우에는 개최기관, 위탁단체, 축제 관할 지방자치단체 간 비상연락체계를 구축하고, 긴급상황 발생 시 기관 간 역할과 책임을 명확히 구분하여 운영상의 혼선이 발생하지 않도록 사전에 철저히 검토하고 역할 분담을 명확히 해야 한다.

2) 안전 교육·훈련 및 인식 제고

국제행사 및 지역축제의 안전관리를 효과적으로 수행하기 위해서는 주최자, 참가자, 현장 운영자 등을 대상으로 체계적이고 실질적인 안전교육을 실시해야 한다. 이를 위해 행사에 참여하는 유관기관 및 단체에 대해서는 구체적인 임무, 활동 기간, 투입 인원, 행동요령 등을 사전에 명확히 설정하고 안전관리계획에 반영해야 한다.[23] 특히, 현장 안전관리요원, 경찰, 소방, 시설·전기·가스·통신 등 각 분야별 유관기관의 역할과 책임을 구체적으로 규정하여, 사고 발생 시 신속하고 체계적인 대응이 이루어질 수 있도록 철저히 계획되어야 한다. 이를 지원하기 위해 참여기관과 인력을 대상으로 사전교육 계획을 수립하고, 행사 전 안전수칙, 긴급상황 대응 매뉴얼, 기관 간 협조 체계 등에 대한 충분한 교육을 실시하고, 실전 상황을 가정한 사전 모의훈련을 병행하여 전반적인 안전관리 역량을 강화해야 한다.

안전교육은 단순한 이론 전달에 그치는 것이 아니라, 응급 상황 대응 요령, 비상구 이용법, 군중 밀집 시 행동 지침 등 구체적이고 실질적인 내용을 포함하여 모든 행사

23) 행정안전부. (2021). 「지역축제장 안전관리 매뉴얼」, p. 12.

참여자가 실제 상황에서 신속하고 적절하게 대처할 수 있도록 해야 한다. 또한, 군중 밀집 상황이나 긴급상황 발생 시 효과적인 대응을 지원하기 위해 안전 캠페인을 적극적으로 추진해야 한다. 안전 캠페인은 행사장 내외에 설치된 영상물, 포스터, 인포그래픽 등의 다양한 시각적 자료를 활용하여 이해를 돕고, 행사 공식 애플리케이션이나 모바일 플랫폼을 통해 군중 혼잡 상황, 비상 대피 경로, 안전 수칙 등을 실시간으로 제공해야 한다.[24] 특히, SNS(소셜미디어) 채널을 통해 돌발 상황 발생 시 신속한 알림과 대처 방법을 공유함으로써 행사에 참여하는 모든 이들이 실시간으로 상황을 인지하고 대응할 수 있는 기반을 마련해야 한다.

3) 첨단기술을 활용한 통합관리체계 구축

국제행사 및 지역축제의 재난 및 안전사고 예방과 대응 역량을 획기적으로 강화하기 위해서는 첨단기술을 적극적으로 도입하여 실시간 위험 예측 및 통합 관리 체계를 구축할 필요가 있다. 군중 밀도 감지 시스템, 드론, 빅데이터, 인공지능(AI) 등 첨단기술의 활용은 군중 이동 패턴을 정밀하게 분석하고, 혼잡 위험 구역을 사전에 파악하여 안전사고 발생 가능성을 효과적으로 감소시킬 수 있다.

군중 밀도 감지 시스템은 특정 구역에서 인구 밀집도가 일정 기준을 초과할 경우 즉각적으로 경고를 발령하여 조기 대응을 가능하게 하며, 드론은 무인항공기(UAV) 또는 원격조정항공기(RPA)를 이용하여 공중에서 군중 밀집도를 실시간으로 모니터링하고, 긴급 상황 발생 시 정확한 현장 정보를 제공함으로써 신속하고 효과적인 대응을 지원한다.[25] 또한, 빅데이터와 인공지능(AI) 기술은 과거 사고 데이터를 분석하고 위험 예측 모델을 생성하여 잠재적 위험요소를 사전에 식별하고, 행사장 내 혼잡 관리 및 비상대응계획 수립에 결정적인 역할을 한다. 빅데이터와 AI 기반의 시스템을 통해 주최 측과 유관기관은 실시간 모니터링과 이상 징후 탐지가 가능해지며, 긴급상황 발생 시 신속하고 체계적인 대응체계를 확립할 수 있다. 이러한 기술 기반의 관리체계는 인적 오류를 최소화하고, 신속하고 체계적인 안전관리를 가능하게 한다.[26]

---

24) 박정섭. (2024a). 앞의 논문, p. 183
25) 박정섭. (2023). 앞의 논문, p. 184.
26) 박정섭. (2024a). 앞의 논문, p. 191.

3. 테러 예방과 대응

1) 행사장 보안 강화

국제행사에서 테러 예방의 핵심은 철저한 행사장 보안과 잠재적 위협 요소를 선제적으로 차단하는데 있다. 이를 위해 행사장 전역에는 3중 보안 체계를 도입하여 내부 및 외부 경비를 동시에 강화하는 다층적 보안관리 전략이 필요하다. 2018년 평창동계올림픽에서는 「평창올림픽법」 제7조에 따라 대테러·안전대책본부를 중심으로 경찰청, 소방청, 국방부, 대통령경호처 등과 연계하여 종합상황실과 핫라인Hot-line)을 구축하고, 전방위적인 대테러·안전활동을 수행했다.[27] 대테러·안전대책본부는 「국가대테러활동지침」[28]에 따라 행사 단계별로 기획총괄부, 안전지도부, 안전종합상황실, 현장안전통제실 등 복합 조직을 구성하였고,[29] 지역 분산 개최를 대비해 각 지역에 대테러안전통제단을 운영했다.[30] 또한 북한 관련 변수를 고려해 정보협력팀, 북한관리단 등 특수팀이 별도로 구성되었으며, 대통령경호처와 협렵체계를 통해 주요 인사에 대한 경호를 강화했다. 이외에도 기타 관계기관들은 행사장 외곽 경비와 치안유지, 교통관리, 화재 예방 및 진압, 재난·재해 대응 및 구급·구조 활동 등을 지원했다.

2018년 평창동계올림픽의 대테러안전활동 운영 경험은 국제행사 및 지역축제에서의 테러 예방과 대응 역량 강화를 위한 실질적 모델을 제공한다. 이에 따라 향후 대규모 행사에서의 보안 체계 구축을 위해 다음과 같은 행사장 대테러·안전대책이 필수적으로 마련되어야 한다.

첫째, 출입 통제 시스템을 통해 모든 출입자의 신원을 철저히 확인하고, X-ray 검색기, 문형검색기(MD), 휴대용 스캐너, 폭발물 탐지기, 차량하부검색기 등 다양한 검색장비를 적극 활용하여 위험 물품의 반입을 효과적으로 차단해야 한다.

둘째, 공중감시 체계로는 전술 비행선을 활용하고, 화학·생물학·방사능·핵(CBRN) 테러에 대비한 첨단 화학분석제독차량을 행사장에 배치함으로써 화생방 테러 위협에 대한 대응 능력도 병행 확보해야 한다.

셋째, 무인항공기(드론)와 고화질 CCTV를 영상 분석 서버와 연계한 지상 감시 체계

---

27) 박정섭. (2020). 앞의 논문, p. 85.

28) 「국가대테러활동지침」은 1982년 1월 22일 [대통령 훈령 제47호]로 제정·시행되었으나 2016년 5월 31일 테러방지법 시행령 제정에 따라 2016년 6월 20일 폐지 되었다.

29) 초기 단계인 행사 개최 1~2단계에서는 대테러센터 내에 기획총괄부와 안전지도부 등의 조직을 설립하고, 3단계에서는 행사 현장에 안전종합상황실, 현장안전통제실, 안전관리팀 등을 포함한 복합 조직을 구축했다.

30) 지역 대테러안전통제단은 현장대응팀, 출입국대책팀, 정보협력팀, 북한관리단 등으로 편성 되었다.

를 통해 군중의 이상 행동을 조기에 식별하고, 실시간 모니터링을 기반으로 잠재적 위험 구역에 신속히 대응할 수 있는 통합형 보안운영 체계가 마련되어야 한다.

2) 국제 정보 공유

국제 테러는 국경을 초월해 동시다발적으로 발생할 수 있는 글로벌 차원의 복합적 위협요인이다. 다수 국가가 참여하는 국제행사에서는 단일 국가의 정보 역량이나 대응 체계만으로는 테러 위협에 효과적으로 대응하는 데 한계가 있다. 이에 따라 국제행사 개최 시에는 행사 주최국의 정보·보안기관뿐 아니라 참가국의 관계기관, 국제경찰기구, 유엔테러방지기구, 테러정보공유센터 등과의 실시간 정보 공유 및 협력 체계가 구축되어야 한다. 이러한 국제 정보 공유체계는 테러 위험인물의 사전 식별, 위협 징후의 조기 경고, 위험지역·기술·전술에 대한 정보의 상호 교환 등을 통해 테러 발생 가능성을 사전에 억제하고, 공동 대응의 실효성을 높일 수 있다.

2018년 평창동계올림픽은 국제 테러 위협에 대응하기 위한 국제 정보 공유의 중요성과 실효성을 실증적으로 보여준 대표적 사례로 평가된다. 이 대회는 테러 및 안전 위협에 공동으로 대응하기 위해 준비 초기 단계부터 참가국, 주요 후원사, 주한미군 등 해외 유관기관과 긴밀한 공조 체계를 유지하고, 다국적 협력 기반의 실시간 정보 공유 체계와 통합 대테러 대응 시스템을 구축했다. 조직위원회와 대테러·안전대책본부는 미국 국무부 초청을 받아 미국 올림픽조직위원회, 연방수사국(FBI), 대테러센터 등을 방문하여 안전관리 활동과 관련된 정보 공유 및 대응전략을 논의하였고, 이를 통해 각 기관 간 협력 관계를 사전 공고히 했다. 대회 기간에는 국방부와 주한미군이 협력하여 무인기(UAV)를 활용한 공중감시 체계를 운영하였으며, 참가국 소속의 해외 안전요원 100여 명에게 전 경기장 출입 및 실시간 정보 접근이 가능한 정보접근권한을 부여함으로써 현장 중심의 실질적 정보 공유와 합동 안전활동이 가능하도록 지원했다.[31)]

2018년 평창동계올림픽의 사례는 국가 간 테러 대응에 있어 전략적 정보 공유의 중요성을 명확히 보여준다. 대회 기간을 전후로 테러 조직의 활동 동향, 위협 수준, 최신 테러 수법 등에 관한 정보를 국가별 정보기관, 경찰, 보안 당국 등이 실시간으로 공유함으로써, 테러리스트의 이동 경로를 추적하고 사전 입국을 차단하는 등 보안 위협 요소를 사전에 제거하는 조치가 성공적으로 이루어졌다. 이처럼 실효성 있는 국제 정보 공유체계는 테러 위협의 사전 차단과 위기 발생 시 신속 대응을 가능하게 하며, 국제행

31) Pyeong Chang 2018 공식보고서. (2018). 제3권, pp. 196~207.

사의 안전을 실질적으로 보장하는 전략적 자산으로 기능한다. 아울러, 국제기구와의 협력을 통해 대테러 협력 체계를 구조화하고 통합함으로써, 단일 국가 차원의 대응 한계를 보완하고, 보다 체계적이고 지속가능한 다자간 대응 기반을 구축할 수 있다는 점에서 평창동계올림픽의 경험은 중요한 정책적 시사점을 제공한다.

3) 사이버 방어체계 구축

현대의 테러는 전통적인 물리적 공격을 넘어 사이버 공간을 매개로 한 비대칭적 공격 양상으로 확장되고 있으며, 특히 대규모 국제행사를 겨냥한 사이버 공격은 점점 더 정교하고 광범위하게 전개되고 있다. 이러한 위협은 행사 운영 시스템의 혼란을 초래할 뿐 아니라, 참가자 및 관람객의 개인정보 유출, 인프라 마비, 여론 조작 등 다차원적 피해로 이어질 수 있다.

최근 국제행사에서는 5G 기반 통신, 사물인터넷(IoT), 클라우드, 빅데이터 분석 등 첨단 ICT 기술이 대거 도입되면서, 해당 기술과 연계된 정보통신 인프라가 사이버 공격의 주요 표적으로 부상하고 있다.[32] 2018년 평창동계올림픽에서는 실제 사이버 공격 사례가 발생함으로서 국제행사에서의 사이버 보안 위협이 현실적인 문제임을 입증했다. 대회 개막식 당일 티켓 예매 시스템과 올림픽 공식 웹사이트가 일시적으로 마비되었으며, 서버 300여 대 중 약 50여 대가 사이버 공격을 받아 일부 데이터가 파괴되어 대회 관리 시스템, IPTV, 와이파이, RFID 등 총 52개 주요 서비스가 일시적으로 중단되는 피해가 발생했다.[33]

대규모 국제행사를 대상으로 한 사이버공격은 웹사이트와 운영 시스템을 표적으로 하는 웹사이트 변조, 분산 서비스 거부(DDoS) 공격, 데이터 파괴를 목적으로 한 악성코드 배포 등 다양한 형태로 발생할 수 있다. 이러한 위협을 효과적으로 방지하기 위해서는 최신 보안 솔루션을 도입하여 시스템의 취약점을 사전에 보완하고, 정기적인 소프트웨어 업데이트와 패치 관리를 통해 보안 수준을 지속적으로 유지해야 한다. 특히, 사이버 침해 및 랜섬웨어 공격에 대비하기 위해서는 데이터 복구 계획을 사전에 마련하는 것이 중요하다. 또한, 네트워크 보안을 강화하기 위해 방화벽, 침입 탐지 시스템(IDS), 침입 방지 시스템(IPS) 등 다층 보안 체계를 적용하여 다양한 공격 경로를 차단하고, 비정상적인 네트워크 활동을 신속하게 탐지 및 대응할 수 있는 환경을 조성해야 한다.

---

32) 보안뉴스 (2018. 1. 17). 평창 동계올림픽, 첨단 ICT 기술로 성공 '가즈아' https://m.boannews.com/html/detail.html?idx=66133, 검색일 2025. 6. 29

33) 보안뉴스 (2018. 5. 3). 이제는 말할 수 있다! '평창 동계올림픽 해킹 12시간', https://www.boannews.com/media/view.asp?idx=69042, 검색일 2025. 6. 29.

제10장

사고 사례 분석과 교훈

사고 사례 분석과 교훈

제10장

국제행사에서 발생하는 사건 · 사고는 유형의 다양성과 복잡성 측면에서 점차 고도화되고 있으며, 그 영향은 단순한 현장 피해를 넘어 사회적 불안 조성과 국가 이미지 훼손으로까지 확대되고 있다. 특히 불법집회 · 시위, 자연재해 및 인위적 재난, 테러, 사이버 위협 등은 국제행사의 안정적 운영을 심각하게 저해하는 주요 리스크로 부상하고 있다. 이러한 복합적 위협은 공공질서와 사회안전망 전반에 중대한 영향을 미치며, 대규모 인명피해와 사회적 혼란을 초래할 수 있다. 본 장에서는 국내외 주요 사고 사례를 중심으로 각 사건의 발생 원인, 피해 규모, 대응체계의 작동 여부, 사후 조치의 실효성 등을 종합적으로 분석하고, 국제행사 안전관리 체계의 구조적 취약성을 진단하여 향후 정책적 · 제도적 개선 방향을 제시하고자 한다.

제1절 불법집회 및 시위

1. 주요 사례 개관

현대 민주사회에서 집회와 시위는 헌법상 보장된 기본권으로, 시민의 정치적 의사표현 수단이자 사회 참여의 주요 방식으로 작용하고 있다. 그러나 이러한 권리가 국가중요행사 기간 중 불법적 양상으로 표출될 경우, 단순한 질서 위반을 넘어 공공안전과 국가 이미지에 중대한 영향을 미치는 사태로 발전할 수 있다.

우리나라의 경우, 집회와 시위는 오랜 기간 민주주의 발전 과정에서 시민의 정치적 권리 확대에 기여한 주요 수단으로 기능해 왔다. 장철준(2019)의 연구에 따르면, 한국사회는 권위주의 정권하에서 시민들의 집단적 저항과 거리 시위를 통해 정치적 자유를 확장해 온 경험을 가지고 있다. 이는 민주주의 심화의 긍정적 측면으로 평가되지만, 동시에 한국 특유의 급격한 산업화와 권위주의적 문화의 잔재는 사회적 양극화와 구조적 갈등을 고조시키는 요인으로 작용하고 있다.

실제로 사회적 양극화, 고용 불안, 정책에 대한 반감 등이 집회 현장에서 격렬하거나 불법적인 시위 형태로 나타나는 사례는 적지 않다. 특히 국제행사 개최를 반대하거나 정부의 특정 정책을 규탄하는 집회가 행사장 인근에서 진행될 경우, 외국인 참가자 및 관람객의 안전을 위협하고, 행사 운영에 혼란을 초래할 수 있다. 서울경찰청(2023)은 2020년 이후 발생한 다수의 대규모 시위에서 법 집행기관에 대한 조직적 저항, 불법 점거, 공공시설 훼손 등의 사례가 증가하고 있다고 보고한 바 있으며, 이는 국제행사와 같은 주요 이벤트 시 불법집회에 대한 사전경고, 경로 통제, 경찰과의 협의 절차 마련 등의 사전적 조치의 필요성을 시사한다.

따라서 국제행사 개최 시에는 국내 시민의 표현의 자유 및 이동권 등 기본권을 보장하는 헌법적 원칙을 전제로 하면서도, 행사 운영의 안정성과 개최국의 국제적 책임을 균형 있게 고려한 복합적 대응 전략이 요구된다. 이를 위해 관계기관과의 사전 협의체를 구성하여 법적·행정적 준비 절차를 조율하고, 시위 발생 가능성이 높은 지역에 대한 지속적 모니터링 체계를 가동해야 한다.

또한, 주요 행사장 인근에는 통제 구역을 설정하고, 관계기관 간 실시간 정보 공유 시스템을 통해 위기상황 발생 시 신속한 공동 대응이 가능하도록 해야 한다. 이와 함께, 외국인을 포함한 참가자와 시민 간 갈등을 예방하고, 현장 혼란을 최소화하기 위해 민관 협력 기반의 갈등 완충 장치를 운영하고, 필요 시 통역 인력을 현장에 배치하는 등 외교적 민감성에 대한 전략적 고려도 병행되어야 한다.

2. 주요 사례 분석

1) 2018 평창동계올림픽 반대 집회

(1) 개요

2018 평창동계올림픽 개최를 앞두고, 일부 환경·인권 단체 및 정치적 성향을 가진 세력은 대회의 성격과 배경에 대한 비판적 입장을 표명하며 서울과 평창 등 주요 지역에서 반대 집회를 개최했다. 이들 집회는 단순한 의견 표출을 넘어 정치적 메시지를 동반한 시위로 확산되었으며, 일부에서는 공공질서 위반 및 법률 위반 논란도 발생했다.

대표적인 사례로, 조원진 당시 우리공화당 대표는 2018년 1월 22일, 북한 예술단 사전점검단의 서울 방문 일정에 맞춰 서울역 광장 남측 계단에서 경찰에 사전 신고 없이 집회를 개최했으며, 해당 집회에서 참가자들이 한반도기, 김정은 북한 국무위원장의 사진, 인공기 등에 불을 붙이거나 밟는 등의 상징적 행위를 수행함으로써 강한 정치적 입장을 표출했다. 이 사건은 집회 및 시위에 관한 법률 위반으로 형사 처벌 대상이 되었으며, 법원은 조원진 대표에게 벌금 100만 원을 선고했다.[1)]

(2) 주요 쟁점

이 사례는 국제행사 기간 중 발생한 정치적 목적의 불법 집회·시위로, 국제행사와 정치적 표현의 충돌이라는 구조적 긴장을 드러낸다. 사전 신고 없는 집회의 불법성, 공공질서 및 안전에 대한 위협, 그리고 행사 운영의 중립성과 외교적 상징성 훼손이 주요 쟁점으로 제기된다. 인공기 소각과 김정은 사진 훼손 등 자극적인 행위는 현장의 긴장도를 높였으며, 실제 물리적 충돌 가능성을 현실화시킬 수 있는 요인으로 작용했다. 본 사례는 표현의 자유와 공공질서 유지 사이의 법적 경계를 가늠하게 하며, 향후 유사 사건 대응에 있어 사법적·행정적 판단의 기준점을 제공한다.

(3) 교훈 및 시사점

이 사례는 국제행사 기간 중 정치적·사회적 갈등이 표출될 경우, 단순한 의견 개진을 넘어 불법 행위와 사회적 긴장으로 확산될 수 있음을 보여준다. 국제행사는 국가의 위상, 외교적 이미지, 외국인 참가자 보호 측면에서 높은 수준의 질서 유지가 요구되므로, 이에 부합하는 집회 관리 체계와 명확한 법적 기준의 정비가 필요하다. 정치적 표현의 자유는 최대한 보장하되, 사전 신고, 제한 구역 설정, 안전요원 배치 등 합법적 절차 내에서 시위가 이루어지도록 안내·중재 기능을 강화할 필요가 있다.

2) 2012 서울핵안보정상회의 반대 집회

(1) 개요

2012년 3월, 서울에서 개최된 제2차 핵안보정상회의는 전 세계 50여 개국의 정상이 참석한 국제적 규모의 국가중요행사로, 테러 예방, 핵물질 통제, 국제사회 간 협력 증진 등을 핵심 의제로 삼은 국가 정상회의이다. 이 회의는 핵안보 문제에 대한 국제적 공조를 강화하고, 핵 위협에 대한 공동 대응체계를 논의하는 의미 있는 외교 행사로 평가되었다. 그러나 일본 후쿠시마 원전 사고 이후 전 세계적으로 확산된 반핵 여론의 영

1) 한겨레 (2020. 6. 15). '평창올림칙 북한 참여 반대' 미신고 집회, 조원진 벌금 100만 원, https://www.hani.co.kr/arti/society/society_general/948101.html, 검색일 2025. 6. 26.

향으로, 일부 국내 시민단체와 해외 비정부기구(NGO)들은 핵안보정상회의의 정책적 방향성과 상징성에 반대 의사를 표명하며, 회의 개최에 반대하는 시위를 계획하였다. 이들 단체는 핵 폐기물의 처리 문제, 군사적 핵 보유의 정당성, 핵 확산의 이중 기준 등을 문제 삼아, 해당 의제를 국제적 논쟁의 장으로 전환하려는 움직임을 보였다. 특히 일부 급진 성향 단체는 보다 강경한 방식의 집회 및 시위 활동을 예고하며 공공질서에 대한 우려를 증대시켰다.

(2) 주요 쟁점

2012 서울 핵안보정상회의는 국내외 반대 단체의 활동 가능성이 예측되는 상황에서, 공공안전과 표현의 자유 사이의 균형 있는 대응이 핵심 쟁점으로 부각되었다. 경찰은 국내 단체와는 간담회 및 사전 협의를 통해 자발적 협조를 유도하고, 해외 단체에 대해서는 경찰주재관 및 외교 채널을 통해 폭력 시위 전력이 있는 NGO 관련 정보를 사전 수집했다. 이를 토대로, 폭력시위 가능성이 높은 외국인 인사에 대해서는 입국 단계에서 제한조치를 취함으로써 불법 시위의 국내 유입을 선제적으로 차단했다.[2)]

(3) 교훈 및 시사점

이 사례는 국제행사 개최 시 정치적·사회적 반대 의견의 표출 가능성을 전제로 한 사전 대응 중심의 집회 관리 전략의 중요성을 보여준다. 이는 국제행사의 안정적 운영과 국가 안보 확보를 위해 물리력 중심 대응보다는 정보 기반의 예방 조치, 관계기관 간 국제적 협력, 국내외 단체와의 비폭력적 소통 구조 구축이 효과적인 시위 관리의 핵심 요소임을 확인시켜 준 사례로 평가된다.

3) 2021 일본 도쿄올림픽 반대 집회

(1) 개요

2021년 도쿄올림픽 개막식이 열린 당일, 도쿄 시부야구 등 도심 곳곳에서는 올림픽 개최에 반대하는 시민들의 시위가 발생하였다. 코로나19 팬데믹이 여전히 지속되고 있는 가운데, 감염 확산 우려에도 불구하고 대규모 국제행사가 강행되자 시민들 사이에서는 불안과 반발 여론이 거세게 일어났다. 일본 내에서는 의료체계 부담과 방역 실패에 대한 우려가 제기되었고, 이에 따라 '생명을 우선하라'는 구호를 외치는 시위가 개막식이 열린 국립경기장 주변을 비롯한 도쿄 주요 지역에서 이어졌다.[3)]

---

2) 경찰청. (2013). 「경찰백서」, p. 43.

(2) 주요 쟁점

이 사례는 감염병 위기 속에서 개최된 국제행사에 대해 시민사회가 조직적으로 반대 의사를 표출한 대표적인 사례로 평가된다. 반대 시위의 배경에는 감염병 확산에 대한 실질적인 우려와 더불어, 대회 개최에 따른 막대한 비용 부담, 공공자원의 배분 정당성 문제, 방역 조치 적용의 형평성 논란, 그리고 정부 의사결정 과정의 투명성과 절차적 정당성에 대한 불신 등이 복합적으로 작용하였다. 이러한 사회적 갈등은 다수의 반대 집회와 시위로 이어졌으며, 그 과정에서 국제행사 추진 시 국민적 합의 형성과 정책의 사회적 수용성 확보가 핵심 과제로 부각되었다.

(3) 교훈 및 시사점

이 사례는 공중 보건 위기 속에서 대규모 국제행사를 추진할 경우, 국민적 공감대 형성과 정책 결정 과정의 투명성 및 정당성 확보가 국제행사의 성공적 운영을 좌우하는 핵심 요소임을 시사한다.

4) 2016 프랑스 노동법 반대 시위

(1) 개요

2016년 6월, 프랑스 정부가 제안한 노동법 개정안에 반대하는 시위가 전국적인 규모로 확산되었으며, 특히 유럽축구선수권대회(Euro 2016) 개최 기간 중 격화되었다. 이 시위는 노동조합의 주도 아래 약 2만 명 이상이 참가했으며, 경찰에게 돌과 빈 병을 투척하고, 어린이 병원의 유리창을 파손하는 등 폭력 행위가 이어졌다. 이로 인해 경찰과 시위대 사이에 충돌이 발생했고, 시위대의 공공장소 점거로 교통이 마비되기도 했다.[4] 경찰은 시위 현장에서 불법 행위에 가담한 85명을 체포하였으며, 상황이 격화되자 프랑수아 올랑드 당시 대통령은 “더 이상 시위를 허용할 수 없다”고 공식적으로 경고하였다. 이에 따라 정부는 일시적으로 시위를 전면 금지하는 조치를 취했으나, 시민사회와 언론의 강한 반발로 인해 일부 시위를 조건부로 다시 허용하는 상황이 발생하였다.[5]

---

3) 연합뉴스 (2021. 7. 23). “목숨보다 돈이냐” 분노한 일본시민들 올림픽 반대 시위, https://www.yna.co.kr/view/AKR20210723146300073, 검색일 2025. 6. 29.
4) 연합뉴스 (2016. 6. 15). 프랑스 정부, 노동법 반대 폭력시위에 “파리서 시위 금지할 수도”, https://www.yna.co.kr/view/AKR20160615188200081, 검색일 2025. 6. 29.
5) 한경 (2016. 6. 24). 파리서 노동법 개정 반대 시위…80여명 체포, https://www.hankyung.com/article/201606248526i, 검색일 2025. 6. 29.

(2) 주요 쟁점

2016년 프랑스 노동법 반대 시위는 유럽 축구 선수권 대회 기간 중 발생한 대표적인 불법집회 사례로, 국제행사 기간 중 발생한 대규모 시위가 국가 이미지 훼손과 치안 불안정을 초래한 사건이다. 시위는 병원 창문 파손, 경찰 공격, 교통시설 점거 등 폭력 양상으로 확산되며 공공안전에 심각한 위협을 가하였다. 정부는 시위 금지 조치를 통해 대응하였으나, 이는 집회의 자유 침해라는 비판을 불러일으켰고, 공권력 행사에 대한 법적·정치적 정당성 논란으로 이어졌다. 또한, 노동시장 유연화를 목적으로 한 정부 정책이 시민들에 의해 고용 불안정 심화로 인식되면서 정책 목표와 시민 체감 간의 괴리가 사회적 갈등으로 표출된 사례로 평가된다.

(3) 교훈 및 시사점

이 사례는 대규모 국제행사 기간 중 축적된 정치적 불만이 불법집회와 폭력시위로 급속히 확산될 수 있는 잠재적 위험성을 단적으로 보여준다. 특히 초기에는 평화적으로 시작된 시위가 외부 자극이나 군중 심리에 의해 급격히 폭력화될 수 있다는 점에서, 정부와 관계기관은 사전 모니터링 체계와 선제적 대응 시스템을 갖춘 통합적 관리체계를 사전에 구축할 필요가 있다. 또한, 시위 대응에 있어서는 공공안전 확보와 집회의 자유 보장 간의 균형 있는 접근이 요구되며, 불가피한 제한 조치가 시행되는 경우에는 법적·윤리적 정당성 확보와 사회적 합의 형성이 전제되어야 한다. 특히 국제행사와 같이 국가 이미지, 외교적 상징성, 다중 참여가 결합된 고위험 상황에서는, 행사 특성을 고려한 집회 대응 매뉴얼의 마련과 다기관 협업체계의 사전 운영 계획이 필수적이다.

제2절 재난 및 안전사고

1. 주요 사례 개관

국제행사와 지역축제는 국가 및 지역사회 정체성을 강화하고, 국제사회의 연대를 통한 국가의 위상과 이미지를 제고하는 데 긍정적인 역할을 한다. 그러나 이러한 행사는 주최 주체, 개최 장소, 행사 성격, 참가자 구성 등에 따라 그 유형이 매우 다양하며, 제한된 시간과 공간에서 대규모 인원이 참여하는 특성상 다양한 위험 요소가 내재되어 있다. 특히 행사 장소의 물리적 조건, 사용되는 재료의 특성, 시간적 제약, 기상 상황,

외부 환경 등의 요인에 따라 안전사고의 발생 가능성이 높아진다. 더불어 인파의 밀집, 시설의 과부하, 급변하는 기상 조건, 테러 위협 등 여러 위험 요인이 복합적으로 작용할 경우, 경미한 사고가 대형 재난으로 확대될 수 있는 잠재적 위험이 상존한다.

우리나라는 1950년대 후반부터 다양한 국제행사와 지역축제를 개최해 왔으며, 이 과정에서 크고 작은 사건 · 사고가 지속적으로 발생해왔다. 특히 2005년 발생한 '상주 콘서트 압사사고'를 계기로, 대규모 인파가 운집하는 행사에서의 구조적 위험성에 대한 사회적 관심이 본격적으로 제기되었다.[6] 이후에도 2009년 '창녕 화왕산 억새 태우기 화재사고', 2014년 '판교 공연장 환풍구 붕괴 사고', 2022년의 '이태원 압사사고' 등 유사한 유형의 대형 재난 및 안전사고가 반복적으로 발생했다.[7]

이러한 일련의 사고들은 단일 요인에 의한 결과라기 보다는 다양한 위험 요인이 복합적으로 작용하는 '복합적 취약성'에 기인함을 보여준다. 즉, 행사 유형, 장소의 물리적 특성, 군중 밀도, 기상 조건, 사회적 불안 요소 등 다양한 변수들이 상호작용 하면서 사고 발생 가능성과 피해 규모가 결정된다. 따라서 향후 국제행사 및 지역축제의 안전을 확보하기 위해서는 사전 위험요소의 체계적인 식별, 유관기관 간 협력체계 구축, 민간 경비 인력의 활용 확대, 시민 대상 안전교육 실시 등 총체적이고 다층적인 안전관리 시스템 구축이 필요하다. 아울러 과거 사고 사례에서 도출된 교훈을 기반으로, 행사 유형 및 규모에 따른 맞춤형 안전 매뉴얼을 정비하고, 정기적인 시뮬레이션 훈련을 통해 실효성 있는 예방 중심의 대응체계를 마련해야 한다.

2. 주요 사례 분석

1) 2022 이태원 참사

(1) 개요

2022년 10월 29일, 서울 용산구 이태원의 좁은 골목에서 대한민국 역사상 유례없는 대규모 압사 사고가 발생했다. 이 사고는 길이 약 40미터, 폭 3.2~4미터 내외의 경사진 골목에 다수의 인파가 체류하거나 이동하는 과정에서 군집파동(crowd turbulence) 현상이 발생하였고, 이에 따라 군중이 휩쓸리고 넘어지면서 154명이 사망하고, 149명이 부상을 입는 참사로 이어졌다.

이 사고는 코로나19 팬데믹 이후 처음으로 사회적 거리두기 조치가 해제된 상황에서

6) 2005년 상주 콘서트 압사사고는 단일 출입구에 5천여 명이 몰리며 11명 사망, 162명 부상을 초래해 지역 축제의 군중 통제 문제를 부각시켰다.
7) 박정섭. (2023). 앞의 논문, pp. 172~174.

진행된 비공식적 핼러윈 행사 기간 중 발생하였으며, 하루 방문객이 10만 명을 상회할 것으로 예측되었음에도 불구하고 정부와 지방자치단체를 포함한 관계 당국은 주최 측의 부재를 이유로 규정에 따른 적절한 안전관리 대책을 수립하지 않았으며,[8] 이로 인해 사전 안전조치의 부재와 더불어 효과적인 사후 대응체계가 이루어지지 못해 대형 참사로 직결되었다.[9]

(2) 주요 쟁점

2022년 이태원 참사는 주최자 부재, 사전 위험 인식 부족, 기관 간 협조 실패, 초기 대응 미비 등 복합적 취약성이 중첩되어 발생한 대표적인 사회적 재난이다. 사고의 주요 문제점을 분석해 보면 다음과 같다. 첫째, 대규모 인파가 예상되었음에도 불구하고 지방자치단체와 경찰 등 관계기관은 「재난 및 안전관리 기본법」 등에 규정된 사전 안전관리 조치를 이행하지 않았으며, 지역 상인회 등 민간 주체 역시 자율적인 대응책을 마련하지 못하였다. 둘째, 핼러윈 행사가 비공식 행사라는 이유로 주최자 부재 상황에서 유관기관 간 책임 공백이 발생하였고, 이로 인해 위험 평가, 인력 배치, 군중 통제 등의 조치가 전혀 이루어지지 않았다. 셋째, 사고 발생 이후에도 경찰·소방·지자체 간의 조능대응 체계가 제대로 작농하지 않아 구조 활동이 지연되었고, 통합지휘체계의 부재로 인해 대응 과정에서 심각한 혼선이 발생하였다.

(3) 교훈 및 시사점

이 사례는 단일 기관의 대응만으로는 군중 재난을 효과적으로 예방하기 어렵다는 한계를 명확히 드러냈으며, 향후 다중운집행사의 안전관리 체계를 전면 재설계할 필요성을 우리 사회 전반에 각인시켰다. 정부는 이태원 참사 이후 「재난 및 안전관리 기본법」과 「경비업법」을 개정하여, 대규모 군중 운집 상황에서의 질서유지와 사고 예방을 위한 법적·제도적 기반을 마련하였다. 이는 기존의 경찰 중심 안전관리 체계를 보완하고, 민간경비 인력의 전문성과 활용 범위를 제도적으로 확대하려는 정책적 노력으로 평가된다.

그러나 이러한 법률 개정만으로는 유사 사고를 근본적으로 예방하기에 충분하지 않

---

8) 동아일보 (2022. 10. 30). 3년만의 '노마스크 핼러윈'에 10만 명... 현장통제 제대로 안됐다, https://www.donga.com/news/article/all/20221030/116223847/1, 검색일 2025. 6. 29.

9) 국정조사특별위원회에 따르면, 국가와 지방자치단체는 「재난 및 안전관리 기본법」 및 「국가위기관리기본지침」 등에 규정된 재난 대응계획 수립 의무, 위기 징후 평가·감시 의무 등의 조치를 취하지 않았으며, 재난 상황 발생 초기 지방자치단체, 경찰, 소방 등 관계기관의 보고 및 대응 체계가 원활히 작동되지 않아 효과적인 초동 조치가 지연되어 인명 피해가 더욱 확대되는 결과를 초래했다.

다. 향후에는 빅데이터와 인공지능(AI) 기반의 군중 밀집도 분석 및 예측 시스템을 도입하여 실시간 상황을 모니터링하고, 선제적인 위험 경보 체계를 운영할 필요가 있다. 또한, 행사 유형별로 특화된 안전관리 매뉴얼의 체계적 개발 및 보급이 선행되어야 하며, 시민 참여형 안전교육과 행동요령의 지속적인 홍보가 병행되어야 한다. 이러한 다층적이고 실효성 있는 전략을 통해 사고 발생 가능성을 사전에 통제하고, 위험 발생 시에는 신속하고 통합적인 대응이 가능한 총체적 안전관리 시스템을 구현하는 것이 향후 지속 가능한 재난 예방의 핵심 과제로 제시된다.

2) 2014 판교 공연장 환풍구 붕괴사고

(1) 개요

2014년 10월 17일, '제1회 판교 테크노밸리 축제'에서 환풍구가 붕괴되면서 16명이 사망하고 11명이 부상을 입는 대형 추락 사고가 발생했다.[10] 이 사고는 사고 현장과 무대 사이의 거리가 단 20M에 불과하고 환풍구의 위치가 높아 공연을 관람하기 좋았기 때문에 많은 사람들이 환풍구 지점에 몰리면서 사고로 이어졌다.[11] 이 사고는 단순한 구조물 결함에 기인하기보다, 관람객의 안전 인식 부족과 주최 측의 부실한 안전관리 조치가 복합적으로 작용한 결과로 평가된다.

(2) 주요 쟁점

판교 공연장 환풍구 붕괴사고는 복합적인 안전관리 부실이 중첩되어 발생한 대표적인 인재(人災)로, 사고의 본질적인 원인은 단순한 구조물 결함이나 시공상의 문제에 있는 것이 아니다. 사고의 핵심 쟁점은, 행사 주최 측이 「재난 및 안전관리 기본법」 제66조의11에 따라 사전에 안전관리계획을 수립하고, 지방자치단체 · 경찰 · 소방 등 유관기관과 협조체계를 구축하여 필요한 안전조치를 이행했는지 여부에 있다. 실제로 주최 측과 지방자치단체는 공연장 시설에 대한 합동 지도 및 안전 점검을 충분히 수행하지 않았으며, 민간경비 인력을 활용한 안전요원의 적절한 배치 또한 이루어지지 않았다. 이러한 사전 예방조치의 미흡은 환풍구 주변에 다수의 관람객이 몰리면서 대형 인명피해로 이어지는 결정적인 요인으로 작용했다.

---

10) 연합뉴스 (2014. 10. 17). 안전장치 없는 '죽음의 환풍구' 붕괴사고로 27명 사상, https://n.news.naver.com/mnews/article/001/0007192759, 검색일 2025. 6. 29.
11) 이투데이 (2014. 10. 17). 판교테크노밸리 환풍구 붕괴 사고, 원인 알고보니… '이래서 피해 컸다', https://www.etoday.co.kr/news/view/1001404, 검색일 2025. 6. 29.

(3) 교훈 및 시사점

이 사례는 다중운집행사에서 기본적인 안전관리 절차의 부재가 얼마나 심각한 결과를 초래할 수 있는지를 단적으로 보여주며, 행사 기획 초기 단계에서부터 법적 의무에 따른 안전계획수립과 유관기관 간 협업체계 구축이 중요성을 시사한다.

3) 2009 창녕 화왕산 억새 태우기 화재사고

(1) 개요

2009년 2월 9일, 경남 창녕군 화왕산(해발 757m) 정상 부근에서 정월대보름 '억새 태우기 행사' 중 예상치 못한 돌풍으로 인해 불길이 방화선을 넘어 관람객 쪽으로 번지면서 절벽에서 밀려 떨어지는 등의 사고로 총 7명이 사망하고 81명이 부상을 당하는 대형 화재사고 발생했다.[12] 축제장은 고지대의 험준한 산악 지형에 위치해 있었으며, 인근에 안전대피 시설이 부족하였고, 관람객의 밀집 상태에서 급작스러운 불길 확산이 혼란을 야기하면서 다수의 인명이 절벽에서 추락하거나 화염에 휩싸이는 사고로 이어졌다.

(2) 주요 쟁점

창녕 화왕산 억새 태우기 사고는 지형적 특성과 돌발 기상변화에 대한 사전 대비 부족, 대규모 인파에 대한 통제 미흡, 초기 대응의 한계, 그리고 안전 예산 미편성 등 복합적인 안전관리 부실로 인해 발생한 사고였다. 특히 고지대라는 지리적 특성과 행사 위험성에 비해 안전관리계획이 미흡하였고, 경찰·소방 등 공공인력에 의존한 운영 방식은 민간경비 등 자율적 안전조치의 부재로 이어져 사고 피해를 키운 결정적 요인이 되었다.

(3) 교훈 및 시사점

이 사례는 지형, 기상, 군중 밀집 등 다양한 위험요소에 대한 사전 고려 없이 지역축제를 추진할 경우 중대한 재난으로 이어질 수 있음을 보여주는 대표적 사례이다. 고위험 지역에서 개최되는 야외 축제는 기상 예보와 사전 위험평가를 반영한 안전관리계획 수립이 필수적이며, 지방자치단체는 경찰·소방 등 공공인력에 전적으로 의존하는 방식에서 벗어나, 수익자 부담 원칙에 따라 민간경비를 적극 활용하고, 안전 예산을 사전

12) 경남신문 (2009. 12. 14). 되돌아본 2009년 ① 창녕 화왕산 억새태우기 참사, https://www.knnews.co.kr/news/articleView.php?idxno=858006, 검색일 2025. 6. 29.

에 확보하는 자율적 안전관리 체계를 강화해야 한다. 더불어, 군중 밀집이 예상되는 행사는 대피로 확보, 안전설비 설치, 피난 유도 인력 배치 등 현장 중심의 안전대책을 병행하여 위기 상황 시 인명 피해를 최소화할 수 있도록 해야 한다.

4) 2005 상주콘서트 압사사고

(1) 개요

2005년 10월 3일, 경상북도 상주시민운동장에서 열린 MBC 가요콘서트 행사 도중, 단일 출입구로 약 5,000여 명의 관람객이 동시에 몰리면서 11명이 압사로 사망하고 162명이 부상을 당하는 대형참사가 발생했다.[13] 행사장은 다수의 관람객이 모이는 상황에도 불구하고, 적절한 출입구 통제와 질서 유지 조치가 미흡했으며, 사전 안전계획 없이 인파를 관리하려는 무리한 입장 유도가 참사의 직접적인 원인으로 작용했다.

(2) 주요 쟁점

상주콘서트 압사사고는 사전 안전관리계획의 부재, 무리한 입장 유도와 출입구 관리 실패, 안전요원 전문성 부족, 사고 이후 구조 대응 지연 등 여러 요인이 복합적으로 작용하여 발생한 대표적인 인재(人災)이다. 지방자치단체와 주최 측은 경찰·소방 등 유관기관과의 협조체계를 사전에 구축하지 않았을 뿐만 아니라, 허가가 취소된 경비업체에 안전관리 업무를 위탁하는 중대한 과오를 범하였다. 이로 인해 행사 당일 현장 통제력이 부족했고, 초동 대응 또한 지연되면서, 결과적으로 대규모 인명 피해로 이어지는 참사를 초래했다.

(3) 교훈 및 시사점

이 사례는 대규모 행사를 개최할 시 출입 동선, 군중 통제, 안전요원 배치 등 기본적인 안전조치가 미흡할 경우 심각한 인명 피해로 이어질 수 있음을 보여준 사례이다. 이 사례는 전문 경비업체의 적법한 도급, 유관기관과의 협력 체계 구축, 지방자치단체의 적극적인 관리·감독 역할이 사전에 이행되어야 함을 시사한다. 또한, 초기 대응을 위한 비상연락망과 대응 시스템의 정비, 그리고 정기적인 훈련과 안전점검의 지속적 이행이 필요하며, 모든 대중행사에서는 행사 규모에 상응하는 안전대책 마련과 유관기관 간 협조체계 구축이 필수적임을 강조한다.

---

13) 연합뉴스 (2022. 10. 30). [이태원 참사] 2005년 '상주 운동장 압사 참사' 겪었는데 또, https://www.yna.co.kr/view/AKR20221030046200053, 검색일 2025. 6. 29.

5) 2010 독일 러브 퍼레이드 압사 사고

(1) 개요

2010년 7월 24일, 독일 뒤스부르크(Duisburg)에서 열린 세계 최대 규모의 테크노 댄스 음악 축제인 '러브 퍼레이드(Love Parade)' 도중 군중 밀집에 따른 압사 사고가 발생하여 21명이 사망하고 약 650명이 부상을 입는 대형 참사로 이어졌다. 사고는 오후 5시경, 과거 화물 열차역을 개조한 야외 공연장에 수용 한계를 초과한 인파가 몰리면서 발생했다. 특히 유일한 진입·이동 통로로 사용되던 터널이 폐쇄된 상태에서 관중이 계속 밀려들었고, 이로 인해 사람들이 쓰러지면서 연쇄적으로 압사 사고가 일어났다. 당시 인구 약 50만 명 규모의 소도시였던 뒤스부르크에 약 140만 명의 인파가 몰리면서 도시 기반 시설의 수용 능력을 초과했고, 사고 직후 구급차와 구조 헬기 등이 사고 현장에 원활히 접근하지 못해 구조 및 구호 활동이 지체되어 인명피해가 더욱더 확산되었다.14)

(2) 주요 쟁점

러브 퍼레이드 압사 사고는 좁은 공간에 과도한 인원을 수용한 전형적인 인재(人災)로 평가된다. 본 사고는 관람객의 이동 동선을 사전에 충분히 계획하지 않은 상태에서 무리한 입장을 유도함으로써, 한정된 공간 내에 인파가 지속적으로 유입되었고, 그 결과 군집 체류 상황에서 군중 간 압력이 누적되어 '군집파동(crowd turbulence)'이 발생하여 압사 사고로 이어졌다. 당시 현장에는 수천 명의 경찰과 운영요원이 배치되어 있었으나, 공간 대비 과도한 인파와 통제 불가능한 밀집도로 인해 실질적인 현장 통제 및 안전관리는 이루어지지 못하였다.15)

(3) 교훈 및 시사점

러브 퍼레이드 압사 사고는 대규모 행사에서 공간 수용 한계를 고려하지 않은 인파 유입, 군중 흐름 통제 실패, 비상 대피 및 분산 계획의 부재가 복합적으로 작용할 경우, 치명적인 재난으로 이어질 수 있음을 보여주는 대표적인 사례이다. 이 사고를 계기로 독일 정부는 군중 재난 예방을 위한 제도 정비에 착수하였으며, 2015년 '교통·수송 분야 규범 및 표준 연구개발 위원회(FGSV)'를 구성하고, 2022년에는 「교통 및 군중

---

14) 한겨레 (2019. 10. 19). 죽음의 행진된 독일 '러브 퍼레이드', https://www.hani.co.kr/arti/international/europe/432016.html, 검색일 2025. 6. 29.
15) 연합뉴스 (2010. 7. 26). 獨 압사사고는 안전불감증 탓, https://www.yna.co.kr/view/AKR20100726065800009, 검색일 2025. 6. 29.

관리 지침서(Events and Crowd Management Guidelines, EVC)」를 발간하여 군중 밀도 분석, 공간 수용력 계산, 구조 경로 확보, 비상 대응 시나리오 수립 등을 포함한 종합적인 안전관리 기준을 제시했다.[16)]

이 사고는 군중 밀집의 위험성과 도시 인프라의 한계, 응급 대응체계의 중요성을 부각시켰으며, 사전 계획과 통합 안전관리 시스템의 구축 필요성을 시사한다. 특히 대규모 행사 운영 시 다음과 같은 교훈을 제공한다. 첫째, 행사장 진입 · 이동 · 퇴장 동선을 포함한 사전 계획과 군중 흐름 통제 시스템의 구축이 요구된다. 둘째, 공간 수용력에 기반한 인원 제한과 유입 조절을 위한 군중 밀도 관리가 필요하다. 셋째, 위급 상황 발생 시 구조 차량 접근로 확보, 긴급 대응 시나리오 마련, 군중 흐름을 반영한 시뮬레이션 훈련 등을 포함한 통합 안전관리체계 구축이 요구된다.

6) 2001 일본 아카시 시민 여름축제 불꽃놀이 압사 사고[17)]

(1) 개요

2001년 7월 21일 오후 8시 45분부터 50분, 그리고 8시 50분부터 55분 사이에 일본 오사카 서쪽에 위치한 효고현 아카시시의 육교에서 압사 사고가 발생하여 어린이 9명과 70대 여성 2명이 사망하고 274명의 사상자가 발생했다.[18)] 이 사고는 JR 고베선 아사기리역 남측 횡단보도교에서 역으로부터 온 승객들과 행사장 관람객이 좁은 육교 남단에서 병목 현상을 일으키며, 1㎡당 13~15명에 달하는 비정상적인 군중 밀도가 형성되었고, 이로 인해 군중 압력이 폭 1m당 300~540kg에 달하는 압력으로 작용하면서 다수의 관람객이 넘어져 압사당한 것으로 분석된다.

(2) 주요 쟁점

아카시 사고는 주최 측, 경비업체, 경찰 등 유관기관 간의 사전 협의 부족과 안전관리 책임의 분산이 주요 쟁점으로 지적된다. 군중 밀집이 예상되는 구간에 대한 인력 배치와 분산 유도 계획이 마련되지 않았고, 불꽃놀이 종료 시점의 혼잡에 대비한 조치도 미흡했다. 사고 발생 이후에는 지휘체계 부재와 기관 간 통신 혼선으로 초기 대응이 지

16) 한겨레 (2022. 11. 8). 12년 전 음악축제 참사 겪은 독일 “안전 매뉴얼 지금도 갱신중, https://www.hani.co.kr/arti/international/europe/1066205.html, 검색일 2025. 6. 29.

17) 第32回明石市民夏まつりにおける花火大会事故調査報告書, 明石市民夏まつり事故調査委員会, 平年 14 (2002) 年1月.

18) 시사 IN (2023. 2. 6). 재발 방지를 위해 아카시가 한 일, https://www.sisain.co.kr/news/articleView.html?idxno=49487, 검색일 2025. 6. 29.

연되었으며, 주최 측과 경비업체 간 계약 미체결, 소방본부와의 협조 부재 등 전반적인 대응 시스템의 결함이 대형 참사로 이어졌다.

(3) 교훈 및 시사점

아카시 사고는 대규모 군중이 예상되는 행사에서 주최 측과 유관기관 간 사전 협의 부족, 경비 운영체계의 미비가 중대한 재난으로 이어질 수 있음을 보여준 대표적인 사례이다. 특히 주최 측은 혼잡경비에 대한 명확한 계약 체결, 책임 주체의 사전 설정, 군중 밀도 분석에 기반한 출입 동선 설계, 혼잡 시간대의 통제 전략, 유관기관과의 협력체계 구축 등의 필수 조치가 미흡했다. 이 사고를 계기로 일본 정부는 2005년(平成17年) 11월「일본 경비업법」과「국가공안위원회 규칙」을 개정하여 '혼잡경비 자격검정제도'[19]를 도입했다.[20] 이 사례는 안전관리 사전 계획의 부재, 기관 간 협력 실패, 안전책임의 불명확성이 복합적으로 작용할 경우 발생할 수 있는 군중 재난의 전형적 사례로, 혼잡경비의 전문화와 제도적 기반 강화가 군중 안전 확보를 위한 핵심 과제임을 시사한 국제적 전환점으로 평가된다.

제3절 테러 및 사이버테러

1. 주요 사례 개관

최근 들어 전 세계적으로 극우주의 및 이슬람 극단주의 세력에 의한 물리적 테러 위협이 다시금 증가하고 있다. 국가정보원이 발표한「2024년 테러정세 2025년 전망」에 따르면, ISIS와 알카에다의 재부상, 글로벌 공급망에 대한 집중적 타격, 인공지능(AI)을 활용한 인지전 및 테러 선동 확대 등이 현재의 테러 환경을 특징짓는 핵심 요소로 지목되고 있다. 실제로 ISIS는 이란과 러시아에서 대형 폭력 사태를 자행하며 조직의 존재감을 과시했으며, 알카에다 또한 '현지 맞춤 전략(localization strategy)'을 기반으로 후티 반군 등과 공조하여 서방권을 겨냥한 공격을 강화하고 있는 것으로 파악된다.[21]

19) 일본의 혼잡경비 자격검정시험은 1급과 2급으로 구분하여 학과시험, 실기시험으로 나뉘어 경비업무 관련사항, 법령 관련사항, 혼잡정리 등에 관한 사항, 사람이 혼잡한 장소에서 사고발생시 응급처치에 관한 사항, 혼잡경비업무 관리에 관한 사항에 대해 실시하고 있다.

20) 박용숙. (2022). "일본에서의 경비업법 개정 및 '혼잡경비' 업무검정의 신설에 대한 일고찰", 입법과 혁신, 2, p. 98.

21) 국가정보원. (2024).「2024년 테러정세 2025년 전망」, pp. 2~5.

2024년 한 해 동안 전 세계적으로 발생한 테러 사건 수는 총 1,337건으로 전년도(1,182건) 대비 13.1% 증가하였으며, 사상자 수도 13,426명으로 전년(9,820명) 대비 36.7% 급증한 것으로 나타났다.[22)]

테러는 그 유형에 따라 크게 물리적 테러와 사이버 테러로 구분할 수 있으며, 최근 들어 양자의 복합화 및 지능화 경향이 뚜렷하게 나타나고 있다. 물리적 테러는 차량 돌진, 자살 폭탄 공격, 무장 공격, 원격조종 폭발물, 자율주행 드론을 활용한 공격 등으로 그 형태가 다양하게 진화하고 있으며, 이들 공격은 주로 국제행사, 대중문화 행사, 스포츠 경기 등과 같이 다수가 밀집한 '소프트 타깃(Soft Target)'을 주요 대상으로 삼는 경향이 강하다. 즉, 대규모 행사는 불특정 다수의 인원이 제한된 공간에 운집하는 구조를 갖고 있어, 테러리스트들에게는 전략적 타격 효과가 높은 고위험 표적이 된다. 이는 개방성과 접근성이 높은 장소의 물리적 취약점을 악용하여, 직접적인 신체 피해를 유발하는 동시에 심리적 공포와 사회적 혼란을 극대화하려는 전략적 목적을 가진 공격 형태로 분석된다.

반면 사이버테러는 직접적인 물리적 공격 없이도 행사 운영 시스템을 마비시키고, 정보 유출, 통신 장애, 여론 조작 등 다차원적 피해를 유발할 수 있는 비가시적 고위험 위협으로 간주된다. 대표적으로 해킹, 악성코드 감염, 디도스(DDoS) 공격 등이 있으며, 이는 경기 운영 시스템, 출입 통제 장치, 방송 송출 네트워크, 보안 감시 체계 등 행사 전반의 디지털 인프라에 직접적인 타격을 가할 수 있다. 또한, 단일 시스템 이상을 넘어 정보 유출, 통신 장애, 여론 조작과 같은 복합적 피해를 유발하며, 궁극적으로 국제행사의 기능을 마비시키고 개최국의 신뢰도를 저해하는 결과로 이어질 수 있다.

국가정보원은 2025년에도 국제 안보 환경의 불확실성 심화와 테러 세력의 국경 간 이동 활성화로 인해, 다중이용시설 및 군중 밀집 장소에 대한 테러 위협이 서방권과 아시아권을 중심으로 더욱 증가할 것으로 전망했다. 비록 현재까지 우리나라에서는 직접적인 대형 테러가 발생한 사례는 없으나, 해외 사례를 통해 확인되듯 국제행사 중 테러가 발생할 경우에는 그 피해는 단순한 물리적 손실을 넘어, 사회 전반에 걸친 심각한 충격과 외교·경제적 파장을 유발할 수 있다. 따라서 국내에서 국제행사를 개최하는 경우에는 해외 테러 유형과 최신 사례에 대한 면밀한 분석을 기반으로 한 종합적인 대테러 전략 수립이 반드시 병행되어야 한다.

---

22) 국정원 보도자료 (2025. 3. 27). 국정원, '2024년 테러정세·2025년 전망' 책자 발간, https://www.nis.go.kr:4016/CM/1_4/view.do?seq=343, 검색일 2025. 6. 29.

2. 주요 사례 분석

1) 2024 러시아 모스크바 공연장 총격·방화 테러

(1) 개요

2024년 3월 22일(현지 시각), 러시아 모스크바 북서부에 위치한 크로커스 시티홀(Crocus City Hall)에서 열린 록 콘서트 도중, 최소 4명의 무장 괴한이 공연장 내부로 침입하여 관객을 향해 무차별적으로 총격을 가한 뒤, 화재를 일으켜 최소 62명이 사망하고 145명 이상이 부상당하는 대형 테러 사건이 발생했다.[23)]

이슬람 극단주의 무장조직(IS)은 사건 직후 텔레그램 채널을 통해 자신들의 소행임을 주장하였으며, 미국 정부 또한 사전에 모스크바 대규모 집회를 겨냥한 테러 가능성을 러시아에 경고한 바 있다. 이에 러시아 정부는 특수부대를 현장에 긴급 투입하여 괴한을 추적하였고, 모스크바 시는 즉각 모든 공개행사를 중단하며 전국적인 경계 태세에 돌입했다.[24)] 이 사건은 러시아 내에서 2000년대 초 체첸 분리주의자들의 공격 이후 최대 규모의 테러 사건으로 기록되었으며, 특히 공연장과 같은 소프트 타깃(Soft Target)이 테러의 목표가 되었음을 보여주는 사례이다.

(2) 주요 쟁점

2024년 모스크바 공연장 테러는 출입 통제와 위험물 탐지 등 기본적인 안전관리 체계의 미비, 국제 정보 공유의 실효성 부족, 현장 비상대응체계의 부재 등 다층적인 보안 실패가 복합적으로 작용하여, 대규모 인명 피해로 이어진 대표적인 사례로 평가된다. 수천 명이 밀집한 공연장에 대해 무기 탐지 및 출입 통제 장치가 제대로 작동하지 않았고, 미국 정부의 사전경고 정보도 실질적인 예방 조치로 연계되지 못하였다. 사건 직후에는 체계적인 대피 유도나 구조 활동이 원활히 이루어지지 않아, 일부 관람객이 스스로 탈출해야 하는 상황에 처하는 등 초기대응의 한계가 명확히 드러났다.

(3) 교훈 및 시사점

이 사례는 대규모 공연장 및 국제행사와 같은 '소프트 타깃'이 고도화된 물리적 테러에 매우 취약하다는 사실을 보여준 사건으로, 다중운집시설에 대한 통합 보안관리 체계

---

23) 한겨레 (2024년 3월 24일). 푸틴 대선 승리 4일 만에 총 맞은 '러시아의 심장', https://www.hani.co.kr/arti/international/international_general/1133517.html, 검색일 2025. 6. 29.

24) BBC NEWS 코리아 (2024년 3월 23일). 무장 괴한들, 모스크바 공연장서 무차별 총격, https://www.bbc.com/korean/articles/c88415ky1ero, 검색일 2025. 6. 29.

강화, 국제 정보 공유의 실효성 확보, 현장 중심의 신속한 대응 역량 확보가 필수적임을 시사한다.

2) 2017 챔피언스리그 도르트문트 폭탄테러

(1) 개요

2017년 4월, 독일 도르트문트에서 열린 UEFA 챔피언스리그 8강 1차전 도르트문트와 AS 모나코의 경기를 앞두고, 도르트문트 선수단을 태운 버스가 경기장으로 향하던 중 도로변에 설치된 세 개의 파이프 폭탄이 원격으로 폭발하는 사건이 발생했다. 이 폭발로 인해 버스의 강화유리가 파손되고, 수비수 마크 바르트라가 파편에 부상을 입었으며, 동행 중이던 경찰관도 부상을 당했다. 비록 피해 규모는 제한적이었으나, 버스가 일반 차량이었을 경우 대규모 인명 피해로 이어질 수 있는 잠재적 고위험 테러로 간주된다.

사건 직후 현장에서 발견된 편지에는 이슬람 극단주의의 보복 테러임을 암시하는 내용이 포함되어 있었고, 이에 따라 초기 수사는 국제 테러 조직의 소행으로 방향이 설정되었으나, 독일 수사당국은 이 문서가 의도적으로 조작된 위장 편지임을 밝혀냈다. 실제 범인은 러시아 출신 독일 거주자 Sergej W로, 그는 도르트문트 구단 주식에 풋옵션(put-option)을 걸고 경기 당일 주가 하락을 유도해 경제적 이익을 노린 범행을 저지른 것으로 확인되었다.[25)]

(2) 주요 쟁점

이 사건은 외형상 테러처럼 보였으나 실제로는 경제적 이익을 노린 위장 범죄로 정보 판단력 부족과 기관 간 협업 미흡 등 테러 대응체계의 구조적 한계를 드러낸 사례로 평가된다. 초기대응 단계에서 위조된 증거물에 근거하여 잘못된 테러 동기를 추정함으로써 수사의 방향성과 판단에 혼선이 발생하였고, 이는 신속하고 정확한 대응을 저해하는 요인으로 작용했다. 또한, 범행 동기와 테러 유형에 대한 정보 검증 체계가 미흡하고, 의심 문건에 대한 분석력 부족과 조사 절차의 지연이 발생함에 따라 정보 기반 대응의 구조적 취약성이 드러났다. 아울러, 수사기관과 유관기관 간의 의사소통 및 정보 공유체계가 비효율적으로 작동하였으며, 대응 주체 간의 역할 분담과 협력 체계가 미비

---

25) The Guardian (2017. 4. 12). Borussia Dortmund blasts: suspect 'from Islamist spectrum' detained, https://www.theguardian.com/football/2017/apr/12/borussia-dortmund-blasts-police-investigate-islamist-link-to-attack, 검색일 2025. 6. 29.

했던 점도 사건 대응 과정의 핵심적인 문제로 지적된다.

(3) 교훈 및 시사점

이 사건은 폭탄테러의 외형을 띠고 있었으나 실제로는 경제적 동기를 위장한 범죄로 테러 유형의 다면성과 위장 가능성에 대한 인식 제고가 필요함을 보여준다. 이에 따라 향후에는 정확한 정보 검증 체계 구축, 범행 동기의 다양성에 대한 분석 역량 강화, 기관 간 협업 체계 정비가 요구된다. 특히, 원격 폭발을 차단할 수 있는 전파교란 장치 등 첨단장비의 실질적 활용, 초기대응 훈련, 실시간 정보 공유 시스템 구축은 위장 테러나 복합적 테러 위협에 대한 신속하고 효과적인 대응을 가능하게 하는 핵심 전략으로 평가된다.

3) 2015 프랑스 파리 테러

(1) 개요

2015년 11월 13일, 프랑스 파리에서는 바타클랑 극장, 스타드 드 프랑스 축구 경기장 등 최소 7곳에서 세 차례의 폭발과 여섯 차례의 총격이 동시다발적으로 발생한 복합 테러가 일어났다. 이 공격으로 총 130명이 사망하고 수백 명이 부상을 입었으며, 특히 바타클랑 극장에서는 단일 장소 기준 89명의 사망자가 발생하는 등 극심한 인명 피해를 초래했다.[26)]

테러 발생 당시 스타드 드 프랑스 축구 경기장에는 프랑수아 올랑드 대통령을 포함해 약 8만여 명의 관중이 운집해 있었으며, 자살 폭탄 테러범이 경기장 내부까지 침투하지 못한 것이 대규모 인명 피해를 막은 결정적 요인으로 평가된다. 이 사건은 이슬람국가(IS)가 배후를 자처한 동시다발적 복합 테러로, 극장, 카페, 스포츠 경기장 등 개방성과 접근성이 높은 도시 기반 소프트 타깃을 집중적으로 공격함으로써, 해당 공간의 구조적 취약성을 극명하게 드러낸 사례이다.

(2) 주요 쟁점

이 사건은 국가 차원의 테러 대응체계가 동시다발적 복합 테러에 효과적으로 작동하지 못한 한계를 드러낸 대표적 사례로, 다음과 같은 주요 문제점이 도출된다. 첫째, 극장·카페·체육시설 등 소프트 타깃에 대한 보안이 취약했고, 해당 공간에 대한 테러

---

26) BBC NEWS (2015. 11. 14). Paris attacks: Bataclan and other assaults leave many dead, https://www.bbc.com/news/world-europe-34814203, 검색일 2025. 6. 29.

대응 역량이 부족했다. 둘째, 국가 차원의 통합 대응체계가 부재하였으며, 사전 정보가 효과적인 예방 조치로 연계되지 못하는 등 정보 활용의 실효성이 낮았다. 셋째, 초기대응 체계의 미흡, 긴급구조·구호 인프라의 과부하, 국민 대상 안전교육과 행동 매뉴얼 부재가 피해 확산과 혼란을 초래했다.

(3) 교훈 및 시사점

이 사례는 테러의 양상이 복합적이고 동시다발적으로 변화하고 있는 현실에서, 기존의 대응 방식만으로는 대규모 피해를 효과적으로 예방하기 어렵다는 점을 분명히 보여준다. 특히 개방성과 접근성이 높은 소프트 타깃에 대한 보안 강화와 현장 대응 역량의 확충이 시급하다. 이를 위해 유럽 각국은 복합 테러에 대응할 수 있는 국가 차원의 통합 대테러 대응 시스템을 구축해야 하며, 지자체는 지역 단위에서 민간 밀집 지역에 대한 선제적 보호조치를 적극적으로 강구할 필요가 있다. 또한 긴급 구조 및 의료 인프라를 확충하고, 국민 대상의 안전교육 및 대응 행동 매뉴얼을 마련함으로써, 테러 발생 시 피해 확산을 방지하고 현장의 혼란을 최소화할 수 있어야 한다.

4) 2013 미국 보스턴 마라톤 폭탄 테러

(1) 개요

2013년 4월 15일, 미국 매사추세츠 주 보스턴에서 개최된 마라톤 대회[27] 도중 연쇄 폭탄 테러로 인해 3명이 사망하고 최소 140명 이상의 부상자가 발생했다.[28] 테러는 결승선 인근 보일스턴 거리에서 약 170미터 간격으로 두 차례에 걸쳐 발생하였으며, 압력솥을 개조한 사제 폭탄이 사용되었다. 첫 번째 폭발은 마라톤 스포츠 체인점 앞에서, 두 번째 폭발은 결승선에서 한 블록 떨어진 지점에서 발생하였고,[29] 두 폭발 간 시간 간격은 약 13초였다.[30]

---

27) 보스턴 마라톤(26.2 마일)은 1775년 4월 19일 렉싱턴(Lexington)과 콩코드(Concord) 전투 기념일인 메사추세츠 주의 애국자 날에 열리는 연례행사이다.
28) CBC NEWS (2013. 4. 16). Boston Marathon bomb blasts kill 3, injure at least 140, https://www.cbc.ca/news/world/boston-marathon-bomb-blasts-kill-3-injure-at-least-140-1.1306840, 검색일 2025. 6. 29.
29) CNN NEWS (2013. 4. 18). Boy, 8, one of 3 killed in bombings at Boston Marathon; scores wounded, https://edition.cnn.com/2013/04/15/us/boston-marathon-explosions/index.html?hpt=hp_inthenews, 검색일 2025. 6. 29.
30) THE NEW YORK TIMES (2013. 4. 15). Blasts at Boston Marathon Kill 3 and Injure 100, https://www.nytimes.com/2013/04/16/us/explosions-reported-at-site-of-boston-marathon.html?_r=0, 검색일 2025. 6. 29.

경찰 당국은 이후 보스턴 지역에서 5개의 미폭발 폭발물을 발견하였으며,[31] 사건 직후 임시 통합 지휘센터(UCC)가 설치되어 화학·생물학·방사선 및 핵물질(CBRN) 모니터링을 실시하고, 현장에서는 즉각적인 응급 의료 대응을 통해 지혈 및 필수 생명 유지 조치가 이루어졌다.[32] 특히 현장에 파견된 경찰, 군, 구급대의 신속한 현장 통제와 의료 대응은 2차 피해 확산을 방지하는 데 중요한 역할을 했다. 이 사건은 외부 테러 조직이 아닌 미국 내 자생적으로 발생한 테러로 사회적 불만족과 경제적 빈곤을 주요 원인으로 볼 수 있다.

(2) 주요 쟁점

보스턴 마라톤 테러 사건은 국제행사 보안관리의 구조적 한계를 드러낸 대표적인 사례로, 개방된 도심 거리에서 열린 대규모 행사에 대한 보안 취약성이 뚜렷하게 나타났다. 특히, 폭발물 탐지 및 사전 정보 수집 체계가 미흡하여 사전 단계에서 위협을 식별하고 차단하는 데 한계가 있었던 점이 주요 문제로 지적된다. 또한, 동시다발적 폭발 상황에 효과적으로 대응할 수 있는 매뉴얼과 시뮬레이션 기반 대응 체계가 부재하였고, 이로 인해 초기 혼란이 발생하였다. 현장에서는 군중 통제와 질서 유지에 어려움을 겪으며, 위기 대응 역량의 한계가 드러났다.

(3) 교훈 및 시사점

이 사례는 도심에서 열린 국제행사를 겨냥한 자생적 테러의 대표적 예로, 현대 테러의 다변화 및 내재화 경향[33]에 대한 경각심을 불러일으킨 사건이다. 보스턴 마라톤 테러는 특히 소프트 타깃에 대한 물리적 보안의 취약성과, 지역 내 개인의 급진화 가능성에 대한 사전 탐지 체계의 부재를 드러낸 사건으로, 향후 다음과 같은 대응 전략의 필

31) THE WALL STREET JOURNAL (2013, 4, 16). Deadly Blasts Rock Boston, https://www.wsj.com/articles/SB10001424127887323346304578424950102614148, 검색일 2025. 6. 29.

32) Massachusetts Energency Management., Massachusetts Department of Public Health.,City of Boston., City of Cambridge., Town of Watertown., Massachusetts Bay Transportation Authority Transit Police Department., Massachusetts National Guard., & Massachusetts State Police. (2014).「After Action Report for the Response to the 2013 Boston Marathon Bombings」. p. 12.

33) 내재화 경향은 현대 테러의 주요 특징 중 하나로 외부 테러 조직의 직접적인 지시나 지원 없이, 자국 내 거주자 또는 시민이 개인적으로 급진화 되어 테러를 자행하는 자생적 테러(Self-radicalized Lone-wolf Terrorism) 형태를 의미한다. 이는 국가 내부에서 일상적으로 살아가던 개인이 사회적 소외, 정치적 불만, 종교적 극단주의, 온라인 극단주의 콘텐츠 노출 등의 영향으로 급진 사상에 동조하게 되며, 그 결과 외부와의 물리적 연결 없이도 독립적으로 테러를 기획하고 실행하는 비조직적이고 예측하기 어려운 테러 유형으로 나타난다.

요성을 시사한다.

첫째, 마라톤과 같은 도심 개방형 국제행사에 대해서는 행사 특성에 맞춘 보안 설계가 요구되며, 위험 물품 탐지 장비와 보안 검색 절차의 고도화가 이루어져야 한다. 둘째, 자생적 테러리즘에 대응하기 위해서는 지역사회 기반의 감시망 구축과 정보 분석 역량 강화가 병행되어야 한다. 셋째, 초기대응 체계의 정례적 훈련, 의료기관과의 신속한 연계, 현장 대응 인력 간의 통합지휘체계가 구축되어야 한다.

5) 1972 뮌헨 올림픽 테러 사건[34]

(1) 개요

1972년 9월 5일, 독일 뮌헨에서 개최된 제20회 하계올림픽 도중, 팔레스타인 무장단체 파타(Fatah)의 분파인 '검은 9월단(Black September Organization)' 소속 테러리스트 8명이 이스라엘 선수촌에 침입하여, 이스라엘 대표팀 선수 2명을 살해하고 9명을 인질로 삼는 테러를 감행했다. 테러리스트들은 이스라엘에 수감 중인 팔레스타인계 인사 200여 명의 석방과 안전한 중동행 항공편 제공을 요구하였으며, 협상 과정은 전 세계에 실시간으로 생중계되었다.

이 사건은 20시간 동안 이어졌으며, 테러범과 인질은 퓌르스텐펠트브루크(Fürstenfeldbruck) 공군기지로 이동했다. 그러나 서독 경찰의 작전은 훈련 부족, 장비 미비, 통신 부재, 오판 등 총체적 실패로 귀결되었고, 그 결과 이스라엘 선수 11명 전원, 독일 경찰 1명, 테러리스트 5명이 사망했다. 이 사건은 국제 스포츠 행사 역사상 가장 충격적인 테러로 기록되며, 이후 올림픽 보안 체계 전반에 지대한 영향을 미쳤다.

(2) 주요 쟁점

1972년 뮌헨 올림픽 테러는 국제행사 보안 체계의 취약성과 구출 작전의 전략적 실패를 드러낸 사건이다. 테러리스트의 침입을 막지 못한 허술한 보안,[35] 훈련 부족 · 장비 미비 · 정보 공유 실패 등으로 인한 작전 실패,[36] 정부의 오보로 인한 정보 혼선,[37]

---

34) Britannica (2025. 4. 2). https://www.britannica.com/event/Munich-Massacre, 검색일 2025. 6. 29,

35) 테러리스트들이 선수촌 외벽을 쉽게 넘고 침입한 것은 당시 물리적 방호와 출입 통제가 사실상 무력화되어 있었음을 방증한다.

36) 퓌르스텐펠트브루크 공군기지 진압 작전은 저격수 훈련 부족, 장비 미비, 장갑차 지연, 계획 미이행, 정보 공유 실패 등 복합적인 실책이 겹친 사례였다.

37) 서독 정부는 초기 발표에서 "인질 전원 생존"이라고 발표했으나, 실제로는 전원이 사망함으로써 위기 상황에서의 신뢰성, 투명성, 정보 전달 체계의 중요성을 드러냈다.

그리고 작전 상황이 전 세계에 실시간으로 노출되어 기밀 유지에 실패한 점이 주요 쟁점으로 지적된다.[38] 이 사건은 대규모 국제행사에서 보안 체계의 전문성과 위기대응시스템 정비의 필요성을 강하게 시사한다.

(3) 교훈 및 시사점

1972년 뮌헨 올림픽 테러는 국제행사가 더 이상 안전지대가 아님을 보여주며, 고도화된 보안 체계와 대테러 전문기구의 필요성을 부각시킨 사건이다. 통합지휘・통신 체계의 부재와 미비한 장비는 현장 대응 실패로 이어졌고, 정치적 테러의 상징성은 테러가 국제 여론을 움직이는 수단으로 작동할 수 있음을 입증했다. 또한 실시간 미디어 보도의 영향력과 책임 문제도 함께 제기되었다. 이 사건은 현대 대테러 정책과 국제행사 안전관리의 근간을 마련한 전환점으로 평가된다.

6) 주요 사이버 사고 사례

(1) 개요

2000년대 이후 한국을 포함한 주요 국가들은 사이버 공격의 빈도와 정교함이 급격히 증가하면서 국가 안보뿐만 아니라 사회 전반의 핵심 인프라가 심각한 위협을 받고 있다. 특히 북한과 같은 국가 주도의 사이버 위협은 단순한 정보 탈취 수준을 넘어, 금융, 통신, 에너지 등 주요 기반시설을 직접적으로 마비시키는 양상을 보이고 있으며, 이는 다수 국가의 사이버안보 체계가 구조적으로 취약하다는 점을 부각시킨다. 국제행사와 관련해서도 사이버 공격은 정보 유출, 시스템 교란, 허위 정보의 확산 등 다양한 형태로 나타나며, 행사 운영의 안정성과 신뢰성을 저해하는 주요 비전통적 위협으로 부상하고 있다. 실제로 국제스포츠 대회나 정상회의 등에서는 운영 시스템의 마비, 참가국 및 조직위원회의 기밀 정보 유출과 같은 사이버 사고가 반복적으로 발생하고 있다. 이는 행사 준비 및 운영 전 과정에 걸쳐 고도의 사이버 보안 역량이 요구된다는 점을 시사한다.

(2) 주요 쟁점

사이버 공격은 국제행사의 보안 및 운영체계에 중대한 위협으로 작용하며, 그 파급력은 물리적 테러에 버금갈 정도로 심각하다. 최근 국내에서 발생한 일련의 사이버 공

---

38) 협상 및 진압 작전 전 과정이 생중계되며 기밀성이 붕괴되었고, 테러리스트들조차 실시간으로 작전 상황을 파악할 수 있었다.

격 사례들은 이러한 위협이 단순한 가능성이 아닌, 반복적이고 현실적인 위험 요소임을 분명히 보여준다.

2003년 1 · 25 인터넷 대란은 외국에서 유입된 슬래머 웜(Slammer Worm)이 한국 내 주요 DNS 서버와 데이터 베이스망에 심각한 과부하를 유발하면서 약 8,800여 대의 컴퓨터를 마비시켰고, 전 세계적으로도 75,000대 이상의 시스템에 피해를 입힌 대표적 사례다. 이후 2009년 7 · 7 디도스 공격은 북한이 주도한 것으로 공식 확인된 최초의 사이버 테러로 청와대와 국방부 등 국가 핵심 기관을 포함한 21개 주요 웹사이트가 마비되었으며, 공격 인프라로 전 세계 435개 서버가 사용된 것을 확인했다. 이후에도 2011년 3 · 4 디도스 및 농협 해킹사건,[39] 2013년 3 · 20 방송 · 금융 동시 공격,[40] 2014년 한국수력원자력 해킹, 2015년 청와대 및 서울지하철 대상 공격, 2017년 워너크라이(WannaCry) 랜섬웨어 사태 등은 사이버 위협이 특정 국가를 넘어 국제사회 전체에 실질적 피해를 줄 수 있음을 입증했다.

이러한 일련의 사례들은 단순한 정보 유출을 넘어 국제행사 운영의 중단, 참가자 안전 위협, 국가 이미지 훼손 등 복합적이고 치명적인 결과를 초래할 수 있는 사이버전(Cyber Warfare)의 현실적 가능성을 경고하고 있다. 이에 따라 사이버 방어체계의 국제적 연계 강화와 행사 주최국의 선제적 대응 역량 제고는 국제행사 보안 전략에서 핵심적 과제로 부상하고 있다.

(3) 교훈 및 시사점

국제행사 개최 시 사이버 위협에 효과적으로 대응하기 위해서는 전방위적이고 통합적인 보안 전략의 수립이 요구된다. 먼저, 운영 시스템과 핵심 인프라에 대해서는 다중 방어체계를 구축하고, 사이버 공격 발생 시 신속한 대응이 가능하도록 비상 복구 시나리오를 구체적으로 마련해야 한다. 특히 APT(지능형 지속 위협)와 같은 고도화된 공격 양상에 대응하기 위해서는 위협 탐지 능력과 정보 분석 역량을 체계적으로 강화할 필요가 있다.

이와 함께, 참가국 및 국제기구와의 실시간 정보 공유체계를 구축하여 사이버 위협에 대한 공동 대응 능력을 확보하고, 위협의 초국가적 확산 가능성에 대응할 수 있는

39) 2011년 3·4 디도스 및 농협 해킹 사건에서는 국가 주요기관뿐만 아니라 금융기관 및 민간 기업이 동시에 마비되었고, 특히 농협 해킹은 APT(지능형 지속 위협) 공격이 한국에서 본격화된 사례로 기록된다.

40) 2013년 3·20 사이버 공격은 방송사와 금융기관을 동시에 겨냥해 약 48,000대의 PC와 3,000여 대의 ATM 기기를 무력화시켰다.

국제협력 기반을 조성해야 한다. 국내적으로는 민·관·군이 참여하는 통합 보안 운영체계를 정립하고, 각 주체 간 공동 대응 프로토콜과 정보 공유 메커니즘을 구체화함으로써 국가 차원의 사이버 대응력을 실질적으로 강화해야 한다. 아울러 다양한 위협 시나리오에 대응할 수 있도록 정기적인 사이버 위기 대응훈련을 실시하고, 실전 중심의 대응 능력을 지속적으로 점검·보완할 필요가 있다. 궁극적으로는 사이버 공간을 전통적인 안보 개념을 넘어서는 비대칭 전장으로 인식하고, 전략적이고 통합적인 보안 대응체계를 구축함과 동시에, 국가 차원의 사이버안보 거버넌스를 통해 전방위적 사이버 위협에 능동적으로 대응할 수 있는 기반을 마련해야 한다.

참고문헌

1. 국내문헌

가. 단행본

경찰청. (2011).「경찰백서」

_____. (2013).「경찰백서

_____. (2015).「경찰백서」

_____. (2018).「경찰백서」

_____. (2023).「경찰백서」

_____. (2024).「경찰백서」

국가정보원. (2002). 안전대책통제본부

_________. (2025).「2024년 테러정세와 2025년 전망」

국경완. (2019).「인공지능 기술 및 산업 분야별 적용 사례」, 정보통신기획평가원 주간기술동향, 17.

권순선. (2020).「인공지능과 빅데이터 기술동향」, TTA저널 187호, 38-43.

김두현. (2002).「경호학개론」, 서울: 백산출판사, 280~281.

김소영. (2023).「지역축제장」 안전실태조사 결과, 한국소비자원, 1~25.

김영욱. (2008).「위험, 위기 그리고 커뮤니케이션」, 서울: 이화여자대학교출판부, 18.

김현곤. (2013).「정보화의 새로운 가능성과 데이터기반 정보화」, HIRA정책동향, 7(6), 20~32.

김희진 · 안태기. (2017).「이벤트 · 축제의 통합기획실무」, 서울: 대왕사, 1~386.

대테러센터. (2018).「국가 중요행사 대테러활동 지침」

박병식. (1996a).「민간경비론」, 서울: 법률출판사, 1~241.

_____. (1996b).「용역경비업」, 서울: 법률출판사, 1~285.

박병식 · 이용학. (1996).「경비법학개론」, 서울: 법률출판사, 1~297.

박병식 · 이용선. (2018).「안전정책론」, 서울: 청목출판사, 1~404.

박장식. (2017).「CCTV 영상보안시스템」, TTA Journal, 171, 6~13.

박진규. (2005).「지역문화와 축제」, 서울: 글누림, 1~250.

세계육상연맹. (2021).「지속 가능한 행사 관리: 모범 사례 지침」

소방방재청. (2009).「공연 · 행사 · 지역축제장 안전매뉴얼」

소방방재청. (2010).「재난종합상황 분석 및 전망」, 36~37.

송기복. (2021).「AI로봇과 범죄」, 서울: 박영사, 1~225.

안황권. (2009).「민간경비학」, 인천: 진영사, 1~440.

양재열. (2012).「경호학원론」, 서울: 박영사, 1~348.

윤소연. (2023).「대규모 지역축제 · 행사의 효과적 안전관리를 위한 제언」, 강원도: 한국 지방행정연구원, 38.

윤종식. (2023).「데이터 분석 전문가」, 부산: 데이터에듀, 1~376.

이관영 · 안예진 · 윤호원. (2024).「관광, 침체된 지역경제 깨운다: 지역관광 활성화 조건을 찾아서」, 야놀자리서치 리포트, 5, 1~63.

이미순. (2010).「축제가 도시 브랜드를 만날 때」, 서울: 새로미, 1~182.

이재형 외. (2018).「2018 평창 동계올림픽 개최효과 심층분석」, 경제 · 입문사회연구회 협동연구총서, 18-10-01, 14.

임영환. (1990).「인공지능 기술의 동향」, 한국전자통신연구소 인공지능연구실, 24.

정보통신기획평가원. (2020).「ICT R&D 기술 로드맵 2025 인공지능 · SW · 자율주행자동차」, 158.

정보통신기획평가원. (2022).「빅데이터 기반 통계분석 운영 환경 조사」, 주간기술동향 2074호, 13.

제17회 인천아시아경기대회 공식결과보고서. (2014). 준비운영편, 26~675.

조현호. (2004).「문화이벤트기획론」, 서울: 대왕사, 36~37.

최대휴,「전통식품산업의 세계화 적극 지원」, 경제정책해설, 나라경제 1월호, 2006, 82.

최선우. (2002).「치안서비스 공동생산론」, 서울: 대왕사, 1~218.

한국과학기술기획평가원. (2019).「안면인식 도입 확산과 국내 활성화 방안 모색」, 과학기술 & ICT정책 · 기술동향, 1~17.

한국경비협회. (2013). 「한국민간경비산업60년사」, 137~143.
한국과학기술기획평가원. (2023). 「과학기술 & ICT 정책 · 기술 동향」, No. 249, 1~60.
한국정보통신기술협회. (2023). 「2024 ICT 표준화 로드맵」, 18~20.
한국정보통신기술협회. (2024). 「ICT 표준화 전략 요약 보고서」, 1~108.
한국정보화진흥원. (2012). Big Data 글로벌 10대 선진 사례, pp. 6~41.
한국조세재정연구원. (2010). 「2010~2014년 국가재정운용계획: 문화 · 체육 · 관광분야」, 32.
한요셉. (2023). 「인공지능으로 인한 노동시장의 변화와 정책방향」, KDI 연구보고서 2023-03, 13~14.
행정안전부. (2021). 「지역축제장 안전관리매뉴얼」
G20 정상회의준비위원회. (2011). 「2010 서울 G20 정상회의: 제2권 준비와 성과」, 290~293.
2018 평창 동계올림픽대회 조직위원회. (2018). 「대테러 · 안전활동 리포트」, 2~84.
Pyeong Chang 2018 공식보고서. (2018). 제3권, 1~534.

나. 연구논문

강수진. (2013). "국가 사이버범죄 대응전략 설계", 경찰청 연구용역. 1~141.
고영규. (2003). "스포츠 정보망 구축과 스포츠 이벤트 도입의 지역사회 발전 효과 분석", 한양대학교 대학원 박사학위논문, 25.
공배완. (2005). "민간경호 · 경비 산업의 발전을 위한 전문교육 및 인증제도의 필요성 제고", 경호경비연구, 9, 1~19.
공석주 · 이석만. (2017). "대규모 행사 안전확보를 위한 민간경비 활성화 방안", 한국사회안전학회지, 12(1), 24.
구동회. (2004). "도시문화 전략으로서의 장소 마케팅과 삶의 질", 국토지리학회지, 38(3), 215~226.
권순구. (2017). "국제행사가 지역발전에 미치는 영향에 관한 연구: 여수 엑스포의 지역발전 효과에 관한 주민 인식을 중심으로", 가천대학교 일반대학원 박사학위논문, 4~5.
권정훈. (2008). "한국의 테러대응체제에 관한 연구", 용인대학교 대학원 박사학위논문, 38.
김기동. (2019). "세계태권도한마당의 문화관광축제화 전략", 가천대학교 일반대학원 박사학위논문, 8.

김상운. (2017). "다중운집행사 경찰동원에 영향을 미치는 요인 비교", 한국콘텐츠학회논문지, 17(6), 645.

김상운 · 김명식 · 도수관 · 박영주. (2015). "다중운집행사 안전관리를 위한 경찰 개입 수준에 관한 연구", 대구카톨릭대학교 산학협력단, 30.

김순석. (2017). "드론을 활용한 치안활동의 한계와 가능성", 한국경호경비학회지(드론특별호), 111~140.

김용대 · 장원철. (2016). "인공지능산업 육성을 위한 개인정보보호 규제 발전 방향", 경제규제와 법, 9(2), 161~176.

김일곤. (2010). "혼잡경비제도의 도입방안에 관한 연구", 경기대학교 대학원 박사학위논문, 59.

_____. (2020). "민간경비업체의 드론 경비업무 도입에 관한 장애요인 연구", 한국민간경비학회보, 19(2), 51~76.

김의건 · 고태호. (2010). "국제회의 개최가 지역경제에 미치는 영향 분석: 한 · 아세안 특별정상회의를 중심으로", 한국관광학회, 34(2), 309~330.

김정선. (2015). "혁신기술로서의 빅데이터 국내 기술수용 초기 특성 연구", 이화여자대학교 박사학위논문, 11.

김주은. (2019). "인공지능이 인간사회에 미치는 영향에 대한 연구", 국제문화기술진흥원(JCCT), 5(2), 177~182.

김준호. (2019). "관광경재력과 환대산업 창업의 상호작용이 경제성장에 미치는 효과: 국가그룹간 비교", 경희대학교 대학원 박사학위논문. 6.

라광현. (2019). "미국 민간보안 산업의 지역사회 공동 치안 서비스로의 확장: 휴스토 Sharpstown 사례 및 시카고 Special Service Area 프로그램을 중심으로", 한국민간경비학회보, 18(1), 50.

류정희. (2021). "AI에 관한 국가의 규제와 법적 수용 방안 연구", 숙명여자대학교 박사학위 논문, 8.

류지웅 · 박희균. (2023). "경찰의 드론 활용을 위한 법제 개선 방안 연구", 한국경찰학회보, 25(3), 55~78.

박세선. (2019). "2018 평창동계올림픽 민간안전보안관리 개선방안: 민간안전보안요원을 중심으로", 용인대학교 박사학위 논문, 1~109.

박용숙. (2022). "일본에서의 경비업법 개정 및 '혼잡경비' 업무검정의 신설에 대한 일고찰", 입법과 혁신, 2, 98.
박정섭. (2020). "국제행사의 안전성 강화를 위한 제도적 개선방안", 동국대학교 일반대학원 박사학위논문, 1~146.
_____. (2023). "다중운집행사시 민간경비를 효과적으로 활용하기 위한 관련 법 개선방안", 한국경호경비학회, 76, 169~192.
_____. (2024a). "빅데이터와 인공지능을 활용한 지역축제 안전성 강화 방안", 한국보안관리학회, 79, 173~195.
_____. (2024b). "지역축제 안전성 강화를 위한 빅데이터와 AI의 법적 적용 방안에 관한 연구", 한국재난정보학회, 20(3), 635~643.
박정섭 · 이대권. (2024). "국제스포츠행사의 테러 사례 분석을 통한 정책적 함의", 한국테러학회보, 17(2), 28~46.
박진호. (2023). "딥러닝 기반 지능형 인간행동 검출 및 인식 기술", 동명대학교 대학원 박사학위논문, 3.
박형준 · 한진욱 · 하제현. (2009). "2009, 개최도시/스포츠이벤트 이미지 일치성, 개최도시 브랜드 자산, 방문의도간의 관계: 2010 춘천 월드레저총회 및 경기대회를 중심으로", 한국체육학회지 인문사회과학, 48(6), 301~311.
방정미. (2021). "인공지능 알고리즘 규제거버넌스의 전환: 최근 미국의 알고리듬 규제와 인공지능 윤리원칙을 중심으로", 한국공법학회, 49(3), 376~406.
백승민. (2019). "드론을 활용한 민간경비 발전방안에 관한 연구", 한국민간경비학회보, 18(4), 125~148.
서천호 · 옥원호. (2012). "대규모 국제행사의 안전활동을 위한 경찰력 운용 방안", 한국민간비학회보, 11(2), 132~156.
선종수. (2020). "경찰의 드론 활용에 따른 형사법적 문제", 경찰법연구, 18(2), 83~103.
성용은 · 최관 (2007). "선진 각국의 집회시위 실태와 경찰대응의 비교 분석", 치안정책연구, 20, 72~73.
송윤석. (2009). "대도시 재난관리 체계의 유형별 효율화 비교분석", 한국외국어대학교 대학원 박사학위논문, 25.
송태은. (2023). "최근 사이버 위협의 추세와 향후 전망 및 국제사회의 대응", 외교안보연구소(IFANS), IF 2023_12K, 1~7.
안경모 · 이건찬. (2002). "한국의 컨벤션 안전대책에 관한 연구", 호텔관광연구, 8, 249~276.

양종모. (2016). “인공지능의 위험의 특성과 법적 규제방안”, 홍익대학교 법학연구소, 17(4), 537~565.

양천수. (2017). “인공지능과 법체계의 변화 : 형사사법을 예로 하여”, 법철학연구, 20(2), 54.

여성수 · 박종준 · 왕세연. (2022). “CCTV의 효율적인 운영을 위한 공간정보 기반의 영상감지 시스템 연구”, 한국경호경비학회, 73, 231~254.

유재웅 · 정원준 · 최홍림 · 신현기. (2017). “위기관리 커뮤니케이션 매뉴얼 연구”, 을지대학교 산학협력단, 125~128.

윤민우 · 김은영. (2018). “최근 국내외 테러 동향과 테러공격 방법에 대한 분석”, 경찰학논총, 9(3), 221~246.

윤민우 · 김은영. (2018). “차량돌진테러와 물리적 방어물에 관한 연구”, 한국경호경비학회, 55, 9~29.

윤소연 · 김민영. (2023). “경기도 다중운집 축제 · 행사 안전관리를 위한 소방력 운영에 관한 연구”, 강원도: 한국지방행정연구원, 2023-23, 1~163.

윤지영 · 김한균 · 감동근 · 김성돈. (2017). “법과학을 적용한 형사사법의 선진화 방안(Ⅷ) : 인공지능기술”, 한국형사정책연구원, 25.

이병기 · 김건위. (2008). “지방자치단체 재난관리체계의 개선방안”, 서울: 한국지방행정연구원, 06(416), 1~234.

이부하. (2011). “헌법국가에서 국민의 안전보장: 독일 헌법학의 논의를 중심으로”, 한독사회과학논총, 21(1), 161.

이선기. (2007). “다자간 국제회의 안전활동의 효율성 제고에 관한 연구”, 한국체육대학교 대학원 박사학위논문, 1~282.

이선기 · 이충기. (2010). “G20 정상회의 시 주행사장에서의 VIP 안전대책 방안에 관한 연구”, 한국경호경비학회지, 91~123.

이영래. (2003). “요인테러 발생원인과 경호실패 연구”, 광운대학교 박사학위논문, 31~33.

이윤근. (2003). “시민참여 대규모행사시 민간경비의 역할에 관한 연구”, 한국공안행정학회보, 15, 174~194.

이장국. (2007). “안전에 대한 용어적 및 어원의 연구”, 한국안전학회지, 22(2), 28~35.

이재은. (1998). “우리나라 위기관리 대응기능 개선방향에 관한 연구: 위기관리조직과 법규분석을 통해”, 한국정책학회보, 7(2), 229~252.

이정록 · 남기범 · 지상현. (2015). “대형 이벤트 개최가 도시 이미지와 브랜드에 미치는

영향에 관한 연구: 2013 순천만국제정원박람회를 사례로", 국토지리학회지, 49(1), 102.

이종용 · 조병선. (2016). "인공지능 산업활성화 생태계 조성을 위한 제언", 한국전자통신연구원, 31(2), 51~62.

이창무. (2003). "한국과 미국의 민간경비 성장요인에 대한 비교연구", 한국민간경비학회보, 2, 223~241.

정도희. (2023). "사이버테러의 개념 및 대응방안", 법학연구, 26(1), 345~374.

정명운. (2016). "지방자치단체의 재난안전관리 체계 및 법제 정비 방안 연구", 세종: 한국법제연구원, 1~296.

정부만 · 김형순 · 양승미 · 임해영 · 김태원 · 김정은. (2014). "ICT 기반의 최첨단 평창동계올림픽 구현을 위한 세부 정책방안", 한국정보화진흥원 방통융합기반정책 연구, 14-24, 1~123.

정윤수. (1994). "긴급구조와 위기관리", 한국행정연구, 3(4), 67~85.

정진호 · 유광의. (2013). "국제 스포츠행사에 대한 테러 사례분석과 최근 테러의 추세와 대응에 관한 연구", 한국시큐리티융합경영학회지, 2(1), 91.

정태진 · 박정섭. (2022). "2022년 유럽연합과 미국의 사이버안보전략과 시사점", 한국경찰학회보, 24(6), 118~137.

전혜원. (2014). "EU사이버안보 전략의 현황과 전망", 국립외교원 외교안보연구소, 2013-41, 1~12.

조민상. (2016). "대규모 국제행사의 안전 및 위기관리 방안: 평창 동계올림픽을 중심으로", 한국시큐리티융합경영학회지, 5(1), 122.

조민호. (2021). "인공지능의 역사, 분류 그리고 발전 방향에 관한 연구", Journal of the KIECS, 16(2), 307~312.

조종묵. (2010). "한국의 재난관리 참여기관 협력체계 분석", 충북대학교 대학원 박사학위논문, 18.

주일엽. (2006a). "국제스포츠대회 안전활동 발전 방안에 관한 연구", 서울대학교 대학원 박사학위논문, 1~213.

_____. (2006b). "국제스포츠대회 안전활동에 대한 델파이 분석", 한국공안행정학회보, 24, 83~113.

주충근. (2018). "국가위기관리의 통합성에 관한 연구: 천안함 사건과 세월호 사고를 중심으로", 경남대학교 대학원 박사학위논문, 122.

최광식. (2018). “공연 안전관리제도 개선에 관한 연구”, 동아대학교 대학원 박사학위논문, 135.

최선우. (2008). “치안서비스의 공공재적 특성과 민간경비의 활동영역”, 경찰연구논집, 3, 62.

_____. (2014). “영국 민간경비산업의 제도적 정비와 민간조사에 관한 연구”, 한국공안행정학회보, 55, 241~264.

최순식. (2021). “인공지능을 활용한 플랫폼 비즈니스 활성화 방안에 관한 연구”, e-비즈니스연구, 22(5), 133~150.

최진태. (2002). “테러리즘의 역사적 기원과 변천”, 국방연구, 45(1), 18~24.

홍명원. (2014). “빅데이터 분석을 위한 요소 기술”, 한국산학기술학회 추계학술발표논문집, 1~2.

G20 정상회의준비위원회. (2011). 「2010 서울 G20 정상회의: 제2권 준비와 성과」, 290~293.

2018 평창 동계올림픽대회 조직위원회. (2018). 「대테러 · 안전활동 리포트」, 2~84.

제17회 인천아시아경기대회 공식결과보고서. (2014). 준비운영편, 26~675.

Pyeong Chang 2018 공식보고서. (2018). 제3권, 1~534.

2. 국외문헌

Arshad, M. I., Iqbal, M. A., & Shahbaz, M. (2018). "Pakistan tourism industry and challenges: A review". Asia Pacific Journal of Tourism Research, 23(2), 121~132.

A. M. Turing. (1950). "Computing Machiney and Intelligence". Mind 49, 433~460.

Barry Collin. (1997). "The Future of Cyberterrorism". Crime & Justice International Journal, 15.

B. Jack Copeland. (2004). The Essential Turing. Oxford University Press. 40~41.

Brown, T., Patterson, D., & Barham, P. (2022). "AI-Driven Big Data Analytics in Cloud Environments". Future Generation Computer Systems, 126, 57~72.

Chis Whitlock., & Frank Strickland. (2023). 「Winning the National Security AI Competition: A Practical Guide for Government and Industry Leaders」. APRESS, 1~235.

Chang, S. (2019). "Community Engagement and Cultural Festivals: Enhancing Social Cohesion through Events". Journal of Community Studies, 45(3), 123~140.

Chen, H., Zhang, W., & Li, Y. (2023). "Real-Time AI-Based Big Data Processing in IoT-Cloud Environments". IEEE Internet of Things Journal, 10(5), 3945~3962.

David A. McEntire. (2024). 「Introduction to Homeland Security: Terrorism Prevention, Public Safety, and Emergency Management, 3rd Edition」. WILEY, 1~448.

Dean, J., & Ghemawat, S. (2008). "MapReduce: Simplified data processing on large clusters". Communications of the ACM, 51(1), 107~113.

Deccio, C., & Baloglu, S. (2002). "Nonhost Community Resident Reactions to the 2002 Winter Olympics: The Spillover Impacts". Journal of Travel Research, 41(1), 46~56.

Delgado, M. (2016). “The Impact of Cultural Festivals on Local Economies: A Case Study of La Tomatina”. Journal of Event Management, 12(3), 215~229.

Edward Curry., Andreas Metzger., Sonja Zillner., Jean-Christophe pazzaglia., & Ana Garcia Robles. (2021). 「The Elements of Big Data Value: Foundations of the Research and Innovation Ecosystem」. Springer, 3~19.

Feurer, M., Klein, A., Eggensperger, K., Springenberg, J., Blum, M., & Hutter, F. (2015). “Efficient and robust automated machine learning”. Advances in Neural Information Processing Systems, 28.

Ghemawat, S., Gobioff, H., & Leung, S. T. (2003).「The Google File System」. ACM SIGOPS Operating Systems Review, 37(5), 29~43.

Girard, P., & Rivière, C. (2018). “International Trade Fairs and Regional Economic Development: The Case of SIRHA in Lyon”. Journal of Regional Studies, 45(3), 123~140.

Hall, C. M., & Sharples, L. (2008). Food and Wine Festivals and Events around the World: Development, Management and Markets. UK: Routledge.

Han, J., Kamber, M., & Pei, J. (2011).「Data Mining: Concepts and Techniques」 (3rd Edition). Morgan Kaufmann, 1~14.

Jin, Y., Zhang, X., Wang, L. “Serverless Computing for Large-Scale Data Analytics: Challenges and Opportunities”. ACM Transactions on Computer Systems, 38(1), 2020, 1~29.

John M. C., & Patrick J. H. (1969). “Some Philosophical Problems from The Sthandpoint of Artificial Intelligence”. Computer Science Department Stanford University, 30~31.

Jordan, M. I., & Mitchell, T. M. (2015). “Machine learning: Trends, perspectives, and prospects”. Science, 349(6245), 255~260.

J.R. Lucas. (1961). 「Machines and Gödel」. Cambridge University Press on behalf of Royal Institute of Philosophy, 36(137), 112~127.

Julia Voo., Irfan Hemani., & Daniel Casidy. 「National Cyber Power Index 202 2」. Harvard Kenndy School Belfer Center.

Licklider, J. C. R. (1960). “Man-Computer Symbiosis, IRE Transactions on

Human Factors in Electronics". HFE-1(1), 4~11.

Locke, M. (2015). "Cultural Heritage in the Modern Era: Bridging Tradition and Innovation". Cultural Studies Quarterly, 32(2), 45~67.

Lu, R., Zheng, D., & Jin, Y. (2021). "Elastic Resource Allocation for Big Data Processing in Cloud Computing". IEEE Transactions on Emerging Topics in Computing, 9(4), 1134~1147.

Malfas, M et al. (2004). Impacts of The Olympic Games as Maga-events. Municipal Engineer.

Massachusetts Energency Management., Massachusetts Department of Public Health., City of Boston., City of Cambridge., Town of Watertown., Massachusetts Bay Transportation Authority Transit Police Department., Massachusetts National Guard., & Massachusetts State Police. (2014). 「After Action Report for the Response to the 2013 Boston Marathon Bombings」. 1~128.

Marco Marsili. (2019). "The war on cyberterrorism". Democracy and Security, 1(2), 173.

Noghabi, S. A., Paramasivam, K., Pan, J., Kulkarni, J., Michel, T., Kirde, R., & Shah, H. (20 "Samza: stateful scalable stream processing at LinkedIn". Proceedings of the VLDB Endowment, 10(12), 1634~1645.

OECD. (2021). Going Digital Toolkit Note: Measuring the economic value of data, Directorate for Science, Technology and Innovation Committee on Digital Economy Policy, 5.

Petak William J. (1985). "Emergency Management: A Challenge for Public Administration". Public Administration Rewiew, 45(Special Issue), 3~5.

Rajaraman, V. (2014). 「John McCarthy: Father of artificial intelligence」. Resonance, 19, 198~207.

Roman V., & Yampolskiy. (2019). 「Artificial Intelligence Safety and Security」. Chapman and Hall/CRC, 1~431.

Taimur ljlal. (2023). 「Artificial Intelligence Governance and Cyber-security」. 1~109.

Vaswani, A., Shazeer, N., Parmar, N., Uszkoreit, J., Jones, L., Gomez, A. N., & Polosukhin, I. Attention is all you need. Advances in Neural Information Processing Systems, 30.

Wilhite, Donald A. (2000). 「Drought: A Global Assessement」(Volumes 1 and 2). Routhledge Publisherw London, England, 84~85.

Wood, E. H. (2017). "Social Impacts of Community Events: A Comparative Study of Local Festivals in Europe". Event Management, 21(4), 525~539.

Smith, L. (2020). "Cultural Expos and Social Cohesion: An International Perspective". Journal of Cultural Studies, 35(4), 257~269.

Zaharia, M., Chowdhury, M., Franklin, M. J., Shenker, S., & Stoica, "I. Spark: Cluster computing with working sets". HotCloud, 10(10-10), 95.

Zhou, X., Wang, C., & Chen, L. (2019). "Big Data Processing in Cloud Computing Environments". IEEE Transactions on Cloud Computing, 7(2), 289~302.

全国警備業協会. (2006). 「身辺警備業務の手引」

____________. (2005). 「雑踏警備業務の手引」

____________. (2008). 「警備業務の解説」 [11訂3版]

3. 기타

- 조례 및 규칙 -

「경기도 옥외행사의 안전관리에 관한 조례」[시행 2023. 1. 2.] [경기도조례 제7510호, 2023. 1. 2., 전부개정]

「경기도 안전관리위원회 운영 조례」 [시행 2025. 1. 20.] [경기도조례 제8275호, 2025. 1. 20., 일부개정]

「국제행사의 유치 · 개최 등에 관한 규정」 [시행 2025. 5. 27.] [기획재정부훈령 제787호, 2025. 5. 27., 일부개정]

「다자간 정상회의의 경호 및 안전관리 업무에 관한 규정」[시행 2014. 7. 4.] [대통령훈령 제331호, 2014. 7. 4., 제정]

「문화체육관광부 국제행사의 유치 · 개최에 관한 규정」 [시행 2023. 1. 2.] [문화체육관광부훈령 제477호, 2023. 1. 2., 일부개정]

- 지원법 및 특별법 -

「2011대구세계육상선수권대회, 2013충주세계조정선수권대회, 2014인천아시아경기대회, 2014인천장애인아시아경기대회 및 2015광주하계유니버시아드대회 지원법」 [시행 2015. 12. 29.] [법률 제13498호, 2015. 8. 28., 타법개정]

「2011대구세계육상선수권대회, 2013충주세계조정선수권대회, 2014인천아시아경기대회, 2014인천장애인아시아경기대회 및 2015광주하계유니버시아드대회 지원법 시행령」[시행 2014. 11. 19.] [대통령령 제25751호, 2014. 11. 19., 타법개정]

「2018년 평창동계올림픽대회 및 장애인동계올림픽대회 지원 등에 관한 특별법」

「G20 정상회의 경호안전을 위한 특별법」[시행 2010. 10. 1.] [법률 제10362호, 2010. 6. 8., 제정]

- 법령 -

「경찰관 직무집행법」[시행 2024. 9. 20.] [법률 제20374호, 2024. 3. 19., 일부개정]

「경찰관 직무집행법 시행령」[시행 2025. 7. 30.] [대통령령 제35478호, 2025. 4. 29., 일부개정]

「경비업법」[시행 2025. 1. 31.] [법률 제20645호, 2025. 1. 7., 일부개정]

「경비업법 시행령」[시행 2025. 1. 31.] [대통령령 제34826호, 2024. 8. 13., 일부개정]

「개인정보 보호법 」[시행 2025. 3. 13.] [법률 제19234호, 2023. 3. 14., 일부개정]
「개인정보 보호법 시행령 」[시행 2025. 7. 1.] [대통령령 제35343호, 2025. 2. 25., 일부개정]
「공연법」[시행 2025. 4. 23.] [법률 제20487호, 2024. 10. 22., 일부개정]
「공연법 시행령」[시행 2023. 11. 21.] [대통령령 제33886호, 2023. 11. 21., 타법개정]
「관광진흥법」[시행 2025. 4. 23.] [법률 제20488호, 2024. 10. 22., 일부개정
「관광진흥법 시행령」[시행 2025. 4. 23.] [대통령령 제35459호, 2025. 4. 22., 일부개정]
「관광진흥법 시행규칙」[시행 2025. 5. 30.] [문화체육관광부령 제603호, 2025. 5. 30., 일부개정]
「국가경찰과 자치경찰의 조직 및 운영에 관한 법률」[시행 2023. 2. 16.] [법률 제19023호, 2022. 11. 15., 일부개정]
「국가통합교통체계효율화법」[시행 2025. 1. 31.] [법률 제20177호, 2024. 1. 30., 타법개정]
「국가통합교통체계효율화법 시행령」[시행 2025. 1. 3.] [대통령령 제35167호, 2024. 12. 31., 타법개정]
「국민보호와 공공안전을 위한 테러방지법」[시행 2024. 2. 9.] [법률 제19580호, 2023. 8. 8., 타법개정]
「국민보호와 공공안전을 위한 테러방지법 시행령」[시행 2022. 11. 1.] [대통령령 제32968호, 2022. 11. 1., 타법개정]
「국제경기대회지원법」[시행 2025. 3. 25.] [법률 제20832호, 2025. 3. 25., 일부개정]
「국제경기대회지원법 시행령」[시행 2022. 2. 11.] [대통령령 제32399호, 2022. 2. 8., 타법개정]
「대통령 등의 경호에 관한 법률」[시행 2025. 6. 4.] [법률 제20559호, 2024. 12. 3., 일부개정]
「대통령 등의 경호에 관한 법률 시행령」[시행 2025. 6. 4.] [대통령령 제35567호, 2025. 6. 2., 일부개정]
「도로교통법」[시행 2025. 7. 8.] [법률 제20647호, 2025. 1. 7., 일부개정]
「도로교통법」[시행 2026. 3. 19.] [대통령령 제35387호, 2025. 3. 18., 일부개정]
「재난 및 안전관리 기본법」 [시행 2025. 7. 8.] [법률 제20653호, 2025. 1. 7., 일부개정]
「재난 및 안전관리 기본법 시행령」 [시행 2025. 8. 28.] [대통령령 제35620호, 2025. 7. 1., 일부개정]
「체육시설의 설치 · 이용에 관한 법률」 [시행 2025. 4. 23.] [법률 제20499호, 2024.

10. 22., 일부개정]
「체육시설의 설치 · 이용에 관한 법률 시행령」 [시행 2025. 4. 23.] [대통령령 제35433호, 2025. 4. 8., 일부개정]

- 인터넷 자료 -
경찰청 통계자료, https://www.police.go.kr/www/open/publice/publice0203.jsp, 검색일, 2025, 6. 25.
경남연합일보 (2025. 3. 23). 하동군, '하동녹차' 세계화 박차...멕시코 · 미국서 빛나는 성과, https://www.gnynews.co.kr/news/articleView.html?idxno=439783, 검색일 2025. 6. 22.
경남신문 (2009. 12. 14). 되돌아본 2009년 ① 창녕 화왕산 억새태우기 참사, https://www.knnews.co.kr/news/articleView.php?idxno=858006, 검색일 2025. 6. 29.
경향신문 (2022. 11. 3). 이미 실시간 도시 데이터 충분한데...'인파관리'에 활용 못하는 한국, https://www.khan.co.kr/article/202211032049015, 검색일 2025. 6. 26.
국민일보 (2010. 10. 24). 코엑스 주변 본격 통제... G20 관련 10월 25일부터 최대 2.2km '경호안전구역' 지정, https://n.news.naver.com/mnews/article/005/0000432398, 검색일 2025. 6. 26.
국정원 보도자료 (2025. 3. 27). 국정원, '2024년 테러정세 · 2025년 전망' 책자 발간, https://www.nis.go.kr:4016/CM/1_4/view.do?seq=343, 검색일 2025. 6. 29.
김상훈 한국스포츠개발원 스포츠산업실 연구원 (2014. 5. 30). https://eiec.kdi.re.kr/material/clickView.do?click_yymm=201512&cidx=2184, 검색일, 2025. 3. 25.
대테러센터 홈페이지, www.nctc.go.kr/nctc/Introduction/background.do, 검색일 2025. 5. 21.
대한민국 정책브리핑 (2005. 10. 6). 'APEC 보디가드 떴다' ···테러 가능성 '제로', https://www.korea.kr/news/policyNewsView.do?newsId=100082014, 검색일 2025. 6. 29.

대한민국 정책브리핑 (2018. 2. 9). 경제적 파급효과로 본 평창올림픽, https://www.korea.kr/news/contributePolicyView.do?newsId=148847830, 검색일, 2025. 6. 22.

대통령경호처 보도자료 (2005. 10. 19). APEC정상회의 D-30 준비상황 점검, https://www.pss.go.kr/sites/ko/boards/3/posts/355, 검색일 2025. 6. 29.

대통령경호처 보도자료 (2011. 3. 29). G20 경호안전활동 보도 참고, https://www.pss.go.kr/sites/ko/boards/3/posts/379, 검색일 2025. 6. 29.

대통령경호처 보도자료 (2012. 2. 27). 세련된 경호로 국민불편 최소화, https://www.pss.go.kr/sites/ko/boards/3/posts/385, 검색일 2025. 6. 29.

대통령경호처 보도자료 (2019. 11. 19). 아세안과 함께하는 '감동 경호', https://www.pss.go.kr/sites/ko/boards/3/posts/400, 검색일, 2025. 6. 29.

동아일보 (2022. 10. 30). 3년만의 '노마스크 핼러윈'에 10만명... 현장통제 제대로 안됐다, https://www.donga.com/news/article/all/20221030/116223847/1, 검색일 2025. 6. 29.

디지털타임스 (2014. 9. 17). 인천아시안게임 안전대책···최첨단 소방시스템 '가동', https://www.dt.co.kr/contents.html?article_no=2014091702109960727001, 검색일 2025. 6. 29.

디지털타임스 (2018. 9. 10). 드론이 죄수 감시하는 일본··· 야마구치현 민간교도소 첫 도입, https://www.dt.co.kr/contents.html?article_no=2018091002109957820004&ref=naver, 검색일 2025. 6. 29.

문오영 (2024. 8. 1). 전통 문화 요소를 현대적 감각으로 재해석한 콘텐츠의 사례와 그 의미, http://www.kmedia-news.com/news/articleView.html?idxno=5082, 검색일 2025. 6. 22.

보안뉴스 (2018. 1. 17). 평창 동계올림픽, 첨단 ICT 기술로 성공 '가즈아' https://m.boannews.com/html/detail.html?idx=66133, 검색일 2025. 6. 29.

보안뉴스 (2018. 5. 3). 이제는 말할 수 있다! '평창 동계올림픽 해킹 12시간', https://www.boannews.com/media/view.asp?idx=69042, 검색일 2025. 6. 29.

서울신문 (2010. 10. 12). 코엑스 주변 2.2m 방호벽 · 3중경호...'철옹성 요새'로, https://www.seoul.co.kr/news/newsView.php?id=20101012005005, 검색일 2025. 6. 29.

서울신문 (2023. 5. 28). 6만명 몰린 'K-불꽃놀이' 함안낙화놀이…'최악축제' 불만 폭발, https://www.seoul.co.kr/news/society/2023/05/28/20230528500091, 검색일 2025. 6. 26.

세이프타임즈 (2023. 6. 7). 일본 시부야에 AI 카메라 100대 설치해 참사 막는다, https://www.safetimes.co.kr/news/articleView.html?idxno=204948, 검색일 2025. 6. 26.

소방방재청 보도자료 (2014. 9. 17). 제17회 인천아시아경기대회 "스마트 소방안전관리 시스템으로 성공적 개최 지원", https://www.korea.kr/briefing/pressReleaseView.do?newsId=155993356, 검색일 2025. 6. 29.

시사 IN (2023. 2. 6). 재발 방지를 위해 아카시가 한 일, https://www.sisain.co.kr/news/articleView.html?idxno=49487, 검색일 2025. 6. 29.

정정숙, 국제문화예술교류 정책 방향과 구현 사례, 경기문화재단, 문화정책 제3권 논단, https://ggc.ggcf.kr/p/5adb6b886275b54b4591e0fc, 검색일 2025. 6. 21.

연합뉴스 (2010. 7. 26). 獨 압사사고는 안전불감증 탓, https://www.yna.co.kr/view/AKR20100726065800009, 검색일 2025. 6. 29.

연합뉴스 (2010. 10. 4). 'G20 서울회의' 최첨단 대테러 장비 공개, https://www.yna.co.kr/view/AKR20101004189100004, 검색일 2025. 6. 29.

연합뉴스 (2010. 10. 10). G20 정상회의 경호용 안전방호벽, https://n.news.naver.com/mnews/article/001/0004698141, 검색일 2025. 6. 26.

연합뉴스 (2014. 10. 17). 안전장치 없는 '죽음의 환풍구' 붕괴사고로 27명 사상, https://n.news.naver.com/mnews/article/001/0007192759, 검색일 2025. 6. 29.

연합뉴스 (2016. 6. 15). 프랑스 정부, 노동법 반대 폭력시위에 "파리서 시위 금지할 수도", https://www.yna.co.kr/view/AKR20160615188200081, 검색일 2025. 6. 29.

연합뉴스 (2020. 10. 24). 평창올림픽 개막식 마비 알고보니 러시아 해커 소행, https://www.yna.co.kr/view/AKR20201020107800009, 검색일, 2025. 6. 22.

연합뉴스 (2021. 7. 23). "목숨보다 돈이냐" 분노한 일본시민들 올림픽 반대 시위, https://www.yna.co.kr/view/AKR20210723146300073, 검색일 2025. 6. 29.

연합뉴스 (2022. 10. 30). [이태원 참사] 2005년 '상주 운동장 압사 참사' 겪었는데 또, https://www.yna.co.kr/view/AKR20221030046200053, 검색일 2025. 6. 29.

연합뉴스 (2023. 10. 24). 강남역에 인파 몰리면 AI가 "우회" 안내···밀집도 전광판 첫 설치, https://www.yna.co.kr/view/AKR20231024023100004, 검색일 2025. 6. 25.

이데일리 (2023. 6. 2). KT, 지역축제 지원 '빅데이터 서비스' 출시, https://m.edaily.co.kr/news/read?newsId=02292726635637784&mediaCodeNo=257, 검색일 2025. 6. 26.

이투데이 (2014. 10. 17). 판교테크노밸리 환풍구 붕괴 사고, 원인 알고보니··· '이래서 피해 컸다', https://www.etoday.co.kr/news/view/1001404, 검색일 2025. 6. 29.

이투데이 (2015. 3. 18). ADT캡스, 'SECON 2015'서 '드론' 보안서비스 선봬, https://www.etoday.co.kr/news/view/1092679, 검색일 2025. 6. 29.

조선일보 (2023. 10. 13). AI가 인파감지, 제2 핼러윈 사고 막는다, https://www.chosun.com/national/national_general/2023/10/12/LZQNSNFBJRCABMYPVEPNNGSYJE/, 검색일 2025. 6. 26.

한겨레 (2019. 10. 19). 죽음의 행진된 독일 '러브 퍼레이드', https://www.hani.co.kr/arti/international/europe/432016.html, 검색일 2025. 6. 29.

한겨레 (2020. 6. 15). '청창올림칙 북한 참여 반대' 미신고 집회, 조원진 벌금 100만원, https://www.hani.co.kr/arti/society/society_general/948101.html, 검색일 2025. 6. 26.

한겨레 (2022. 11. 8). 12년 전 음악축제 참사 겪은 독일 "안전 매뉴얼 지금도 갱신중, https://www.hani.co.kr/arti/international/europe/1066205.html, 검색일 2025. 6. 29.

한겨레 (2024. 3. 24). 푸틴 대선 승리 4일 만에 총 맞은 '러시아의 심장', https://www.hani.co.kr/arti/international/international_general/1133517.html, 검색일 2025. 6. 29.

한경 (2016. 6. 24). 파리서 노동법 개정 반대 시위···80여명 체포, https://www.hankyung.com/article/201606248526i, 검색일 2025. 6. 29.

한경 (2020. 6. 25). "14억 인구, CCTV 6억대로 감시"···中, 걸음걸이까지 데이터화, https://www.hankyung.com/article/202006241254g, 검색일 2025. 6. 24.

한국국제문화교류진흥원 (2018. 2. 12). 한국의 가치있는 유산, '문화올림픽'으로 잇는다, https://kofice.or.kr/b20industry/b20_industry_03_view.asp?seq=7968, 검색일 2025. 6. 22.

한국국제문화교류진흥원 보도자료 (2018. 5. 18). 2017 한류 파급효과 연구보고서 발간, https://www.kofice.or.kr/g200_online/g200_online_00d_view.asp?seq=15462&tblID=gongji&clsID=0&bunho=1833, 검색일 2025. 6. 22.

행정안전부 국가기록원, 빅데이터, https://www.archives.go.kr/next/newsearch/listSubjectDescription.do?id=009370&pageFlag=&sitePage=, 검색일 2025. 5. 25.

행정안전부 보도자료 (2023. 10. 26). 인파관리시스템 시범서비스 실시, https://www.mois.go.kr/frt/bbs/type010/commonSelectBoardArticle.do?bbsId=BBSMSTR_000000000008&nttId=104396, 검색일 2025. 6. 26.

행전안전부 보도자료 (2023. 10. 25). 「국가안전시스템 개편 종합대책」이렇게 추진했습니다, https://www.mois.go.kr/frt/bbs/type010/commonSelectBoardArticle.do?bbsId=BBSMSTR_000000000008&nttId=104387, 검색일 2025. 6. 26.

헤럴드경제 (2015. 12. 14). 침입자 추적하는 드론...日 세콤, 감시 서비스 시작, http://news.heraldcorp.com/view.php?ud=20151214000987, 검색일 2025. 6. 29.

BBC NEWS 코리아 (2024. 3. 23). 무장 괴한들, 모스크바 공연장서 무차별 총격, https://www.bbc.com/korean/articles/c88415ky1ero, 검색일 2025. 6. 29.

CBS노컷뉴스 (2014. 11. 13). 인천아시안게임 조직위, 아르바이트 '임금체불', https://www.nocutnews.co.kr/news/4326183, 검색일 2025. 6. 23.

KDI 보도자료 (2001. 5. 30). 2002년 월드컵축구대회 경제적 파급효과, https://www.kdi.re.kr/share/pressView?bd_no=336, 검색일, 2025. 6. 22.

1983년 11월 22일 대법원 판결 [대법원 1983. 11. 23. 선고83도2528판결(공1984, 134)]

Advantage. Tech (2025. 4. 14). Leveraging AI Cameras for Efficient Crowd Management, Leveraging AI Cameras for Efficient Crowd Management - Advantage Technology, 검색일 2025. 6. 24.

Britannica (2025. 4. 2). https://www.britannica.com/event/Munich-Massacre, 검색일 2025. 6. 29,

Britannica (2025. 4. 25). Terrorism | Definition, History, & Facts | Britannica, 검색일 2025. 3. 29.

BBC NEWS (2015. 11. 14). Paris attacks: Bataclan and other assaults leave many dead, https://www.bbc.com/news/world-europe-34814203, 검색일 2025. 6. 29.

CBC NEWS (2013. 4. 16). Boston Marathon bomb blasts kill 3, injure at least 140, https://www.cbc.ca/news/world/boston-marathon-bomb-blasts-kill-3-injure-at-least-140-1.1306840, 검색일 2025. 6. 29.

CNN NEWS (2013. 4. 18). Boy, 8, one of 3 killed in bombings at Boston Marathon; scores wounded, https://edition.cnn.com/2013/04/15/us/boston-marathon-explosions/index.html?hpt=hp_inthenews, 검색일 2025. 6. 29.

Cohen, J. L., Kharas, H. (2018. 11. 15). Using big data and artificial intelligence to accelerate global development, Using big data and artificial intelligence to accelerate global development | Brookings, 검색일 2025. 6. 25.

NBER, Generative AI at Work, https://www.nber.org/papers/w31161, 검색일 2025. 6. 26.

ST Engineering, Digital Twins: Shaping the Future of Crowd and Safety Management, https://www.stengg.com/en/innovation/innovation-stories/digital-twins-shaping-the-future-of-crowd-and-safety-management/?utm_source=chatgpt.com, 검색일, 2025. 6. 26.

The Guardian (2017. 4. 12). Borussia Dortmund blasts: suspect 'from Islamist spectrum' detained, https://www.theguardian.com/football/2017/apr/12/borussia-dortmund-blasts-police-investigate-islamist-link-to-attack, 검색일 2025. 6. 29.

THE NEW YORK TIMES (2013. 4. 15). Blasts at Boston Marathon Kill 3 and Injure 100, https://www.nytimes.com/2013/04/16/us/explosions-reported-at-site-of-boston-marathon.html?_r=0, 검색일 2025. 6. 29.

THE WALL STREET JOURNAL (2013, 4, 16). Deadly Blasts Rock Boston, https://www.wsj.com/articles/SB10001424127887323346304578424950102614148, 검색일 2025. 6. 29.

William L. Tafoya. (2011).「Cyber Terror」. Articles, https://leb.fbi.gov/articles/featured-articles/cyber-terror, 검색일 2025. 5. 15.

저자소개

박정섭

용인대학교 경호학과 졸업
동국대학교 일반대학원 법학과 (法學碩士)
동국대학교 일반대학원 법학과 (法學博士)

현) 용인대학교 경찰행정학과 강사
전) 평택대학교 피어선칼리지 강사
전) 한국경호경비학회 사무국장
전) 경찰청 근접보안요원 역량 강화 훈련 강사
전) 2005 부산 APEC 대테러첨단장비 총괄 운영(민간부분)
전) 2005 서울에어쇼 대테러첨단장비 총괄 운영(민간부분)